理學叢書

朱子語類

六

〔宋〕黎靖德 編
王星賢 點校

中華書局

朱子語類卷第八十

詩一

綱領

只是「思無邪」一句好，不是一部詩皆「思無邪」。振。

「温柔敦厚」，詩之教也。使篇篇皆是譏刺人，安得「温柔敦厚」！璘。

因論詩，曰：「孔子取詩只取大意。三百篇，也有會做底，有不會做底。如君子偕老：『子之不淑，云如之何！』此是顯然譏刺他。到第二章已下，又全然放寬，豈不是亂道！如載馳詩煞有首尾，委曲詳盡，非大段會底説不得。又如鶴鳴做得極巧，更含蓄意思，全然不露。如清廟一倡三歎者，人多理會不得。注下分明説：『一人倡之，三人和之。』譬如今人挽歌之類。今人解者又須要胡説亂説。」祖道。

問删詩。曰：「那曾見得聖人執筆删那箇，存這箇！也只得就相傳上説去。」賀孫。

問：「詩次序是當如此否？」曰：「不見得。只是楚茨、信南山、甫田、大田諸詩，元初却當作一片。」又曰：「如卷阿説『豈弟君子』，自作賢者；如泂酌説『豈弟君子』，自作人君。大抵詩中有可以比並看底，有不可如此看，自有這般樣子。」賀孫。說卷阿與詩傳不同。以下論詩次序章句。

「詩，人只見他恁地重三疊四說，將謂是無倫理次序，不知他一句不胡亂下。」文蔚曰：「今日偶看棫樸，一篇凡有五章。前三章是說人歸附文王之德，後二章乃言文王有作人之功，及紀綱四方之德，致得人歸附者在此。一篇之意，次第甚明。」曰：「然。『遐不作人』，却是說他鼓舞作興底事。功夫細密處，又在後一章。如曰『勉勉我王，綱紀四方』，四方便都在他綫索內，牽着都動。」文蔚曰：「『勉勉』，即是『純亦不已』否？」曰：「然。『追琢其章，金玉其相』，是那工夫到後，文章真箇是盛美，資質真箇是堅實。」文蔚。

恭父問：「詩章起於誰？」曰：「有『故言』者，是指毛公；無『故言』者，皆是鄭康成。有全章換一韻處，有全押韻處。如頌中有全篇句句是韻。如殷武之類無兩句不是韻，到『稼穡匪解』，自欠了一句。前輩分章都曉不得，某細讀，方知是欠了一句。」賀孫。

李善注文選，其中多有韓詩章句，常欲寫出。「易直子諒」，韓詩作「慈良」。方子。

問：「王風是他風如此，不是降爲國風。」曰：「其辭語可見。風多出於在下之人，雅乃士夫所作。雅雖有刺，而其辭莊重，與風異。」可學。以下論風、雅、頌。

「大序言：『一國之事，係一人之本，謂之風。』所以析衛爲邶、鄘、衛。」曰：「詩，古之樂也，亦如今之歌曲，音各不同：衛有衛音，鄘有鄘音，邶有邶音。故詩有鄘音者係之鄘，有邶音者係之邶。若大雅、小雅，則亦如今之商調、宮調，作歌曲者，亦按其腔調而作爾。大雅、小雅亦古作樂之體格，按大雅體格作大雅，按小雅體格作小雅；非是做成詩後，旋相度其辭目爲大雅、小雅也。大抵國風是民庶所作，雅是朝廷之詩，頌是宗廟之詩。」又云：「小序漢儒所作，有可信處絶少。大序好處多，然亦有不滿人意處。」去僞。

器之問「風雅」，與無天子之風之義。先生舉鄭漁仲之説言：「出於朝廷者爲雅，出於民俗者爲風。文武之時，周召之作者謂之周召之風。東遷之後，王畿之民作者謂之王風。似乎大約是如此，亦不敢爲斷然之説。但古人作詩，體自不同，雅自是雅之體，風自是風之體。如今人做詩曲，亦自有體製不同者，自不可亂，不必説雅之降爲風。今且就詩上理會意義，其不可曉處，不必反倒。」因説：「嘗見蔡行之舉陳君舉説春秋云：『須先看聖人所不書處，方見所書之義。』見成所書者更自理會不得，却又取不書者來理會，少間只是説得奇巧。」木之。

「詩，有是當時朝廷作者，雅、頌是也。若國風乃採詩有採之民間，以見四方民情之美惡，二南亦是採民言而被樂章爾。程先生必要説是周公作以教人，不知是如何？某不敢從。若變風，又多是淫亂之詩，故班固言『男女相與歌詠以言其傷』，是也。聖人存此，亦以見上失其教，則民欲動情勝，其弊至此，故曰『詩可以觀』也。且『詩有六義』，先儒更不曾説得明。却因周禮説豳詩有豳雅、豳頌，即於一詩之中要見六義，思之皆不然。蓋所謂『六義』者，風、雅、頌乃是樂章之腔調，如言仲呂調、大石調、越調之類；至比、興、賦，又别：直指其名，直叙其事者，賦也；本要言其事，而虚用兩句釣起，因而接續去者，興也；引物爲況者，比也。立此六義，非特使人知其聲音之所當，又欲使歌者知作詩之法度也。」問：「豳之所以爲雅爲頌者，恐是可以用雅底腔調，又可用頌底腔調否？」曰：「恐是如此，某亦不敢如此斷，今只説恐是亡其二。」大雅。

問二雅所以分。曰：「小雅是所係者小，大雅是所係者大。『呦呦鹿鳴』，其義小；『文王在上，於昭于天』，其義大。」問變雅。曰：「亦是變用他腔調爾。大抵今人説詩，多去辨他序文，要求着落。至其正文『關關雎鳩』之義，却不與理會。」王德修云：「詩序只是『國史』一句可信，如『關雎，后妃之德也』。此下即講師説，如蕩詩自是説『蕩蕩上帝』，序却言是『天下蕩蕩』；賚詩自是説『文王既勤止，我應受之』，是説後世子孫賴其祖宗基業之意，他序却説『賚，予也』，豈不是後人多被講師瞞耶？」曰：「此是蘇子由曾説來，然亦有不通處。如漢廣，『德廣所及也』，有何義理？却是下面『無思犯禮，求而不可得』幾句却有理。若某，只上一句亦不敢信他。舊曾有一老儒鄭漁仲更不信小序，只依古本與疊在後面。某今亦只如此，令人虛心看正文，久之其義自見。蓋所謂序者，類多世儒之誤，不解詩人本意處甚多。且如『止乎禮義』，果能止禮義否？桑中之詩，禮義在何處？」王曰：「他要存戒。」曰：「此正文中無戒意，只是直述他淫亂事爾。若鶉之奔奔、相鼠等詩，却是譏罵可以爲戒，此則不然。某今看得鄭詩自叔于田等詩之外，如狡童、子衿等篇，皆淫亂之詩，而説詩者誤以爲刺昭公，刺學校廢耳。衛詩尚可，猶是男子戲婦人。鄭詩則不然，多是婦人戲男子，所以聖人尤惡鄭聲也。出其東門却是箇識道理底人做。」大雅。

林子武問「詩者，中聲之所止」。曰：「這只是正風雅頌是中聲，那變風不是。伯恭堅要牽合説是，然恐無此理。今但去讀看，便自有那輕薄底意思在了。如韓愈説數句，『其聲浮且淫』之類，這正是如此。」義剛。

問「比、興」。曰：「説出那物事來是興，不説出那物事是比。如『南有喬木』，只是説箇『漢有游女』；『奕奕寢廟，君子作之』，只説箇『他人有心，予忖度之』。關雎亦然，皆是興體。比底只是從頭比下來，不説破。興、比相近，却不同。周禮説『以六詩教國子』，其實只是這賦、比、興三箇物事。風雅頌，詩之標名。理會得那興、比、賦時，裏面全不大段費解。今人要細解，不道此説爲是。如『奕奕寢廟』，不認得意在那『他人有心』處，只管解那『奕奕寢廟』。」植。以下賦、比、興。

問：「詩中説興處，多近比。」曰：「然。如關雎、麟趾相似，皆是興而兼比。然雖近比，其體却只是興。且如『關關雎鳩』本是興起，到得下面説『窈窕淑女』，此方是入題説那實事。蓋興是以一箇物事貼一箇物事説，上文興而起，下文便接説實事。如『麟之趾』，下文便接『振振公子』，一箇對一箇説。蓋公本是箇好底人，子也好，孫也好，族人也好。譬如麟趾也好，定也好，角也好。及比，則却不入題了。如比那一物説，便是説實事。如『螽斯羽詵詵兮，宜爾子孫振振兮』！『螽斯羽』一句，便是説那人了，下面『宜爾子孫』，依舊是就『螽斯羽』上説，更不用説實事，此所以謂之比。大率詩中比、興皆類此。」僩。

比雖是較切，然興却意較深遠。也有興而不甚深遠者，比而深遠者，又係人之高下，有做得好底，有拙底。常看後世如魏文帝之徒作詩，皆只是説風景。獨曹操愛説周公，其詩中屢説。便是那曹操意思也是較別，也是乖。義剛。

比是以一物比一物，而所指之事常在言外。興是借彼一物以引起此事，而其事常在下句。但比意雖切而却淺，興意雖闊而味長。賀孫。

詩之興，全無巴鼻，振録云：「多是假他物舉起，全不取其義。」後人詩猶有此體。如「青青陵上柏，磊磊澗中石，人生天地間，忽如遠行客」，又如「高山有涯，林木有枝，憂來無端，人莫之知」，「青青河畔草，綿綿思遠道」，皆是此體。方子。振録同。

六義自鄭氏以來失之，后妃自程先生以來失之。后妃安知當時之稱如何！可學。以下六義。

或問詩六義，注「三經、三緯」之説。曰：「『三經』是賦、比、興，是做詩底骨子，無詩不有，才無，則不成詩。蓋不是賦，便是比；不是比，便是興。如風雅頌却是裏面横弗底，都有賦、比、興，故謂之『三緯』。」燾。

器之問：「詩傳分別『六義』，有未備處。」曰：「不必又只管滯却許多，且看詩意義如何。古人一篇詩，必有一篇意思，且要理會得這箇。如柏舟之詩，只説到『静言思之，不能奮飛』！緑衣之詩説『我思古人，實獲我心』！此可謂『止乎禮義』。所謂『可以怨』，便是『喜怒哀樂發而皆中節』處。推此以觀，則子之不得於父，臣之不得於君，朋友之不相信，皆當以此意處之。如屈原之懷沙赴水，賈誼言：『歷九州而相其君，何必懷此都也！』便都過常了。古人胸中發出意思自好，看着三百篇詩，則後世之詩多不足觀矣。」木之。

問：「詩傳説六義，以『託物興辭』爲興，與舊説不同。」曰：「覺舊説費力，失本指。如興體不一，或借眼前物事説將起，或別自將一物説起，大抵只是將三四句引起，如唐時尚有此等詩體。如『青青河畔草』，『青青水中蒲』，皆是别借此物，興起其辭，非必有感有見於此物也。有將物之無，興起自家之所有；將物之有，興起自家之所無。前輩都理會這箇不分明，如何説得詩本指！只伊川也自未見得。看所説有甚廣大處，子細看，本指却不如此。若上蔡怕曉得詩，如云『讀詩，須先要識得六義體面』，這是他識得要領處。」問：「詩雖是吟咏，使人自有興起，固不專在文辭；然亦須是篇篇句句理會着實，見得古人所以作此詩之意，方始於吟咏上有得。」曰：「固是。若不得其真實，吟咏箇甚麽？然古人已多不曉其意，如左傳所載歌詩，多與本意元不相關。」問：「我將『維天其右之』，『既右享之』，今所解都作左右之『右』，與舊不同。」曰：「周禮有『享右祭祀』之文。如詩中此例亦多，如『既右烈考，亦右文母』之類。如我將所云，作保祐説，更難。方説『維羊維牛』，如何便説保祐！到『伊嘏文王，既右享之』，也説未得右助之『右』。」問：「振鷺詩不是正祭之樂歌，乃獻助祭之臣，未審如何？」曰：「看此文意，都無告神之語，恐是獻助祭之臣。古者祭祀每一受胙，主與賓尸皆有獻酬之禮；既畢，然後亞獻；至獻畢，復受胙。如此，禮意甚好，有接續意思。到唐時尚然。今併受胙於諸獻既畢之後，主與賓尸意思皆隔了。古者一祭之中所以多事，如：『季氏祭，逮闇而祭，日不足，繼之以燭。雖有强力之容、肅敬之心，皆倦怠矣。有司跛倚以臨祭，其爲不敬大矣！他日祭，子路與，室事交乎户，堂事交乎階，質明而始行事，晏朝而退。孔子聞之曰：「誰謂由也而不知禮乎！」』古人祭禮，是大段有節奏。」賀孫。

詩序起「關雎，后妃之德也」，止「教以化之」。大序起「詩者，志之所之也」，止「詩之至也」。敬仲。以下大序。

聲發出於口，成文而節宣和暢謂之音，乃合於音調。如今之唱曲，合宮調、商調之類。敬仲。

詩大序亦只是後人作，其間有病句。國史。方子。

詩，纔說得密，便說他不着。「國史明乎得失之迹」這一句也有病。周禮、禮記中，史並不掌詩，左傳說自分曉。以此見得大序亦未必是聖人做。小序更不須說。他做小序，不會寬說，每篇便求一箇實事填塞了。他有尋得着底，猶自可通；不然，便與詩相礙。那解底，要就詩，却礙序；要就序，却礙詩。詩之興，是劈頭說那没來由底兩句，下面方說那事，這箇如何通解！「鄭聲淫」，所以鄭詩多是淫佚之辭，狡童、將仲子之類是也。今喚做忽與祭仲，與詩辭全不相似。這箇只似而今閑潑曲子。南山有臺等數篇，是燕享時常用底，叙賓主相好之意，一似今人致語。又曰：「詩小序不可信。而今看詩，有詩中分明說是某人某事者，則可知。其他不曾說者，而今但可知其說此等事而已。韓退之詩曰：『春秋書王法，不誅其人身。』」高。

大序亦有未盡。如「發乎情，止乎禮義」，又只是説正詩，變風何嘗止乎禮義！振。

問「止乎禮義」。曰：「如變風柏舟等詩，謂之『止乎禮義』，可也。桑中諸篇曰『止乎禮義』，則不可。蓋大綱有『止乎禮義』者。」僩。

「止乎禮義」，如泉水、載馳固「止乎禮義」；如桑中有甚禮義？大序只是揀好底説，亦未盡。淳。

詩大序只有「六義」之説是，而程先生不知如何，又却説從別處去。如小序亦間有説得好處，只是杜撰處多。不知先儒何故不虚心子細看這道理，便只恁説却。後人又只依他那箇説出，亦不看詩是有此意無。若説不去處，又須穿鑿説將去。又，詩人當時多有唱和之詞，如是者有十數篇，序中都説從別處去。且如蟋蟀一篇，本其風俗勤儉，其民終歲勤勞，不得少休，及歲之暮，方且相與燕樂；而又遽相戒曰：「日月其除，無已太康。」蓋謂今雖不可以不爲樂，然不已過於樂乎！其憂深思遠固如此。至山有樞一詩，特以和答其意而解其憂爾，故説山則有樞矣，隰則有榆矣。子有衣裳，弗曳弗婁；子有車馬，弗馳弗驅。一旦宛然以死，則他人藉之以爲樂爾，所以解勸他及時而樂也。而序蟋蟀者則曰：「刺晉僖公儉不中禮。」蓋風俗之變，必由上以及下。今謂君之儉反過於禮，而民之俗猶知用禮，則必無是理也。至山有樞則以爲「刺晉昭公」，又大不然矣！若魚藻，則天子燕諸侯，而諸侯美天子之詩也。采菽，則天子所以答魚藻矣。至鹿鳴，則燕享賓客也，序頗得其意。四牡，則勞使臣也，而詩序下文則妄矣！皇皇者華，則遣使臣之詩也；棠棣，則燕兄弟之詩也，序固得其意。伐木，則燕朋友故舊之詩也。人君以鹿鳴而下五詩燕其臣，故臣受君之賜者，則歌天保之詩以答其上。天保之序雖略得此意，而古注言鹿鳴至伐木「皆君所以下其臣，臣亦歸美於上，崇君之尊，而福禄之，以答其歌」，却説得尤分明。又如行葦，自是祭畢而燕父兄耆老之詩。首章言開燕設席之初，而慇懃篤厚之意，已見於言語之外；二章言侍御獻酬飲食歌樂之盛；三章言既燕而射以爲懽樂；末章祝頌其既飲此酒，皆得享夫長壽。今序者不知本旨，見有「勿踐履」之説，則便謂「仁及草木」；見「戚戚兄弟」，便謂「親睦九族」；見「黄耇台背」，便謂「養老」；見「以祈黄耇」，便謂「乞言」；見「介爾景福」，便謂「成其福禄」：細細碎碎，殊無倫理，其失爲尤甚！既醉，則父兄所以答行葦之詩也；鳧鷖，則祭之明日繹而賓尸之詩也。古者宗廟之祭皆有尸，既祭之明日，則煖其祭食，以燕爲尸之人，故有此詩。假樂則公尸之所以答鳧鷖也。今序篇皆失之。又曰：「詩，即所謂樂章。雖有唱和之意，衹是樂工代歌，亦非是君臣自歌也。」道夫。

詩、書序，當開在後面。升卿。以下小序。

敬之問詩、書序。曰：「古本自是别作一處。如易大傳、班固序傳並在後。京師舊本揚子注，其序亦總在後。」德明。

王德修曰：「六經惟詩最分明。」曰：「詩本易明，只被前面序作梗。序出於漢儒，反亂詩本意。且只將四字成句底詩讀，却自分曉。見作詩集傳，待取詩令編排放前面，驅逐過後面，自作一處。」文蔚。

詩序作，而觀詩者不知詩意！節。

詩序，東漢儒林傳分明説道是衛宏作。後來經意不明，都是被他壞了。某又看得亦不是衛宏一手作，多是兩三手合成一序，愈説愈疏。浩云：「蘇子由却不取小序。」曰：「他雖不取下面言語，留了上一句，便是病根。伯恭專信序，又不免牽合。伯恭凡百長厚，不肯非毁前輩，要出脱回護。不知道只爲得箇解經人，却不曾爲得聖人本意。是便道是，不是便道不是，方得。」浩。

詩小序全不可信。如何定知是美刺那人？詩人亦有意思偶然而作者。又，其序與詩全不相合。詩詞理甚順，平易易看，不如序所云。且如葛覃一篇，只是見葛而思歸寧，序得却如此！毛公全無序解，鄭間見之。序是衛宏作。

小序極有難曉處，多是附會。如魚藻詩見有「王在鎬」之言，便以爲君子思古之武王。

似此類甚多。可學。

因論詩，歷言小序大無義理，皆是後人杜撰，先後增益湊合而成。多就詩中採摭言語，更不能發明詩之大旨。纔見有「漢之廣矣」之句，便以爲德廣所及；才見有「命彼後車」之言，便以爲不能飲食教載。行葦之序，但見「牛羊勿踐」，便謂「仁及草木」；但見「戚戚兄弟」，便爲「親睦九族」；見「黄耇台背」，便謂「養老」；見「以祈黄耇」，便謂「乞言」；見「介爾景福」，便謂「成其福禄」：隨文生義，無復理論。卷耳之序以「求賢審官，知臣下之勤勞」，爲后妃之志事，固不倫矣！況詩中所謂「嗟我懷人」，其言親暱太甚，寧后妃所得施於使臣者哉！桃夭之詩謂「婚姻以時，國無鰥民」爲「后妃之所致」，而不知其爲文王刑家及國，其化固如此，豈專后妃所能致耶？其他變風諸詩，未必是刺者皆以爲刺；未必是言此人，必傅會以爲此人。桑中之詩放蕩留連，止是淫者相戲之辭；豈有刺人之惡，而反自陷於流蕩之中！子衿詞意輕儇，亦豈刺學校之辭！有女同車等，皆以爲刺忽而作。鄭忽不娶齊女，其初亦是好底意思，但見後來失國，便將許多詩盡爲刺忽而作。考之於忽，所謂淫昏暴虐之類，皆無其實。至遂目爲「狡童」，豈詩人愛君之意？況其所以失國，正坐柔懦闊疏，亦何狡之有！幽厲之刺，亦有不然。甫田諸篇，凡詩中無詆譏之意者，皆以爲傷今思古而作。其他謬誤，不可勝説。後世但見詩序巍然冠於篇首，不敢復議其非，至有解説不通，多爲飾辭以曲護之者，其誤後學多矣！大序却好，或者謂補湊而成，亦有此理。書小序亦未是。只如堯典、舜典便不能通貫一篇之意。堯典不獨爲遜舜一事。舜典到「歷試諸艱」之外，便不該通了，其他書序亦然。至如書大序亦疑不是孔安國文字。大抵西漢文章渾厚近古，雖董仲舒、劉向之徒，言語自別。讀書大序，便覺軟慢無氣，未必不是後人所作也。謨。

詩序實不足信。向見鄭漁仲有詩辨妄，力詆詩序，其間言語太甚，以爲皆是村野妄人所作。始亦疑之，後來子細看一兩篇，因質之史記、國語，然後知詩序之果不足信。因是看行葦、賓之初筵、抑數篇，序與詩全不相似。以此看其他詩序，其不足信者煞多。以此知人不可亂説話，便都被人看破了。詩人假物興辭，大率將上句引下句。如「行葦勿踐履」，「戚戚兄弟，莫遠具爾」，行葦是比兄弟，「勿」字乃興「莫」字。此詩自是飲酒會賓之意，序者却牽合作周家忠厚之詩，遂以行葦爲「仁及草木」。如云「酌以大斗，以祈黄耇」，亦是歡合之時祝壽之意，序者遂以爲「養老乞言」，豈知「祈」字本只是祝頌其高壽，無乞言意也。抑詩中間煞有好語，亦非刺厲王。如「於乎小子」！豈是以此指其君！兼厲王是暴虐大惡之主，詩人不應不述其事實，只説謹言節語。況厲王無道，謗訕者必不容，武公如何恁地指斥曰「小子」？國語以爲武公自警之詩，却是可信。大率古人作詩，與今人作詩一般，其間亦自有感物道情，吟咏情性，幾時盡是譏刺他人？只緣序者立例，篇篇要作美刺説，將詩人意思盡穿鑿壞了！且如今人見人纔做事，便作一詩歌美之，或譏刺之，是甚麽道理？如此，亦似里巷無知之人，胡亂稱頌諛説，把持放鵰，何以見先王之澤？何以爲情性之正？詩中數處皆應答之詩，如天保乃與鹿鳴爲唱答，行葦與既醉爲唱答，蟋蟀與山有樞爲唱答。唐自是晉未改號時國名，自序者以爲刺僖公，便牽合謂此晉也，而謂之唐，乃有堯之遺風。本意豈因此而謂之唐？是皆鑿説。但唐風自是尚有勤儉之意，作詩者是一箇不敢放懷底人，説「今我不樂，日月其除」，便又説「無已太康，職思其居」。到山有樞是答者，便謂「子有衣裳，弗曳弗婁，宛其死矣，他人是愉」！「子有鐘鼓，弗鼓弗考，宛其死矣，他人是保」！這是答他不能享些快活，徒恁地苦澀。詩序亦有一二有憑據，如清人、碩人、載馳諸詩是也。昊天有成命中説「成王不敢康」，成王只是成王，何須牽合作成王業之王？自序者恁地附會，便謂周公作此以告成功。他既作周公告成功，便將「成王」字穿鑿説了，又幾曾是郊祀天地！被序者如此説，後來遂生一場事端，有南北郊之事。此詩自説「昊天有成命」，又不曾説着地，如何説道祭天地之詩？設使合祭，亦須幾句説及后土。如漢諸郊祀詩，祭某神便説某事。若用以祭地，不應只説天，不説地。東萊詩記却編得子細，只是大本已失了，更説甚麽？向嘗與之論此，如清人、載馳一二詩可信。渠却云：「安得許多文字證據？」某云：「無證而可疑者，只當闕之，不可據序作證。」渠又云：「只此序便是證。」某因云：「今人不以詩説詩，却以序解詩，是以委曲牽合，必欲如序者之意，寧失詩人之本意不恤也。此是序者大害處！」賀孫。

詩序多是後人妄意推想詩人之美刺，非古人之所作也。古人之詩雖存，而意不可得。序詩者妄誕其説，但疑見其人如此，便以爲是詩之美刺者，必若人也。如莊姜之詩，却以爲刺衛頃公。今觀史記所述，頃公竟無一事可紀，但言某公卒，子某公立而已，都無其事。頃公固亦是衛一不美之君。序詩者但見其詩有不美之迹，便指爲刺頃公之詩。此類甚多，皆是妄生美刺，初無其實。至有不能考者，則但言「刺詩也」，「思賢妃也」。然此是汎而言。如漢廣之序言「德廣所及」，此語最亂道！詩人言「漢之廣矣」，其言已分曉。至如下面小序却説得是謂「文王之化被于南國，美化行乎江漢之域，無思犯禮，求而不可得也」，此數語却好。又云：「看來詩序當時只是箇山東學究等人做，不是箇老師宿儒之言，故所言都無一事是當。如行葦之序雖皆是詩人之言，但却不得詩人之意。不知而今做義人到這處將如何做，於理決不順。某謂此詩本是四章，章八句；他不知，作八章、章四句讀了。如『敦彼行葦，牛羊勿踐履。方苞方體，惟葉泥泥。戚戚兄弟，莫遠具爾，或肆之筵，或授之几』。此詩本是興詩，即是興起下四句言。以『行葦』興兄弟，『勿踐履』是莫遠意也。」又云：「鄭、衛詩多是淫奔之詩。鄭詩如將仲子以下，皆鄙俚之言，只是一時男女淫奔相誘之語。如桑中之詩云：『衆散民流，而不可止。』故樂記云：『桑間濮上之音，亡國之音也！其衆散，其民流，誣上行私而不可止也。』鄭詩自緇衣之外，亦皆鄙俚，如『采蕭』、『采艾』、『青衿』之類是也。故夫子『放鄭聲』。如抑之詩，非詩人作以刺君，乃武公爲之以自警。又有稱『小子』之言，此必非臣下告君之語，乃自謂之言，無疑也。」卓。

問：「詩傳盡撤去小序，何也？」曰：「小序如碩人、定之方中等，見於左傳者，自可無疑。若其他刺詩無所據，多是世儒將他謚號不美者，挨就立名爾。今只考一篇見是如此，故其他皆不敢信。且如蘇公刺暴公，固是姓暴者多；萬一不見得是暴公則『惟暴之云』者，只作一箇狂暴底人說，亦可。又如將仲子，如何便見得是祭仲？某由此見得小序大故是後世陋儒所作。但既是千百年已往之詩，今只見得大意便了，又何必要指實得其人姓名？於看詩有何益也！」大雅。

問：「詩傳多不解詩序，何也？」曰：「某自二十歲時讀詩，便覺小序無意義。及去了小序，只玩味詩詞，却又覺得道理貫徹。當初亦嘗質問諸鄉先生，皆云序不可廢，而某之疑終不能釋。後到三十歲，斷然知小序之出於漢儒所作，其爲繆戾，有不可勝言。東萊不合只因序講解，便有許多牽强處。某嘗與言之，終不肯信。讀詩記中雖多說序，然亦有說不行處，亦廢之。某因作詩傳，遂成詩序辨説一册，其他繆戾，辨之頗詳。」煇。

鄭漁仲謂詩小序只是後人將史傳去揀，并看謚，却附會作小序美刺。振。

伯恭黨得小序不好，使人看着轉可惡。振。

器之問詩叶韻之義。曰：「只要音韻相叶，好吟哦諷誦，易見道理，亦無甚要緊。今且要將七分工夫理會義理，三二分工夫理會這般去處。若只管留心此處，而於詩之義却見不得，亦何益也！」又曰：「叶韻多用吴才老本，或自以意補入。」木之。以下論詩韻。

問：「詩叶韻，是當時如此作？是樂歌當如此？」曰：「當時如此作。古人文字多有如此者，如正考父鼎銘之類。」可學。

問：「先生説詩，率皆叶韻，得非詩本樂章，播諸聲詩，自然叶韻，方諧律吕，其音節本如是耶？」曰：「固是如此。然古人文章亦多是叶韻。」因舉王制及老子叶韻處數段。又曰：「周頌多不叶韻，疑自有和底篇相叶。『清廟之瑟，朱弦而疏越，一唱而三歎』，歎，即和聲也。」儒用。

詩之音韻，是自然如此，這箇與天通。古人音韻寬，後人分得密後，隔開了。離騷注中發兩箇例在前：「朕皇考曰伯庸。」「庚寅吾以降。」洪。「又重之以脩能。」耐。「紉秋蘭以爲佩。」後人不曉，却謂只此兩韻如此。某有楚辭叶韻，作「子厚」名字，刻在漳州。方子。

叶韻，恐當以頭一韻爲準。且如「華」字叶音「敷」，如「有女同車」是第一句，則第二句「顔如舜華」當讀作「敷」字，然後與下文「佩玉瓊琚」、「洵美且都」皆叶。至如「何彼襛矣，唐棣之華」，是第一韻，則當依本音讀，而下文「王姬之車」却當作尺奢反，如此方是。今只從吴才老舊説，不能又創得此例。然楚辭「紛余既有此内美兮，又重之以脩能」，「能」音「耐」，然後下文「紉秋蘭以爲佩」叶。若「能」字只從本音，則「佩」字遂無音。如此，則又未可以頭一韻爲定也。閎祖。

吴才老補韻甚詳，然亦有推不去者。某煞尋得，當時不曾記，今皆忘之矣。如「外禦其務」叶「烝也無戎」，才老無尋處，却云「務」字古人讀做「蒙」，不知「戎」，汝也；「汝」、「戎」二字，古人通用，是協音汝也。如「南仲太祖，太師皇父，整我六師，以修我戎」，亦是協音汝也。「下民有嚴」，叶「不敢怠遑」。才老欲音「嚴」爲「莊」，云避漢諱，却無道理。某後來讀楚辭天問見一「嚴」字乃押從「莊」字，乃知是叶韻，「嚴」讀作「昂」也。天問，才老豈不讀？往往無甚意義，只恁打過去也。義剛。饒何氏録云：「中庸『奏格無言』，奏，音族，平聲音騣，所以毛詩作『鬷』字。」

或問：「吴氏叶韻何據？」曰：「他皆有據。泉州有其書，每一字多者引十餘證，少者亦兩三證。他説，元初更多，後删去，姑存此耳。然猶有未盡。」因言：「商頌『天命降監，下民有嚴；不僭不濫，不敢怠遑』。吴氏云：『「嚴」字，恐是「莊」字，漢人避諱，改作「嚴」字。』某後來因讀楚辭天問，見『嚴』字都押入『剛』字、『方』字去。又此間鄉音『嚴』作户剛反，乃知『嚴』字自與『皇』字叶。然吴氏豈不曾看楚辭？想是偶然失之。又如『兄弟鬩于牆，外禦其務；每有良朋，烝也無戎』。吴氏復疑『務』當作『蒙』，以叶『戎』字。某却疑古人訓『戎』爲『汝』，如『以佐戎辟』，『戎雖小子』，則『戎』、『女』音或通。後來讀常武詩有云：『南仲太祖，太師皇父，整我六師，以修我戎』，則與『汝』叶，明矣。」因言：「古之謠諺皆押韻，如夏諺之類。散文亦有押韻者，如曲禮『安民哉』叶音『兹』，則與上面『思』、『辭』二字叶矣。又如『將上堂，聲必揚；將入户，視必下』，下，叶音護。禮運孔子閒居亦多押韻。莊子中尤多。至於易彖辭，皆韻語也。」又云：「禮記『五至』、『三無』處皆協。」廣。

「知子之來扐。之，雜佩以贈入。之」，此例甚多。「作」字作「做」，「保」字作「補」。「往近王舅」，『近』，音「既」，說文作「訢」，誤寫作「近」。僩。

問：「詩叶韻，有何所據而言？」曰：「叶韻乃吴才老所作，某又續添減之。蓋古人作詩皆押韻，與今人歌曲一般。今人信口讀之，全失古人詠歌之意。」（彈）〔僩〕〔一〕。

〔一〕據陳本改。

「詩音韻間有不可曉處。」因說：「如今所在方言，亦自有音韻與古合處。」子升因問：「今『陽』字却與『唐』字通，『清』字却與『青』字分之類，亦自不可曉。」曰：「古人韻疏，後世韻方嚴密。見某人好考古字，却說『青』字音自是『親』，如此類極多。」木之。

器之問詩。曰：「古人情意温厚寬和，道得言語自恁地好。當時叶韻，只是要便於諷詠而已。到得後來，一向於字韻上嚴切，却無意思。漢不如周，魏晉不如漢，唐不如魏晉，本朝又不如唐。如元微之、劉禹錫之徒，和詩猶自有韻相重密。本朝和詩便定不要一字相同，不知却愈壞了詩！」木之。

論讀詩

詩中頭項多，一項是音韻，一項是訓詁名件，一項是文體。若逐一根究，然後討得些道理，則殊不濟事，須是通悟者方看得。方子。以下總論讀詩之方。

聖人有法度之言，如春秋、書、禮是也，一字皆有理。如詩亦要逐字將理去讀，便都礙了。淳。

問：「聖人有法度之言，如春秋、書與周禮，字較實。詩無理會，只是看大意。若要將理去讀，便礙了。」〔一〕問：「變風變雅如何？」曰：「也是後人恁地說，今也只依他恁地說。如漢廣、汝墳皆是説婦人。如此，則是文王之化只及婦人，不及男子！只看他大意，恁地拘不得。」寓。

公不會看詩。須是看他詩人意思好處是如何，不好處是如何。看他風土，看他風俗，又看他人情、物態。只看伐檀詩，便見得他一箇清高底意思；看碩鼠詩，便見他一箇暴斂底意思。好底意思是如此，不好底是如彼。好底意思，令自家善意油然感動而興起。看他不好底，自家心下如着槍相似。如此看，方得詩意。僩。

詩有說得曲折後好底，有只恁平直説後自好底。如燕燕末後一章，這不要看上文，考下章，便知得是恁地，意思自是高遠，自是説得那人着。義剛。

林子武説詩。曰：「不消得恁地求之太深。他當初只是平說，橫看也好，竪看也好。今若要討箇路頭去裏面，尋却怕迫窄了。」義剛。

讀詩之法，且如「白華菅兮，白茅束兮；之子之遠，俾我獨兮」，蓋言白華與茅尚能相依，而我與子乃相去如此之遠，何哉？又如「倬彼雲漢，爲章于天；周王壽考，遐不作

〔一〕此無答。據上條，似非問。

人」，只是説雲漢恁地爲章于天，周王壽考，豈不能作人也！上兩句皆是引起下面説，畧有些意思傍著，不須深求，只此讀過便得。僩。

看詩，且看他大意。如衞諸詩，其中有説時事者，固當細考。如鄭之淫亂底詩，若苦搜求他，有甚意思？一日看五六篇可也。僩。

看詩，義理外更好看他文章。且如谷風，他只是如此説出來，然而叙得事曲折先後，皆有次序。而今人費盡氣力去做後，尚做得不好。義剛。

讀詩，且只將做今人做底詩看。或每日令人誦讀，却從旁聽之。其話有未通者，畧檢注解看，却時時誦其本文，便見其語脈所在。又曰：「念此一詩，既已記得其語，却逐箇字將前後一樣字通訓之。今注解中有一字而兩三義者，如『假』字，有云『大』者，有云『至』者，只是隨處旋扭捏耳，非通訓也。」嚞。

先生因言，看詩，須并叶韻讀，便見得他語自整齊。又更畧知叶韻所由來，甚善。又曰：「伊川有詩解數篇，説到小雅以後極好。蓋是王公大人好生地做，都是識道理人言語，故它裏面説得儘有道理，好子細看。非如國風或出於婦人小夫之口，但可觀其大概也。」銖。

問：「以詩觀之，雖千百載之遠，人之情僞只此而已，更無兩般。」曰：「以某看來，須是別换過天地，方別换一樣人情。釋氏之説固不足據，然其書説盡百千萬劫，其事情亦只如此而已，況天地無終窮，人情安得有異！」必大。

看詩，不要死殺看了，見得無所不包。今人看詩，無興底意思。節。以下論讀詩在興起。

讀詩便長人一格。如今人讀詩，何緣會長一格？詩之興，最不緊要。然興起人意處，正在興。會得詩人之興，便有一格長。「豐水有芑，武王豈不仕！」蓋曰，豐水且有芑，武王豈不有事乎！此亦興之一體，不必更注解。如龜山説關雎處意亦好，然終是説死了，如此便詩眼不活。必大。

問：「向見吕丈，問讀詩之法。吕丈舉横渠『置心平易』之説見教。某遵用其説去誦味來，固有箇涵泳情性底道理，然終不能有所啓發。程子謂：『「興於詩」，便知有着力處。』今讀之，止見其善可爲法，惡可爲戒而已，不知其他如何著力？」曰：「善可爲法，惡可爲戒，不特詩也，他書皆然。古人獨以爲『興於詩』者，詩便有感發人底意思。今讀之無所感發者，正是被諸儒解殺了，死着詩義，興起人善意不得。如南山有臺序云：『得賢，則能爲邦家立太平之基。』蓋爲見詩中有『邦家之基』字，故如此解。此序自是好句，但纔如此説定，便局了一詩之意。若果先得其本意，雖如此説亦不妨。正如易解，若得聖人繫辭之意，便横説竪説都得。今斷以一義解定，易便不活。詩所以能興起人處，全在興。如

『山有樞，隰有榆』，别無意義，只是興起下面『子有車馬』，『子有衣裳』耳。小雅諸篇皆君臣燕飲之詩，道主人之意以譽賓，如今人宴飲有『致語』之類，亦間有叙賓客答辭者。漢書載客歌驪駒，主人歌客毋庸歸，亦是此意。古人以魚爲重，故魚麗、南有嘉魚，皆特舉以歌之。儀禮載『乃間歌魚麗，笙由庚；歌南有嘉魚，笙崇丘；歌南山有臺，笙由儀』，本一套事。後人移魚麗附於鹿鳴之什，截以嘉魚以下爲成王詩，遂失當時用詩之意，故胡亂解。今觀魚麗、嘉魚、南山有臺等篇，辭意皆同。菁莪、湛露、蓼蕭皆燕飲之詩。詩中所謂『君子』，皆稱賓客，後人却以言人君，正顛倒了。如以湛露爲恩澤，皆非詩義。故『野有蔓草，零露湑兮』，亦以爲君之澤不下流，皆局於一箇死例，所以如此。周禮以六詩教國子，當時未有注解，不過教之曰，此興也，此比也，此賦也。興者，人便自作興看；比者，人便自作比看。興只是興起，謂下句直説不起，故將上句帶起來説，如何去上討義理？今欲觀詩，不若且置小序及舊説，只將元詩虚心熟讀，徐徐玩味。候彷彿見箇詩人本意，却從此推尋將去，方有感發。如人拾得一箇無題目詩，再三熟看，亦須辨得出來。若被舊説一局局定，便看不出。今雖説不用舊説，終被他先入在内，不期依舊從它去。某向作詩解，文字初用小序，至解不行處，亦曲爲之説。後來覺得不安，第二次解者，雖存小序，間爲辨破，然終是不見詩人本意。後來方知，只盡去小序，便自可通。於是盡滌舊説，詩意方活。」又曰：「變風中固多好詩，雖其間有没意思者，然亦須得其命辭遣意處，方可觀。後人便自做箇道理解説，於其造意下語處，元不及究。只後代文集中詩，亦多不解其辭意者。樂府中羅敷行，羅敷即使君之妻，使君即羅敷之夫。其曰『使君自有婦，羅敷自有夫』，正相戲之辭。」又曰：「『夫婿從東來，千騎居上頭』，觀其氣象，即使君也。後人亦錯解了。須得其辭意，方見好笑處。」必大。

學者當「興於詩」。須先去了小序，只將本文熟讀玩味，仍不可先看諸家注解。看得久之，自然認得此詩是説箇甚事。謂如拾得箇無題目詩，説此花既白又香，是盛寒開，必是梅花詩也。卷阿，召康公戒成王，其始只説箇好意思，如「豈弟君子」，皆指成王。「純嘏」、「爾壽」之類，皆説優游享福之事，至「有馮有翼」以下，方説用賢。大抵告人之法亦當如此，須先令人歆慕此事，則其肯從吾言，必樂爲之矣。人傑。

讀詩正在於吟咏諷誦，觀其委曲折旋之意，如吾自作此詩，自然足以感發善心。今公讀詩，只是將己意去包籠他，如做時文相似。中間委曲周旋之意，盡不曾理會得，濟得甚事？若如此看，只一日便可看盡，何用逐日只捱得數章，而又不曾透徹耶？且如人入城郭，須是逐街坊里巷、屋廬臺榭、車馬人物，一一看過，方是。今公等只是外面望見城是如此，便説我都知得了。如鄭詩雖淫亂，然出其東門一詩，却如此好。女曰鷄鳴一詩，意思亦好。讀之，真箇有不知手之舞、足之蹈者！僩。以下論詩在熟讀玩味。

詩，如今恁地注解了，自是分曉，易理會。但須是沉潛諷誦，玩味義理，咀嚼滋味，方有所益。若是草草看過一部詩，只兩三日可了，但不得滋味，也記不得，全不濟事。古人說「詩可以興」，須是讀了有興起處，方是讀詩。若不能興起，便不是讀詩。因說，永嘉之學，只是要立新巧之說，少間指摘東西，鬬湊零碎，便立說去。縱說得是，也只無益，莫道又未是。木之。

讀詩之法，只是熟讀涵味，自然和氣從胸中流出，其妙處不可得而言。不待安排措置，務自立說，只恁平讀着，意思自足。須是打疊得這心光蕩蕩地，不立一箇字，只管虛心讀他，少間推來推去，自然推出那箇道理。所以說「以此洗心」，便是以這道理盡洗出那心裏物事，渾然都是道理。上蔡曰：「學詩，須先識得『六義』體面，而諷味以得之。」此是讀詩之要法。看來書只是要讀，讀得熟時，道理自見，切忌先自布置立說！僩。

問學者：「誦詩，每篇誦得幾遍？」曰：「也不曾記，只覺得熟便止。」曰：「便是不得。須是讀熟了，文義都曉得了，涵泳讀取百來遍，方見得那好處，那好處方出，方見得精怪。見公每日說得來乾燥，元來不曾熟讀。若讀到精熟時，意思自說不得。如人下種子，既下得種了，須是討水去灌溉他，討糞去培擁他，與他耘鋤，方是下工夫養他處。今却只下得箇種子了便休，都無耘治培養工夫。如人相見，纔見了，便散去，都不曾交一談，如此何益！所以意思都不生，與自家都不相入，都恁地乾燥。這箇貪多不得。讀得這一篇，恨不得常熟讀此篇，如無那第二篇方好。而今只是貪多，讀第一篇了，便要讀第二篇；讀第二篇了，便要讀第三篇。恁地不成讀書，此便是大不敬！此句厲聲說。須是殺了那走作底心，方可讀書。」僩。

「大凡讀書，先曉得文義了，只是常常熟讀。如看詩，不須得着意去裏面訓解，但只平平地涵泳自好。」因舉「池之竭矣，不云自頻；泉之竭矣，不云自中」四句，吟咏者久之。又曰：「大雅中如烝民、板、抑等詩，自有好底。董氏舉侯苞言，衞武公作抑詩，使人日誦於其側，不知此出在何處。他讀書多，想見是如此。」又曰：「如孟子，也大故分曉，也不用解他，熟讀滋味自出。」夔孫。

先生問林武子：「看詩何處？」曰：「至大雅。」大聲曰：「公前日方看節南山，如何恁地快！恁地不得！而今人看文字，敏底一揭開板便曉，但於意味却不曾得。便只管看時，也只是恁地。但百遍自是强五十遍時，二百遍自是强一百遍時。『題彼脊鴒，載飛載鳴；我日斯邁，而月斯征。夙興夜寐，無忝爾所生！』這箇看時，也只是恁地，但裏面意思却有說不得底。解不得底意思，却在說不得底裏面。」又曰：「生民等篇，也可見祭祀次第，此與儀禮正相合。」義剛。

問時舉：「看文字如何？」曰：「詩傳今日方看得綱領。要之，緊要是要識得六義頭面分明，則詩亦無難看者。」曰：「讀詩全在諷詠得熟，則六義將自分明。須使篇篇有箇下落，始得。且如子善向看易傳，往往畢竟不曾熟。如此，則何緣會浹洽！橫渠云：『書須成誦，精思多在夜中，或静坐得之。不記，則思不起。』今學者看文字，若記不得，則何緣貫通！」時舉曰：「緣資性魯鈍，全記不起。」曰：「只是貪多，故記不得。福州陳止之極魯鈍，每讀書，只讀五十字，必三二百遍而後能熟；精習讀去，後來却赴賢良。要知人只是不會耐苦耳。凡學者要須做得人難做底事，方好。若見做不得，便不去做，要任其自然，何緣做得事成？切宜勉之！」時舉。

問：「看詩如何？」曰：「方看得關雎一篇，未有疑處。」曰：「未要去討疑處，只熟看。某注得訓詁字字分明，却便玩索涵泳，方有所得。若便要立議論，往往裏面曲折，其實未曉，只髣髴見得，便自虚說耳，恐不濟事。此是三百篇之首，可更熟看。」時舉。

先生謂學者曰：「公看詩，只看集傳，全不看古注。」曰：「某意欲先看了先生集傳，却看諸家解。」曰：「便是不如此，無却看底道理。才說却理會，便是悠悠語。今見看詩，不從頭看一過，云，且等我看了一箇了，却看那箇，幾時得再看？如廝殺相似，只是殺一陣便了，不成説今夜且如此廝殺，明日重新又殺一番！」僩。

文蔚泛看諸家詩説。先生曰：「某有集傳。」後只看集傳，先生又曰：「曾參看諸家否？」曰：「不曾。」曰：「却不可。」文蔚。

解詩

漢書傳訓皆與經別行。三傳之文不與經連，故石經書公羊傳皆無經文。藝文志云：「毛詩經二十九卷，毛詩詁訓傳三十卷。」是毛爲詁訓，亦不與經連也。馬融爲周禮注，乃云，欲省學者兩讀，故具載本文，然則後漢以來始就經爲注。未審此詩引經附傳，是誰爲之？其毛詩二十九卷，不知併何卷也。

毛鄭，所謂山東老學究。歐陽會文章，故詩意得之亦多。但是不合以今人文章如他底意思去看，故皆局促了詩意。古人文章有五七十里不回頭者。蘇黄門詩説疏放，覺得好。振。

歐陽公有詩本義二十餘篇，煞説得有好處。有詩本末篇。又有論云：「何者爲詩之本？何者爲詩之末？詩之本，不可不理會；詩之末，不理會得也無妨。」其論甚好。近世自集注文字出，此等文字都不見了，也害事。如吕伯恭讀詩記，人只是看這箇。它上面有底便看，無底更不知看了。僩。

因言歐陽永叔本義，而曰：「理義大本復明於世，固自周程，然先此諸儒亦多有助。舊來儒者不越注疏而已，至永叔、原父、孫明復諸公，始自出議論，如李泰伯文字亦自好。此是運數將開，理義漸欲復明於世故也。蘇明允説歐陽之文處，形容得極好。近見其奏議文字，如回河等劄子，皆説得盡，誠如老蘇所言。便如詩本義中辨毛鄭處，文辭舒緩，而其説直到底，不可移易。」畬。

程先生詩傳取義太多。詩人平易，恐不如此。横渠云：「置心平易始知詩。」然横渠解詩多不平易。程子説胡安定解九四作太子事，云：「若一爻作一事，只做得三百八十四事！」此真看易之法。然易傳中亦有偏解作一事者。林艾軒嘗云：「伊川解經，有説得未的當處。此文義間事，安能一一皆是？若大頭項則伊川底却是。」此善觀伊川者。陸子静看得二程低，此恐子静看其説未透耳。譬如一塊精金，却道不是金；非金之不好，蓋是不識金也。人傑。必大録云：「横渠解『悠悠蒼天，此何人哉』！却不平易。」

子由詩解好處多，歐公詩本義亦好。因説：「東萊改本書解，無闕疑處，只據意説去。」木之問：「書解誰底好看？」曰：「東坡解，大綱也好，只有失。如説『人心惟危』這般處，便説得差了。如今看他底，須是識他是與不是處，始得。」木之。

問：「讀詩記序中『雅、鄭，邪、正』之説未明。」曰：「向來看詩中鄭詩、邶、鄘、衛詩，便是鄭衛之音，其詩大段邪淫。伯恭直以謂詩皆賢人所作，皆可歌之宗廟，用之賓客，此甚不然！如國風中亦多有邪淫者。」又問「思無邪」之義。曰：「此只是三百篇可蔽以詩中此言。所謂『無邪』者，讀詩之大體，善者可以勸，而惡者可以戒。若以爲皆賢人所作，賢人決不肯爲此。若只一鄉一里中有箇恁地人，專一作此怨刺，恐亦不静。至於皆欲被之絃歌，用之宗廟，如鄭、衛之詩，豈不褻瀆！用以祭幽、厲、褒姒可也。施之賓客燕享，亦待好賓客不得，須衛靈陳幽乃可耳。所謂『詩可以興』者，使人興起有所感發，有所懲創。『可以觀』者，見一時之習俗如此，所以聖人存之不盡删去，便盡見當時風俗美惡，非謂皆賢人所作耳。大序説『止乎禮義』，亦可疑，小序尤不可信，皆是後人託之，仍是不識義理，不曉事。如山東學究者，皆是取之左傳、史記中所不取之君，隨其謚之美惡，有得惡謚，及傳中載其人之事者，凡一時惡詩，盡以歸之。最是鄭忽可憐，凡鄭風中惡詩皆以爲刺之。伯恭又欲主張小序，煅煉得鄭忽罪不勝誅。鄭忽却不是狡，若是狡時，他却須結齊國之援，有以鉗制祭仲之徒，決不至於失國也。謚法中如『墮覆社稷曰頃』，便將柏舟一詩硬差排爲衛頃公，便云『賢人不遇，小人在側』，更無分疏處。『愿而無立曰僖』，衡門之詩便以誘陳僖『愿而無立志』言之。如子衿只是淫奔之詩，豈是學校中氣象！褰裳詩中『子惠思我，褰裳涉溱』，至『狂童之狂也且』，豈不是淫奔之辭！只緣左傳中韓宣子引『豈無他人』，便將做國人思大國之正己。不知古人引詩，但借其言以寓己意，初不理會上下文義，偶一時引之耳。伯恭只詩綱領第一條，便載上蔡之說。上蔡費盡辭說，只解得箇『怨而不怒』。纔先引此，便是先瞎了一部文字眼目！」㽦。

問：「今人自做一詩，其所寓之意，亦只自曉得，前輩詩如何可盡解？」曰：「何況三百篇，後人不肯道不會，須要字字句句解得麼！」

當時解詩時，且讀本文四五十遍，已得六七分。却看諸人說與我意如何，大綱都得之，又讀三四十遍，則道理流通自得矣。

或問詩。曰：「詩幾年埋没，被某取得出來，被公們看得恁地搭滯。看十年，仍舊死了那一部詩！今若有會讀書底人，看某詩傳，有不活絡處都塗了，方好。而今詩傳只堪減，不堪添。」胡（沫）〔泳〕〔一〕。

伯恭說詩太巧，亦未必然，古人直不如此。今某說，皆直靠直說。揚。

〔一〕據序目改。

李茂欽問："先生曾與東萊辨論淫奔之詩。東萊謂詩人所作，先生謂淫奔者之言，至今未曉其說。"曰："若是詩人所作譏刺淫奔，則婺州人如有淫奔，東萊何不作一詩刺之？"茂欽又引他事問難。先生曰："未須別說，只爲我答此一句來。"茂欽辭窮。先生曰："若人家有隱僻事，便作詩訐其短譏刺，此乃今之輕薄子，好作謔詞嘲鄉里之類，爲一鄉所疾害者。詩人溫醇，必不如此。如詩中所言有善有惡，聖人兩存之，善可勸，惡可戒。"杞。

某解詩，多不依他序。縱解得不好，也不過只是得罪於作序之人。只依序解，而不考本詩上下文意，則得罪於聖賢也。揚。

因說學者解詩，曰："某舊時看詩，數十家之說一一都從頭記得，初間那裏敢便判斷那說是、那說不是。看熟久之，方見得這說似是，那說似不是；或頭邊是，尾說不相應；或中間數句是，兩頭不是；或尾頭是，頭邊不是。然也未敢便判斷，疑恐是如此。又看久之，方審得這說是，那說不是。又熟看久之，方敢決定斷說這說是，那說不是。這一部詩，並諸家解都包在肚裏。公而今只是見已前人解詩，便也要注解，更不問道理。只認捉着，便據自家意思說，於己無益，於經有害，濟得甚事！凡先儒解經，雖未知道，然其盡一生之力，縱未說得七八分，也有三四分。且須熟讀詳究，以審其是非而爲吾之益。今公纔看着便妄生去取，肆以己意，是發明得箇甚麼道理？公且説，人之讀書，是要將作甚麼用？所貴乎讀書者，是要理會這箇道理，以反之於身，爲我之益而已。」僩。

詩傳中或云「姑從」，或云「且從其説」之類，皆未有所考，不免且用其説。拱（壽）〔壽〕〔一〕。

詩傳只得如此説，不容更着語，工夫却在讀者。必大。

問：「分『詩之經，詩之傳』，何也？」曰：「此得之於吕伯恭。風雅之正則爲經，風雅之變則爲傳。如屈平之作離騷，即經也。如後人作反騷與九辯之類，則爲傳耳。」煇。

〔一〕據陳本改。

朱子語類卷第八十一

詩二

周南　關雎兼論二南。

詩未論音律，且如讀二南，與鄭衛之詩相去多少！

問：「程氏云：『詩有二南，猶易有乾坤。』莫只是以功化淺深言之？」曰：「不然。」問：「莫是王者、諸侯之分不同？」曰：「今只看大序中說，便可見。大序云：『關雎、麟趾之化，王者之風，故繫之周公；鵲巢、騶虞之德，諸侯之風，先王之所以教，故繫之召公。』只看那『化』字與『德』字及『所以教』字，便見二南猶乾坤也。」文蔚。

「前輩謂二南猶易之乾坤，其詩粹然無非道理，與他詩不同。」曰：「須是寬中看緊底意思。」因言：「匡衡漢儒，幾語亦自說得好。」曰：「便是他做處却不如此。」炎。

關雎一詩文理深奧，如乾坤卦一般，只可熟讀詳味，不可說。至如葛覃、卷耳，其言迫切，主於一事，便不如此了。又曰：「讀詩須得他六義之體，如風雅頌則是詩人之格。後人説詩以爲雜雅頌者，緣釋七月之詩者以爲備風雅頌三體，所以啓後人之説如此。」又曰：「『興』之爲言，起也，言興物而起其意。如『青青陵上柏』，『青青河畔草』，皆是興物詩也。如『藁砧今何在』，『何當大刀頭』，皆是比詩體也。」卓。

敬子説詩周南。曰：「他大綱領處只在戒慎恐懼上。只自『關關雎鳩』便從這裏做起，後面只是漸漸推得闊。」僩。

讀關雎之詩，便使人有齊莊中正意思，所以冠于三百篇；與禮首言「毋不敬」，書首言「欽明文思」，皆同。𠷎。

問：「二南之詩，真是以此風化天下否？」曰：「亦不須問是要風化天下與不風化天下，且要從『關關雎鳩，在河之洲』云云裏面看義理是如何。今人讀書，只是説向外面去，却於本文全不識！」木之。

「關雎之詩，非民俗所可言，度是宮闈中所作。」問：「程子云是周公作。」曰：「也未見得是。」木之。

關雎，看來是妾媵做，所以形容得寤寐反側之事，外人做不到此。明作。

樂得淑女以配君子。憂在進賢，不淫其色。天理、人欲。方。

說后妃多，失却文王了。今以「君子」爲文王。伊川詩說多未是。璘。

問器遠：「君舉所說詩，謂關雎如何？」曰：「謂后妃自謙，不敢當君子。謂如此之淑女，方可爲君子之仇匹，這便是后妃之德。」曰：「這是鄭氏也如此說了。某看來，恁地說也得。只是覺得偏主一事，無正大之意。關雎如易之乾坤意思，如何得恁地無方際！如下面諸篇，却多就一事說。這只反覆形容后妃之德，而不可指說道甚麽是德。只恁地渾淪說，這便見后妃德盛難言處。」賀孫。

問曹兄云：「陳丈說關雎如何？」曹云：「言關雎以美夫人，有謙退不敢自當君子之德。」曰：「如此，則淑女又別是一箇人也。」曹云：「是如此。」先生笑曰：「今人說經，多是恁地回互說去。如史丞相說書，多是如此。說『祖伊恐奔告于受』處，亦以紂爲好人而不殺祖伊；若他人，則殺之矣。」先生乃云：「讀書且虛心去看，未要自去取舍。且依古人書恁地讀去，久後自然見得義理。」卓。

魏兄問「左右芼之」。曰：「芼，是擇也；左右擇而取之也。」卓。

解詩，如抱橋柱浴水一般，終是離脫不得鳥獸草木。今在眼前識得底，便可窮究。且如雎鳩，不知是箇甚物？亦只得從他古說，道是「鷙而有別」之類。

魏才仲問：「詩關雎注：『摯，至也。』至先生作『切至』說，似形容其美，何如？」曰：

「也只是恁地。」問「芼」字。曰：「擇也。讀詩，只是將意思想象去看，不如他書字字要捉縛教定。詩意只是疊疊推上去，因一事上有一事，一事上又有一事。如關雎形容后妃之德如此；又當知君子之德如此；又當知詩人形容得意味深長如此，必不是以下底人；又當知所以齊家，所以治國，所以平天下，人君則必當如文王，后妃則必當如太姒，其原如此。」賀孫。

睢鳩，毛氏以爲「摯而有別」。一家作「猛摯」説，謂睢鳩是鶚之屬。鶚自是沉摯之物，恐無和樂之意。蓋「摯」與「至」同，言其情意相與深至，而未嘗狎，便見其樂而不淫之意。此是興詩。興，起也，引物以起吾意。如睢鳩是摯而有別之物，荇菜是潔浄和柔之物，引此起興，猶不甚遠。其他亦有全不相類，只借他物而起吾意者，雖皆是興，與關雎又略不同也。時舉。

古説關雎爲王雎，摯而有別，居水中，善捕魚。説得來可畏，當是鷹鸇之類，做得勇武氣象，恐后妃不然。某見人説，淮上有一般水禽名王雎，雖兩兩相隨，然相離每遠，此説却與列女傳所引義合。浩。

王鳩，嘗見淮上人説，淮上有之，狀如此間之鳩，差小而長，常是雌雄二箇不相失。雖然二箇不相失，亦不曾相近而立處，須是隔丈來地，所謂「摯而有別」也。「人未嘗見其匹居而乘處。」乘處，謂四箇同處也。只是二箇相隨，既不失其偶，又未嘗近而相狎，所以爲貴也。余正甫云：「『宵行』，自是夜光之蟲，夜行於地。『熠耀』，言其光耳，非螢也。苣，今之苦蕒。」賀孫。

卷耳

問：「卷耳與前篇葛覃同是賦體，又似略不同。蓋葛覃直叙其所嘗經歷之事，卷耳則是託言也。」曰：「亦安知后妃之不自采卷耳？設使不曾經歷，而自言我之所懷者如此，則亦是賦體也。若螽斯則只是比，蓋借螽斯以比后妃之子孫衆多。『宜爾子孫振振兮』，却自是説螽斯之子孫，不是説后妃之子孫也。蓋比詩多不説破這意，然亦有説破者。此前數篇，賦、比、興皆已備矣。自此推之，令篇篇各有着落，乃好。」時舉因云：「螽，只是春秋所書之螽。竊疑『斯』字只是語辭，恐不可把『螽斯』爲名。」曰：「詩中固有以『斯』爲語者，如『鹿斯之奔』、『湛湛露斯』之類是也。然七月詩乃云『斯螽動股』，則恐『螽斯』即便是名也。」時舉。

樛木

問：「樛木詩『樂只君子』，作后妃，亦無害否？」曰：「以文義推之，不得不作后妃。若作文王，恐太隔越了。某所著詩傳，蓋皆推尋其脈理，以平易求之，不敢用一毫私意。大抵古人道言語，自是不泥著。」某云：「詩人道言語，皆發乎情，又不比他書。」曰：「然。」可學。

螽斯

不妬忌，是后妃之一節。關雎所論是全體。方子。

兔罝

問：「兔罝詩作賦看，得否？」曰：「亦可作賦看。但其辭上下相應，恐當爲興。然亦是興之賦。」可學。

漢廣

問：「文王時，紂在河北，政化只行於江漢？」曰：「然。西方亦有玁狁。」可學。

漢廣游女，求而不可得。行露之男，不能侵陵正女。豈當時婦人蒙化，而男子則非！亦是偶有此樣詩說得一邊。淳。

問：「『漢之廣矣，不可泳思；江之永矣，不可方思。』此是興，何如？」曰：「主意只説『漢有游女，不可求思』兩句。六句是反覆説。如『奕奕寢廟，君子作之；秩秩大猷，聖人莫之。他人有心，予忖度之；躍躍毚兔，遇犬獲之』，上下六句，亦只興出『他人有心』兩句。」賀孫。詩傳今作「興而比」。

汝墳

君舉詩言，汝墳是已被文王之化者，江漢是聞文王之化而未被其澤者。却有意思。

麟趾

問：「麟趾、騶虞之詩，莫是當時有此二物出來否？」曰：「不是，只是取以爲比，云即此便是麟，便是騶虞。」又問：「詩序説『麟趾之時』，無義理。」曰：「此語有病。」木之。

時舉説：「『雖衰世之公子，皆信厚如麟趾之時』，似亦不成文理。」曰：「是。」時舉。

召南　鵲巢

問：「召南之有鵲巢，猶周南之有關雎。關雎言『窈窕淑女』，則是明言后妃之德也。

惟鵲巢三章皆不言夫人之德，如何？」曰：「鳩之爲物，其性專静無比，可借以見夫人之德也。」時舉。

采蘩

問：「采蘋蘩以供祭祀，采枲耳以備酒漿，后妃夫人恐未必親爲之。」曰：「詩人且是如此說。」德明。

器之問：「采蘩何故存兩說？」曰：「如今不見得果是如何，且與兩存。從來說蘩所以生蠶，可以供蠶事。何必底死說道只爲奉祭事，不爲蠶事？」木之。

問：「采蘩詩，若只作祭事說，自是曉然。若作蠶事說，雖與葛覃同類，而恐實非也。葛覃是女功，采蘩是婦職，以爲同類，亦無不可，何必以蠶事而後同耶？」曰：「此說亦姑存之而已。」時舉。

殷其雷

問：「殷其雷，比君子于役之類，莫是寬緩和平，故入正風？」曰：「固然。但正、變風亦是後人如此分別，當時亦只是大約如此取之。聖人之言，在春秋、易、書無一字虚。至於詩，則發乎情，不同。」可學。

摽有梅

問：「摽有梅何以入於正風？」曰：「此乃當文王與紂之世，方變惡入善，未可全責備。」可學。

問：「摽有梅之詩固出於正，只是如此急迫，何耶？」曰：「此亦是人之情。嘗見晉、宋間有怨父母之詩。讀詩者於此，亦欲達男女之情。」文蔚。

江有汜

器之問江有汜序「勤而無怨」之說。曰：「便是序不可信如此。詩序自是兩三人作。今但信詩不必信序。只看詩中說『不我以』，『不我過』，『不我與』，便自見得不與同去之意，安得『勤而無怨』之意？」因問器之：「此詩，召南詩。如何公方看周南，便又說召南？讀書且要逐處沉潛，次第理會，不要班班剥剥，指東摘西，都不濟事。若能沉潛專一看得文字，只此便是治心養性之法。」木之。

何彼穠矣

問：「何彼穠矣之詩，何以録於召南？」曰：「也是有些不穩當。但先儒相傳如此説，也只得恁地就他説。如定要分箇正經及變詩，也自難考據。如頌中儘多周公説話，而風雅又未知如何。」賀孫。

「雖則王姬，亦下嫁於諸侯，車服不繫其夫，下王后一等。」只是一句，其語拙耳。璘。

騶虞

騶虞之詩，蓋於田獵之際，見動植之蕃庶，因以贊詠文王平昔仁澤之所及，而非指田獵之事爲仁也。禮曰：「無事而不田曰不敬。」故此詩「彼茁者葭」，仁也；「一發五豝」，義也。必大。

仁在一發之前。使庶類蕃殖者，仁也；「一發五豝」者，義也。人傑。

「于嗟乎騶虞！」看來只可解做獸名。以「于嗟麟兮」類之，可見。若解做騶虞官，終無甚意思。僩。

邶　柏舟

問：「『汎彼柏舟，亦汎其流』，注作比義。看來與『關關雎鳩，在河之洲』，亦無異，彼何以爲興？」曰：「他下面便説淑女，見得是因彼興此。此詩纔説柏舟，下面更無貼意，見得其義是比。」時舉。

陳器之疑柏舟詩解「日居月諸，胡迭而微」太深。又屢辨賦、比、興之體。曰：「賦、比、興固不可以不辨。然讀詩者須當諷味，看他詩人之意是在甚處。如柏舟，婦人不得於其夫，宜其怨之深矣。而其言曰：『我思古人，實獲我心！』又曰：『静言思之，不能奮飛！』其詞氣忠厚惻怛，怨而不過如此，所謂『止乎禮義』而中喜怒哀樂之節者。所以雖爲變風，而繼二南之後者以此。臣之不得於其君，子之不得於其父，弟之不得於其兄，朋友之不相信，處之皆當以此爲法。如屈原不忍其憤，懷沙赴水，此賢者過之也。賈誼云：『歷九州而相其君兮，何必懷此都也？』則又失之遠矣！讀詩須合如此看。所謂『詩可以興，可以觀，可以羣，可以怨』，是詩中一箇大義，不可不理會得也！」閎祖。

器之問：「『静言思之，不能奮飛！』似猶未有和平意。」曰：「也只是如此説，無過當處。既有可怨之事，亦須還他有怨底意思，終不成只如平時，却與土木相似！只看舜之號泣旻天，更有甚於此者。喜怒哀樂，但發之不過其則耳，亦豈可無？聖賢處憂患，只要不失其正。如緑衣言『我思古人，實獲我心』，這般意思却又分外好。」木之。

緑衣

或問緑衣卒章「我思古人，實獲我心」二句。曰：「言古人所爲，恰與我合，只此便是至善。前乎千百世之已往，後乎千百世之未來，只是此箇道理。孟子所謂『得志行乎中國，若合符節』，正謂是爾。」胡泳。

燕燕

或問：「燕燕卒章，戴嬀不以莊公之已死，而勉莊姜以思之，可見温和惠順而能終也。亦緣他之心塞實淵深，所稟之厚，故能如此。」曰：「不知古人文字之美，詞氣温和，義理精密如此！秦漢以後無此等語。某讀詩，於此數句；讀書，至『先王肇修人紀，從諫弗咈，先民時若；居上克明，爲下克忠，與人不求備，檢身若不及；以至于有萬邦，兹惟艱哉』，深誦嘆之！」胡泳。

時舉説：「燕燕詩前三章，但見莊姜拳拳於戴嬀，有不能已者。及四章，乃見莊姜於戴嬀非是情愛之私，由其有塞淵温惠之德，能自淑慎其身，又能以先君之思而勉己以不忘，則見戴嬀平日於莊姜相勸勉以善者多矣。故於其歸而愛之若此，無非情性之正也。」先生頷之。時舉。

日月終風

又說：「日月、終風二篇，據集注云，當在燕燕之前。以某觀之，終風當在先，日月當次之，燕燕是莊公死後之詩，當居最後。蓋詳終風之辭，莊公於莊姜猶有往來之時，但不暴則狎，莊姜不能堪耳。至日月，則見莊公已絶不顧莊姜，而莊姜不免微怨矣。以此觀之，則終風當先，而日月當次。」曰：「恐或如此。」時舉。

式微

器之問：「式微詩以爲勸耶？戒耶？」曰：「亦不必如此看，只是隨它當時所作之意如此，便與存在，也可以見得有羈旅狼狽之君如此，而方伯連帥無救卹之意。今人多被『止乎禮義』一句泥了，只管去曲説。且要平心看詩人之意。如北門只是説官卑禄薄，無可如何。又如摽有梅，女子自言婚姻之意如此。看來自非正理，但人情亦自有如此者，不可不知。向見伯恭麗澤詩，有唐人女，言兄嫂不以嫁之詩，亦自鄙俚可惡。後來思之，亦自是見得人之情處。爲父母者能於是而察之，則必使之及時矣，此所謂『詩可以觀』。」子升問：「麗澤詩編得如何？」曰：「大綱亦好，但自據他之意揀擇。大率多喜深巧有意者，若平淡底詩，則多不取。」問：「此亦有接續三百篇之意否？」曰：「不知。他亦須有此意。」木之。

簡兮

問：「簡兮詩，張子謂『其迹如此，而其中固有以過人者』。夫能卷而懷之，是固可以爲賢。然以聖賢出處律之，恐未可以爲盡善。」曰：「古之伶官，亦非甚賤；其所執者，猶是先王之正樂。故獻工之禮，亦與之交酢。但賢者而爲此，則自不得志耳。」時舉。

泉水

問：「『駕言出遊，以寫我憂』，注云：『安得出遊於彼，而寫其憂哉！』恐只是因思歸不得，故欲出遊於國，以寫其憂否？」曰：「夫人之遊，亦不可輕出，只是思遊於彼地耳。」時舉。

北門

問："北門詩，只作賦說，如何？"曰："當作賦而比。當時必因出北門而後作此詩，亦有比意思。"可學。

問："『莫赤匪狐，莫黑匪烏』，狐與烏，不知詩人以比何物？"曰："不但指一物而言。當國將危亂時，凡所見者無非不好底景象也。"時舉。

静女

問："静女，注以爲淫奔期會之詩，以静爲閒雅之意。不知淫奔之人方相與狎溺，又何取乎閒雅？"曰："淫奔之人不知其爲可醜，但見其爲可愛耳。以女而俟人於城隅，安得謂之閒雅？而此曰『静女』者，猶日月詩所謂『德音無良』也。無良，則不足以爲德音矣，而此曰『德音』，亦愛之之辭也。"時舉。

二子乘舟

問："二子乘舟，注取太史公語，謂二子與申生不明驪姬之過同。其意似取之，未知如何？」曰：「太史公之言有所抑揚，謂三人皆惡傷父之志，而終於死之，其情則可取。雖於理爲未當，然視夫父子相殺、兄弟相戮者，則大相遠矣！」時舉。

因說，宣姜生衛文公、宋桓夫人、許穆夫人、衛伋、壽。以此觀之，則人生自有秉彝，不係氣類。燾。

干旄

問文蔚：「『彼姝者子』，指誰而言？」文蔚曰：「集傳言大夫乘此車馬，以見賢者。賢者言：『車中之人，德美如此，我將何以告之？』」曰：「此依舊是用小序說。」「此只是傍人見此人有好善之誠。」曰：「『彼姝者子，何以告之？』蓋指賢者而言也。如此說，方不費力。今若如集傳說，是說斷了再起，覺得費力。」文蔚。

淇奧

文蔚曰：「淇奧一篇，衛武公進德成德之序，始終可見。一章言切磋琢磨，則學問自修之功精密如此。二章言威儀服飾之盛，有諸中而形諸外者也。三章言如金錫圭璧則煆煉以精，温純深粹，而德器成矣。前二章皆有『瑟、僩、赫、咺』之詞，三章但言『寬、綽、戲、謔』而已。於此可見不事矜持，而周旋自然中禮之意。」曰：「説得甚善。衞武公學問之功甚不苟，年九十五歲，猶命羣臣使進規諫。至如抑詩是他自警之詩，後人不知，遂以爲戒厲王。畢竟周之卿士去聖人近，氣象自是不同。且如劉康公謂『民受天地之中以生』，便説得這般言語出。」文蔚。

君子陽陽

「『君子陽陽』，先生不作淫亂説，何如？」曰：「有箇『君子于役』，如何别將這箇做一樣説？『由房』，只是人出入處。古人屋，於房處前有壁，後無壁，所以通内。所謂『焉得諼草，言樹之背』，蓋房之北也。」賀孫。

狡童兼論鄭詩。

鄭衞皆淫奔之詩，風雨、狡童皆是。又豈是思君子，刺忽？忽愚，何以爲狡？振。

經書都被人説壞了，前後相仍不覺。且如狡童詩是序之妄。安得當時人民敢指其君爲「狡童」！況忽之所爲，可謂之愚，何狡之有？當是男女相怨之詩。浩。

問：「『狡童，刺忽也。』古注謂詩人以『狡童』指忽而言。前輩嘗舉春秋書忽之法，且引碩鼠以況其義。先生詩解取程子之言，謂作詩未必皆聖賢，則其言豈免小疵？孔子删詩而不去之者，特取其可以爲後戒耳。琮謂，鄭之詩人果若指斥其君，目以『狡童』，其疵大矣，孔子自應删去。」曰：「如何見得？」曰：「似不曾以『狡童』指忽。且今所謂『彼』者，它人之義也；所謂『子』者，爾之義也。他與爾似非共指一人而言。今詩人以『維子之故，使我不能餐兮』，爲憂忽之辭，則『彼狡童兮』，自應別有所指矣。」曰：「却是指誰？」曰：「必是當時擅命之臣。」曰：「『不與我言兮』，却是如何？」曰：「如祭仲賣國受盟之事，國人何嘗與知？琮因是以求碩鼠之義，烏知必指其君，而非指其任事之臣哉？」曰：「如此解經，盡是詩序悞人。鄭忽如何做得狡童！若是狡童，自會託婚大國，而借其助矣。謂之頑童可也。許多鄭風，只是孔子一言斷了曰：『鄭聲淫。』如將仲子，自是男女相與之辭，却干祭仲、共叔段甚事？如褰裳，自是男女相咎之辭，却干忽與突爭國甚事？但以意推看狡童，便見所指是何人矣。不特鄭風，詩序大率皆然。」問：「每篇詩名下一句恐不可無，自一句而下却似無用。」曰：「蘇氏有此說。且如卷耳，如何是后妃之志？南山有臺，如何是樂得賢？甚至漢廣之詩，寧是『文王之道』以下至『求而不可得也』尚自不妨，却如『德廣所及也』一句成甚說話！」又問：「大序如何？」曰：「其間亦自有鑿說處，如言『國史明乎得失之迹』。按周禮史官如太史、小史、內史、外史，其職不過掌書，無掌詩者。不知

『明得失之迹』却干國史甚事？」曰：「舊聞先生不取詩序之説，未能領受。今聽一言之下，遂活却一部毛詩！」琮。

江疇問：「『狡童，刺忽也』，言其疾之太重。」曰：「若以當時之暴斂於民觀之，爲言亦不爲重。蓋民之於君，聚則爲君臣，散則爲仇讎，如孟子所謂『君之視臣如草芥，則臣視君如寇仇』是也。然詩人之意，本不如此，何曾言『狡童』是刺忽？而序詩者妄意言之，致得人如此説。聖人言『鄭聲淫』者，蓋鄭人之詩，多是言當時風俗男女淫奔，故有此等語。狡童，想説當時之人，非刺其君也。」又曰：「詩辭多是出於當時鄉談鄙俚之語，雜而爲之。如鴟鴞云『拮据』、『捋荼』之語，皆此類也。」又曰：「此言乃周公爲之。周公，不知其人如何，然其言皆聱牙難考。如書中周公之言便難讀，如立政、君奭之篇是也。最好者惟無逸一書，中間用字亦有『譸張爲幻』之語。至若周官、蔡仲等篇，却是官樣文字，必出於當時有司潤色之文，非純周公語也。」又曰：「古人作詩，多有用意不相連續。如『嘒彼小星，三五在東』，釋者皆云，『小星』者，是在天至小之星也；『三五在東』者，是五緯之星應在於東也。其言全不相貫。」卓。

問：「碩鼠、狡童之刺其君，不已甚乎？」曰：「碩鼠刺君重斂，蓋暴取虐民，民怨之極，則將視君如寇仇，故發爲怨上之辭至此。若狡童詩，本非是刺忽。纔做刺忽，便費得無限杜撰説話。鄭忽之罪不至已甚。往往如宋襄這般人，大言無當，有甚狡處？狡童刺忽，全不近傍些子，若鄭突却是狡。詩意本不如此。聖人云：『鄭聲淫。』蓋周衰，惟鄭國最爲淫俗，故諸詩多是此事。東萊將鄭忽深文詆斥得可畏。」賀孫。

曹云：「陳先生以此詩不是刺忽，但詩人説他人之言。如『彼狡童兮，不與我言兮；微子之故，使我不能餐兮』，言狡童不與我言，則已之。」曰：「又去裏面添一箇『休』字也。這只是衞人當時淫奔，故其言鄙俚如此，非是爲君言也。」卓。

鷄鳴

問：「鷄鳴詩序却似不妨，詩中却要理會。其曰：『鷄既鳴矣，朝既盈矣。匪鷄則鳴，蒼蠅之聲。』舊注謂夫人以蠅聲爲鷄聲，所以警戒。所恃以感君聽者，言有誠實而已。今鷄本未鳴，乃借蠅聲以紿之，一夕偶然，其君尚以爲非信，它夕其復敢言乎？」「是。」〔一〕曰：「莫是要作推託不肯起之意在否？鄙見政謂是酬答之辭。」曰：「如此説，亦可。」琮。

〔一〕「是」上似脱「曰」字。

著

問：「著是刺何人？」曰：「不知所刺，但覺是親迎底詩。古者五等之爵，朝、祭祀似皆以充耳，亦不知是説何人親迎。所説尚之以青、黄、素、瓊、瑶、瑛，大抵只是押韻。如衛詩説『良馬六』，此是天子禮，衛安得而有之！看來只是押韻。不知古人充耳以瑱，或用玉，或用象，不知是塞於耳中，爲復是塞在耳外？看來恐只是以綫穿垂在當耳處。」子蒙。

甫田

子善問：「甫田詩『志大心勞』。」曰：「小序説『志大心勞』，已是説他不好。人若能循序而進，求之以道，則志不爲徒大，心亦何勞之有！人之所期，固不可不遠大。然下手做時，也須一步斂一步，著實做始得。若徒然心務高遠，而不下著實之功，亦何益哉！」銖。

「驕驕」，張王之意，猶曰暢茂桀敖耳。「桀桀」與「驕驕」之義同，今田畝間莠最硬搶。必大。

園有桃

園有桃，似比詩。升卿。

蟋蟀

問：「如蟋蟀之序，全然鑿説，固不待言。然詩作於晉，而風係於唐，却須有説。」曰：「本是唐，及居晉水，方改號晉。」琮曰：「莫是周之班籍只有唐而無晉否？」曰：「文侯之命，書序固稱『晉』矣。」曰：「書序想是紀事之詞。若如春秋書『晉』之法，乃在曲沃既命之後，豈亦係詩之意乎？」曰：「恁地説忒緊，恰似舉子做時文去。」琮。

蟋蟀自做起底詩，山有樞自做到底詩，皆人所自作。升卿。

豳　七月

問：「豳詩本風，而周禮籥章氏祈年於田祖，則吹豳雅；蜡祭息老物，則吹豳頌。不知就豳詩觀之，其孰爲雅？孰爲頌？」曰：「先儒因此説，而謂風中自有雅，自有頌，雖程子亦謂然，似都壞了詩之六義。然有三説：一説謂豳之詩，吹之，其調可以爲風，可爲雅，可爲頌；一説謂楚茨、大田、甫田是豳之雅，噫嘻、載芟、豐年諸篇是豳之頌，謂其言田之事如七月也。如王介甫則謂豳之詩自有雅頌，今皆亡矣。數説皆通，恐其或然，未敢必也。」道夫。

問：「古者改正朔，如以建子月爲首，則謂之正月？抑只謂之十一月？」曰：「此亦不可考。如詩之月數，即今之月。孟子『七八月之間旱』，乃今之五六月；『十一月徒杠成，十二月輿梁成』，乃今之九十月。國語夏令曰『九月成杠，十月成梁』，即孟子之十一月、十二月。若以爲改月，則與孟子、春秋相合，而與詩、書不相合。若以爲不改月，則與詩、書相合，而與孟子、春秋不相合。如秦元年以十月爲首，末又有正月，又似不改月。」義剛。

問：「東萊曰：『十月而曰「改歲」，三正之通，於民俗尚矣，周特舉而迭用之耳。』據詩，如『七月流火』之類，是用夏正；『一之日觱發』之類，是周正，即不見其用商正。而呂氏以爲『舉而迭用之』，何也？」曰：「周歷夏商，其未有天下之時，固用夏商之正朔。然其國僻遠，無純臣之義，又自有私紀其時月者，故三正皆曾用之也。」時舉。「無純臣」語，恐記誤。

問：「『躋彼公堂，稱彼兕觥』，民何以得升君之堂？」曰：「周初國小，君民相親，其禮樂法制未必盡備。而民事之艱難，君則盡得以知之。成王時禮樂備，法制立，然但知爲君之尊，而未必知爲國之初此等意思。故周公特作此詩，使之因是以知民事也。」時舉。

鴟鴞

因論鴟鴞詩，問：「周公使管叔監殷，豈非以愛兄之心勝，故不敢疑之耶？」曰：「若說不敢疑，則已是有可疑者矣。蓋周公以管叔是吾之兄，事同一體，今既克商，使之監殷，又何疑焉？非是不敢疑，乃是即無可疑之事也。不知他自差異，造出一件事，周公爲之柰何哉！」叔重因云：「孟子所謂『周公之過，不亦宜乎』者，正謂此也。」曰：「然。」可學。

或問：「『既取我子，無毀我室』，解者以爲武庚既殺我管蔡，不可復亂我王室，不知是如此否？畢竟當初是管蔡挾武庚爲亂。武庚是紂子，豈有父爲人所殺，而其子安然視之不報讐者？」曰：「詩人之言，只得如此，不成歸怨管蔡。周公愛兄，只得如此說，自是人情是如此。不知當初何故忽然使管蔡去監他，做出一場大疏脱？合天下之力以誅紂了，却使出屋裏人自做出這一場大疏脱！這是周公之過，無可疑者。然當初周公使管蔡者，想見那時好在，必不疑他。後來有這樣事，管蔡必是被武庚與商之頑民每日將酒去灌啗它，乘醉以語言離間之曰：『你是兄，却出來在此；周公是弟，反執大權以臨天下！』管蔡猷，想被這幾箇唆動了，所以流言説：『公將不利于孺子！』這都是武庚與商之頑民教他，使得管蔡如此。後來周公所以做酒誥，丁寧如此，必是當日因酒做出許多事。其中間想煞有説話，而今書、傳只載得大概，其中更有幾多機變曲折在。」僩。

東山

問：「東山詩序，前後都是，只中間插『大夫美之』一句，便知不是周公作矣。」曰：「小序非出一手，是後人旋旋添續，往往失了前人本意，如此類者多矣。」時舉。

詩曲盡人情。方其盛時，則作之於上，東山是也；及其衰世，則作之於下，伯兮是也。燾。

破斧

破斧詩，看聖人這般心下，詩人直是形容得出！這是答東山之詩。古人做事，苟利國家，雖殺身爲之而不辭。如今人箇箇計較利害，看你四國如何不安也得，不寧也得，只是護了我斨、我斧，莫得闕壞了。此詩説出極分明。毛注却云四國是管蔡商奄。詩裏多少處説「四國」，如正是「四國」之類，猶言四海。他却不照這例，自恁地説。賀孫。

破斧詩，須看那「周公東征，四國是皇」，見得周公用心始得。這箇却是箇好話頭。義剛。

問：「破斧詩傳何以謂『被堅執鋭皆聖人之徒』？」曰：「不是聖人之徒，便是盜賊之徒。此語大概是如此，不必恁粘皮帶骨看，不成説聖人之徒便是聖人。且如『孳孳爲善』是舜之徒，然『孳孳爲善』亦有多少淺深。」淳。義剛録詳，别出。

安卿問：「破斧詩傳云：『被堅執鋭，皆聖人之徒。』似未可謂聖人之徒。」曰：「不是聖人之徒時，便是賊徒。公多年不相見，意此來必有大題目可商量，今却恁地，如何做得工夫恁地細碎！」安卿因呈問目。先生曰：「程子言：『有讀了後全然無事者，有得一二句喜者。』到這一二句喜處，便是入頭處。如此讀將去，將久自解踏著他關捩了，倏然悟時，聖賢格言自是句句好。須知道那一句有契於心，著實理會得那一句透。如此推來推去，方解有得。今只恁地包罩説道好。如喫物事相似，事事道好，若問那般較好，其好是如何，却又不知。如此，濟得甚事？」因云：「如破斧詩，却是一箇好話頭，而今却只去理會那『聖人之徒』，便是不曉。」義剛。

先生謂淳曰：「公當初説破斧詩，某不合截得緊了，不知更有甚疑？」曰：「當初只是疑被堅執鋭是粗人，如何謂之『聖人之徒』？」曰：「有粗底聖人之徒，亦有讀書識文理底盗賊之徒。」淳。

「破斧詩最是箇好題目，大有好理會處，安卿適來只説那一句没緊要底。」淳曰：「此詩見得周公之心，分明天地正大之情，只被那一句礙了。」曰：「只泥一句，便是未見得他意味。」淳。

九罭

寬厚温柔，詩教也。若如今人説九罭之詩乃責其君之辭，何處討寬厚温柔之意！賀孫。

九罭詩分明是東人願其東，故致願留之意。公歸豈無所？於汝但暫寓信宿耳。公歸將不復來，於汝但暫寓信處耳。「是以有衮衣兮」，「是以」兩字如今都不説。蓋本謂緣公暫至於此，是以此間有被衮衣之人。「無以我公歸兮，無使我心悲兮！」其爲東人願留之詩，豈不甚明白？止緣序有「刺朝廷不知」之句，故後之説詩者，悉委曲附會之，費多少辭語，到底鶻突！某嘗謂死後千百年須有人知此意。自看來，直是盡得聖人之心！賀孫。

「鴻飛遵渚，公歸無所」；「鴻飛遵陸，公歸不復」。「飛」、「歸」叶，是句腰亦用韻。詩中亦有此體。方子。

狼跋

「狼跋其胡，載疐其尾」，此興是反説，亦有些意義，略似程子之説。但程子説得深，如云狼性貪之類。「公孫碩膚」，如言「幸虜營」及「北狩」之意。言公之被毁，非四國之流言，乃公自遜此大美爾，此古人善於辭命處。必大。

問：「『公孫碩膚』，注以爲此乃詩人之意，言『此非四國之所爲，乃公自讓其大美而不居耳。蓋不使讒邪之口，得以加乎公之忠聖。此可見其愛公之深，敬公之至』云云。看來詩人此意，也回互委曲，却大傷巧得來不好。」曰：「自是作詩之體當如此，詩人只得如此説。如春秋『公孫于齊』，不成説昭公出奔！聖人也只得如此書，自是體當如此。」僩。

問：「『公孫碩膚』，集傳之説如何？」曰：「魯昭公明是爲季氏所逐，春秋却書云『公孫于齊』，如其自出云耳，是此意。」必大。

二雅

小雅恐是燕禮用之，大雅須饗禮方用。小雅施之君臣之間，大雅則止人君可歌。必大。

大雅氣象宏闊。小雅雖各指一事，説得精切至到。嘗見古人工歌宵雅之三，將作重事。近嘗令孫子誦之，則見其詩果是懇至。如鹿鳴之詩，見得賓主之間相好之誠；如「德音孔昭」，「以燕樂嘉賓之心」，情意懇切，而不失義理之正。四牡之詩古注云：「無公義，非忠臣也；無私情，非孝子也。」此語甚切當。如既云「王事靡盬」，又云「不遑將母」，皆是人情少不得底，説得懇切。如皇皇者華，即首云「每懷靡及」，其後便須「咨詢」、「咨謀」。看此詩不用小序，意義自然明白。㽦。

鹿鳴諸篇

問：「鹿鳴、四牡、皇皇者華三詩，儀禮皆以爲上下通用之樂。不知爲君勞使臣，謂『王事靡盬』之類，庶人安得而用之？」曰：「鄉飲酒亦用。而『大學始教，宵雅肄三，官其始也』，正謂習此。蓋入學之始，須教他便知有君臣之義，始得。」又曰：「上下常用之樂，小雅如鹿鳴以下三篇，及南有嘉魚、魚麗、南山有臺三篇；風則是關雎、卷耳、采蘩、采蘋等篇，皆是。然不知當初何故獨取此數篇也。」時舉。

常棣

「雖有兄弟，不如友生」，未必其人實以兄弟爲不如友生也。猶言喪亂既平之後，乃謂反不如友生乎？蓋疑而問之辭也。時舉。

蘇宜又問：「常棣詩，一章言兄弟之大略，二章言其死亡相收，三章言其患難相救，四章言不幸而兄弟有鬩，猶能外禦其侮，一節輕一節，而其所以著夫兄弟之義者愈重。到得喪亂既平，便謂兄弟不如友生，其『於所厚者薄』如此，則亦不足道也。六章、七章，就他逸樂時良心發處指出，謂酒食備而兄弟有不具，則無以共其樂；妻子合而兄弟有不翕，則無以久其樂。蓋居患難則人情不期而相親，故天理常易復；處逸樂則多爲物欲所轉移，故天理常隱而難尋。所以詩之卒章有『是究是圖，亶其然乎』之句。反復玩味，真能使人孝友之心油然而生也。」曰：「所謂『生於憂患，死於安樂』。那二章，正是遏人欲而存天理，須是恁地看。」胡泳。

聖人之言，自是精粗輕重得宜。呂伯恭常棣詩章說：「聖人之言大小高下皆宜，而左右前後不相悖。」此句說得極好！銖。

伐木

問：「伐木，大意皆自言待朋友不可不加厚之意，所以感發之也。」曰：「然。」又問：「『釃酒』，云『縮酌用茅』，是此意否？恐茅乃以酹。」曰：「某亦嘗疑今人用茅縮酒，古人芻狗乃酹酒之物。則茅之縮酒，乃今以酴酒也。想古人不肯用絹帛，故以茅縮酒也。」榦。

問「神之聽之，終和且平」。曰：「若能盡其道於朋友，雖鬼神亦必聽之相之，而錫之以和平之福。」燾。

天保

「何福不除」，義如「除戎器」之「除」。必大。

問：「『如松柏之茂，無不爾或承。』承是繼承相接續之謂，如何？」曰：「松柏非是葉不凋，但舊葉凋時，新葉已生。木犀亦然。」燾。

問：「天保上三章，天以福錫人君；四章乃言其先君先王亦錫爾以福；五章言民亦『徧爲爾德』，則福莫大於此矣。故卒章畢言之。」曰：「然。」榦。

時舉說：「第一章至第三章，皆人臣頌祝其君之言。然辭繁而不殺者，以其愛君之心無已也。至四章則以祭祀先公爲言，五章則以『徧爲爾德』爲言。蓋謂人君之德必上無媿於祖考，下無媿於斯民，然後福禄愈遠而愈新也。故末章終之以『無不爾或承』。」先生頷之。叔重因云：「蓼蕭詩云『令德壽豈』，亦是此意。蓋人君必有此德，而後可以稱是福也。」曰：「然。」時舉。

采薇

又説：「采薇首章，略言征夫之出，蓋以玁狁不可不征，故舍其室家而不遑寧處；二章則既出而不能不念其家；三章則竭力致死而無還心，不復念其家矣；四章、五章則惟勉於王事，而欲成其戰伐之功也；卒章則言其事成之後，極陳其勞苦憂傷之情而念之也。其序恐如此。」曰：「雅者，正也，乃王公大人所作之詩，皆有次序，而文意不苟，極可玩味。風則或出於婦人小子之口，故但可觀其大略耳。」時舉。

出車

問：「先生詩傳舊取此詩與關雎詩，論『非天下之至静，不足以配天下之至健』處，今皆削之，豈亦以其太精巧耶？」曰：「正爲後來看得如此，故削去。」曰：「關雎詩今引匡衡説甚好。」曰：「吕氏亦引，但不如此詳。便見古人看文字，亦寬博如此。」銖。

子善問：「詩『畏此簡書』。簡書，有二説：一説，簡書，戒命也；鄰國有急，則以簡書相戒命。一説，策命臨遣之詞。」曰：「後説爲長，當以後説載前。前説只據左氏『簡書，同惡相恤之謂』。然此是天子戒命，不得謂之鄰國也。」又問：「『胡不旆旆』，東萊以爲初出軍時，旌旗未展，爲卷而建之，引左氏「建而不旆」。故曰此旗何不旆旆而飛揚乎？蓋以命下之初，我方憂心悄悄，而僕夫憔悴，亦若人意之不舒也。」曰：「此説雖精巧，然『胡不旆旆』一句，語勢似不如此。『胡不』，猶言『遐不作人』，言豈不旆旆乎！但我自『憂心悄悄』，而僕夫又況瘁耳，如此却自平正。伯恭詩太巧，詩正怕如此看。古人意思自寬平，何嘗如此纖細拘迫！」銖。

魚麗

「文武以天保以上治内，采薇以下治外；始於憂勤，終於逸樂。」這四句儘説得好。道夫。

南有嘉魚

子善問南有嘉魚詩中「汕汕」字。曰：「是以木葉捕魚，今所謂『魚花園』是也。」問「枸」。曰：「是機枸子，建陽謂之『皆拱子』，俗謂之『癩漢指頭』，味甘而解酒毒。有人家酒房一柱是此木，而醖酒不成。左右前後有此，則亦醖酒不成。」節。

蓼蕭

時舉說蓼蕭、湛露二詩。曰：「文義也只如此。却更須要諷詠，實見他至誠和樂之意，乃好。」時舉。

六月

六月詩「既成我服」，不失機。「于三十里」。常度紀律。方。

采芑

時舉說采芑詩。曰：「宣王南征蠻荆，想不甚費力，不曾大段戰鬭，故只極稱其軍容之盛而已。」時舉。

車攻

時舉說車攻、吉日二詩。先生曰：「好田獵之事，古人亦多刺之。然宣王之田，乃是因此見得其車馬之盛、紀律之嚴，所以爲中興之勢者在此。其所謂田，異乎尋常之田矣。」

時舉。

庭燎

時舉説「庭燎有煇」。曰：「煇，火氣也，天欲明而見其烟光相雜。此是吴才老之説，説此一字極有功也。」時舉。

斯干

揚問：「横渠説斯干『兄弟宜相好，不要相學』，指何事而言？」曰：「不要相學不好處。且如兄去友弟，弟却不能恭其兄，兄豈可學弟之不恭，而遂亦不友？爲兄者但當盡其友可也。爲弟能恭其兄，兄乃不友其弟，爲弟者豈可亦學兄之不友，而遂忘其恭？爲弟者但當知其盡恭而已。如寇萊公撻倒用印事，王文正公謂他底既不是，則不可學他不是，亦是此意。然詩之本意，『猶』字作相圖謀説。」寓。

「載弄之瓦。」瓦，紡塼也，紡時所用之物。舊見人畫列女傳，漆室乃手執一物，如今銀子樣。意其爲紡塼也，然未可必。時舉。

節南山

自古小人，其初只是它自竊國柄；少間又自不柰何，引得别人來，一齊不好了。如尹氏太師，只是它一箇不好；少間到那「瑣瑣姻婭」處，是幾箇人不好了。義剛。

「『秉國之均。』均，本當从『金』，所謂如泥之在鈞者，不知鈞是何物？」時舉曰：「恐只是爲瓦器者，所謂『車盤』是也。蓋運得愈急，則其成器愈快，恐此即是鈞。」曰：「『秉國之鈞』，只是此義。今集傳訓『平』者，此物亦惟平乃能運也。」時舉。

小弁

問：「小弁詩，古今説者皆以爲此詩之意，與舜怨慕之意同。竊以爲只『我罪伊何』一句，與舜『於我何哉』之意同。至後面『君子秉心，維其忍之』與『君子不惠，不舒究之』，分明是怨其親，却與舜怨慕之意似不同。」曰：「作小弁者自是未到得舜地位，蓋亦常人之情耳。只『我罪伊何』上面説『何辜于天』，亦一似自以爲無罪相似，未可與舜同日而語也。」

問：「『莫高匪山，莫浚匪泉；君子無易由言，耳屬于垣！』集傳作賦體，是以上兩句與下兩句耶？」曰：「此只是賦。蓋以爲莫高如山，莫浚如泉；而君子亦不可易其言，亦恐有人聞之也。」又曰：「看小雅雖未畢，且併看大雅。小雅後數篇大概相似，只消兼看。」因言：「詩人所見極大，如巧言詩『奕奕寢廟，君子作之；秩秩大猷，聖人莫之。他人有心，予忖度之；躍躍毚兔，遇犬獲之』。此一章本意，只是惡巧言讒譖之人，却以『奕奕寢廟』與『秩秩大猷』起興。蓋以其大者興其小者，便見其所見極大，形於言者，無非義理之極致也。」時舉云：「此亦是先王之澤未泯，理義根于其心，故其形於言者，自無非義理。」先生頷之。時舉。

大東

「有饛簋飧，有捄棘匕」，詩傳云：「興也。」問：「似此等例，却全無義理。」曰：「興有二義，有一樣全無義理。」炎。

「東有啓明，西有長庚。」庚，續也。啓明金星，長庚水星。金在日西，故日將出則東見；水在日東，故日將没則西見。泳。

楚茨

楚茨一詩，精深宏博，如何做得變雅！方子。

問：「『神保是饗』，詩傳謂神保是鬼神之嘉號，引楚辭語『思靈保兮賢姱』。但詩中既說『先祖是皇』，又說『神保是饗』，似語意重複，如何？」曰：「近見洪慶善說，靈保是巫。今詩中不說巫，當便是尸。却是向來解錯了此兩字。」文蔚。

瞻彼洛矣

問：「瞻彼洛矣，洛水或云兩處。」曰：「只是這一洛，有統言之，有說小地名。東西京共千里，東京六百里，西京四百里。」賀孫。

問：「『韎韐有奭。』韎韐，毛鄭以爲祭服，王氏以爲戎服。」曰：「只是戎服。左傳云『有韎韋之跗注』，是也。」又曰：「詩多有酬酢應答之篇。瞻彼洛矣，是臣歸美其君，君子指君也。當時朝會於洛水之上，而臣祝其君如此。裳裳者華又是君報其臣，桑扈、鴛鴦皆然。」賀孫。

車舝

問：「列女傳引詩『辰彼碩女』，作『展彼碩女』。」先生以爲然，且云：「向來煞尋得。」方子。

賓之初筵

或問："賓之初筵詩是自作否？"曰："有時亦是因飲酒之後作此自戒，也未可知。"卓。

漸漸之石

周家初興時，"周原膴膴，堇荼如飴"，苦底物事亦甜。及其衰也，"牂羊墳首，三星在罶；人可以食，鮮可以飽"，直恁地蕭索！文蔚。

大雅　文王

大雅非聖賢不能爲，其間平易明白，正大光明。㽦。

問："周受命如何？"曰："命如何受於天？只是人與天同。然觀周自后稷以來，積仁累義，到此時人心奔赴，自有不可已。"又問："太王翦商，左氏云『太伯不從，是以不嗣』，莫是此意？"曰："此事難明。但太王居於夷狄之邦，强大已久，商之政令，亦未必行於周。大要天下公器，所謂『有德者易以興，無德者易以亡』。使紂無道，太王取之何害？

今必言太王不取，則是武王爲亂臣賊子！若文王之事，則分明是盛德過人處。孔子於泰伯亦云『至德』。」可學。

文王詩，直説出道理。振。

「帝命文王」，豈天諄諄然命之耶？只文王要恁地，便是理合如此，便是帝命之也。礪。

問：「先生解『文王陟降，在帝左右』，文王既没，精神上與天合。看來聖人稟得清明純粹之氣，其生也既有以異於人，則其散也，其死與天爲一；則其聚也，其精神上與天合。一陟一降，在帝左右。此又别是一理，與衆人不同。」曰：「理是如此。若道真有箇文王上上下下，則不可。若道詩人只胡亂恁地説，也不可。」子蒙。

「在帝左右」，察天理而左右也。古注亦如此。左氏傳「天子所右，寡君亦右之；所左，亦左之」之意。人傑。

馬節之問「無遏爾躬」。曰：「無自遏絶於爾躬，如家自毁，國自伐。」蓋卿。

綿

「虞芮質厥成，文王蹶厥生。」蹶，動也；生，是興起之意。當時一日之間，虞芮質成，而來歸者四十餘國，其勢張盛，一時見之，如忽然跳起。又曰：「粗說時，如今人言軍勢益張。」義剛。

舊嘗見橫渠詩傳中說，周至太王辟國已甚大，其所據有之地，皆是中國與夷狄夾界所空不耕之地，今亦不復見此書矣。意者，周之興與元魏相似。初自極北起來，漸漸强大；到得後來中原無主，遂被他取了。廣。

棫樸

問：「棫樸何以見文王之能官人？」曰：「小序不可信，類如此。此篇與前後數詩，同爲稱揚之辭。作序者爲見棫樸近箇人材底意思，故云『能官人』也。行葦序尤可笑！第一章只是起興，何與人及草木？『以祈黃耉』是願頌之詞，如今人舉酒稱壽底言語。只見有『祈』字，便說是乞言。」𣝗。

棫樸序只下「能官人」三字，便晦了一篇之意。楚茨等十來篇，皆是好詩，如何見得是傷今思古？只被亂在變雅中，便被後人如此想像。如東坡說某處猪肉，衆客稱美之意。𣝗。

「倬彼雲漢，爲章于天；周王壽考，遐不作人！」先生以爲無甚義理之興。或解云云。

先生曰：「解書之法，只是不要添字。『追琢其章』者，以『金玉其相』故也；『勉勉我王』者，以『綱紀四方』故也。『瑟彼玉瓚，黄流在中；豈弟君子，福禄攸降！』此是比得齊整好者也。」璘。

詩無許多事。大雅精密。「遐」是「何」字。以彙推得之。又曰：「解詩，多是推類得之。」

「遐不作人」，古注并諸家皆作「遠」字，甚無道理。禮記注訓「胡」字，甚好。人傑。去僞方子。

録注云：「道隨事著也。」

皇矣

周人詠文王伐崇、伐密事，皆以「帝謂文王」言之，若曰，此蓋天意云爾。文王既戡黎，又伐崇、伐密。已做得事勢如此，只是尚不肯伐紂，故曰「至德」。必大。

「時舉説皇矣詩。先生謂此詩稱文王德處，是從『無然畔援，無然歆羡』上説起，後面却説『不識不知，順帝之則』。見得文王先有這箇工夫，此心無一毫之私；故見於伐崇、伐密，皆是道理合著恁地，初非聖人之私怒也。」問：「『無然畔援，無然歆羡』，竊恐是説文王生知之資，得於天之所命，自然無畔援歆羡之意。後面『不識不知，順帝之則』，乃是文王做工夫處。」曰：「然。」時舉。

下武

「昭茲來許」，漢碑作「昭哉」。洪氏隸釋「茲」、「哉」叶韻。柏梁臺詩末句韻亦同。方子。

文王有聲

問：「鎬至豐邑止二十五里，武王何故自豐遷鎬？」曰：「此只以後來事推之可見。秦始皇營朝宮渭南，史以爲咸陽人多，先王之宮庭小，故作之。想得遷鎬之意亦是如此。周得天下，諸侯盡來朝覲，豐之故宮不足以容之爾。」廣。

生民

生民詩是叙事詩，只得恁地。蓋是叙，那首尾要盡，下武、文王有聲等詩，却有反覆歌詠底意思。義剛。

問「履帝武敏」。曰：「此亦不知其何如。但詩中有此語，自歐公不信祥瑞，故後人纔見説祥瑞，皆闢之。若如後世所謂祥瑞，固多僞妄。然豈可因後世之僞妄，而併真實者皆以爲無乎？『鳳鳥不至，河不出圖』，不成亦以爲非！」廣。

時舉説「履帝武敏歆，攸介攸止」處。曰：「『敏』字當爲絶句。蓋作母鄙反，叶上韻耳。履巨跡之事，有此理。且如契之生，詩中亦云：『天命玄鳥，降而生商。』蓋以爲稷契皆天生之耳，非有人道之感，非可以常理論也。漢高祖之生亦類此，此等不可以言盡，當意會之可也。」時舉。

既醉

時舉説既醉詩：「古人祝頌，多以壽考及子孫衆多爲言。如華封人祝堯：『願聖人壽！願聖人多男子！』亦此意。」曰：「此兩事，孰有大於此者乎？」曰：「觀行葦及既醉二詩，見古之人君盡其誠敬於祭祀之時，極其恩義於燕飲之際。凡父兄耆老所以祝望之者如此，則其獲福也宜矣，此所謂『禍福無不自己求之者』也。」先生頷之。時舉。

子善問「釐爾女士」。曰：「女之有士行者。」銖曰：「荆公作向后册云：『唯昔先王，釐厥士女。』『士女』與『女士』，義自不同。蘇子由曾論及，曰：『恐它只是倒用了一字耳。』」因言荆公誥詞中，唯此册做得極好，後人皆學之不能及。銖曰：「曾子固作皇太子册，亦放此。」曰：「子固誠是學它，只是不及耳。子固却是後面幾箇誥詞好。國朝之制：外而三公三少、内而皇后太子貴妃皆有册。但外自三公而下，内自嬪妃而下，皆聽其辭免。一辭即免。惟皇后太子用册。」銖。

假樂

「千禄百福，子孫千億！」是願其子孫之衆多。「穆穆皇皇，宜君宜王！不愆不忘，率由舊章。」是願其子孫之賢。道夫。

舜功問：「『不愆不忘，率由舊章』，是『勿忘』、『勿助長』之意？」曰：「不必如此説。不愆是不得過，不忘是不得忘。能如此，則能『率由舊章』。」可學。

此詩末章則承上章之意，故上章云「四方之綱」，而下章即繼之曰「之綱之紀」。蓋張之爲綱，理之爲紀。下面「百辟卿士」，至於庶民，皆是賴君以爲綱。所謂「不解于位」者，蓋欲綱常張而不弛也。時舉。

公劉

問：「第二章説『既庶既繁，既順乃宣』，而第四章方言居邑之成。不知未成邑之時，何以得民居之繁庶也？」曰：「公劉始於草創，而人從之者已若是其盛，是以居邑由是而成也。」問第四章「君之宗之」處。曰：「東萊以爲爲之立君立宗，恐未必是如此，只是公劉自爲羣君之君宗耳。蓋此章言其一時燕饗，恐未説及立宗事也。」問「徹田爲糧」處。先生以爲「徹，通也」之説，乃是横渠説。然以孟子考之，只曰「八家皆私百畝，同養公田」。又公羊云「公田不治則非民，私田不治則非吏」，似又與横渠之説不同，蓋未必是計畝而分也。又問：「此詩與豳七月詩皆言公劉得民之盛。想周家自后稷以來，至公劉始稍盛耳。」曰：「自后稷之後，至于不窋，蓋已失其官守，故云『文武不先不窋』。至於公劉乃始復修其業，故周室由是而興也。」時舉。

時舉説：「公劉詩『鞞琫容刀』，注云：『或曰：「容刀，如言容臭，謂鞞琫之中，容此刀也。」』如何謂之容臭？」曰：「如今香囊是也。」時舉。

卷阿

時舉説卷阿詩畢，以爲詩中凡稱頌人君之壽考福禄者，必歸於得人之盛。故既醉詩云：「君子萬年，介爾景福！」而必曰：「朋友攸攝，攝以威儀。」假樂詩言「受天之禄」，與「千禄百福」，而必曰「率由羣匹」，與「百辟卿士，媚于天子」。蓋人君所以致福禄者，未有不自得人始也。先生頷之。時舉。

民勞

時舉竊謂，每章上四句是刺厲王，下六句是戒其同列。曰：「皆只是戒其同列。鋪叙如此，便自可見。故某以爲古人非是直作一詩以刺其王，只陳其政事之失，自可以爲戒。」時舉因謂，第二章末謂「無棄爾勞，以爲王休」，蓋以爲王者之休，莫大於得人；惟羣臣無棄其功，然後可以爲王之休美。至第三章後二句謂「敬慎威儀，以近有德」，蓋以爲既能拒絶小人，必須自反於己，又不可以不親有德之人。不然，則雖欲絶去小人，未必有以服其心也。後二章「無俾正敗」，「無俾正反」，尤見詩人憂慮之深。蓋「正敗」，則惟敗壞吾之正道；而「正反」，則全然反乎正矣。其憂慮之意，蓋一章切於一章也。先生頷之。時舉。

板

「『昊天曰明，及爾出王；昊天曰旦，及爾游衍。』旦與明祇一意。這箇豈是人自如此？皆有來處。纔有些放肆，他便知。賀孫録云：「這裏若有些違理，恰似天知得一般。」所以曰：

『日監在兹。』」又曰：「敬天之怒，無敢戲豫！敬天之渝，無敢馳驅！」問：「『渝』字如何？」曰：「變也。如『迅雷風烈必變』之『變』，但未至怒。」道夫。賀孫録同。

道夫言：「昨來所論『昊天曰明』云云至『游衍』，此意莫祇是言人之所以爲人者，皆天之所爲，故雖起居動作之頃，而所謂天者未嘗不在也？」曰：「公説『天體物不遺』，既説得是；則所謂『仁體事而無不在』者，亦不過如此。今所以理會不透，祇是以天與仁爲有二也。今須將聖賢言仁處，就自家身上思量，久之自見。記曰：『兩君相見，揖讓而入門，入門而縣興；揖讓而升堂，升堂而樂闋。下管象武，夏籥序興，陳其薦俎，序其禮樂，備其百官，如此而後君子知仁焉。』又曰：『賓入大門而奏肆夏，示易以敬也。卒爵而樂闋，孔子屢歎之。』」道夫曰：「如此，則是合正理而不紊其序，便是仁。」曰：「恁地猜，終是血脈不貫，且反復熟看。」道夫。

時舉説板詩，問：「『天體物而不遺』，是指理而言；『仁體事而無不在』，是指人而言否？」曰：「『體事而無不在』，是指心而言也。天下一切事，皆此心發見爾。」因言：「讀書窮理，當體之於身。凡平日所講貫窮究者，不知逐日常見得在吾心目間否？不然，則隨文逐義，趕趁期限，不見悦處，恐終無益。」時舉。餘見張子書類。

蕩

時舉説：「首章前四句，有怨天之辭。後四句乃解前四句，謂天之降命，本無不善；惟人不以善道自終，故天命亦不克終，如疾威而多邪僻也。此章之意既如此，故自次章以下託文王言紂之辭，而皆就人君身上説，使知其非天之過。如『女興是力』，『爾德不明』，與『天不湎爾以酒』、『匪上帝不時』之類，皆自發明首章之意。」先生頷之。時舉。

抑

抑非刺厲王，只是自警。嘗考衛武公生於宣王末年，安得有刺厲王之詩！據國語，只是自警。詩中辭氣，若作自警，甚有理；若作刺厲王，全然不順。伯恭却謂國語非是。浩。

抑小序：「衛武公刺厲王，亦以自警。」不應一詩既刺人，又自警之理。且厲王無道，一旦被人「言提其耳」，以「小子」呼之，必不素休。且厲王監謗，暴虐無所不至。此詩無限大過，都不問著，却只點檢威儀之末，此決不然！以史記考之，武公即位，在厲王死之後，宣王之時。説者謂是追刺，尤不是！伯恭主張小序，又云史記不可信，恐是武公必曾事厲王。若以爲武公自警之詩，則其意味甚長。國語云，武公九十餘歲作此詩。其間「匪我言耄」〔一〕，可以爲據。又如「謹爾侯度」，注家云，所以制侯國之度，只是侯國之度耳。「曰喪厥國」，則是諸侯自謂無疑。蓋武公作此詩，使人日夕諷誦以警己耳，所以有「小子」「告爾」之類，皆是箴戒作文之體自指耳。後漢侯芭亦有此說。㽦。

先生說：「抑詩煞好。」鄭謂：「東萊硬要做刺厲王，緣以『爾』『汝』字礙。」曰：「如幕中之辨，人反以汝爲叛；臺中之評，人反以汝爲傾等類，亦是自謂。古人此樣多。大抵他說詩，其原生於不敢異先儒，將詩去就那序。被這些子礙，便轉來穿鑿胡說，更不向前來廣大處去。或有兩三說，則俱要存之。如一句或爲興，或爲比，或爲賦，則曰詩兼備此體。某謂既取興體，則更不應又取比體；既取比體，則不更應又取賦體。說狡童，便引石虎事證，且要有字不曳白。南軒不解詩，道詩不用解，諸先生說好了。南軒却易曉，說與他便轉。」淳。

衞武公抑詩，自作懿戒也。中間有「嗚呼小子」等語，自呼而告之也。其警戒持循如是，所以詩人美其「如切如磋」。方。

〔一〕此語見板，當是「亦聿既耄」之誤。

雲漢

問：「雲漢詩乃他人述宣王之意，然責己處太少。」曰：「然。」可學。

崧高

問：「崧高、烝民二詩，是皆遣大臣出爲諸侯築城。」曰：「此也曉不得。封諸侯固是大事。看黍苗詩，當初召伯帶領許多車從人馬去，也自勞攘。古人做事有不可曉者，如漢築長安城，都是去別處調發人來，又只是數日便休。詩云：『溥彼韓城，燕師所完。』注家多説是燕安之衆，某説即召公所封燕國之師。不知當初何故不只教本土人築，又須去別處發人來，豈不大勞攘？古人重勞民，如此等事，又却不然，更不可曉，强説便成穿鑿。」又曰：「看烝民詩，及左傳、國語周人説底話，多有好處。也是文、武、周公立學校，教養得許多人，所以傳得這些言語，如烝民詩大故細膩。劉子曰：『人受天地之中以生。』皆説得好。」夔孫。義剛録小異。

烝民

問：「烝民詩解云『仲山甫蓋以冢宰兼太保』，何以知之？」曰：「其言『式是百辟』，則是爲宰相可知。其曰『保兹天子』，『王躬是保』，則是爲太保可知，此正召康公之舊職。」廣。

「仲山甫之德，柔嘉維則」，詩傳中用東萊呂氏說。先生曰：「記得他甚主張那『柔』字。」文蔚曰：「他後一章云：『柔亦不茹，剛亦不吐。』此言仲山甫之德剛柔不偏也。而二章首舉『仲山甫之德』，獨以『柔嘉維則』蔽之。崧高稱『申伯番番』，終論其德，亦曰『柔惠且直』，然則入德之方其可知矣。」曰：「如此，則乾卦不用得了！人之資稟自有柔德勝者，自有剛德勝者。如本朝范文正公、富鄭公輩，是以剛德勝；如范忠宣、范淳夫、趙清獻、蘇子容輩，是以柔德勝。只是他柔，却柔得好。今仲山甫『令儀令色，小心翼翼』，却是柔。但其中自有骨子，不是一向如此柔去。便是人看文字，要得言外之意。若以仲山甫『柔嘉維則』，必要以此爲入德之方，則不可。人之進德，須用剛健不息。」文蔚。

「既明且哲，以保其身。」曰：「只是上文『肅肅王命，仲山甫將之；邦國若否，仲山甫明之』，便是明哲。所謂『明哲』者，只是曉天下事理，順理而行，自然災害不及其身，可以保其禄位。今人以邪心讀詩，謂明哲是見幾知微，先去占取便宜。如揚子雲說『明哲煌煌，旁燭無疆；遜于不虞，以保天命』，便是占便宜底說話，所以它一生被這幾句誤。然『明哲保身』，亦只是常法。若到那舍生取義處，又不如此論。」文蔚。

問：「『既明且哲，以保其身』，有些小委曲不正處否？」曰：「安得此！只是見得道理分明，事事處之得其理，有可全之道。便有委曲處，亦是道理可以如此，元不失正，特不直犯之耳。若到殺身成仁處，亦只得死。古人只是平説中庸，無一理不明，即是明哲。若只見得一偏，便有蔽，便不能見得理盡，便不可謂之明哲。學至明哲，只是依本分行去，無一事不當理，即是保身之道。今人皆將私看了，必至於孔光之徒而後已！」

周頌　清廟

「假以溢我？」當從左氏，作「何以恤我」。「何」、「遐」通轉而爲「假」也。方子。

昊天有成命

昊天有成命詩：「成王不敢康。」詩傳皆斷以爲成王詩。某問：「下武言『成王之孚』，如何？」曰：「這箇且只得做武王説。」炎。

我將

問：「我將乃祀文王於明堂之樂章。詩傳以謂『物成形於帝，人成形於父，故季秋祀帝於明堂，而以父配之，取其成物之時也。此乃周公以義起之，非古禮也』。不知周公以後，將以文王配耶？以時王之父配耶？」曰：「諸儒正持此二議，至今不決，看來只得以文王配。且周公所制之禮，不知在武王之時？在成王之時？若在成王，則文王乃其祖也，亦自可見。」又問：「繼周者如何？」曰：「只得以有功德之祖配之。」僩。

敬之

「日就月將」，是日成月長。就，成也；將，大也。節。

絲衣

繹，祭之明日也。賓尸，以賓客之禮燕爲尸者。敬仲。

魯頌　泮水

泮宮小序，詩傳不取。或言詩中「既作泮宮」，則未必非修也。直卿云：「此落成之詩。」佐。

閟宫

太王翦商，武王所言。中庸言「武王纘太王、王季、文王之緒」，是其事素定矣。橫渠亦言周之於商，有不純臣之義。蓋自其祖宗遷豳、遷邰，皆其僻遠自居，非商之所封土也。揚。

商頌

商頌簡奥。方子。

伯豐問：「商頌恐是宋作？」曰：「宋襄一伐楚而已，其事可考，安有『莫敢不來王』等事！」又問：「恐是宋人作之，追述往事，以祀其先代。若是商時所作，商尚質，不應商頌反多於周頌。」曰：「商頌雖多如周頌，覺得文勢自别。周頌雖簡，文自平易。商頌之辭，自是奥古，非宋襄可作。」又問：「頌是告于神明，却魯頌中多是頌當時之君。如『戎狄是膺，荆舒是懲』，僖公豈有此事？」曰：「是頌願之辭。」又問：「『戎狄是膺，荆舒是懲』，孟子引以爲周公，如何？」曰：「孟子引經自是不子細。」又問：「或謂魯頌非三百篇之類，夫子姑附於此耳。」曰：「『思無邪』一句，正出魯頌。」營。

玄鳥

問：「玄鳥詩吞卵事，亦有此否？」曰：「當時恁地説，必是有此。今不可以聞見不及，定其爲必無。」淳。

長發

「湯降不遲，聖敬日躋。」天之生湯，恰好到合生時節。湯之修德，又無一日間斷。畓。

朱子語類卷第八十二

孝經

因說孝經是後人綴緝，問：「此與尚書同出孔壁？」曰：「自古如此說。且要理會道理是與不是。適有問重卦并彖象者，某答以且理會重卦之理，不必問此是誰作，彼是誰作。」因言：「學者却好聚語、孟、禮書言孝處，附之於後。」士毅。

問：「孝經一書，文字不多，先生何故不爲理會過？」曰：「此亦難說。據此書，只是前面一段是當時曾子聞於孔子者，後面皆是後人綴緝而成。」問：「如『天地之性人爲貴』，『人之行莫大於孝』，恐非聖人不能言此。」曰：「此兩句固好。如下面說『孝莫大於嚴父，嚴父莫大於配天』，則豈不害理！儻如此，則須是如武王、周公方能盡孝道，尋常人都無分盡孝道也，豈不啓人僭亂之心！其中煞有左傳及國語中言語。」或問：「莫是左氏引孝經中言語否？」曰：「不然。其言在左氏傳、國語中，即上下句文理相接，在孝經中却不成文理。見程沙隨說，向時汪端明亦嘗疑此書是後人僞爲者。」廣。

古文孝經亦有可疑處。自天子章到「孝無終始而患不及者未之有也」，便是合下與曾子說底通爲一段。只逐章除了後人所添前面「子曰」及後面引詩，便有首尾，一段文義都活。自此後却似不曉事人寫出來，多是左傳中語。如「以順則逆，民無則焉；不在於善，而皆在於凶德」，是季文子之辭。却云「雖得之，君子所不貴」，不知論孝却得箇甚底，全無交涉！如「言斯可道，行斯可樂」一段，是北宮文子論令尹之威儀，在左傳中自有首尾，載入孝經，都不接續，全無意思！只是雜史傳中胡亂寫出來，全無義理。疑是戰國時人鬬湊出者。又曰：「胡氏疑是樂正子春所作。樂正子春自細膩，却不如此說。」䕫。

古文孝經却有不似今文順者。如「父母生之，續莫大焉」，又著一箇「子曰」字，方說「不愛其親而愛他人者，謂之悖德」。兼上更有箇「子曰」，亦覺無意思。此本是一段，以「子曰」分爲二，恐不是。温公家範以父子兄弟夫婦等分門，却成一箇文字，但其間有欠商量未通行者耳。本作一段聯寫去，今印者分作小段，無意思。伯恭閫範無倫序，其所編書多是如此。賀孫。

孝經，疑非聖人之言。且如「先王有至德要道」，此是說得好處。然下面都不曾說得切要處著，但說得孝之效如此。如論語中說孝，皆親切有味，都不如此。士庶人章說得更好，只是下面都不親切。賜。

問：「向見先生説『孝莫大於嚴父，嚴父莫大於配天』，非聖人之言。必若此而後可以爲孝，豈不啓人僭亂之心！而中庸説舜、武王之孝，亦以『尊爲天子，富有四海之内』言之，如何？」曰：「中庸是著舜、武王言之，何害？若汎言人之孝，而必以此爲説，則不可。」廣。

器之問「嚴父配天」。曰：「『嚴父』，只是周公於文王如此稱纔是，成王便是祖。此等處，儘有理會不得處。大約必是郊時是后稷配天，明堂則以文王配帝。孝經亦是湊合之書，不可盡信。但以義起，亦是如此。」因説：「孝經只有前一段，後皆云『廣至德』，『廣要道』，都是湊合來，演説前意，但其文多不全。只是諫諍、五刑、喪親三篇，稍是全文。如『配天』等説，亦不是聖人説孝來歷，豈有人人皆可以配天！豈有必配天斯可以爲孝！如禮記煞有好處，可附於孝經。」賀孫問：「恐後人湊合成孝經時，亦未必見禮記。如曲禮、少儀之類，猶是説禮節。若祭義後面許多説孝處，説得極好，豈不可爲孝經？」曰：「然。今看孝經中有得一段似這箇否？」賀孫。

問：「『郊祀后稷以配天，宗祀文王於明堂以配上帝』，此説如何？」曰：「此自是周公創立一箇法如此，將文王配明堂，永爲定例。以后稷郊推之，自可見。後來妄將『嚴父』之説亂了。」賜。

問：「配天，配上帝，帝只是天，天只是帝，却分祭何也？」曰：「爲壇而祭，故謂之天；祭於屋下而以神祇祭之，故謂之帝。」寓。

「明、察」，是彰著之義。能事父孝，則事天之理自然明；能事母孝，則事地之理自然察。道夫。

朱子語類卷第八十三

春秋

綱領

春秋煞有不可曉處。泳。

人道春秋難曉，據某理會來，無難曉處。只是據他有這箇事在，據他載得恁地。但是看今年有甚麼事，明年有甚麼事，禮樂征伐不知是自天子出？自諸侯出？自大夫出？只是恁地。而今卻要去一字半字上理會褒貶，卻要去求聖人之意，你如何知得他肚裏事！義剛。

春秋大旨，其可見者，誅亂臣、討賊子、内中國、外夷狄、貴王賤伯而已。未必如先儒所言，字字有義也。想孔子當時只是要備二三百年之事，故取史文寫在這裏，何嘗云某事用某法、某事用某例邪？且如書會盟侵伐，大意不過見諸侯擅興自肆耳。書郊禘，大意不過見魯僭禮耳。至如三卜四卜，牛傷牛死，是失禮之中又失禮也。如「不郊，猶三望」，是不必望而猶望也。如書「仲遂卒，猶繹」，是不必繹而猶繹也。如此等義，却自分明。近世如蘇子由、吕居仁，却看得平。閎祖。

春秋只是直載當時之事，要見當時治亂興衰，非是於一字上定襃貶。初間王政不行，天下都無統屬；及五伯出來扶持，方有統屬，「禮樂征伐，自諸侯出」。到後來五伯又衰，政自大夫出。到孔子時，皇、帝、王、伯之道埽地，故孔子作春秋，據他事實寫在那裏，教人見得當時事是如此，安知用舊史與不用舊史？今硬説那箇字是孔子文，那箇字是舊史文，如何驗得？更聖人所書，好惡自易見。如葵丘之會，召陵之師，踐土之盟，自是好，本末自是别。及後來五伯既衰，溴梁之盟，大夫亦出與諸侯之會，這箇自是差異不好。今要去一字兩字上討意思，甚至以日月、爵氏、名字上皆寓襃貶。如「王人子突救衛」，自是衛當救。當時是有箇子突，孔子因存他名字。今諸公解却道王人本不書字，緣其救衛，故書字。孟子説：「臣弑其君者有之，子弑其父者有之。孔子懼，作春秋。」説得極是了。又曰：「春秋無義戰，彼善於此則有之矣。」此等皆看得地步闊。聖人之意只是如此，不解恁地細碎。淳。義剛録云：「某不敢似諸公道聖人是於一字半字上定去取。聖人只是存得那事在，要見當時治亂興衰；見得其初王政不行，天下皆無統屬，及五伯出來如此扶持，方有統屬。恁地，便見得天王都做主不起。」後同。

問春秋。曰：「此是聖人據魯史以書其事，使人自觀之以爲鑒戒爾。其事則齊威、晉文有足稱，其義則誅亂臣賊子。若欲推求一字之間，以爲聖人褒善貶惡專在於是，竊恐不是聖人之意。如書即位者，是魯君行即位之禮；繼故不書即位者，是不行即位之禮。若威公之書即位，則是威公自正其即位之禮耳。其他崩、薨、卒、葬，亦無意義。」人傑。

春秋有書「天王」者，有書「王」者，此皆難曉。或以爲王不稱「天」，貶之。某謂，若書「天王」，其罪自見。宰咺以爲冢宰，亦未敢信。其他如莒去疾、莒展輿、齊陽生，恐只據舊史文。若謂添一箇字，減一箇字，便是褒貶，某不敢信。威公不書秋冬，史闕文也。或謂貶天王之失刑，不成議論，可謂亂道！夫子平時稱顏子「不遷怒，不貳過」，至作春秋，却因惡魯威而及天子，可謂「桑樹著刀，穀樹汁出」者！魯威之弑，天王之不能討，罪惡自著，何待於去秋冬而後見乎！又如貶滕稱「子」，而滕遂至於終春秋稱「子」，豈有此理！今朝廷立法，降官者猶經赦敘復，豈有因滕子之朝威，遂併其子孫而降爵乎！人傑。

春秋所書，如某人爲某事，本據魯史舊文筆削而成。今人看春秋，必要謂某字譏某人。如此，則是孔子專任私意，妄爲褒貶！孔子但據直書而善惡自著。今若必要如此推說，須是得魯史舊文，參校筆削異同，然後爲可見，而亦豈復可得也？謨。

書「人」，恐只是微者。然朝非微者之禮，而有書「人」者，此類亦不可曉。閎祖。

或有解春秋者，專以日月爲褒貶，書時月則以爲貶，書日則以爲褒，穿鑿得全無義理！若胡文定公所解，乃是以義理穿鑿，故可觀。人傑。

「世間人解經，多是杜撰。且如春秋只據赴告而書之，孔子只因舊史而作春秋，非有許多曲折。且如書鄭忽與突事，才書『忽』，又書『鄭忽』，又書『鄭伯突』，胡文定便要說突有君國之德，須要因『鄭伯』兩字上求他是處，似此皆是杜撰。大概自成襄已前，舊史不全，有舛逸，故所記各有不同。若昭哀已後，皆聖人親見其事，故記得其實，不至於有遺處。如何却說聖人予其爵，削其爵，賞其功，罰其罪？是甚說話！」祖道問：「孟子說『春秋，天子之事』，如何？」曰：「只是被孔子寫取在此，人見者自有所畏懼耳。若要說孔子去褒貶他，去其爵，與其爵，賞其功，罰其罪，豈不是謬也！其爵之有無與人之有功有罪，孔子也予奪他不得。」祖道。人傑録云：「蘇子由解春秋，謂其從赴告，此說亦是。既書『鄭伯突』，又書『鄭世子忽』，據史文而書耳。定哀之時，聖人親見，據實而書。隱威之世，時既遠，史册亦有簡略處，夫子亦但據史册而寫出耳。」

或說：「沈卿說春秋，云：『不當以褒貶看。聖人只備録是非，使人自見。如「克段」之書，而兄弟之義自見；如蔑之書，而私盟之罪自見；來賵仲子，便自見得以天王之尊下賵諸侯之妾。聖人以公平正大之心，何嘗規規於褒貶？』」曰：「只是中間不可以一例說，自有曉不得處。公且道如『翬帥師』之類，是如何？」曰：「未賜族，如挾、柔、無駭之類。無駭，魯卿，隱二年書『無駭』，九年書『挾卒』，莊十一年書『柔』，皆未命也。到莊以後，却不待賜，而諸侯自予之。」曰：「便是這般所在，那裏見得這箇是賜，那箇是未賜？三傳唯左氏近之。或云左氏是楚左史倚相之後，故載楚史較詳。國語與左傳似出一手，然國語使人厭看，如齊楚吴越諸處又精采。如紀周魯自是無可説，將虚文敷衍，如説籍田等處，令人厭看。左氏必不解是丘明，如聖人所稱，煞是正直底人。如左傳之文，自有縱横意思。史記却説：『左丘失明，厥有國語。』或云，左丘明，左丘其姓也。左傳自是左姓人作。又如秦始有臘祭，而左氏謂『虞不臘矣』！是秦時文字分明。」賀孫。

春秋傳例多不可信。聖人記事，安有許多義例！如書伐國，惡諸侯之擅興；書山崩、地震、螽、蝗之類，知災異有所自致也。德明。

或論及春秋之凡例。先生曰：「春秋之有例固矣，奈何非夫子之爲也。昔嘗有人言及命格，予曰：『命格，誰之所爲乎？』曰：『善談五行者爲之也。』予曰：『然則何貴？設若自天而降，具言其爲美爲惡，則誠可信矣。今特出於人爲，烏可信也？』知此，則知春秋之例矣。」又曰：「『季子來歸』，以爲季子之在魯，不過有立僖之私恩耳，初何有大功於魯！又況通於成風，與慶父之徒何異？然則其歸也，何足喜？蓋以啓季氏之事而書之乎！」壯祖。

或人論春秋，以爲多有變例，所以前後所書之法多有不同。曰：「此烏可信！聖人作春秋，正欲褒善貶惡，示萬世不易之法。今乃忽用此説以誅人，未幾又用此説以賞人，使天下後世皆求之而莫識其意，是乃後世弄法舞文之吏之所爲也，曾謂大中至正之道而如此乎！」壯祖。

張元德問春秋、周禮疑難。曰：「此等皆無佐證，强説不得。若穿鑿説出來，便是侮聖言。不如且研窮義理，義理明，則皆可遍通矣。」因曰：「看文字且先看明白易曉者。此語是某發出來，諸公可記取。」時舉。以下看春秋法。

問：「春秋當如何看？」曰：「只如看史樣看。」曰：「程子所謂『以傳考經之事迹，以經別傳之真僞』，如何？」曰：「便是亦有不可考處。」曰：「其間不知是聖人果有褒貶否？」曰：「也見不得。」「如許世子止嘗藥之類如何？」曰：「聖人亦只因國史所載而立之耳。聖人光明正大，不應以一二字加褒貶於人。若如此屑屑求之，恐非聖人之本意。」時舉。

看春秋，且須看得一部左傳首尾意思通貫，方能略見聖人筆削，與當時事之大意。時舉。

叔器問讀左傳法。曰：「也只是平心看那事理、事情、事勢。春秋十二公時各不同。如隱威之時，王室新東遷，號令不行，天下都星散無主。莊僖之時，威文迭伯，政自諸侯出，天下始有統一。宣公之時，楚莊王盛强，夷狄主盟，中國諸侯服齊者亦皆朝楚，服晉者亦皆朝楚。及成公之世，悼公出來整頓一番，楚始退去；繼而吴越又强入來争伯。定哀之時，政皆自大夫出，魯有三家，晉有六卿，齊有田氏，宋有華向，被他肆意做，終春秋之世，更没奈何。但是某嘗説，春秋之末，與初年大不同。然是時諸侯征戰，只如戲樣，亦無甚大殺戮。及戰國七國争雄，那時便多是胡相殺。如鴈門斬首四萬，不知怎生殺了許多；長平之戰，四十萬人坑死，不知如何有許多人！後來項羽也坑十五萬，不知他如何地掘那坑後，那死底都不知，當時不知如何地對副許多人。」安卿曰：「恐非掘坑。」曰：「是掘坑。嘗見鄧艾伐蜀，坑許多人，載説是掘坑。」義剛。

春秋之書，且據左氏。當時天下大亂，聖人且據實而書之，其是非得失，付諸後世公論，蓋有言外之意。若必於一字一辭之間求褒貶所在，竊恐不然。齊桓、晉文所以有功於王室者，蓋當時楚最强大，時復加兵於鄭，鄭則在王畿之内；又伐陸渾之戎，觀兵周疆，其勢與六國不同。蓋六國勢均力敵，不敢先動。楚在春秋時，他國皆不及其强，向非威文有以遏之，則周室爲其所并矣。又，諸侯不朝聘於周，而周反下聘於列國，是甚道理！廣。以下論左氏。

左氏之病，是以成敗論是非，而不本於義理之正。嘗謂左氏是箇猾頭熟事、趨炎附勢之人。

元城說，左氏不識大體，只是時時見得小可底事，便以爲是。義剛。

因舉陳君舉說左傳，曰：「左氏是一箇審利害之幾，善避就底人，所以其書有貶死節等事。其間議論有極不是處，如周鄭交質之類，是何議論！其曰：『宋宣公可謂知人矣，立穆公，其子饗之，命以義夫！』只知有利害，不知有義理。此段不如穀梁〔一〕說『君子大居正』，却是儒者議論。某平生不敢說春秋。若說時，只是將胡文定說扶持說去。畢竟去聖人千百年後，如何知得聖人之心？且如先蔑奔秦，書，則是貶先蔑；不書時，又不見得此事。若如今人說，教聖人如何書則是？呂伯恭愛教人看左傳，某謂不如教人看論孟。伯恭云，恐人去外面走。某謂，看論孟未走得三步，看左傳底已走十百步了！人若讀得左傳熟，直是會趨利避害。然世間利害，如何被人趨避了！君子只看道理合如何，可則行，不可則止，禍福自有天命。且如一箇善擇利害底人，有一事，自謂擇得十分利處了，畢竟也須帶二三分害來，自没奈何。仲舒云：『仁人正其誼不謀其利，明其道不計其功。』一部左傳無此一句。若人人擇利害後，到得臨難死節底事，更有誰做？其間有爲國殺身底

〔一〕當作「公羊」。

人，只是枉死了，始得！」因舉「可憐石頭城，寧爲袁粲死，不作褚淵生」！「蓋『民之秉彝』，又自有不可埋没，自然發出來處。」璘。可學録云：「天下事，不可顧利害。凡人做事多要趨利避害；不知纔有利，必有害，吾雖處得十分利，有害隨在背後，不如且就理上求之。孟子曰：『如以利，則枉尋直尺而利，亦可爲歟？』且如臨難致死，義也。若不明其理而顧利害，則見危致命者反不如偷生苟免之人。『可憐石頭城，寧爲袁粲死，不作褚淵生！』『民之秉彝』不可磨滅如此，豈不是自然！」

林黄中謂：「左傳『君子曰』，是劉歆之辭。胡先生謂周禮是劉歆所作，不知是如何？」「左傳『君子曰』，最無意思。」因舉「芟夷藴崇之」一段，「是關上文甚事」？賀孫。

左氏見識甚卑，如言趙盾弑君之事，却云：「孔子聞之，曰：『惜哉！越境乃免。』」如此，則專是回避占便宜者得計，聖人豈有是意！聖人「作春秋而亂臣賊子懼」，豈反爲之解免耶！端蒙。

問：「左傳載卜筮，有能先知數世後事，有此理否？」曰：「此恐不然。只當時子孫欲僭竊，故爲此以欺上罔下爾。如漢高帝蛇，也只是脱空。陳勝王凡六月，便只是他做不成，故人以爲非；高帝做得成，故人以爲符瑞。」

左傳、國語惟是周室一種士大夫説得道理大故細密。這便是文、武、周、召在王國立學校，教得人恁地。惟是周室人會恁地説。且如烝民詩大故説得好，「人受天地之中以生」之類，大故説得細密。義剛。兼論國語。

左氏所傳春秋事，恐八九分是。公穀專解經，事則多出揣度。必大。以下三傳。

春秋制度大綱，左傳較可據，公穀較難憑。胡文定義理正當，然此樣處，多是臆度説。

李丈問：「左傳如何？」曰：「左傳一部載許多事，未知是與不是。但道理亦是如此，今且把來參考。」問：「公穀如何？」曰：「據他説亦是有那道理，但恐聖人當初無此等意。如孫明復、趙啖、陸淳、胡文定，皆説得好，道理皆是如此。但後世因春秋去考時，當如此區處。若論聖人當初作春秋時，其意不解有許多説話。」擇之説：「文定説得理太多，盡堆在裏面。」曰：「不是如此底，亦壓從這理上來。」淳。義剛録少異。

左氏傳是箇博記人做，只是以世俗見識斷當它事，皆功利之説。公穀雖陋，亦有是處，但皆得於傳聞，多訛謬。德明。

國秀問三傳優劣。曰：「左氏曾見國史，考事頗精，只是不知大義，專去小處理會，往往不曾講學。公穀考事甚疏，然義理却精。二人乃是經生，傳得許多説話，往往都不曾見國史。」時舉。

左傳是後來人做，爲見陳氏有齊，所以言「八世之後，莫之與京」！見三家分晉，所以言「公侯子孫，必復其始」。以三傳言之，左氏是史學，公穀是經學。史學者記得事却詳，於道理上便差；經學者於義理上有功，然記事多誤。如遷固之史，大概只是計較利害。范曄更低，只主張做賊底，後來他自做却敗。温公通鑑，凡涉智數險詐底事，往往不載，却不見得當時風俗。如陳平説高祖間楚事，亦不載上一段；不若全載了，可以見當時事情，却於其下論破，乃佳。又如亞夫得劇孟事，通鑑亦節去，意謂得劇孟不足道；不知當時風俗事勢，劇孟輩亦係輕重。知周休且能一夜得三萬人，只緣吴王敗後各自散去，其事無成。温公於此事却不知不覺載之，蓋以周休名不甚顯，不若劇孟耳。想温公平日叵耐劇孟。不知温公爲將，設遇此人，柰得它何否？又如論唐太宗事，亦殊未是。吕氏大事記周赧後便繫秦，亦未當。當如記楚漢事，並書之；項籍死後，方可專書漢也。僩。

「孔子作春秋，當時亦須與門人講説，所以公穀左氏得一箇源流，只是漸漸訛舛。當初若是全無傳授，如何鑿空撰得？」問：「今欲看春秋，且將胡文定説爲正，如何？」曰：「便是他亦有太過處。蘇子由教人只讀左傳，只是他春秋亦自分曉。且如『公與夫人如齊』，必竟是理會甚事，自可見。又如季氏逐昭公，畢竟因甚如此？今理會得一箇義理後，將他事來處置，合於義理者爲是，不合於義理者爲非。亦有喚做是而未盡善者，亦有謂之不是而彼善於此者。且如讀史記，便見得秦之所以亡，漢之所以興；及至後來劉項事，又知劉之所以得，項之所以失，不難判斷。只是春秋却精細，也都不説破，教後人自將義理去折衷。」文蔚。

問：「公、穀傳大概皆同？」曰：「所以林黄中説，只是一人，只是看他文字疑若非一手者。」或曰：「疑當時皆有所傳授，其後門人弟子始筆之於書爾。」曰：「想得皆是齊魯間儒，其所著之書，恐有所傳授，但皆雜以己意，所以多差舛。其有合道理者，疑是聖人之舊。」僩。以下公穀。

春秋難理會。公穀甚不好，然又有甚好處。如序隱公遜國，宣公遜其姪處，甚好。何休注甚謬。

公羊説得宏大，如「君子大居正」之類。穀梁雖精細，但有些鄙搜狹窄。

公羊是箇村樸秀才，穀梁又較黠得些。振。

「春秋難看，三家皆非親見孔子。或以『左丘明恥之』，是姓左丘；左氏乃楚左史倚相之後，故載楚事極詳。呂舍人春秋不甚主張胡氏，要是此書難看。如劉原父春秋亦好。」可學云：「文定解『宋災故』一段，乃是原父説。」曰：「林黄中春秋又怪異，云，隱公篡威公！」可學云：「黄中説，『歸仲子之賵』，乃是周王以此爲正其分。」曰：「要正分，更有多少般，却如此不契勘！」可學云：「杜預每到不通處。（杜預）〔多云〕[一]告辭略。經傳互異，不云傳誤，云經誤。」曰：「可怪！是何識見！」可學。以下諸家解春秋。

問：「春秋傳序引夫子答顏子爲邦之語，爲顏子嘗聞春秋大法，何也？」曰：「此不是孔子將春秋大法向顏子説。蓋三代制作極備矣，孔子更不可復作，故告以四代禮樂，只是集百王不易之大法。其作春秋，善者則取之，惡者則誅之，意亦只是如此，故伊川引以爲據耳。」淳。

程子所謂「春秋大義數十，炳如日星」者，如「成宋亂」、「宋災故」之類，乃是聖人直著誅貶，自是分明。如胡氏謂書「晉侯」爲以常情待晉襄，書「秦人」爲以王事責秦穆處，却恐未必如此。須是己之心果與聖人之心神交心契，始可斷他所書之旨，不然，則未易言也。程子所謂「微辭隱義，時措從宜者爲難知」耳。人傑。

或問伊川春秋序後條。曰：「四代之禮樂，此是經世之大法也。春秋之書，亦經世之大法也。然四代之禮樂是以善者爲法，春秋是以不善者爲戒。」又問：「孔子有取乎五霸，豈非時措從宜？」曰：「是。」又曰：「觀其予五霸，其中便有一箇奪底意思。」賀孫。

〔一〕據陳本改。

春秋序云：「雖德非湯武，亦可以法三王之治。」如是，則無本者亦可以措之治乎？語有欠。因云：「伊川甚麽樣子細，尚如此。難！難！」揚。

今日得程春秋解，中間有説好處；如難理會處，他亦不爲決然之論。向見沙隨春秋解，只有説滕子來朝一處最好。隱十一年方書「滕侯、薛侯」來朝，如何桓二年便書「滕子來朝」？先輩爲説甚多：或以爲時王所黜，故降而書「子」，不知是時時王已不能行黜陟之典；就使能黜陟諸侯，當時亦不止一滕之可黜。或以春秋惡其朝桓，特削而書「子」；自此之後，滕一向書「子」，豈春秋惡其朝桓，而并後代子孫削之乎！或以爲當喪未君，前又不見滕侯卒。皆不通之論。沙隨謂此見得春秋時小國事大國，其朝聘貢賦之多寡，隨其爵之崇卑。滕子之事魯，以侯禮見，則所供者多；故自貶降而以子禮見，庶得貢賦省少易供。此説却恐是。何故？緣後面鄭朝晉云：「鄭伯男也，而使從公侯之賦。」見得鄭本是男爵，後襲用侯伯之禮，以交於大國，初焉不覺其貢賦之難辦，後來益困於此，方説出此等話。非獨是鄭伯，當時小國多是如此。今程公春秋亦如此説滕子。程是紹興以前文字。不知沙隨見此而爲之説，還是自見得此意？賀孫。

問：「諸家春秋解如何？」曰：「某盡信不及。如胡文定春秋，某也信不及，知得聖人意裏是如此説否？今只眼前朝報差除，尚未知朝廷意思如何，況生乎千百載之下，欲逆推乎千百載上聖人之心！況自家之心，又未如得聖人，如何知得聖人肚裏事！某所以都不敢信諸家解，除非是得孔子還魂親説出，不知如何。」僩。

胡文定春秋非不好，却不合這件事聖人意是如何下字，那件事聖人意又如何下字。要之，聖人只是直筆據見在而書，豈有許多忉怛！友仁。

問：「胡春秋如何？」曰：「胡春秋大義正，但春秋自難理會。如左氏尤有淺陋處，如『君子曰』之類，病處甚多。林黄中嘗疑之，却見得是。」時舉。

胡春秋傳有牽强處。然議論有開合精神。閎祖。

問胡春秋。曰：「亦有過當處。」文蔚。

問：「胡文定據孟子『春秋天子之事』，一句作骨。如此，則是聖人有意誅賞。」曰：「文定是如此説，道理也是恁地。但聖人只是書放那裏，使後世因此去考見道理如何便爲是，如何便爲不是。若説道聖人當時之意，説他當如此，我便書這一字；淳録云：「以褒之。」他當如彼，我便書那一字，淳録云：「以貶之。」别本云：「如此便爲予，如彼便爲奪。」則恐聖人不解恁地。聖人當初只直寫那事在上面，如説張三打李四，李四打張三，未嘗斷他罪，某人杖六十，某人杖八十。如孟子便是説得那地步闊。聖人之意，只是如此，不解恁地細碎。且如『季子來歸』，諸公説得恁地好。據某看來，季友之罪與慶父也不争多。但是他歸來後，會平了難，魯人歸之，故如此説。況他世執魯之大權，人自是怕他。史官書得恁地，孔子因而存此，蓋以見他執權之漸耳。」義剛。淳録略。

春秋今來大綱是從胡文定説，但中間亦自有難穩處。如叔孫婼祈死事，把他做死節，本自無據；後却將「至自晉」一項説，又因穀梁「公孫舍」云云。他若是到歸來，也須問我屋裏人，如何同去弑君？也須誅討斯得。自死是如何？春秋難説。若只消輕看過，不知是如何。如孟子説道「春秋無義戰，彼善於此」，只將這意看如何。左氏是三晉之後，不知是甚麽人。看他説魏畢萬之後必大，如説陳氏代齊之類，皆是後來設爲豫定之言。春秋分明處，只是如「晉士匄侵齊，至聞齊侯卒，乃還」，這分明是與他。賀孫。

問：「胡氏傳春秋盟誓處，以爲春秋皆惡之，楊龜山亦嘗議之矣。自今觀之，豈不可因其言盟之能守與否而褒貶之乎？今民『泯泯棼棼，罔中于信，以覆詛盟』之時，而遽責以未施信而民信之事，恐非化俗以漸之意。」曰：「不然。盟詛，畢竟非君之所爲，故曰：『君子屢盟，亂是用長。』將欲變之，非去盟崇信，俗不可得而善也。故伊川有言：『凡委靡隨俗者不能隨時，惟剛毅特立乃所以隨時。』斯言可見矣。」問洽：「尋常如何理會是『自命』？」曰：「嘗考之矣。當從劉侍讀之説。自王命不行，則諸侯上僭之事，由階而升。然必與勢力之不相上下者池録作：「如歷階而升，以至於極。蓋既無王命，必擇勢力之相敵者。」共爲之，所以布於衆而成其僭也。齊衞當時勢敵，故齊僖自以爲小伯，而黎人責衞以方伯之事。當時王不敢命伯，而欲自爲伯，故於此彼此相命以成其私也。及其久也，則力之能爲者專之矣，故威公遂自稱伯。以至戰國諸侯各有稱王之意，不敢獨稱於國，必與勢力之相侔者共約而爲之，魏齊會于苴澤以相王，是也。其後七國皆王，秦人思有以勝之，於是使人致帝於齊，約共稱帝，豈非相帝？自相命而至於相王，自相王而至於相帝，僭竊之漸，勢必至此，池録云：「春秋於此，蓋紀王命不行而諸侯僭竊之端也。」豈非其明證乎？」曰：「然則左傳所謂『胥命于弭』，何也？」曰：「此以納王之事相遜相先也。」曰：「説亦有理。」洽。池録少異。

問：「春秋，胡文定之説如何？」曰：「尋常亦不滿於胡説。且如解經不使道理明白，却就其中多使故事，大與做時文答策相似。近見一相知説，傅守見某説云，固是好，但其中無一故事可用。某作此書，又豈欲多使事也？」問：「先生既不解春秋，合亦作一篇文字，略説大意，使後學知所指歸。」曰：「也不消如此。但聖人作經，直述其事，固是有所抑揚；然亦非故意增減一二字，使後人就一二字上推尋，以爲吾意旨之所在也。」問：「胡文定説『元』字，某不能無疑。元者，始也，正所謂『辭之所謂「太」也』。今胡乃訓『元』爲『仁』，訓『仁』爲『心』，得無太支離乎？」曰：「楊龜山亦嘗以此議之。胡氏説經，大抵有此病。」

胡文定説春秋，高而不曉事情。説「元年」不要年號。且如今中興以來更七箇元年，若無號，則契券能無欺弊者乎！淳。

吕居仁春秋亦甚明白，正如某詩傳相似。道夫。

東萊有左氏説，亦好。是人記録他語言。義剛。

薛常州解春秋，不知如何率意如此，只是幾日成此文字！如何説諸侯無史？内則尚有「閭史」。又如趙盾事，初靈公要殺盾，盾所以走出，趙穿便弑公，想是他本意如此，這箇罪首合是誰做！賀孫。

薛士龍曰：「魯隱初僭史。」殊不知周官所謂「外史合四方之志」，便是四方諸侯皆有史。諸侯若無史，外史何所稽考而爲史？如古人生子，則「閭史」書之。且二十五家爲閭，閭尚有史，況一國乎！學蒙。

昔楚相作燕相書，其燭暗而不明。楚相曰：「舉燭。」書者不察，遂書「舉燭」字於書中。燕相得之，曰：「『舉燭』者，欲我之明於舉賢也。」於是舉賢退不肖，而燕國大治。故曰：「不是郢書，乃成燕説。」今之説春秋者，正此類也。人傑。揚録少異。

學春秋者多鑿説。後漢五行志注載漢末有發范明友奴冢，奴猶活。明友，霍光女壻，説光家事及廢立之際，多與漢書相應。某嘗説與學春秋者曰：「今如此穿鑿説，亦不妨。

只恐一旦有於地中得夫子家奴出來，説夫子當時之意不如此爾！」廣。

經傳附

問：「『春王正月』，是用周正？用夏正？」曰：「兩邊都有證據，將何從？義剛録云：「這箇難稽考，莫去理會這箇。」某向來只管理會此，不放下，竟擔閣了。吾友讀書不多，不見得此等處。某讀書多後，有時此字也不敢喚做此字。如家語周公祝成王冠辭：『近爾民，遠爾年，嗇爾時，惠爾財，親賢任能。』近爾民，言得民之親愛也；遠爾年，言壽也。『年』與『民』叶，音紉；『能』與『財』叶，囊來反；與『時』叶，音尼。『財』音慈。」義剛録云：「『能』字通得三音，若作十灰韻，則與『才』字叶，與『時』字又不叶。今更不可理會。據今叶『時』字，則當作『尼』字讀。」淳。

某親見文定公家説，文定春秋説夫子以夏時冠月，以周正紀事。謂如「公即位」，依舊是十一月，只是孔子改正作「春正月」。某便不敢信。恁地時，二百四十二年，夫子只證得箇「行夏之時」四箇字。據今周禮有正月，有正歲，則周實是元改作「春正月」。夫子所謂「行夏之時」，只是爲他不順，欲改從建寅。如孟子説「七、八月之間旱」，這斷然是五、六月；「十一月徒杠成，十二月輿梁成」，這分明是九月、十月。若真是十一月、十二月時，寒自過了，何用更造橋梁？古人只是寒時造橋度人，若暖時又只時教他自從水裏過。看來古時橋也只是小橋子，不似如今石橋浮橋恁地好。義剛。

春秋傳言：「元者，仁也；仁，人心也。」固有此理，然不知仁如何却唤做「元」？如程子曰：「天子之理，原其所自，未有不善。」易傳曰：「成而後有敗，敗非先成者也；得而後有失，非得，何以有失也？」便説得有根源。閎祖。

「胡文定説春秋『公即位』，終是不通。且踰年即位，凶服如何入廟？胡文定却説是冢宰攝行。他事可攝，即位豈可攝？且如『十一月乙丑，伊尹以冕服奉嗣王』，『惟十有三祀』，却是除服了。康王之誥，東坡道是召公失禮處。想古時是這般大事，必有箇權宜，如借吉之例。」或問：「『金縢』，前輩謂非全書。」曰：「『周公以身代武王之説，只緣人看錯了。此乃周公誠意篤切，以庶幾其萬一。『丕子之責于天』，只是以武王受事天之責任，如今人説話，他要箇人來服事。周公便説是他不能服事天，不似我多才多藝，自能服事天。」賀孫。

春秋一發首不書即位，即君臣之事也；書仲子嫡庶之分，即夫婦之事也；書及邾盟，朋友之事也；書「鄭伯克段」，即兄弟之事也。一開首，人倫便盡在。

惠公仲子，恐是惠公之妾，僖公成風，却是僖公之母，不可一例看，不必如孫明復之説。閎祖。孫明復云：「文九年冬，秦人來歸僖公成風之襚，與此不稱夫人義同，譏其不及事，而又兼之貶也。」

義剛曰：「莊公見潁考叔而告之悔，此是他天理已漸漸明了。考叔當時聞莊公之事而欲見之，此是欲撥動他機。及其既動，却好開明義理之説，使其心豁然知有天倫之親。今却教恁地做，則母子全恩，依舊不出於真理。此其母子之間雖能如此，而其私欲固未能瑩然消釋。其所以略能保全，而不復開其隙者，特幸耳。」曰：「恁地看得細碎，不消如此。某便是不喜伯恭博議時，他便都是這般議論。恁地忒細碎，不濟得事。且如這樣，他是且欲全他母子之恩。以他重那盟誓未肯變，故且教他恁地做。這且得他全得大義，未暇計較這箇，又何必如此去論他？」義剛。

陳仲蔚問：「東萊論潁考叔之説是否？」曰：「古人也是重那盟誓。」又問：「左傳於釋經處但略過，如何？」曰：「他釋經也有好處。如説『段不弟，故不言弟。稱「鄭伯」，譏失教也』。這樣處，説得也好，蓋説得闊。」又問：「『宋宣公可謂知人矣，立穆公，其子享之。』這也不可謂知人。」曰：「這樣處，却説得無巴鼻。如公羊説，宣公却是宋之罪腦。左氏有一箇大病，是他好以成敗論人，遇他做得來好時，便説他好；做得來不好時，便説他不是；却都不折之以理之是非，這是他大病。叙事時，左氏却多是，公穀却都是胡撰。他去聖人遠了，只是想像胡説。」或問：「左氏果丘明否？」曰：「左氏叙至韓魏趙殺智伯事，去孔子六七十年，決非丘明。」義剛。

「夫人子氏薨」，只是仲子。左氏「豫凶事」之説，亦有此理。「考仲子之宮」，是別立廟。人傑。二年。

問：「石碏諫得已自好了，如何更要那『將立州吁』四句？」曰：「也是要得不殺那桓公。」又問：「如何不禁其子與州吁遊？」曰：「次第是石碏老後，柰兒子不何。」又問：「殺之，如何要引他從陳去？忽然陳不殺，却如何？」曰：「如喫飯樣，不成說道喫不得後，便不喫，也只得喫。」義剛。二年。

陳仲蔚說「公矢魚于棠」，云：「或謂『矢』，如『皋陶矢厥謨』之『矢』。」曰：「便是亂說。今據傳曰『則君不射』，則『矢魚』是將弓矢去射之，如漢武帝親射江中蛟之類。何以見得？夫子作春秋，征只書征，伐只書伐，不曾恁地下一字。如何平白無事，陳魚不只寫作『陳』字，却要下箇『矢』字則麽？『遂往陳魚而觀之』這幾句，却是左氏自說。據他上文，則無此意。」義剛。五年。

「鄭人來渝平。」渝，變也。蓋魯先與宋好，鄭人却來渝平，謂變渝舊盟，以從新好也。公穀作「輸平」。胡文定謂以物而求平也，恐不然。但言「輸」，則渝之義自在其中。如秦詛楚文云：「變輸盟刺。」若字義則是如此，其文意則只是「渝」字也。銖。六年。

因言勇而無剛，曰：「剛與勇不同：勇只是敢爲，剛有堅強之意。」閎祖。九年。

桓公有兩年不書秋冬，說者謂，以喻時王不能賞罰。若如是，孔子亦可謂大迂闊矣！

某嘗謂，説春秋者只好獨自説，不可與人論難。蓋自説，則横説竪説皆可，論難著便説不行。必大。桓四年、七年。

春秋書「蔡人殺陳佗」，此是夫子據魯史書之。佗之弑君，初不見於經者，亦是魯史無之耳。廣。六年。

問：「書蔡威侯，文定以爲蔡季之賢，知請謚，如何？」曰：「此只是文誤。」人傑。十七年。

問：「魯桓公爲齊襄公所殺，其子莊公與桓公會而不復讐，先儒謂春秋不譏，是否？」曰：「他當初只是據事如此寫在，如何見他譏與不譏？當桓公被殺之初，便合與他理會。使上有明天子，下有賢方伯，便合上告天子，下告方伯，興復讐之師。只緣周家衰弱，無赴愬處，莊公又無理會，便自與之主婚，以王姬嫁齊。及到桓公時，又自隔一重了。況到此事體又别。桓公率諸侯以尊周室，莊公安得不去！若是不去，却不是叛齊，乃是叛周。」曰：「使莊公當初自能舉兵殺了襄公，還可更赴桓公之會否？」曰：「他若是能殺襄公，他却自會做伯主，不用去隨桓公。若是如此，便是這事結絶了。」文蔚。僩録詳見本朝六。

荆楚初書國，後進稱「人」，稱爵，乃自是他初間不敢驟交於中國，故從卑稱。後漸大，故稱爵。賀孫。莊十年。

「成風事季友，與敬嬴事襄仲一般，春秋何故褒季友？如書『季子來歸』，是也。」人傑謂：「季子既歸，而閔公被弒，慶父出奔。季子不能討賊，是其意在於立僖公也。」先生曰：「縱失慶父之罪小，而季子自有大惡。今春秋不貶之，而反褒之，殆不可曉。蓋如高子仲孫之徒，只是舊史書之，聖人因其文而不革。所以書之者，欲見當時事迹，付諸後人之公議耳。若謂季子爲命大夫，則叔孫婼嘗受命服，何爲書名乎？」人傑。閔元年。

「春秋書『季子來歸』，恐只是因舊史之文書之，如此寬看尚可。若謂『春秋謹嚴』，便没理會。或只是魯亂已甚，後來季友立得僖公，再整頓得箇社稷起，有此大功，故取之，與取管仲意同。然季子罪惡與慶父一般，春秋若褒之，則此一經乃淪三綱、斁九法之書爾！當時公子牙無罪，又用藥毒殺了。季子賜族，此亦只是時君恩意，如秦呼吕不韋作『尚父』耳。」正淳曰：「季子雖來歸，亦有放走慶父之罪。」曰：「放走慶父罪小，它自身上罪大，亦治慶父不得。」必大。㽦録云：「『春秋書「季子來歸」，不知夫子何故取季友？恐只是如取管仲之意，但以其後來有功社稷，所以更不論其已前罪過。』正淳曰：『説者謂是國人喜季子之來，望其討慶父之罪，故春秋因如此書之。及後來不能治慶父，則季子之可貶者亦可見矣。』曰：『季子之罪，不在放走了慶父，先已自有罪過了！』」

問季友之爲人。曰：「此人亦多可疑。諸家都言季友『來歸』，爲聖人美之之辭。據某看此一句，正是聖人著季氏所以專國爲禍之基。又，『成風聞季氏之繇，乃事之』。左氏記此數句，亦有説話。成風没巴鼻，事他則甚？據某看，此等人皆魯國之賊耳！」又問子家子。曰：「它却是忠於昭公。只是也無計畫，不過只欲勸昭公且泯默含垢受辱，因季氏之來請而歸魯耳。昭公所以不歸，必是要逐季氏而後歸也。當時列國之大夫，如晉之欒、魯之季氏、鄭之伯有之徒，國國皆然。二百四十二年，真所謂五濁惡世，不成世界！孔子說：『有用我者，吾其爲東周乎！』不知如何地做？從何處做起？某實曉不得。」或曰：「相魯可見。」曰：「他合下只說得季威子透，威子事事信之，所以做得。及後來被公斂處父一説破了，威子便不信之，孔子遂做不得矣。孟子説五年七年可『爲政於天下』，不知如何做，孔子不甚説出來。孟子自擔負不淺，不知怎生做也。」僩。

「『季子來歸』，如『高子來盟』、『齊仲孫來』之類。當時魯國内亂，得一季子歸國，則國人皆有慰望之意，故魯史喜而書之。夫子直書史家之辭。其實季子無狀，觀於成風事之可見。一書『季子來歸』，而季氏得政，權去公室之漸，皆由此起矣。」問：「魯君弑而書『薨』，如何？」曰：「如晉史書趙盾弑君，齊史書崔杼弑君，魯却不然，蓋恐是周公之垂法，史書之舊章。韓宣子所謂周禮在魯者，亦其一事也。」問諸侯書「卒」。曰：「劉道原嘗言之，此固當書『卒』。」問：「魯君書『薨』，而諸侯書『卒』；内大夫卒，而略外大夫，只是别内外之辭。」曰：「固是。且如今虜主死，其國必來告哀，史官必書虜主之死。若虜中宰相大臣，彼亦不告，此亦必不書之也。但書『王猛』，又書『王子猛』，皆不可曉。所謂『天子未除喪曰「予小子」，生名之，死亦名之』，此乃據春秋例以爲之説耳。」人傑。

「齊桓公較正當，只得一番出伐。管仲亦不見出，有事時只是遣人出整頓。春秋每稱『齊人』。左傳上全不曾載許多事，却載之於國語，及出孟子。呂丈言，左傳不欲見桓公許多不美處，要爲桓公、管仲全之。孟子所載桓公，亦自犯了，故皆不載。」曰：「左氏有許多意思時，却是春秋。左氏亦不如此回互，只是有便載，無便不載。説得意思回互如此，豈不教壞了人！晉文公詭譎，如侵曹、伐衛，皆是當時出時不禮之私，却只名謂『治其從楚』。如書『晉侯伐衛』，辭意可見。又書『楚人救衛』，如書『救』，皆是美意。中國之諸侯，晉以私伐之，乃反使楚人來救！如『晉侯侵曹』，『晉侯伐衛』，『楚人救衛』，其辭皆聖人筆削，要來此處看義理。今人作春秋義，都只是論利害。晉侯侵伐皆自出。」揚。僖四年。

問：「『齊侯侵蔡』，亦以私，如何？」曰：「『齊謀伐楚已在前。本是伐楚，特因以侵蔡耳，非素謀也。』」問：「『國語、左傳皆是左氏編，何故載齊桓公於國語，而不載於左傳？』」曰：「不知二書作之先後。温公言先作國語，次作傳。又有一相識言，先左傳，次國語，國語較老如左傳。後看之，似然。」揚。

昔嘗聞長上言，齊威公伐楚，不責以僭王之罪者，蓋威公每事持重，不是一箇率然不思後手者。當時楚甚强大，僭王已非一日。威公若以此問之，只宜楚即服罪；不然，齊豈遽保其必勝楚哉？及聞先生言及，亦以爲然。壯祖。

春秋書「會王世子」，與齊威公也。廣。五年。

晉里克事，只以春秋所書，未見其是非。國語載驪姬陰託里克之妻，其後里克守不定，遂有中立之説。他當時只難里克，里克若不變，太子可安。由是觀之，里克之罪明矣。後來殺奚齊、卓子，亦自快國人之意，且與申生伸冤。如春秋所書，多有不可曉。如里克等事，只當時人已自不知孰是孰非，況後世乎？如蔡人殺陳佗，都不曾有陳佗弒君蹤跡。「會王世子」，却是威公做得好。賀孫。九年。

或問：「春秋書『晉殺其大夫荀息』，是取他否？」曰：「荀息亦未見有可取者，但始終一節，死君之難，亦可取耳。後又書『晉殺其大夫里克』者，不以弒君之罪討之也。然克之罪則在中立。今左傳中却不見其事，國語中所載甚詳。」廣。十年。

問：「里克、丕鄭、荀息三人，當初晉獻公欲廢太子申生，立奚齊，荀息便謂『君命立之，臣安敢貳』，略不能諫君以義，此大段不是。里克、丕鄭謂『從君之義，不從君之惑』，所見甚正，只是後來却做不徹。」曰：「他倒了處，便在那中立上。天下無中立之事，自家若排得他退，便用排退他；若柰何他不得，便用自死。今驪姬一許他中立，他事便了，便是他只要求生避禍。正如隋高祖簒周，韋孝寬初甚不能平，一見衆人被殺，便去降他，反教他添做幾件不好底事。看史到此，使人氣悶。」或曰：「看荀息亦有不是處。」曰：「全然不是，豈止有不是處？只是辨得一死，亦是難事。」文蔚曰：「里克當獻公在時，不能極力理會；及獻公死後，却殺奚齊，此亦未是。」曰：「這般事便是難説。獻公在日，與他説不聽，又怎生柰何得他？後來亦用理會，只是不合殺了他。」文蔚。二十一年。

吴楚盟會不書王，恐是吴楚當時雖自稱王於其國，至與諸侯盟會，則未必稱也。閎祖。

諸侯滅國，未嘗書名。「衛侯燬滅邢」，説者以爲滅同姓之故。今經文只隔「夏四月癸酉」一句，便書「衛侯燬」卒，恐是因而傳寫之誤，亦未可知。又曰：「魯君書『薨』，外諸侯書『卒』。劉原父答温公書，謂『薨』者，臣子之詞。温公亦以爲然。以『卒』爲貶詞者，恐亦非是。」人傑。二十五年。

臧文仲廢六關，若以爲不知利害而輕廢，則但可言不知。所以言「不仁」者，必有私意害民之事。但古事既遠，不可攷耳。有言：「臧文仲知征之爲害而去之，遂并無以譏察姦僞，故先生云然。」方子。文二年。

僖公、成風，與東晉簡文帝、鄭太后一也，皆所以著妾母之義。至本朝真宗既崩，始以王后並配。當時羣臣亦嘗争之，爲其創見也。後來遂以爲常，此禮於是乎紊矣。人傑。

四年。

胡氏春秋，文八年記公孫敖事云：「色出於性，淫出於氣。」其說原於上蔡，此殊分得不是。大凡出於人身上道理，固皆是性。色固性也，然不能節之以禮，制之以義，便是惡。故孟子於此只云「君子不謂性也」，其語便自無病。又曰：「李先生嘗論公孫敖事，只如京師不至而復，便是大不恭。魯亦不再使人往，便是罪。如此解之，於經文甚當，蓋經初無從己氏之說。」㽦。人傑録云：「胡氏只貶他從己氏之過。經文元不及此事。」八年。

「遂以夫人姜氏至自齊」，恐是當時史官所書如此。蓋爲如今魯史不存，無以知何者是舊文，何者是聖人筆削，怎見得聖人之意？閎祖。宣元年。

晉「驪姬之亂，詛無畜羣公子，自是晉無公族」，而以卿爲公室大夫，這箇便是六卿分晉之漸。始驪姬謀逐羣公子，欲立奚齊、卓子爾。後來遂以爲例，則疑六卿之陰謀也。然亦不可曉。僩。三年。

植因舉楚人「卒偏之兩」，乃一百七十五人。曰：「一廣有百七十五人，二廣計三百五十。楚分爲左、右廣，前後更番。」植。十二年。

宣公十五年，「公孫歸父會楚子于宋。夏五月，宋人及楚人平」。春秋之責宋鄭，正以其叛中國而從夷狄爾。中間諱言此事，故學者不敢正言，今猶守之而不變，此不知時務之過也。罪其貳霸，亦非是。春秋豈率天下諸侯以從三王之罪人哉！特罪其叛中國耳。此章，先生親具章浦縣學課簿。道夫。

先生問人傑：「記左傳分謗事否？」人傑以韓獻子將殺人，郤獻子馳救不及，使速以徇對。先生曰：「近世士大夫多是如此，只要徇人情。如荀林父邲之役，先穀違命而濟，乃謂『與其專罪，六人同之』，是何等見識！當時爲林父者，只合按兵不動，召先穀而誅之。」人傑曰：「若如此，豈止全軍，雖進而救鄭可也。」因問：「韓厥殺人事，在郤克只得如此。」曰：「既欲馳救，則殺之未得爲是。然這事却且莫管。」因云：「當時楚孫叔敖不欲戰，伍參争之。若事有合争處，須當力争，不可苟徇人情也。」人傑。成二年。

問：「『民受天地之中以生』，中是氣否？」曰：「中是理，理便是仁義禮智，曷常有形象來？凡無形者謂之理，若氣，則謂之生也。清者是氣，濁者是形。氣是魂，謂之精；血是魄，謂之質。所謂『精氣爲物』，須是此兩箇相交感，便能成物；『遊魂爲變』，所禀之氣至此已盡，魂升於天，魄降於地。陽者，氣也，魂也，歸於天；陰者，質也，魄也，降於地，謂之死也。知生則便知死，只是此理。夫子告子路，非是拒之，是先後節次如此也。」因說：「鬼神者，造化之迹。且如起風做雨，震雷閃電，花生花結，非有神而何？自不察耳。才見説鬼事，便以爲怪。世間自有箇道理如此，不可謂無，特非造化之正耳。此得陰陽不正之氣，不須驚惑。所以夫子『不語怪』，以其明有此事，特不語耳。南軒説無，便不是了。」明作。成十三年。

胡解「晉弑其君州蒲」一段，意不分明，似是爲欒書出脱。曾問胡伯逢，伯逢曰：「厲公無道，但當廢之。」閎祖。十八年。

因問：「胡氏傳欒書弑晉厲公事，其意若許欒書之弑，何也？」曰：「舊亦嘗疑之，後見文定之甥范伯達而問焉。伯達曰：『文定之意，蓋以爲欒書執國之政，而厲公無道如此，亦不得坐視。爲書之計，厲公可廢而不可殺也。』」洽言：「傳中全不見此意。」曰：「文定既以爲當如此作傳，雖不可明言，豈不可微示其意乎？今累數百言，而其意絶不可曉，是亦拙於傳經者也。」洽。

楊至之問晉悼公。曰：「甚次第。他才大段高，觀當初人去周迎他時，只十四歲，他説幾句話便乖，便有操有縱。才歸晉，做得便别。當時厲公恁地弄得狼當，被人攛掇，胡亂殺了，晉室大段費力。及悼公歸來，不知如何便被他做得恁地好。恰如久雨積陰，忽遇天晴，光景便别，赫然爲之一新！」又問：「勝威文否？」曰：「儘勝。但威文是白地做起來，悼公是見成基址。某嘗謂，晉悼公、宇文周武帝、周世宗，三人之才一般，都做得事。都是一做便成，及才成又便死了，不知怎生地。」義剛。

楊至之問：「左傳『元者體之長』等句，是左氏引孔子語，抑古有此語？」曰：「或是古已有此語，孔子引他，也未可知。左傳又云『克己復禮，仁也』。『克己復禮』四字，亦是古已有此語。」淳。襄九年。

子上問：「鄭伯以女樂賂晉悼公，如何有歌鍾二肆？」曰：「鄭衛之音，與先王之樂，其器同，止是其音異。」璘。十一年。

問：「左氏駒支之辯，劉侍讀以爲無是事。」曰：「某亦疑之。既曰『言語衣服，不與華同』，又却能賦青蠅，何也？又，太子申生伐東山皋落氏，攛掇申生之死，乃數公也。申生以閔二年十二月出師，衣之偏衣，佩之金玦，數公議論如此，獻公更舉事不得，便有『逆詐、億不信』底意思。左氏一部書都是這意思，文章浮艷，更無事實。蓋周衰時，自有這一等迂闊人。觀國語之文，可見周之衰也。某嘗讀宣王欲籍千畝事，便心煩。及戰國時人，却尚事實，觀太史公史記可見。公子成與趙武靈王爭胡服，甘龍與衛鞅爭變法，其他如蘇張之辯，莫不皆然。衛鞅之在魏，其相公孫座勸魏君用之，不然，須殺之。魏君不從，則又與鞅明言之。鞅以爲不能用我，焉能殺我？及秦孝公下令，鞅西入秦。然觀孝公下令數語，如此氣勢，乃是吞六國規模。鞅之初見孝公，説以帝道王道，想見好笑，其實乃是霸道。鞅之如此，所以堅孝公之心，後來迂闊之説，更不能入。使當時無衛鞅，必須別有人出來。觀孝公之意，定是不用孟子。史記所載事實，左氏安得有此！」人傑。十四年。

季札辭國，不爲盡是。揚。

問：「季札，胡文定公言其辭國以生亂，温公又言其明君臣之大分。」曰：「可以受，可以無受。」

問：「季札觀樂，如何知得如此之審？」曰：「此是左氏粧點出來，亦自難信。如聞齊樂而曰『國未可量』，然一再傳而爲田氏，烏在其爲未可量也！此處皆是難信處。」時舉。二十九年。

或問：「子産相鄭，鑄刑書，作丘賦，時人不以爲然。是他不達『爲國以禮』底道理，徒恃法制以爲國，故鄭國日以衰削。」曰：「是他力量只到得這裏。觀他與韓宣子争時，似守得定。及到伯有、子晳之徒撓他時，則度其可治者治之；若治他不得，便只含糊過。亦緣當時列國世卿，每國須有三兩族强大，根株盤互，勢力相依倚，卒急動他不得；不比如今大臣，才被人論，便可逐去。故當時自有一般議論，如韓獻子『分謗』之説，只是要大家含糊過，不要見得我是，你不是。又如魯以相忍爲國，意思都如此。後來張文潛深取之，故其所著雖連篇累牘，不過只是這一意。」廣。昭六年。

左傳「形民之力，而無醉飽之心」，杜預煞費力去解。後王肅只解作刑罰之「刑」，甚易曉，便是杜預不及他。李百藥也有兩處説，皆作「刑罰」字説。義剛。十二年。

「形民之力，而無醉飽之心」，左傳作「形」字解者，胡説。今家語作「刑民」，注云「傷也」，極分曉。蓋言傷民之力以爲養，而無饜足之心也。又如禮記中説「耆慾將至，有開必先」，家語作「有物將至，其兆必先」爲是。蓋「有」字似「耆」字，「物」字似「慾」字，「其」字似「有」字，「兆」字篆文似「開」字之「門」，必誤無疑。今欲作「有開」解，亦可，但無意思爾。王肅所引證，也有好處。後漢鄭玄與王肅之學互相詆訾，王肅固多非是，然亦有考援得好處。僩。

齊田氏之事，晏平仲言「惟禮可以已之」，不知他當時所謂禮，如何可以已之？想他必有一主張。燾。二十六年。

春秋權臣得政者，皆是厚施於民。故晏子對景公之辭曰：「在禮，家施不及國。」乃先王防閑之意。人傑。

或問：「申包胥如秦乞師，哀公爲之賦無衣，不知是作此詩，還只是歌此詩？」曰：「賦詩在他書無所見，只是國語與左傳説，皆出左氏一手，不知如何。左傳前面説許穆夫人賦載馳，高克賦清人，皆是説作此詩。到晉文公賦河水以後，如賦鹿鳴、四牡之類，皆只是歌誦其詩，不知如何。」因言：「左氏説多難信。如晉范宣子責姜戎不與會，姜戎曰：『我諸戎贄幣不通，言語不同，不與於會，亦無瞢焉。』賦青蠅而退。既説言語不同，又却會恁地説，又會誦詩，此不可曉。」胡泳。定四年。

問：「夾谷之會，孔子數語，何以能却萊人之兵？」曰：「畢竟齊常常欺魯，魯常常不能與之争，却忽然被一箇人來以禮問他，他如何不動！如藺相如〔一〕秦王擊缶，亦是秦常欺得趙過，忽然被一箇人恁地硬振，他如何不動！」燾。十年。

聖人隳三都，亦是因季氏厭其强也。正似唐末五代羅紹威，其兵强於諸鎮者，以牙兵五千人也。然此牙兵又不馴於其主，羅甚惡之；一日盡殺之，其鎮遂弱，爲鄰鎮所欺，乃方大悔。揚。十二年。

春秋獲麟，某不敢指定是書成感麟，亦不敢指定是感麟作。大概出非其時，被人殺了，是不祥。淳。

陳仲亨問：「晉三卿爲諸侯，司馬、胡氏之説孰正？」曰：「胡氏説也是如此。但他也只從春秋中間説起，這却不特如此。蓋自平王以來，便恁地無理會了。緣是如此日降一日，到下梢自是没柰他何。而今看春秋初時，天王尚略略有戰伐之屬，到後來都無事。及

〔一〕「藺相如」下似脱「請」字。

到定哀之後，更不敢説著他。然其初只是諸侯出來抗衡，到後來諸侯才不柰何，便又被大夫出來做。及大夫稍做得没柰何，又被倍臣出來做。這便似唐之藩鎮樣，其初是節度抗衡，後來牙將、孔目官、虞候之屬，皆殺了節度使後出來做。當時被他出來握天下之權，恣意恁地做後，更没柰他何，這箇自是其勢必如此。如夫子説『禮樂征伐自天子出』一段，這箇説得極分曉。」義剛。附此。

問：「『自陝以東，周公主之；自陝以西，召公主之。』周召既爲左右相，如何又主二伯事？」曰：「此春秋説所未詳，如顧命説召公率西方諸侯入應門左，畢公率東方諸侯入應門右，所可見者，其略如此。」公羊隱五年。

春秋傳毁廟之道，改塗易檐；言不是盡除，只改其灰節，易其屋簷而已。義剛。

天子之廟，「復廟重檐」。「檐」，音簷。又曰：「毁廟之制，改塗可也，易檐可也。」銖。

問：「穀梁釋『夫人孫于齊』，其文義如何？」曰：「『始人之也』，猶言始以人道治莊公也。命，猶名也，猶曰『若於道』，『若於言』，天人皆以爲然，則是吾受是名也。『臣子大受命』，謹其所受命之名而已。大抵齊魯之儒多質實，當時或傳誦師説，見理不明，故其言多不倫。禮記中亦然，如云『仁者右也，義者左也』，道他不是，不得。」人傑。穀梁莊元年。

林問：「先生論春秋一經，本是明道正誼、權衡萬世典刑之書。如朝聘、會盟、侵伐等事，皆是因人心之敬肆爲之詳略；或書字，或書名，皆就其事而爲之義理，最是斟酌毫忽不差。後之學春秋，多是較量齊魯長短。自此以後，如宋襄、晉悼等事，皆是論伯事業。不知當時爲王道作耶？爲伯者作耶？若是爲伯者作，則此書豈足爲義理之書？」曰：「大率本爲王道正其紀綱。看已前春秋文字雖觕，尚知有聖人明道正誼道理，尚可看。近來止説得伯業權譎底意思，更開眼不得！此義不可不知。」寓。論（合）〔治〕〔一〕經之弊。

春秋本是明道正誼之書，今人只較齊晉伯業優劣，反成謀利，大義都晦了。今人做義，且做得齊威、晉文優劣論。淳。

春秋之作不爲晉國伯業之盛衰，此篇大意失之，亦近歲言春秋者之通病也。正誼不謀利，明道不計功；尊王，賤伯；内諸夏，外夷狄，此春秋之大旨，不可不知也。此亦先生親筆。道夫。

問：「今科舉習春秋學，只將伯者事業纏在心胸；則春秋，先儒謂尊王之書，其然邪？」曰：「公莫道這箇物事，是取士弊如此，免不得應之。今將六經做時文，最説得無道理是易與春秋。他經猶自可。」容。

〔一〕據陳本改。

今之治春秋者，都只將許多權謀變詐爲説，氣象局促，不識聖人之意，不論王道之得失，而言伯業之盛衰，失其旨遠矣！「公即位」，要必當時别有即位禮數，不書即位者，此禮不備故也。今不可考，其義難見。諸家之説，所以紛紛。「晉侯侵曹」，「晉侯伐衛」，皆是文公譎處，考之左氏可見，皆所以致楚師也。謨。

「今之做春秋義，都是一般巧説，專是計較利害，將聖人之經做一箇權謀機變之書。如此，不是聖經，却成一箇百將傳。」因説：「前輩做春秋義，言辭雖粗率，却説得聖人大意出。年來一味巧曲，但將孟子『何以利吾國』句説盡一部春秋。這文字不是今時方恁地。自秦師垣主和議，一時去趨媚他，春秋義才出會夷狄處。此最是春秋誅絶底事，人却都做好説！看來此書自將來做文字不得；才説出，便有忌諱。常勸人不必做此經，他經皆可做，何必去做春秋？這處也是世變。如二程未出時，便有胡安定、孫泰山、石徂徠，他們説經雖是甚有疏略處，觀其推明治道，直是凛凛然可畏！春秋本是嚴底文字，聖人此書之作，遏人欲於横流，遂以二百四十二年行事寓其襃貶。恰如大辟罪人，事在欵司，極是嚴緊，一字不敢胡亂下。使聖人作經，有今人巧曲意思，聖人亦不解作得。」因問文定春秋。曰：「某相識中多有不取其説者。『正其誼不謀其利，明其道不計其功』，春秋大法正是如此。今人却不正其誼而謀其利，不明其道而計其功。不知聖人將死，作一部書如此，感麟涕泣，雨淚沾襟，這般意思是豈徒然！」問：「春秋繁露如何？」曰：「尤延之以此書爲僞，某看來不是董子書。」又言：「吕舍人春秋却好，白直説去，卷首與末梢又好，中間不似。伯恭以爲此書只粧點爲説。」寓。道夫録云：「近時言春秋者，皆是計較利害，大義却不曾見。如唐之陸淳，本朝孫明復之徒，他雖未能深於聖經，然觀其推言治道，凜凜然可畏，終是得聖人箇意思。春秋之作，蓋以當時人欲横流，遂以二百四十二年行事寓其褒貶。恰如今之事送在法司相似，極是嚴緊，一字不輕易。若如今之説，只是箇權謀智略兵機譎詐之書爾。聖人晚年痛哭流涕，筆爲此書，豈肯恁地纖巧！豈至恁地不濟事！」

春秋固是尊諸夏，外夷狄。然聖人當初作經，豈是要率天下諸侯而尊齊晉！自秦檜和戎之後，士人諱言内外，而春秋大義晦矣！淳。

問：「春秋一經，夫子親筆，先生不可使此一經不明於天下後世。」曰：「某實看不得。」問：「以先生之高明，看如何難？」曰：「劈頭一箇『王正月』，便説不去。」劉曰：「六經無建子月，惟是禮記雜記中有箇『正月日至，可以有事于上帝；七月日至，可以有事于先王』，其他不見説建子月。」曰：「惟是孟子出來作鬧：『七、八月之間旱，則苗槁矣』，便是而今五、六月，此句又可鶻突。『歲十一月徒杠成，十二月輿梁成』，是而今九月、十月。若作今十一月、十二月，此去天氣較煖，便可涉過，唯是九月、十月不可涉過。止有此處説，其他便不可説。」劉云：「若看春秋，要信傳不可。」曰：「如何見得？」曰：「『天王使宰咺來歸仲子之賵」，傳謂「預凶事」，此非人情。天王歸賵於魯，正要得牢籠魯。這人未死，却歸之賵，正所以怒魯也。」曰：「天王正以此厚魯。古人却不諱死。」舉漢梁王事云云；又「季武子成寢，杜氏之葬在西階之下，請合葬焉」一段。先生舉此大笑，云：「以一箇人家，一火人扛箇棺櫬入來哭，豈不可笑！古者大夫入國，以棺隨其後，使人擡扛箇棺櫬隨行，死便要用，看古人不諱凶事。」砥。寓録略。以下自言不解春秋。

春秋，某煞有不可曉處，不知是聖人真箇説底話否。泳。

問：「先生於二禮、書、春秋未有説，何也？」曰：「春秋是當時實事，孔子書在册子上。後世諸儒學未至，而各以己意猜傳，正横渠所謂『非理明義精而治之，故其説多鑿』是也。唯伊川以爲『經世之大法』，得其旨矣。然其間極有無定當、難處置處，今不若且存取胡文定本子與後來看，縱未能盡得之，然不中不遠矣。書中間亦極有難考處，只如禹貢説三江及荆揚間地理，是吾輩親目見者，皆有疑；至北方即無疑，此無他，是不曾見耳。康誥以下三篇，更難理會。如酒誥却是戒飲酒，乃曰『肇牽車牛遠服賈』，何也？梓材又自是臣告君之辭，更不可曉。其他諸篇亦多可疑處。解將去固易，豈免有疑？禮經要須編成門類，如冠、昏、喪、祭，及他雜碎禮數，皆須分門類編出，考其異同，而訂其當否，方見得。然今精力已不逮矣，姑存與後人。」趙幾道又問：「禮合如何修？」曰：「禮非全書，而禮記尤雜。今合取儀禮爲正，然後取禮記諸書之説以類相從，更取諸儒剖擊之説各附其下，庶便搜閲。」又曰：「前此三禮同爲一經，故有三禮學究。王介甫廢了儀禮，取禮記，某以此知其無識！」大雅。

春秋難看，此生不敢問。如鄭伯髡頑之事，傳家甚異。可學。

朱子語類卷第八十四

禮一

論考禮綱領

禮樂廢壞二千餘年，若以大數觀之，亦未爲遠，然已都無稽考處。後來須有一箇大大底人出來，盡數拆洗一番，但未知遠近在幾時。今世變日下，恐必有箇「碩果不食」之理。必大。

禮學多不可考，蓋其爲書不全，考來考去，考得更没下梢，故學禮者多迂闊。一緣讀書不廣，兼亦無書可讀。如周禮「仲春教振旅，如戰之陳」，只此一句，其間有多少事。其陳是如何安排，皆無處可考究。其他禮制皆然。大抵存於今者，只是箇題目在爾。必大。

古禮繁縟，後人於禮日益疏略。然居今而欲行古禮，亦恐情文不相稱，不若只就今人所行禮中刪修，令有節文、制數、等威足矣。古樂亦難遽復，且於今樂中去其噍殺促數之音，并考其律吕，令得其正；更令掌詞命之官製撰樂章，其間略述教化訓戒及賓主相與之情，及如人主待臣下恩意之類，令人歌之，亦足以養人心之和平。周禮歲時屬民讀法，其當時所讀者，不知云何。今若將孝弟忠信等事撰一文字，或半歲，或三月一次，或於城市，或於鄉村，聚民而讀之，就爲解説，令其通曉，及所在立粉壁書寫，亦須有益。必大。

古禮於今實難行。嘗謂後世有大聖人者作，與他整理一番，令人甦醒，必不一一盡如古人之繁，但放古之大意。義剛。

古禮難行。後世苟有作者，必須酌古今之宜。若是古人如此繁縟，如何教今人要行得！古人上下習熟，不待家至户曉，皆如飢食而渴飲，略不見其爲難。本朝陸農師之徒，大抵説禮都要先求其義。豈知古人所以講明其義者，蓋緣其儀皆在，其具並存，耳聞目見，無非是禮，所謂「三千三百」者，較然可知，故於此論説其義，皆有據依。若是如今古禮散失，百無一二存者，如何懸空於上面説義！是説得甚麽義？須是且將散失諸禮錯綜參考，令節文度數一一著實，方可推明其義。若錯綜得實，其義亦不待説而自明矣。賀孫。

胡兄問禮。曰：「『禮，時爲大。』有聖人者作，必將因今之禮而裁酌其中，取其簡易易曉而可行，必不至復取古人繁縟之禮而施之於今也。古禮如此零碎繁冗，今豈可行！亦且得隨時裁損爾。孔子從先進，恐已有此意。」或曰：「禮之所以亡，正以其太繁而難行耳。」曰：「然。蘇子由古史説『忠』『質』『文』處，亦有此意，只是發揮不出，首尾不相照應，不知文字何故如此。其説云『自夏商周以來，人情日趨於文』；其終却云『今須復行夏商之質，乃可』。夫人情日趨於文矣，安能復行夏商之質乎！其意本欲如『先進』之説，但辭不足以達之耳。」僩。

凶服古而吉服今，不相抵接。釋奠惟三獻法服，其餘皆今服。至録云：「文、質之變相生。」百世以下有聖賢出，必不踏舊本子，必須斬新別做。如周禮如此繁密，必不可行。且以明堂位觀之，周人每事皆添四重虞黻，不過是一水擔相似。夏火，殷藻，周龍章，皆重添去。若聖賢有作，必須簡易疏通，使見之而易知，推之而易行。蓋文、質相生，秦漢初已自趣於質了。太史公、董仲舒每欲改用夏之忠，不知其初蓋已是質也。國朝文德殿正衙常朝，升朝官已上皆排班，宰相押班，再拜而出。時歸班官甚苦之，其後遂廢，致王樂道以此攻魏公，蓋以人情趨於簡便故也。方子。

「聖人有作，古禮未必盡用。須別有箇措置，視許多瑣細制度，皆若具文，且是要理會大本大原。曾子臨死丁寧説：『君子所貴乎道者三：動容貌，斯遠暴慢矣；正顏色，斯近信矣；出辭氣，斯遠鄙倍矣。籩豆之事，則有司存。』上許多正是大本大原。如今所理會許多，正是籩豆之事。曾子臨死，教人不要去理會這箇。『夫子焉不學，而亦何常師之有？』非是孔子，如何盡做這事？到孟子已是不説到細碎上，只説『諸侯之禮，吾未之學也。吾嘗聞之矣，三年之喪，齊疏之服，饘粥之食，自天子達於庶人』。這三項便是大原大本。又如説井田，也不曾見周禮，只據詩裏説『雨我公田，遂及我私』；『由此觀之，雖周亦助也』，只用詩意帶將去。後面却説『鄉田同井，出入相友，守望相助，疾病相扶持』；『八家皆私百畝，同養公田』。只説這幾句，是多少好！這也是大原大本處。看孟子不去理會許多細碎，只理會許多大原大本。」又曰：「理會周禮，非位至宰相，不能行其事。自一介論之，更自遠在，且要就切實理會受用處。若做到宰相，亦須上遇文武之君，始可得行其志。」又曰：「且如孫吴專説用兵，如他説也有箇本原。如説『一曰道：道者，與上同意，可與之死，可與之生。有道之主，將用其民，先和而後造大事』。若使不合於道理，不和於人神，雖有必勝之法，無所用之。」問器遠：「昨日又得書，説得大綱也是如此。只是某看仙鄉爲學，一言以蔽之，只是説得都似。須是理會到十分是，始得。如人射一般，須是要中紅心。如今直要中的，少間猶且不會中的；若只要中帖，只會中垛，少間都是胡亂發，枉了氣力。三百步外，若不曾中的，只是枉矢。知今且要分别是非，是底直是是，非底直是非，少間做出便會是。若依稀底也唤作是便了，下梢只是非。須是要做第一等人。若決是要做第一等人，若才力不逮，也只做得第四五等人。今合下便要做第四五等人，説道就他才地如此，下梢成甚麽物事？」又曰：「須是先理會本領端正，其餘事物漸漸理會到上面。若不理會本領了，假饒你百靈百會，若有些子私意，便粉碎了。只是這私意如何卒急除得！如顔子天資如此，孔子也只教他『克己復禮』。其餘弟子，告之雖不同，莫不以此意望之。公書所説冉求、仲由，當初他是只要做到如此。聖人教由求之徒，莫不以曾顔望之，無柰何他才質只做到這裏。如『可使治其賦』，『可使爲之宰』，他當初也不止是要恁地。」又曰：「胡氏開治道齋，亦非獨只理會這些。如所謂『頭容直，足容重，手容恭』，許多説話都是本原。」又曰：「君舉所説，某非謂其理會不是，只不是次序。如莊子云『語道非其序，則非道也』，自説得好。如今人須是理會身心。如一片地相似，須是用力仔細開墾。未能如此，只管説種東種西，其實種得甚麽物事！」又曰：「某嘗説佛老也自有快活得人處，是那裏？只緣他打併得心下净潔。所以本朝如李文靖、王文正、楊文公、劉元城、呂申公都是恁麽地人，也都去學他。」又曰：「論來那樣事不著理會？若本領是了，少間如兩漢之所以盛是如何，所以衰是如何，三國分併是如何，唐初間如何興起，後來如何衰，以至於本朝大綱，自可理會。若有工夫，更就裏面看。若更有工夫，就裏面討些光采，更好。某之諸生，度得他脚手，也未可與拈盡許多，只是且教他就切身處理會。如讀虞夏商周之書，許多聖人亦有説賞罰，亦有説兵刑，只是這箇不是本領。」問：「封建，周禮説公五百里，孟子説百里，如何不同？」曰：「看漢儒注書，於不通處，即説道這是夏商之制，大抵且要賴將去。若將這説來看二項，却怕孟子説是。夏商之制，孟子不詳考，亦只説『嘗聞其略也』。若夏商時諸處廣闊，人各自聚爲一國，其大者止百里，故禹合諸侯，執玉帛者萬國。到周時，漸漸吞并，地里只管添，國數只管少。到周時只千八百國，較之萬國，五分已滅了四分已上，此時諸國已自大了。到得封諸公，非五百里不得。如周公封魯七百里，蓋欲優於其他諸公。如左氏説云，大國多兼數圻，也是如此。後來只管併來併去，到周衰，便制他不得，也是尾大了。到孟子時，只有七國，這是事勢必到這裏，雖有大聖大智，亦不能遏其衝。今人只説漢封諸侯王土地太過，看來不如此不得。初間高祖定天下，不能得韓、彭、英、盧許多人來使，所得地又未定是我底。當時要殺項羽，若有人説道：『中分天下與我，我便與你殺項羽。』也没柰何與他。到少間封自子弟，也自要狹小不得，須是教當得許多異姓過。」又曰：「公今且收拾這心下，勿爲事物所勝。且如一日全不得去講明道理，不得讀書，只去應事，也須使這心常常在這裏。若不先去理會得這本領，只要去就事上理會，雖是理會得許多骨董，只是添得許多雜亂，只是添得許多驕吝。某這説的，定是恁地，雖孔子復生，不能易其説，這道理只一而已。」

今日百事無人理會。姑以禮言之，古禮既莫之考，至於後世之沿革因襲者，亦浸失其意而莫之知矣。非止浸失其意，以至名物度數，亦莫有曉者。差舛譌謬，不堪著眼！三代之禮，今固難以盡見。其略幸散見於他書，如儀禮十七篇多是士禮，邦國人君者僅存一二。遭秦人焚滅之後，至河間獻王始得邦國禮五十八篇獻之，惜乎不行。至唐，此書尚在，諸儒注疏猶時有引爲説者。及後來無人説著，則書亡矣，豈不大可惜！叔孫通所制漢儀，及曹褒所修，固已非古，然今亦不存。唐有開元、顯慶二禮，顯慶已亡，開元襲隋舊爲之。本朝修開寶禮，多本開元，而頗加詳備。及政和間修五禮，一時姦邪以私智損益，疏略牴牾，更没理會，又不如開寶禮。僩。

漢儒説禮制，有不合者，皆推之以爲商禮，此便是没理會處。必大。

南北朝是甚時節，而士大夫間禮學不廢。有考禮者，説得亦自好。義剛。

通典，好一般書。向來朝廷理會制度，某道却是一件事，後來只恁休了。又曰：「通典亦自好設一科。」又曰：「通典中間一作「後面」。數卷，議亦好。」義剛。

嘗見劉昭信云：「禮之趨翔、登降、揖遜，皆須習。」也是如此。漢時如甚大射等禮，雖不行，却依舊令人習，人自傳得一般。今雖是不能行，亦須是立科，令人習得，也是一事。

論後世禮書

開寶禮全體是開元禮，但略改動。五禮新儀，其間有難定者，皆稱「御製」以決之。如禱山川者，又只開元禮内有。方子。

祖宗時有開寶通禮科，學究試默義，須是念得禮熟，始得，禮官用此等人爲之。介甫一切罷去，盡令做大義。故今之禮官，不問是甚人皆可做。某嘗謂，朝廷須留此等專科，如史科亦當有。方子。

問五禮新儀。曰：「古人於禮，直如今人相揖相似，終日周回於其間，自然使人有感他處。後世安得如此？」可學。

横渠所制禮，多不本諸儀禮，有自杜撰處。如温公，却是本諸儀禮，最爲適古今之宜。義剛。

叔器問四先生禮。曰：「二程與横渠多是古禮，温公則大概本儀禮，而參以今之可行者。要之，温公較穩，其中與古不甚遠，是七八分好。若伊川禮，則祭祀可用。婚禮，惟温公者好。大抵古禮不可全用，如古服、古器，今皆難用。」又問：「向見人設主，有父在子死，而主牌書『父主祀』字，如何？」曰：「便是禮書中説得不甚分曉，此類只得不寫，若向上尊長則寫。」又問：「温公所作主牌甚大，闊四寸，厚五寸八分，不知大小當以何者爲是？」曰：「便是温公錯了，他却本荀勗禮。」義剛。

吕與叔集諸家之説補儀禮，以儀禮爲骨。方子。

福州有前輩三人，皆以明禮稱：王普，字伯照；劉藻，字昭信；任文薦，字希純。某不及見王伯照，而觀其書，其學似最優，説得皆有證據，儘有議論，却不似今人杜撰胡説。麻沙有王伯照文字三件，合爲一書。廣。

「王侍郎普，禮學律曆皆極精深。蓋其所著皆據本而言，非出私臆。某細考其書，皆有來歷，可行。考訂精確，極不易得。林黄中屢稱王伯照，他何嘗得其髣髴！都是杜撰。」或言：「福州黄繼道樞密祖舜。與伯照齊名。」曰：「不同。黄只是讀書，不曾理會這工夫。是時福州以禮學齊名者三人：王伯照、任希純、劉昭信。某識任、劉二公。任搭乾不曉事，問東答西，不可曉。劉説話極仔細，有來歷，可聽。某嘗問以易説，其解亦有好處，如云『見險而止爲需，見險而不止爲訟；需、訟下卦皆坎。能通其變爲隨，不能通其變爲蠱』之類。想有成書，近來解易者多引之。」僩。

「古者禮學是專門名家，始終理會此事，故學者有所傳授，終身守而行之。凡欲行禮有疑者，輒就質問。所以上自宗廟朝廷，下至士庶鄉黨，典禮各各分明。漢唐時猶有此意。如今直是無人如前者。某人丁所生繼母憂，禮經必有明文。當時滿朝更無一人知道合當是如何，大家打鬨一場，後來只説莫若從厚。恰似無柰何，本不當如此，姑徇人情從厚爲之。是何所爲如此？豈有堂堂中國，朝廷之上以至天下儒生，無一人識此禮者！然而也是無此人。州州縣縣秀才與太學秀才，治周禮者不曾理會得周禮，治禮記者不曾理會得禮記，治周易者不曾理會得周易，以至春秋、詩都恁地，國家何賴焉！」因問張舅，淳。聞其已死，再三稱歎，且詢其子孫能守其家學否？且云：「可惜朝廷不舉用之，使典禮儀。『天叙有典，自我五典五敦哉！天秩有禮，自我五禮五庸哉！』這箇典禮，自是天理之當然，欠他一毫不得，添他一毫不得。惟是聖人之心與天合一，故行出這禮，無一不與天合。其間曲折厚薄淺深，莫不恰好。這都不是聖人白撰出，都是天理決定合著如此。後之人此心未得似聖人之心，只得將聖人已行底，聖人所傳於後世底，依這樣子做。做得合時，便是合天理之自然。」賀孫。

劉原父好古，在長安，偶得一周敦。其中刻云「弡中」，原父遂以爲周張仲之器。後又得一枚，刻云「弡伯」，遂以爲張伯。曰：「詩言『張仲孝友』，則仲必有兄矣，遂作銘述其事。後來趙明誠金石録辨之，云『弡』非『張』，乃某字也。今之説禮無所據而杜撰者，此類也。」廣。

論修禮書

問：「所編禮，今可一一遵行否？」曰：「人不可不知此源流，豈能一一盡行？後世有聖人出，亦須著變。夏商周之禮已自不同，今只得且把周之禮文行。」賀孫。以下論修書大指。

「『禮，時爲大。』使聖賢用禮，必不一切從古之禮。疑只是以古禮減殺，從今世俗之禮，令稍有防範節文，不至太簡而已。觀孔子欲從先進，又曰：『行夏之時，乘殷之輅。』便是有意於損周之文，從古之朴矣。今所集禮書，也只是略存古之制度，使後人自去減殺，求其可行者而已。若必欲一一盡如古人衣服冠屨之纖悉畢備，其勢也行不得。」問：「温公所集禮如何？」曰：「早是詳了。又，喪服一節也太詳。爲人子者方遭喪禍，使其一一欲纖悉盡如古人制度，有甚麽心情去理會！古人此等衣服冠屨，每日接熟於耳目，所以一旦喪禍，不待講究，便可以如禮。今却閑時不曾理會，一旦荒迷之際，欲旋講究，勢必難行。必不得已，且得從俗之禮而已。若有識禮者，相之可也。」僩。

問賀孫所編禮書。曰：「某嘗説，使有聖王復興，爲今日禮，怕必不能悉如古制。今且要得大綱是，若其小處亦難盡用。且如喪禮冠服斬衰如此，而吉服全不相似，却到遭喪時，方做一副當如此著，也是咤異！」賀孫問：「今齊斬尚存此意，而齊衰期便太輕，大功、小功以下又輕，且無降殺。今若得斟酌古今之儀制爲一式，庶幾行之無礙，方始立得住。」曰：「上面既如此，下面如何盡整頓得！這須是一齊都整頓過，方好。未説其他瑣細處，且如冠，便須於祭祀當用如何底，於軍旅當用如何底，於平居當用如何底，於見長上當用如何底，於朝廷治事當用如何底，天子之制當如何，卿大夫之制當如何，士當如何，庶人當如何，這是許多冠都定了。更須理會衣服等差，須用上衣下裳。若佩玉之類，只於大朝會大祭祀用之。五服亦各用上衣下裳。齊斬用粗布，期功以下又各爲降殺；如上（組）〔紐〕〔一〕衫一等紕繆鄙陋服色都除了，如此便得大綱正。今若只去零零碎碎理會些小不濟事。如今若考究禮經，須是一一自著考究教定。」賀孫。

楊通老問禮書。曰：「看禮書，見古人極有精密處，事無微細，各各有義理。然又須自家工夫到，方看得古人意思出。若自家工夫未到，只見得度數文爲之末，如此豈能識得深意！如將一碗乾硬底飯來喫，有甚滋味！若白地將自家所見揣摸他本來意思不如此，也不濟事。兼自家工夫未到，只去理會這箇，下梢溺於器數，一齊都昏倒了。如今度得未可盡曉其意，且要識得大綱。」賀孫。

〔一〕據陳本改。

問：「聞郡中近已開六經。」曰：「已開詩、書、易、春秋，惟二禮未暇及。詩、書序各置於後，以還其舊。易用伯恭所定本。周禮自是一書。惟禮記尚有説話。儀禮，禮之根本，而禮記乃其枝葉。禮記乃秦漢上下諸儒解釋儀禮之書，又有他説附益於其間。今欲定作一書，先以儀禮篇目置於前，而附禮記於後。如射禮，則附以射義，似此類已得二十餘篇。若其餘曲禮、少儀，又自作一項，而以類相從。若疏中有説制度處，亦當采取以益之。舊嘗以此例授潘恭叔，渠亦曾整理數篇來。今居喪無事，想必下手。儀禮舊與六經、三傳並行，至王介甫始罷去。其後雖復春秋，而儀禮卒廢。今士人讀禮記，而不讀儀禮，故不能見其本末。場屋中禮記義，格調皆凡下。蓋禮記解行於世者，如方馬之屬，源流出於熙豐。士人作義者多讀此，故然。」可學。以下修書綱目。

問禮書。曰：「惟儀禮是古全書。若曲禮、玉藻諸篇，皆戰國士人及漢儒所裒集。王制、月令、內則是成書。要好，自將説禮物處，如內則、王制、月令諸篇附儀禮成一書，如中間却將曲禮、玉藻又附在末後；不説禮物處，如孔子閒居、孔子燕居、表記、緇衣、儒行諸篇，却自成一書。樂記文章頗粹，怕不是漢儒做，自與史記、荀子是一套，怕只是荀子作。家語中説話猶得，孔叢子分明是後來文字，弱甚。天下多少是僞書，開眼看得透，自無多書可讀。」賀孫。

「周禮自是全書。如今禮書欲編入，又恐分拆了周禮，殊未有所處。」因說：「周禮只是說禮之條目，其間煞有文字，如『八法』、『八則』、『三易』、『三兆』之類，須各自别有書。」子升問：「儀禮傳記是誰作？」曰：「傳是子夏作，記是子夏以後人作。」子升云：「今禮書更附入後世變禮亦好。」曰：「有此意。」木之。

「余正父欲用國語而不用周禮，然周禮豈可不入！國語辭多理寡，乃衰世之書，支離蔓衍，大不及左傳。看此時文章若此，如何會興起國家！」坐間朋友問是誰做。曰：「見說是左丘明做。」賀孫。

因理會所編禮書，分經分傳，而言曰：「經文精確峻潔，傳文則詞語泛濫。國語所載事跡多如此。如今人作文，因一件事，便要泛濫成章。」人傑。

賀孫因問：「祭禮附祭義，如說孝許多，如何來得？」曰：「便是祭禮難附。兼祭義前所說多是天子禮，若儀禮所存，唯少牢饋食、特牲饋食禮是諸侯大夫禮。兼又只是有饋食。若天子祭，便合有初間祭腥等事，如所謂『建設朝事，燔燎羶薌』。若附儀禮，此等皆無入頭處。意間欲將周禮中天子祭禮逐項作一總腦，却以禮記附。如疏中有說天子處，皆編出。」因云：「某已衰老，其間合要理會文字，皆起得箇頭在。及見其成與不見其成，皆未可知。萬一不及見此書之成，諸公千萬勉力整理。得成此書，所係甚大！」問：「前日承教，喻以五服之制，乃上有制作之君，其等差如此。今在下有志之士，欲依古禮行之既不可；若一向徇俗之鄙陋，又覺大不經，於心極不安，如何？」曰：「『非天子不議禮，不制度，不考文。』這事要整頓，便著從頭整頓，吉凶皆相稱。今吉服既不如古，獨於喪服欲如古，也不可。古禮也須一一考究著所在在這裏，却始酌今之宜而損益之。若今便要理會一二項小小去處，不濟事，須大看世間都得其宜方好。」問：「如今父母喪，且如古服，如齊衰期，乃兄弟、祖父母、伯叔父母，此豈可從俗輕薄如此？」曰：「自聖賢不得位，此事終無由正。」又云：「使鄭康成之徒制作，也須略成箇模樣，未説待周公出制作。如今全然没理會，柰何！若有考禮之人，又須得上之人信得及這事，行之天下亦不難。且如冠制尊卑，且以中梁爲等差。如今天子者用二十四，如何安頓！所以甚大而不宜。要好，天子以十二，一品以九，陞朝以七，選人以五，士以三，庶人只用紗帛裹髻，如今道人。這自有些意思。」問：「且如權宜期喪當如何？」曰：「且依四脚帽子加絰。此帽本只是巾，前二脚縛於後，後二脚反前縛於上，今硬帽、幞頭皆是。後來漸變重遲，不便於事。如初用冠帶，一時似好。某必知其易廢，今果如此。若一箇紫衫凉衫，便可懷袖間去見人，又費輕。如帽帶皂衫，是多少費？窮秀才如何得許多錢？是應必廢也。」居父問：「期之服合如何？用上領衫而加衰可乎？」曰：「上領衫已不是。」曰：「用深衣制，而粗布加衰可乎？」

曰：「深衣於古便服。『朝玄端，夕深衣』，深衣是簡便之衣。吉服依玄端制，却於凶服亦做爲之，則宜矣。」問：「士禮如喪祭等，可通行否？古有命士，有不命士，今如之何？」曰：「喪祭禮節繁多，今士人亦難行。但古今士不同。古時諸侯大夫皆可以用士，如今簿、尉之類，乃邑宰之士；節推、判官之屬，則是太守之士。只一縣一州之中有人才，自家便可取將來使，便是士。如藩鎮之制，尚存此意。無柰何，是如今將下面一齊都截了，盡教做一門入，盡教由科舉而得，是將柰何！」歎息久之。器之問：「國初衙前役用鄉户？」曰：「客將次於太守，其權甚重，一州之兵皆其將之，凡教閲出入皆主其事。當時既是大户做，亦自愛惜家産，上下相體悉。若做得好底，且教他做。更次一等户，便爲公人，各管逐項職事。更次一等户爲吏人，掌文書簡牘。極下户爲胥徒，是今弓手節級奔走之屬。其終各各有弊。英宗時有詔，韓縝等要變不成。王荆公做參政，一變變了。」賀孫。

問：「禮書學禮，首引舜命契爲司徒，敷五教；命夔典樂，教胄子兩條。文蔚竊謂，古人教學不出此兩者。契敷五教，是欲使人明於人倫，曉得這道理；夔典樂教胄子，是欲使人養其德性，而實有諸己，此是一篇綱領。」曰：「固是如此。後面只是明此一意，如大司徒之教，即是契敷教事；大司樂之教，即是夔樂事。」因曰：「『直而温，寬而栗』，直與寬本自是好，但濟之以温與栗，則盡善。至如『剛』、『簡』二字，則微覺有弊，故戒之以『無虐』、

『無傲』，蓋所以防其失也。某所以特與分開，欲見防其失者，專爲剛、簡而設，不蒙上直、寬二句。『直』、『寬』，但曰『而温』、『而栗』，至『剛』、『簡』，則曰『無虐』、『無傲』，觀其言，意自可見。」文蔚曰：「教以人倫者，固是又欲養其德性。要養德性，便只是下面『詩言志，歌永言，聲依永，律和聲』四句上。」曰：「然。諷誦歌詠之間，足以和其心氣，但上面三句抑揚高下，尚且由人；到『律和聲』處，直是不可走作。所以詠歌之際，深足養人情性。至如播之金石，被之管絃，非是不和，終是不若人聲自然。故晉人孟嘉有言『絲不如竹，竹不如肉』，謂『漸近自然』。至『八音克諧，無相奪倫，神人以和』，此是言祭祀燕享時事，又是一節。」文蔚。

或問：「禮書所引伊川言『古者養士，其公卿大夫士之子弟，固不患於無養，而庶人子弟之入學者，亦皆有以養之』，不知是否？」曰：「恐不然。此段明州諸公添入，當删。不然，則注其下云：『今按，程子之言，未知何所據也。古者教士，其比閭之學，則鄉老坐於門而察其出入。其來學也有時，既受學，則退而習於其家。及其升而上也，則亦有時。春夏耕耘，餘時肄業，未聞上之人復有以養之也。夫既給之以百畝之田矣，又給之以學粮，亦安得許多粮給之耶！周禮自有士田可攷。史記言孔子養弟子三千人，而子由古史亦遽信而取之，恐不然也。』想得弟子來從學者，則自賫粮，而從孔子出遊列國者，則食孔子之食耳。然孔子亦安得許多粮？想亦取之列國之饋爾。孔子居衞最久，所以於靈公、孝公有交際、公養之仕，其所以奉孔子者必厚，至他國則不然矣。故晏子諫齊景公勿用孔子之言曰：『游説丐貸，不可以爲國。』孟子之時，徒衆尤盛。當時諸侯重士，又非孔子之時之比。春秋時人淳，未甚有事，故齊晉皆累世爲伯主，人莫敢争。戰國之時人多姦詐，列國紛争，急於收拾人才以爲用，故不得不厚待士。」又曰：「古者三年大比，興其賢者能者而進於天子，大國三人，中國二人，小國一人，不進則有罰。看來數年後所進極多。然天子之國亦小，其員數亦有限，不知如何用得許多人？今以天下之大，三年一番進士，猶無安頓處，何況當時？白虎通曰：『古者諸侯進士，一不當則有罰，再不當則削其地，三不當則罷之廢之，而託於諸侯爲寓公。』恐無此理，蓋出後世儒者之傅會。進士不當，有甚大過，而遂廢其君，絶其社稷耶！」或曰：「想得周家此法，行之殊不能久。成康數世之後，諸侯擅政，天子諸侯之公卿大夫，皆爲世臣盤據，豈復容外人爲之耶？」曰：「然。兼當時諸侯國中，亦自要人才用，必不會再貢之於天子。天子亦自擁虛器，無用他處。當時天子威令不行，公卿大夫世襲，諸侯之國猶寬；古人才之窮而在下者，多仕於諸侯之國。及公室又弱，而人才復多仕於列國之大夫。當時爲大夫之陪臣者，其權甚重。大夫執一國之權，而陪臣復執大夫之權，所以説『禄去公室』，『陪臣執國命』。」又曰：「以爵位言之，則大夫亦未甚尊，以權勢言之，則甚重。自天子而下，三等便至大夫。」又曰：「再命爲士，三命爲大夫，天子之大夫四命，小國之大夫再命，或一命。一樣小小官職，皆無命。他命禮極重。」又問：「當時庶民之秀者，其進而上之，不過爲大夫極矣。至於公卿之貴，皆世臣世襲，非若今之可以更進而代爲也。則士之生於斯時者，亦可謂不幸矣。」曰：「然。然當時之大夫宰臣，其權甚重。如晉楚齊諸國，其大夫皆握天下之權，操縱指麾，天下莫不從之。其宰臣復握大夫之權，蓋當時其重在下，其輕在上。今日則其重在內，其輕在外，故不同也。」僩。

禮編，纔到長沙，即欲招諸公來同理會。後見彼事叢，且不爲久留計，遂止。後至都下，庶幾事體稍定，做箇規模，盡喚天下識禮者修書，如余正父諸人，皆教來，今日休矣！賀孫。

或問：「禮書修得有次第否？」曰：「散在諸處，收拾不聚。最苦每日應酬多，工夫不得專一。若得數月閑，更一兩朋友相助，則可畢矣。頃在朝，欲奏乞專創一局，召四方朋友習禮者數人編修。俟書成將上，然後乞朝廷命之以官，以酬其勞，亦以小助朝廷蒐用遺才之意。事未及舉，而某去國矣。」僩。

泳居喪時，嘗編次喪禮，自始死以至終喪，各立門目。嘗以門目呈先生。臨歸，教以

「編禮亦不可中輟」。泳曰：「考禮無味，故且放下。」先生曰：「横渠教人學禮，呂與叔言如嚼木札。今以半日看義理文字，半日類禮書，亦不妨。」後蒙賜書云：「所定禮編，恨未之見。此間所編喪禮一門，福州尚未送來。將來若得賢者持彼成書，復來參訂，庶幾詳審，不至差互。但恐相去之遠，難遂此期耳。」福州，謂黄直卿也。庚申二月既望，先生有書與黄寺丞商伯云：「伯量依舊在門館否？禮書近得黄直卿與長樂一朋友在此，方得下手整頓。但疾病昏倦時多，又爲人事書尺妨廢，不能得就緒。直卿又許了鄉人館，未知如何。若不能留，尤覺失助。甚恨鄉時不曾留得伯量相與協力！若渠今年不作書會，則煩爲道意，得其一來爲數月留，千萬幸也！」作書時，去易簀只二十有二日，故得書不及往。後來黄直卿屬李敬子招往成禮編，又以昏嫁不得行。昨寓三山，楊志仁反復所成禮書，具有本末，若未即死，尚幾有以遂此志也。胡泳。

朱子語類卷第八十五

禮二

儀禮

總論

河間獻王得古禮五十六篇，想必有可觀。但當時君臣間有所不曉，遂至無傳。故先儒謂聖經不亡於秦火，而壞於漢儒，其說亦好。温公論景帝太子既亡，當時若立獻王爲嗣，則漢之禮樂制度必有可觀。又：「致堂謂：『武帝若使董仲舒爲相，汲黯爲御史大夫，則漢治必盛。』某嘗謂：『若如此差除，那裏得來！』」廣。

先王之禮，今存者無幾。漢初自有文字，都無人收拾。河間獻王既得雅樂，又有禮書五十六篇，惜乎不見於後世！是當時儒者專門名家，自一經之外，都不暇講，況在上又無典禮樂之主。故胡氏説道，使河間獻王爲君，董仲舒爲相，汲黯爲御史，則漢之禮樂必興。這三箇差除，豈不甚盛！賀孫。

今儀禮多是士禮，天子諸侯喪祭之禮皆不存，其中不過有些小朝聘燕饗之禮。自漢以來，凡天子之禮，皆是將士禮來增加爲之。河間獻王所得禮五十六篇，却有天子、諸侯之禮，故班固謂「愈於推士禮以爲天子、諸侯之禮者」。班固作漢書時，此禮猶在，不知何代何年失了。可惜！可惜！廣。賀孫録略。

禮書如儀禮，尚完備如他書。僩用。

儀禮，不是古人預作一書如此。初間只以義起，漸漸相襲，行得好，只管巧，至於情文極細密，極周經處。聖人見此意思好，故録成書。只看古人君臣之際，如公前日所畫圖子，君臨臣喪，坐撫當心要經而踊。今日之事，至於死生之際，恝然不相關，不啻如路人！所謂君臣之恩義安在！祖宗時，於舊執政喪亦親臨。渡江以來，一向廢此。只秦檜之死，高宗臨之，後來不復舉。如陳福公，壽皇眷之如此隆至，其死亦不親臨。祖宗凡大臣死，遠地不及臨者，必遣郎官往弔。壽皇凡百提掇得意思，這般處却恁地不覺。今日便一向廢却。賀孫。

禮有經，有變。經者，常也；變者，常之變也。先儒以曲禮爲變禮，看來全以爲變禮，亦不可。蓋曲者，委曲之義，故以曲禮爲變禮。然「毋不敬，安定辭，安民哉」！此三句，豈可謂之變禮？先儒以儀禮爲經禮。然儀禮中亦自有變，變禮中又自有經，不可一律看也。禮記，聖人說禮及學者問答處，多是說禮之變。上古禮書極多，如河間獻王收拾得五十六篇，後來藏在秘府，鄭玄輩尚及見之。今注疏中有引援處，後來遂失不傳，可惜！可惜！儀禮古亦多有，今所餘十七篇，但多士禮耳。僩。

「儀禮是經，禮記是解儀禮。如儀禮有冠禮，禮記便有冠義；儀禮有昏禮，禮記便有昏義；以至燕、射之類，莫不皆然。只是儀禮有士相見禮，禮記却無士相見義。後來劉原父補成一篇。」文蔚問：「補得如何？」曰：「他亦學禮記下言語，只是解他儀禮。」文蔚。

魯共王壞孔子宅，得古文儀禮五十六篇，其中十七篇與高堂生所傳十七篇同。鄭康成注此十七篇，多舉古文作某，則是他當時亦見此壁中之書。不知如何只解此十七篇，而三十九篇不解，竟無傳焉！義剛。

儀禮疏說得不甚分明。温公禮有疏漏處，高氏送終禮勝得温公禮。義剛。

劉原父補亡記，如士相見義、公食大夫義儘好。蓋偏會學人文字，如今人善爲百家書者。又如學古樂府，皆好。意林是專學公羊，亦似公羊。其他所自爲文章如雜著等，却不甚佳。人傑。

永嘉張忠甫所校儀禮甚仔細，然却於目録中冠禮玄端處便錯了。但此本較他本爲最勝。賀孫。

陳振叔亦儘得。其說儀禮云：「此乃是儀，更須有禮書。儀禮只載行禮之威儀，所謂『威儀三千』是也。禮書如云『天子七廟，諸侯五，大夫三，士二』之類，是說大經處。這是禮，須自有箇文字。」賀孫。

士冠

問：「士冠禮『筮于廟門』，其禮甚詳。而昏禮止云：『將加諸卜。』『占曰吉。』既無筮，而卜禮略，何也？」曰：「恐卜筮通言之。」又問：「禮家之意，莫是冠禮既詳其筮，則於昏禮不必更詳，且從省文之義如何？」曰：「亦恐如此。然儀禮中亦自有不備處，如父母戒女，止有其辭，而不言於某處之類。」人傑。

問「宿賓」。曰：「是戒肅賓也。是隔宿戒之。」燾。

古朝服用布，祭則用絲。詩絲衣：「繹賓尸也。」「皮弁素積」，皮弁，以白鹿皮爲之；素積，白布爲裙。泳。

問：「士冠禮有所謂『始加』、『再加』、『三加』，如何？」曰：「所謂『三加彌尊』，只是三次加：初是緇布冠，以粗布爲之；次皮弁；次爵弁。諸家皆作畫爵，看來亦只是皮弁模樣，皆以白皮爲之。緇布冠古來有之，初是緇布冠，齊則緇之。次皮弁者，只是朝服。爵弁，士之祭服。周禮，爵弁居五冕之下。」又問：「『致美乎黻冕』，注言：『皆祭服也。』黻冕，恐不全是祭服否？」曰：「祭服謂之『黻冕』，朝服謂之『韠』，如詩『鞞琫有珌』，內則『端韠紳』，皆是。」問：「士冠禮『一加』、『再加』，言『吉月』、『令月』；至『三加』，言『以歲之正』，不知是同時否？」曰：「只是一時節行此文，自如此說。加緇布冠，少頃又更加皮弁，少頃又更加爵弁，然後成禮。如溫公冠禮亦倣此：初裹巾，次帽，次幞頭。」又問：「黻冕，黻，蔽膝也，以韋爲之。舜之畫衣裳，有黼黻絺繡，不知又如何畫於服上？」曰：「亦有不可曉。黻在裳之前，亦畫黻於其上。」寓。

陳仲蔚問冠儀。曰：「凡婦人見男子，每先一拜；男拜，則又答拜；再拜亦然。若子冠，則見母亦如之，重成人也。尋常則不如此。但古人無受拜禮，雖兄亦答拜，君亦然。但諸侯見君，則兩拜還一拜。」義剛。

冠者見母與兄弟，而母與兄弟皆先拜，此一節亦差異。昏禮亦然。婦始見舅姑，舅姑亦拜。義剛。

士冠禮："始冠緇布冠，冠而弊之。"弊是不用也。義剛。

士昏

儀禮昏禮："下達用鴈。"注謂"在下之人，達二家之好而用鴈"，非也。此只是公卿大夫下達庶人，皆用鴈。後得陸農師解，亦如此說。陸解多杜撰，亦煞有好處，但簡略難看。陳祥道禮書考得亦穩。淳。義剛録云："擇之云：『自通典後，無人理會禮。本朝但有陳祥道、陸佃略理會來。』曰『陳祥道理會得也穩，陸農師也有好處，但杜撰處多，如儀禮』云云。"

問："昏禮用鴈，『壻執鴈』，或謂取其不再偶，或謂取其順陰陽往來之義。"曰："士昏禮謂之『攝盛』，蓋以士而服大夫之服，爵弁。乘大夫之車，墨車。則當執大夫之贄。前說恐傅會。"又曰："重其禮而盛其服。"賜。

或問："禮經，婦三月而後廟見，與左氏不同。"曰："左氏說禮處，多與禮經不同，恐是當時俗禮，非必合於禮經。"又問："既爲婦，便當廟見，必三月之久，何邪？"曰："三月而後事定。三月以前，恐更有可去等事；至三月不可去，則爲婦定矣，故必待三月而後廟見。"或曰："未廟見而死，則以妾禮葬之。"曰："歸葬於婦氏之黨。"文蔚。

鄉飲酒

鄉飲酒云：「笙入，樂南陔、白華、華黍。」想是笙入吹此詩，而樂亦奏此詩。樂，便是衆樂皆奏之也。

聘禮

問聘禮所言「君行一，臣行二」之義。曰：「君行步闊而遲，臣行步狹而疾，故君行一步，而臣行兩步，蓋不敢同君之行而踐其跡也。國語齊君、晏子行，子貢怪之，問孔子君臣交際之禮一段，說得甚分曉。」僩。

公食大夫禮

公食大夫禮，乃是專饗大夫。爲主人者時出勸賓，賓辭而獨饗。人傑。

覲禮

天子常服皮弁。惟諸侯來朝見於廟中，服冕服，用鬱鬯之酒灌神。人傑。

覲，是正君臣之禮，較嚴。天子當依而立，不下堂而見諸侯。朝，是講賓主之儀，天子當宁而立，在路寢門之外，相與揖遜而入。義剛。

喪服經傳

今人齊衰用布太細，又大功、小功皆用苧布，恐皆非禮。大功須用市中所賣火麻布稍細者，或熟麻布亦可。小功須用虔布之屬。古者布帛精粗，皆有升數，所以説「布帛精粗不中度，不鬻於市」。今更無此制，聽民之所爲。所以倉卒難得中度者，只得買來自以意擇製之爾。僩。

喪服葛布極粗，非若今之細也。僩。

「緦十五升，抽其半」者，是一箴只用一經。如今廣中有一種疏布，又如單經黄草布，皆只一經也。然小功十二升，則其縷反多於緦矣，又不知是如何。閎祖。

問：「温公儀，首絰綴於冠，而儀禮疏説别材而不相綴。」曰：「綴也得，不綴也得，無緊要。」淳。

堯卿問絰帶之制。曰：「首絰大一搤，只是拇指與第二指一圍。腰絰較小，絞帶又小於腰絰。腰絰象大帶，兩頭長垂下。絞帶象革帶，一頭有扣子，以一頭串於中而束之。

總，如今之髻巾。括髮，是束髮爲髻。」安卿問：「鄭氏儀禮注及疏，以男子括髮與免，及婦人髽，皆云『如著幓頭然』。所謂幓頭，何也？」曰：「幓頭只如今之掠頭編子，自項而前交於額上，却繞髻也。『免』，或讀如字，謂去冠。」又問婦人首經之制。曰：「亦只是大麻索作一環耳。」「幓」音驂。義剛。

或問服制。曰：「儀禮事事都載在裏面，其間曲折難行處，他都有箇措置得恰好。」因舉一項：「父卒，繼母嫁，後爲之服報。傳曰：『何以期也？貴終也。』」「嘗爲母子，貴終其恩，此爲繼母服之義。」賀孫。

沈存中說，喪服中，曾祖齊衰服，曾祖以上皆謂之曾祖，恐是如此。如此，則皆合有齊衰三月服。看來高祖死，豈有不爲服之理！須合行齊衰三月也。伊川頃言祖父母喪，須是不赴舉，後來不曾行。法令雖無明文，看來爲士者爲祖父母期服內，不當赴舉。僩。

沈存中云，高祖齊衰三月，不特四世祖爲然，自四世以上，凡建事，皆當服衰麻三月，高祖蓋通稱耳。閎祖。

問：「某人不肯丁所生母憂。」曰：「禮爲所生父母齊衰杖期，律文許申心喪。若所生父再娶，亦當從律，某人是也。」又問：「若所生父與所繼父俱再娶，當持六喪乎？」曰：「固是。」又問先儒争濮議事。曰：「此只是理會稱親。當時蓋有引戾園事，欲稱『皇考』者。」

又問：「稱『皇考』是否？」曰：「不是。然近世儒者亦有多言合稱『皇考』者。」人傑。

「儀禮『稽顙』條內，注說：『國君有疾，不能爲祖父母、曾祖父母服，則世子斬。』又曰：『君喪皆斬。』說已分明。天子無期喪。凡有服，則必斬三年。」淳。

因言，孫爲人君，爲祖承重。頃在朝，檢此條不見。後歸家檢儀禮疏，說得甚詳，正與今日之事一般。乃知書多看不辦。舊來有明經科，便有人去讀這般書，注疏都讀過。自王介甫新經出，廢明經學究科，人更不讀書。卒有禮文之變，更無人曉得，爲害不細！如今秀才，和那本經也有不看底。朝廷更要將經義、賦、論、策頒行印下教人在。僩。

無大功尊。父母本是期，加成三年。祖父母、世父母、叔父母，本是大功，加成期。其曾祖父母小功，及從祖、伯父母、叔父母小功者，乃正服之不加者耳。閎祖。

母之姊妹服反重於母之兄弟，緣於兄弟既嫁則降服，而於姊妹之服則未嘗降。故爲子者於舅服緦，於姨母服小功也。賀孫。

舅於甥之妻有服，甥之妻於夫之舅却無服，也可疑。恐是舅則從父身上推將來，故廣；甥之妻則從父身上推將來，故狹。義剛。

「禮，妻之父曰舅，『謂我舅者，吾謂之甥』。古禮『甥』字用處極多，如壻謂之『甥』，姑之子亦曰『甥』。」或問：「『姪』字，本非兄弟之子所當稱？」曰：「然。伊川嘗言之。胡文定家子弟稱『猶子』，禮『兄弟之子，猶子也』，亦不成稱呼。嘗見文定家將伊川語録凡家書説『姪』處，皆作『猶子』，私嘗怪之。後見他本只作『姪』字，乃知『猶子』字文定所改，以伊川嘗非之故也。殊不知伊川雖非之，然未有一字替得，亦且只得從俗。若改爲『猶子』，豈不駭俗！據禮，兄弟之子當稱『從子』爲是。自曾祖而下三代稱『從子』，自高祖四世而上稱『族子』。」僩。

始封之君不臣其兄弟，封君之子不臣其諸父，不忘其舊也。公謹。

喪服，五服皆用麻。朋友麻，是加麻於弔服之上。麻，謂絰也。閎祖。

問：「『改葬緦』，鄭玄以爲終緦之月數而除服，王肅以爲葬畢便除，如何？」曰：「如今不可考。禮宜從厚，當如鄭氏。」問：「王肅以爲既虞而除之。若是改葬，神已在廟久矣，何得虞乎？」曰：「便是如此，而今都不可考。看來也須當反哭於廟。」問：「鄭氏以爲只是有三年服者，改葬服緦三月；非三年服者，弔服加麻，葬畢除之否？」曰：「然。子思曰：『禮，父母改葬，緦而除。』則非父母不服緦也。」賀孫。

既夕

問：「朝祖時有遷祖奠，恐在祖廟之前。祖無奠而亡者難獨享否？」曰：「不須如此理會。禮説有奠處便是合有奠，無奠處便合無奠，更何用疑？其他可疑處却多。如温公疑斬、齊古制，而功、緦又却不古制，是何説也？古者五服皆用麻，但有等差，皆有冠絰，但功、緦之絰小耳。今人吉服不古而凶服古，亦無謂也。今俗喪服之制，下用横布作欄，惟斬衰用不得。」淳。義剛同。

少牢饋食

儀禮：「日用丁巳。」按注家説，則當作「丁、己」，蓋十干中柔日也。雉。

儀禮饋食之詞曰：「適爾皇祖伯某父。」伯，伯仲叔季也；某，字也；父，美稱，助辭也。振。

朱子語類卷第八十六

禮三

周禮

總論

曹問周禮。曰：「不敢教人學。非是不可學，亦非是不當學；只爲學有先後，先須理會自家身心合做底，學周禮却是後一截事。而今且把來說看，還有一句干涉吾人身心上事否？」

今只有周禮、儀禮可全信。禮記有信不得處。又曰：「周禮只疑有行未盡處。看來周禮規模皆是周公做，但其言語是他人做。今時宰相提舉勑令，豈是宰相一一下筆？有不是處，周公須與改。至小可處，或未及改，或是周公晚年作此。」

大抵說制度之書，惟周禮、儀禮可信，禮記便不可深信。周禮畢竟出於一家。謂是周公親筆做成，固不可，然大綱却是周公意思。某所疑者，但恐周公立下此法，却不曾行得盡。文蔚。僩録云：「周禮是一箇草本，尚未曾行。」

問周禮。曰：「未必是周公自作，恐是當時如今日編修官之類爲之。又官名與他書所見，多有不同。恐是當時作此書成，見設官太多，遂不用。亦如唐六典今存，唐時元不曾用。」又笑曰：「禁治蝦蟇，已專設一官，豈不酷耶！」浩。

周禮，胡氏父子以爲是王莽令劉歆撰，此恐不然。周禮是周公遺典也。德。

周禮一書好看，廣大精密，周家法度在裏，但未敢令學者看。方子。

周禮一書，也是做得縝密，真箇盛水不漏！廣。

子升問：「周禮如何看？」曰：「也且循注疏看去。第一要見得聖人是箇公平底意思。如陳君舉説，天官之職，如膳羞衣服之官，皆屬之，此是治人主之身，此説自是。到得中間有官屬相錯綜處，皆謂聖人有使之相防察之意，這便不是。天官是正人主之身，兼統百官；地官主教民之事，大綱已具矣。春、夏、秋、冬之官，各有所掌，如太史等官屬之宗伯，蓋以祝、史之事用之祭祀之故；職方氏等屬之司馬，蓋司馬掌封疆之政。最是大行人等官屬之司寇，難曉。蓋儀禮覲禮，諸侯行禮既畢，出，『乃右肉袒於廟門之東』。王曰：『伯父無事，歸寧乃邦。』然後再拜稽首，出自屏。此所謂『懷諸侯則天下畏之』是也，所以屬之司寇。如此等處，皆是合著如此，初非聖人私意。大綱要得如此看。其間節目有不可曉處，如官職之多，與子由所疑三處之類，只得且缺之，所謂『其詳不可得而聞也』。或謂周公作此書，有未及盡行之者，恐亦有此理。只如今時法令，其間頗有不曾行者。」木之因說：「舊時妄意看此書，大綱是要人主正心、修身、齊家、治國、平天下，使天下之民無不被其澤，又推而至於鳥獸草木無一不得其所而後已。不如是，不足以謂之裁成輔相，參贊天地耳。」曰：「是恁地，須要識公平意思。」因說：「如今學問，不考古固不得。若一向去採摭故事，零碎湊合說出來，也無甚益。孟子慨然以天下自任，曰：『當今之世，舍我其誰！』到說制度處，只說『諸侯之禮，吾未之學，嘗聞其略也』。要之，後世若有聖賢出來，如儀禮等書，也不應便行得。如封建諸侯，柳子厚之說自是。當時却是他各自推戴爲主，聖人從而定之耳。如今若要將一州一縣封某人爲諸侯，人亦未必安之。兼數世之後，其弊非一。如鄉飲酒之禮，若要教天下之人都如此行，也未必能。只後世太無制度。若有聖賢，爲之就中定其尊卑隆殺之數，使人可以通行，這便是禮；爲之去其哇淫鄙俚之辭，使之不失中和歡悅之意，這便是樂。」木之。

周禮中多有說事之綱目者。如屬民讀法，其法不可知；司馬職，「乃陳車徒，如戰之陳」，其陳法亦不可見矣。人傑。

「周都豐鎬，則王畿之内當有西北之戎。如此，則稍、甸、縣、都，如之何可爲也？」曰：「周禮一書，聖人姑爲一代之法爾。到不可用法處，聖人須別有通變之道。」去僞。

今人不信周官。若據某言，却不恁地。蓋古人立法無所不有，天下有是事，他便立此一官，但只是要不失正耳。且如女巫之職，掌宫中巫、祝之事，凡宫中所祝皆在此人。如此，則便無後世巫蠱之事矣。道夫。

五峯以周禮爲非周公致太平之書，謂如天官冢宰，却管甚宫闈之事！其意只是見後世宰相請託宫闈，交結近習，以爲不可。殊不知，此正人君治國、平天下之本，豈可以後世之弊而併廢聖人之良法美意哉！又如王后不當交通外朝之説，他亦是懲後世之弊。要之，儀禮中亦分明自載此禮。至若所謂「女祝掌凡内禱、祠、禬、禳之事」，使後世有此官，則巫蠱之事安從有哉！道夫。

五經中，周禮疏最好，詩與禮記次之，書、易疏亂道。易疏只是將王輔嗣注來虚説一片。　僩。

論近世諸儒説

於丘子服處見陳、徐二先生周禮制度菁華。下半册，徐元德作；上半册，即陳君舉所奏周官説。先生云：「孝宗嘗問君舉：『聞卿博學，不知讀書之法當如何？』陳奏云：『臣生平於周官粗嘗用心推考。今周官數篇已屬藁，容臣退，繕寫進呈。』遂寫進御。大概推周官制度亦稍詳，然亦有杜撰錯説處。儒用録云：「但説官屬。不悉以類聚，錯綜互見。事必相關處，却多含糊。或者又謂有互相檢制之意，此尤不然。」如云冢宰之職，不特朝廷之事，凡内而天子飲食、服御、宮掖之事無不畢管。蓋冢宰以道詔王，格君心之非，所以如此。此説固是。但云，主客行人之官，合屬春官宗伯，而乃掌於司寇；儒用録云：「大行人司儀掌賓客之事，當屬春官，而乃領於司寇。」土地疆域之事，合掌於司徒，乃掌於司馬；儒用録云：「懷方氏辨正封疆之事，當屬地官，而乃領於司馬。」蓋周家設六官互相檢制之意。此大不然！何聖人不以君子長者之道待其臣，既任之而復疑之邪？」或問：「如何？」曰：「賓客屬秋官者，蓋諸侯朝覲、會同之禮既畢，則降而肉袒請刑，司寇主刑，所以屬之，有威懷諸侯之意。夏官掌諸侯土地封疆，如職方氏皆屬夏官。蓋諸侯有變，則六師移之，儒用録云：「不得有其土地。司馬主兵，有威懷諸侯之義故也。」所以屬司馬也。」又問：「冬官司空掌何事？」曰：「次第是管土田之事。蓋司馬職方氏存儒用録作「正」。其疆域之定制，至於申畫井田，創置纖悉，必屬於司空，而今亡矣。」又云：「陳徐周禮制度，講三公宰相處甚詳，然皆是自秦漢以下説起。云漢承秦舊，置三公之官。若仍秦舊，何不只倣秦爲丞相、太尉、御史大夫？却置司馬司徒司空者，何故？蓋他不知前漢諸儒未見孔壁古文尚書有周官一篇，説太師、太傅、太保爲三公爾。孔安國古文尚書藏之祕府，諸儒專門伏生二十五篇，一向不取孔氏所藏古文者。及至魏晉間，古文者始出而行於世。漢初亦只仍秦舊，置丞相、御史、太尉爲三公。及武帝始改太尉爲大司馬。然武帝亦非是有意於復古，但以衞霍功高官大，上面去不得，故於驃騎大將軍之上，加大司馬以寵異之，如加階官『冠軍』之號爾，其職無以異於大將軍也。及何武欲改三公，他見是時大司馬已典兵，兼名號已正，故但去大字，而以丞相爲司徒，御史大夫爲司空。後漢仍舊改司馬爲太尉，而司徒、司空之官如故。然政事歸於臺閣，三公備員。後來三公之職遂廢，而侍中、中書、尚書之權獨重，以至今日。」儒用畧。

君舉説井田，道是周禮、王制、孟子三處説皆通。他説千里不平直量四邊，又突出圓算，則是有千二百五十里。説出亦自好看，今考來乃不然。周禮鄭氏自於匠人注内説得極仔細。前面正説處却未見，却於後面僻處説。先儒這般極仔細。君舉於周禮甚熟，不是不知，只是做箇新様好話謾人。本文自説「百里之國」，「五十里之國」。賀孫。

周禮有井田之制，有溝洫之制。井田是四數，溝洫是十數。今永嘉諸儒論田制，乃欲混井田、溝洫爲一，則不可行。鄭氏注解分作兩項，却是。人傑。

溝洫以十爲數，井田以九爲數，決不可合，永嘉必欲合之。王制、孟子、武成分土皆言三等，周禮乃有五等，決不合，永嘉必欲合之。閎祖。

「諸公之地，封疆方五百里。」又云：「凡千里，以方五百里封四公。」則是每箇方五百里，甚是分明。陳乃云，方百二十五里，又以爲合加地、賞田、附庸而言之，何欺誑之甚！閎祖。

先生以禮鑰授直卿，令誦一遍畢。先生曰：「他論封國，將孟子說在前，而後又引周禮『諸公之地封疆方五百里』說，非是。」直卿問：「孟子所論五等之地，是如何與周禮不合？」曰：「先儒說孟子所論乃夏商以前之制，周禮是成王之制，此說是了。但又說是周斥大封域而封之，其說又不是。若是恁地，每一國添了許多地，便著移了許多人家社稷，恐無此理。這只是夏商以來，漸漸相吞併，至周自恁地大了。周公也是不柰他何，就見在封他。且如當初許多國，也不是先王要恁地封。便如柳子厚說樣，他是各人占得這些子地，先王從而命之以爵，不意到後來相吞併得恁大了。且如孟子說：『周公之封於魯也，地非不足，而儉於百里；太公之封於齊也，地非不足，而儉於百里。』這也不是。當時封許多功臣親戚，也是要他因而藩衞王室。他那舊時國都恁大了，却封得恁地小，教他與那大國雜居，也於理勢不順。據左傳所說『東至於海，西至於河，南至於穆陵，北至於無棣』，齊是恁地闊。詩『復周公之宇』，魯是恁地闊。這箇也是勢著恁地。陳君舉却說只是封疆方五百里，四維每一面只百二十五里；以徑言，則只百二十五里。某說，若恁地，則男國不過似一耆長，如何建國！職方氏說一千里封四伯、一千里封六侯之類，極分明。這一千里，縱橫是四箇五百里，便是破開可以封四箇伯。他那算得國數極定，更無可疑。君舉又却云，一千里地封四伯外，餘地只存留在那裏。某說，不知存留作甚麼？恁地，則一千里只將三十來同封了四伯，那七十來同却不知留作何用？」直卿曰：「武王『分土惟三』，則百里、七十里、五十里似是周制。」曰：「武王是初得天下，事勢未定，且大概恁地。如文王治岐，那制度也自不同。」先生論至此，蹙眉曰：「這箇也且大概恁地說，不知當時仔細是如何。」義剛問：「孟子想不見周禮？」曰：「孟子是不見周禮。」直卿曰：「觀子產責晉之辭，則也恐不解封得恁地大。」曰：「子產是應急之說。他一時急後，且恁地放鵰，云，何故侵小？這非是至論。」直卿曰：「府、史、胥、徒，則是庶人在官者，不知如何有許多？」曰：「嘗看子由古史，他疑三事，其一謂府、史、胥、徒太多。這箇當時却都是兼官，其實府、史、胥、徒無許多。」直卿曰：「那司市一官，更動誕不得，法可謂甚嚴。」曰：「周公當時做得法大段齊整。如市，便不放教人四散去買賣；他只立得一市在那裏，要買物事，便入那市中去。不似而今要買物，只於門首，自有人擔來賣。更是一日三次會合，亦通人情。看他所立法極是齊整，但不知周公此書行得幾時耳。」義剛。

天官

天官之職，是總五官者。若其心不大，如何包得許多事？且冢宰内自王之飲食衣服，外至五官庶事，自大至小，自本至末，千頭萬緒，若不是大其心者區處應副，事到面前，便且區處不下。況於先事措置，思患預防，是著多少精神！所以記得此，復忘彼。佛氏只合下將那心頓在無用處，纔動步便疏脱。所以吾儒貴窮理致知，便須事事物物理會過。「舜明於庶物」，物即是物，只是明，便見皆有其則。今文字在面前，尚且看不得，況許多事到面前，如何柰得他！須襟懷大底人，始得。又云：「後人皆以周禮非聖人書。其間細碎處雖可疑，其大體直是非聖人做不得！」賀孫。

「周之天官，統六卿之職，亦是其大綱。至其他卿，則一人理一事。然天官之職，至於闇寺、宫嬪、醯醬、魚鹽之屬，無不領之。」道夫問：「古人命官之意，莫是以其切於君身，故使之領否？」曰：「然。」道夫。

周禮天官兼嬪御宦官飲食之人，皆總之。則其於飲食男女之欲，所以制其君而成其德者至矣，豈復有後世宦官之弊？古者宰相之任如此。

問：「宫伯、宫正所率之屬五百人皆入宫中，似不便否？」曰：「此只是宿衛在外，不是入宮，皆公卿王族之子弟爲之，不是兵卒。」淳。宫伯、宫正。

地官

問：「司徒職在『敬敷五教』，而地官言教者甚略，而言山林陵麓之事却甚詳。」曰：「也須是教他有飯喫，有衣著，五方之民各得其所，方可去教他。若不恁地，教如何施？但是其中言教也不略，如閭胥書其孝弟婣卹，屬民讀法之類，皆是。」義剛。淳録云：「民無住處，無物喫，亦如何教得？所以辨五方之宜以定民居，使之各得其所，而後教可行也。」

直卿謂：「司徒所謂教，只是十二教否？」曰：「非也。只爲教民以六德、六行、六藝，及歲時讀法之類。」淳。

周禮中説教民處，止及於畿内之民，都不及畿外之民，不知如何。豈應如此？廣。

或問周禮：「以土圭之法測土深，正日景以求地中。日南則景短，多暑；日北則景長，多寒；日東則景夕，多風；日西則景朝，多陰。」鄭注云：「日南，謂立表處太南，近日也；日北，謂立表處太北，遠日也；景夕，謂日昳景乃中，立表處太東，近日也；景朝，謂日未中而景已中，立表處太西，遠日也。」曰：「『景夕多風，景朝多陰』，此二句，鄭注不可曉，疑説倒了。看來景夕者，景晚也，謂日未中而景已中；蓋立表近南，則取日近，午前景短而午後景長也。景朝者，謂日已過午而景猶未中；蓋立表近北，則取日遠，午前長而午後短也。」問多風多陰之説。曰：「今近東之地，自是多風。如海邊諸郡風極多，每如期而至，如春必東風，夏必南風，不如此間之無定。蓋土地曠闊，無高山之限，故風各以方至。某舊在漳泉驗之，早間則風已生，到午而盛，午後則風力漸微，至晚則更無一點風色，未嘗少差。蓋風隨陽氣生，日方升則陽氣生，至午則陽氣盛，午後則陽氣微，故風亦隨而盛衰。如西北邊多陰，非特山高障蔽之故，自是陽氣到彼處衰謝。蓋日到彼方午，則彼已甚晚，不久則落，故西邊不甚見日。古語云：『蜀之日，越之雪。』言見日少也。所以蜀有『漏天』。古語云：『巫峽多漏天。』老杜云：『鼓角漏天東。』言其地常雨，如天漏然。以此觀之，天地亦不甚闊。以日月所照，及寒暑風陰觀之，可以驗矣。」用之問：「天竺國去處又却極闊？」曰：「以崑崙山言之，天竺直崑崙之正南，所以土地闊，而其所生亦多異人。水經云，崑崙取嵩高五萬里，看來不會如此遠。蓋中國至于闐二萬里，于闐去崑崙，無緣更有三萬里。文昌雜録記于闐遣使來貢獻，使者自言其國之西千三百餘里即崑崙山。今中國在崑崙之東南，而天竺諸國在其正南。水經又云，黄河自崑崙東北流入中國，如此，則崑崙當在西南上，或又云西北，不知如何。恐河流曲折多，入中國後，方見其東北流爾。佛經所説阿耨山，即崑崙也，云山頂有阿耨大池，池水分流四面去，爲四大水，入中國者爲黃河，入東海；其三面各入南、西、北海，如弱水、黑水之類。大抵地之形如饅頭，其撚尖處則崑崙也。」問：「佛家『天地四洲』之說，果有之否？」曰：「佛經有之。中國爲南瞻部洲，天竺諸國皆在南瞻部內；東弗于逮，西瞿耶尼，北鬱單越。亦如鄒衍所說『赤縣』之類。四洲統名『娑婆世界』。如是世界凡有幾所，而娑婆世界獨居其中，其形正圓，故所生人物亦獨圓，正象其地形，蓋得天地之中氣。其他世界則形皆偏側尖缺，而環處娑婆世界之外，緣不得天地之正氣，故所生人物亦多不正。此說便是『蓋天』之說。橫渠亦主蓋天，不知如何。但其言日初生時，先照娑婆世界，故其氣和，其他世界則日之所照或正或昃，故氣不和，只他此說，便自可破。彼言日之所照必經歷諸世界了，然後入地，則一日之中，須歷照四處，方得周匝。今纔照得娑婆一處，即已曛矣；若更照其他三處，經多少時節！如此，則夜須極長。何故今中國晝夜有均停時，而冬夏漏刻長短，相去亦不甚遠？其說於是不通矣。」僩。

「大司徒以土圭求地中，今人都不識土圭，鄭康成解亦誤。圭，只是量表影底尺，長一尺五寸，以玉爲之。夏至後立表，視表影長短，以玉圭量之。若表影恰長一尺五寸，此便是地之中。晷長則表影短，晷短則表影長。冬至後，表影長一丈三尺餘。今之地中，與古已不同。漢時陽城是地之中，本朝嶽臺是地之中，嶽臺在浚儀，屬開封府。已自差許多。」問：「地何故有差？」曰：「想是天運有差，地隨天轉而差。今坐於此，但知地之不動耳，安知天運於外，而地不隨之以轉耶？天運之差，如古今昏旦中星之不同，是也。」又問：「曆所以數差，古今豈無人考得精者？」曰：「便是無人考得精細而不易，所以數差。若考得精密，有箇定數，永不會差。伊川説康節曆不會差。」或問：「康節何以不造曆？」曰：「他安肯爲此？古人曆法疏闊而差少，今曆愈密而愈差。」因以兩手量桌邊云：「且如這許多闊，分作四段，被他界限闊，便有差。不過只在一段界限之内，縱使極差出第二三段，亦只在此四界之内，所以容易推測；便有差，容易見。今之曆法於這四界内分作八界，於這八界内又分作十六界，界限愈密，則差數愈遠。何故？以界限密而踰越多也。其差則一，而古今曆法疏密不同故爾。看來都只是不曾推得定，只是移來湊合天之運行，所以當年合得不差，明後年便差。元不曾推得天運定，只是旋將曆去合那天之行，不及則添些，過則減些，以合之，所以一二年又差。如唐一行大衍曆，當時最謂精密，只一二年後便差。只有季通説得好，當初造曆，便合并天運所差之度都算在裏。幾年後差幾分，幾年後差幾度，將這差數都算做正數，直推到盡頭，如此庶幾曆可以正而不差。今人都不曾得箇大統正，只管説天之運行有差，造曆以求合乎天，而曆愈差。元不知天如何會有差，自是天之運行合當如此。此説極是，不知當初因甚不曾算在裏。但堯舜以來曆，至漢都喪失了，不可考。緣如今是這大總紀不正，所以都無是處。季通算得康節曆。康節曆十二萬九千六百分，大故密。今曆家所用只是萬分曆，萬分曆已自是多了，他如何肯用十二萬分？只是今之曆家又説季通底用不得，不知如何。」又曰：「一行大衍曆比以前曆，他只是做得箇頭勢大，敷衍得闊，其實差數只一般。正如百貫錢修一料藥，與十文修一料藥，其不能治病一也。」僩。

「周禮注云，土圭一寸折一千里。天地四遊升降不過三萬里。土圭之影尺有五寸，折一萬五千里；以其在地之中，故南北東西相去各三萬里。」問：「何謂『四遊』？」曰：「謂地之四遊升降不過三萬里，非謂天地中間相去止三萬里也。春遊過東三萬里，夏遊過南三萬里，秋遊過西三萬里，冬遊過北三萬里。今曆家算數如此，以土圭測之，皆合。」僩曰：「譬以大盆盛水，而以虛器浮其中，四邊定四方。若器浮過東三寸，以一寸折萬里，則去西三寸。亦如地之浮於水上，差過東方三萬里，則遠去西方三萬里矣。南北亦然。然則冬夏晝夜之長短，非日晷出没之所爲，乃地之遊轉四方而然爾。」曰：「然。」用之曰：「人如何測得如此？恐無此理。」曰：「雖不可知，然曆家推算，其數皆合，恐有此理。」僩。

「土圭之法，立八尺之表，以尺五寸之圭横於地下，日中則景蔽於圭，此乃地中爲然，如浚儀是也。今又不知浚儀果爲地中否？」問：「何故以八尺爲表？」曰：「此須用勾股法算之，南北無定中，必以日中爲中，北極則萬古不易者也。北方地形尖斜，日長而夜短。

骨里幹國煮羊胛骨熟，日已出矣。至鐵勒，則又北矣。極北之地，人甚少。所傳有二千里松木，禁人斫伐。此外龍蛇交雜，不可去。女真起處有鴨緑江。傳云，天下有三處大水：曰黄河，曰長江，并鴨緑是也。若以浚儀與潁川爲中，則今之襄、漢、淮西等處爲近中。」人傑。

嘗見季通云，日晷有差，如去一千里，則差一寸，到得極星却無差。其初亦自曉不得，後來仔細思之，日之中各自不同，如極東處，日午以前須短，日午以後須長；極西處，日午以前須長，日午以後須短，所以有差。故周禮以爲：「日北則景長，多寒；日南則景短，多暑；日東則景夕，多風；日西則景朝，多陰。」此最分曉。極星却到處視之以爲南北之中了，所以無差。如凉傘然，中心却小，四簷却闊，故如此。某初疑其然，及將周禮來檢看，方見得決然是如此。榦。

今謂周官非聖人之書。至如比、閭、族、黨之法，正周公建太平之基本。他這箇一如碁盤相似，枰布定後，碁子方有放處。因論保五法。道夫。

二十五家爲閭。閭，吕也，如身之有脊吕骨。蓋閭長之居當中，而二十四家列於兩旁，如身之脊吕骨當中，而肋骨分布兩旁也。僩。

問六德智、聖。曰：「智，是知得事理；聖，便高似智，蓋無所不通明底意思。」伯羽。

「五家爲比，五比爲閭，四閭爲族，五族爲黨，五黨爲州，五州爲鄉」；「五家爲鄰，五鄰爲里，四里爲酇，五酇爲鄙，五鄙爲縣，五縣爲遂」，制田里之法也。「五人爲伍，五伍爲兩，四兩爲卒，五卒爲旅，五旅爲師，五師爲軍」，此鄉遂出兵之法也。故曰：「凡起徒役，無過家一人。」既一家出一人，則兵數宜甚多；然只是擁衞王室，如今禁衞相似，不令征行也。都鄙之法，則「九夫爲井，四井爲邑，四邑爲丘，四丘爲甸」，然後出長轂一乘，甲士三人，步卒七十二人。以五百一十二家，而共只出七十五人，則可謂甚少。然有征行，則發此都鄙之兵，悉調者不用，而用者不悉調。此二法所以不同，而貢、助之法亦異。大率鄉遂以十爲數，是長連排去；井田以九爲數，是一箇方底物事，自是不同。而永嘉必欲合之，如何合得！閎祖。以下小司徒。

周制鄉遂用貢法，故十夫治溝，長底是十，方底是百，長底是千，方底是萬。都鄙用助法，故八家同溝共井。鄉遂則以五爲數，家出一人爲兵，以守衞王畿，役次必簡。如周禮，惟挽匶則用之，此役之最輕者。都鄙則以四爲數，六七家始出一人，故甸出甲士三人，步卒七十二人，馬四匹，牛三頭。鄉遂所以必爲溝洫而不爲井者，以欲起兵數故也。五比、五鄰、五伍之後，變五爲四閭、四里、四兩者，用四，則成百之數；復用五，則自此奇零不整齊矣。如曰周制皆井者，此欺人之説，不可行也。因言永嘉之説，受田則用溝洫，起賦斂則依井。方子。下條聞同。

問：「周制都鄙用助法，八家同井；鄉遂用貢法，十夫有溝。鄉遂所以不爲井者何故？」曰：「都鄙以四起數，五六家始出一人，故甸出甲士三人，步卒七十二人。鄉遂以五起數，家出一人爲兵，以守衛王畿，役次必簡。故周禮惟挽匶則用之，此役之最輕者。」近郊之民，王之內地也。共輦之事，職無虛月。追胥之比，無時無之。其受廛爲民者，固與畿外之民異也。七尺之征，六十之舍，王非姑息於邇民也。遠郊之民，王之外地也。其溝洫之治，各有司存。野役之起，不及其羨。其受廛爲氓者，固與內地之民異也。六尺之征，六十五之舍，王非荼毒於遐民也。園廛二十而一，若輕於近郊也。而草木之毓，夫家之聚，不可以擾，擾則不能以寧居，是故二十而稅一。漆林二十而五，若重於遠郊也，而器用之末作，商賈之資利，不可以輕，輕則必至於忘本，是故二十而五。係近郊、遠郊勞逸所繫。

天子六鄉，故有六軍；諸侯三鄉，故有三軍。所謂「五家爲比」，比即伍也；「五比爲閭」，閭即兩也；「四閭爲族」，族即卒也，則是夫人爲兵矣。至於「九夫爲井，四井爲邑，四邑爲丘，四丘爲甸」，甸出兵車一乘。且以九夫言之，中爲公田，只是八夫甸，則五百一十二夫，何其少於鄉遂也？便是難曉。以某觀之，鄉遂之民以衛王畿，凡有征討，止用丘甸之民。又，學校之制所以取士者，但見於鄉遂，鄉遂之外不聞教養之制，亦可疑也。人傑。

問：「都鄙四丘爲甸，甸六十四井，出車一乘，甲士三人，步卒七十二人。不審鄉遂車賦則如何？」曰：「鄉遂亦有車，但不可見其制。六鄉一家出一人，排門是兵。都鄙七家而出一兵，在内者役重而賦輕，在外者役輕而賦重。六軍只是六鄉之衆，六遂不與。六遂亦有軍，但不可見其數。侯國三軍，亦只是三郊之衆，三遂不與。大國三郊，次國二郊，小國一郊。蔡季通説，車一乘不止甲士三人，步卒七十二人。此是輕車用馬馳者，更有二十五人將重車在後，用牛載糗糧戈甲衣裝，見七書。如魯頌『公徒三萬』，亦具其説矣。」淳。

問：「鄭氏『旁加一里』之説是否？」曰：「如此方得數相合，亦不見所憑據處，今且大概依他如此看。」淳。以下小司徒注。

直卿問：「古以百步爲畝，今如何？」曰：「今以二百四十步爲畝。百畝當今四十一畝。」賀孫。

問：「司馬法車乘士徒之數，與周禮不同，如何？」曰：「古制不明，皆不可考，此只見於鄭氏注。七書中司馬法又不是，此林勳本政書錯説，以爲文王治岐之政。」曰：「或以周禮乃常數，司馬法乃調發時數，是否？」曰：「不通處，如何硬要通？不須恁思量，枉費心力。」淳。

先生與曹兄論井田，曰：「當時須别有箇道理。天下安得有箇王畿千里之地，將鄭康成圖來安頓於上！今看古人地制，如豐、鎬皆在山谷之間，洛邑、伊闕之地，亦多是小溪澗，不知如何措置。」卓。

豐、鎬去洛邑三百里〔一〕，長安所管六百里。王畿千里，亦有横長處，非若今世之爲圖畫方也。恐井田之制亦是類此，不可執畫方之圖以定之。人傑。

古者百畝之地，收皆畝一鍾，爲米四石六斗。以今量較之，爲米一石五斗爾。僩。

周家每年一推排，十六歲受田，六十者歸田。其後想亦不能無弊，故蔡澤言商君決裂井田，廢壞阡陌，以静百姓之業，而一其志。唐制，每歲十月一日，應受田者皆集於縣令廷中，而升降之。若縣令非才，則是日乃胥吏之利耳。方子。

古人學校教養，德行道藝，選舉爵禄，宿衛征伐，師旅田獵，皆只是一項事。皆一理也。僩。鄉大夫。

問：「周禮『德行道藝』。德、行、藝三者，猶有可指名者。『道』字當如何解？」曰：「舊嘗思之，未甚曉。看來『道』字，只是曉得那道理而已。大而天地事物之理，以至古今治亂興亡事變，聖賢之典策，一事一物之理，皆曉得所以然，謂之道。且如『禮、樂、射、御、書、數』，禮樂之文，却是祝史所掌；至於禮樂之理，則須是知道者方知得，如所謂『天高地下，

〔一〕此數字似有誤。

萬物散殊，而禮制行矣；流而不息，合同而化，而樂興焉』之謂。又，德是有德，行是有行，藝是有藝，道則知得那德、行、藝之理所以然也。注云：『德行是賢者，道藝是能者。』蓋曉得許多事物之理，所以屬能。」僩。

「内史掌策命諸侯及羣臣者，卿大夫既獻賢能之書，王拜受，登於天府；其副本則内史掌之，以内史掌策命諸侯及羣臣故也。古之王者封建諸侯，王坐，使内史讀策命之。非特命諸侯，亦欲在廷詢其可否。且如後世除拜百官，亦合有策，只是辭免了。」問：「祖宗之制，亦如此否？」曰：「自唐以上皆如此。今除宰相宣麻，是其遺意。立后以上用玉策，其次皆用竹策。漢常用策，緣他近古。其初亦不曾用，自武帝立三王始用起。」文蔚。

問：「黨正：『一命齒於鄉里，再命齒於父族，三命不齒。』若據如此，雖説『鄉黨莫如齒』，到得爵尊後，又不復序齒。」曰：「古人貴貴長長，並行而不悖。他雖説不序，亦不相壓。自别設一位，如今之卦位然。」燾録云：「猶而今别設桌也。」文蔚。黨正。

古制微細處，今不可曉，但觀其大概。如「宅田、士田、賈田」、「官田、牛田、賞田、牧田」，鄭康成作一説，鄭司農又作一説，憑何者爲是？淳。以下載師。

問：「商賈是官司令民爲之？抑民自爲之邪？」曰：「民自爲之，亦受田，但少耳，如載師所謂『賈田』者是也。」淳。

問：「士人受田如何？」曰：「上士、中士、下士，是有命之士，已有禄。如管子『士鄉十五』，是未命之士。若民皆爲士，則無農矣，故鄉止十五。亦受田，但不多，所謂『士田』者是也。」義剛。

「近郊十一，遠郊二十而三，甸、稍、縣、都皆無過十二」，此即是田税。然遠近輕重不等者，蓋近處如六鄉，排門皆兵，其役多，故税輕；遠處如都鄙，井法七家而賦一兵，其役少，故税重。所謂「十二」者，是并雜税皆無過此數也。都鄙税亦只納在采邑。淳。

安卿問：「『二十而一，十一，十二，二十而三，二十而五』，如何？」曰：「近處役重，遠處役輕。且如六鄉，自是家家爲兵。至如稍、縣、都，却是七家只出一兵。」直卿曰：「鄉遂用貢法，都鄙用助法，則是都鄙却成九一。但鄭注『二十而一』等及九賦之類，皆云是計口出泉，如此又近於太重。」曰：「便是難曉，這箇今且理會得大概。若要盡依他行時，也難。似而今時節去封建井田，尚煞争。淳録云：「因論封建井田，曰：『大概是如此，今只看箇大意。若要行時，須别立法制，使簡易明白。取於民者足以供上之用，上不至於乏，而下不至於苦，則可矣。今世取封建井田，大段遠。』」恰如某病後要思量白日上昇，如何得！今且醫得無事時，已是好了。如浙間除了和買丁錢，重處減些，使一家但納百十錢，只依而今税賦放教寬，無大故害民處。淳録云：「如漳之鹽錢罷了。」如此時，便是小太平了。前輩云，本朝税輕於什一，也只是向時可恁地說，今何啻數倍！緣上面自要許多用，而今縣中若省解些月椿，看州府不來打駡麽？某在漳州解發銀子，折了星兩；運司來取，被某不能管得，判一箇『可付一笑』字，聽他們自去理會。似恁時節，却要行井田，如何行得！伊川常言，要必復井田封建，及晚年又却言不必封建井田，便也是看破了。淳録云：「見暢潛道録。想是他經歷世故之多，見得事勢不可行。」且如封建，自柳子厚之屬，論得來也是太過，但也是行不得。淳録云：「柳子厚說得世變也是。但他只見得後來不好處，不見得古人封建底好意。」如漢當初要封建，後來便恁地狼狽。若如主父偃之說，『天子使吏治其國而納其貢税』，如此，便不必封建也得。淳録云：「若論主父偃後底封建，則皆是王族貴驕之子，不足以君國子民，天子使吏治其國而已。」今且做把一百里地封一箇親戚或功臣，教他去做，其初一箇未必便不好，但子孫決不能皆賢。若有一箇在那裏無稽時，不成教百姓論罷了一箇國君！若只坐視他害民，又不得，却如何區處？淳録云：「封建以大體言之，却是聖人公共爲民底意思，是爲正理。以利害計之：第一世所封之功臣，猶做得好在。第二世繼而立者，箇箇定是不曉事，則害民之事靡所不爲。百姓被苦來訴國君，因而罷了，也不是；不與他理會，亦不是。未論别處如何，只這一處利少而害多，便自行不得。」更是人也自不肯去。今且教一箇錢塘縣尉，封他作静江國王、鬱林國王，淳録作「桂國之君」。他定是不肯去，淳録作：「他定以荒僻不樂於行。」寧肯作錢塘縣尉。唐時理會一番襲封刺史，人都不肯去。淳録作：「一時功臣皆樂於在京，而不肯行。」符秦也曾如此來，人皆是戀京師快活，都不肯去，却要遣人押起。淳録作：「符堅封功臣於數國，不肯去，迫之使去。」這箇決是不可行。若是以大概論之，聖人封建却是正理。但以利害言之，則利少而害多。子由古史論得也忒煩，前後都不相照。淳録作：「子由論封建，引證又都不著。」想是子由老後昏眩，説得恁地。某嘗作説辨之，得四五段，不曾終了。若東坡時，便不如此。他每每兩牢籠説。他若是主這一邊説時，那一邊害處都藏著不敢説破。如子由便是只管説後，説得更無理會。」因曰：「蘇氏之學，喜於縱恣疏蕩。東坡嘗作某州學記，言井田封建皆非古，但有學校尚有古意。其間言舜遠矣，不可及矣，但有子産尚可稱。他便是敢恁地説，千古萬古後，你如何知得無一箇人似舜！」義剛。淳録作數條。

載師云：「凡宅不毛者有里布，凡田不耕者出屋粟，凡民無職事者出夫家之征。」間師又云：「凡民無職者出夫布。」前重後輕者，前以待士大夫之有土者，後方是待庶民。宅不毛，爲其爲亭臺也；田不耕，爲其爲池沼也。凡民無職事者，此是大夫家所養浮泛之人也。賀孫。

「師氏『居虎門，司王朝』。虎門，路寢門也。正義謂路寢庭朝，庫門外朝，非常朝；此是常朝，故知在路門外。」文蔚問：「路寢庭朝，庫門外朝，如何不是常朝？」曰：「路寢庭在門之裏，議政事則在此朝。庫門外，是國有大事，詢及衆庶，則在此處，非每日常朝之所。

若每日常朝，王但立於寢門外，與羣臣相揖而已。然王却先揖，揖羣臣就位，王便入。只是揖亦不同，如『土揖庶姓，時揖異姓，天揖同姓』之類，各有高下。胡明仲嘗云，近世朝禮每日拜跪，乃是秦法，周人之制元不如此。」文蔚。師氏。

古者教法，「禮、樂、射、御、書、數」，不可闕一。就中樂之教尤親切。夔教胄子只用樂，大司徒之職也是用樂。蓋是教人朝夕從事於此，拘束得心長在這上面。蓋爲樂有節奏，學他底，急也不得，慢也不得，久之，都換了他一副當情性。植。以下保氏。

周禮「六書」，制字固有從形者。然爲義各不同，却如何必欲説義理得！龜山有辯荆公字説三十餘字。荆公字説，其説多矣，止辯三十字，何益哉？又不去頂門上下一轉語，而隨其後屑屑與之辯。使其説轉，則吾之説不行矣。僩。

「泉府掌以市之征布，斂貨之不售者」，或買，或賒，或貸。貸者以國服爲息，此能幾何？而云「凡國之財用取具焉」，何也？閎祖。泉府。

問：「遂，何以上地特加萊五十畝？」曰：「古制不明，亦不可曉。鄉之田制亦如此，但此見於遂耳。大抵鄉吏專主教，遂吏專主耕。」淳。以下遂人。

問：「鄉遂爲溝洫，用貢法；都鄙爲井田，行助法。何以如此分別？」曰：「古制不明，亦不曉古人是如何。遂人溝洫之法，田不井授，而以夫數制之，『歲時登其夫家之衆寡』，以令貢賦，便是用貢法。」淳。

子約疑井田之法，一鄉一遂爲一萬有餘夫，多溝洫川澮，而匠人一同爲九萬夫，川澮溝洫反少者；此以地有遠近，故治有詳略也。鄉遂近王都，人衆稠密，家家勝兵，不如此則不足以盡地利而養民；且又縱横爲溝洫川澮，所以寓設險之意，而限車馬之衝突也，故治近爲甚詳。若鄉遂之外，則民少而地多，欲盡開治，則民力不足，故其治甚略。晉郤克帥諸國伐齊，齊來盟，晉人曰：「必以蕭同叔子爲質，而盡東其畝。」齊人曰「唯吾子戎車是利，無顧土宜」云云，晉謀遂塞。蓋鄉遂之畝，如中間是田，兩邊是溝，向東直去，而前復有横畝向南，溝復南流。一東一南，十字相交在此，所以險阻多，而非車馬之利也。晉欲使齊盡東其畝，欲爲侵伐之利耳，而齊覺之。若盡東其畝，則無縱横相銜，但一直向東，戎馬可以長驅而來矣。次日又曰：「昨夜説匠人九夫之制，無許多溝洫，其實不然。適間檢看許多溝洫川澮，與鄉遂之地一般，乃是子約看不子細耳。」僩。

田制須先正溝洫，方定。必大。

「稍」者，稍稍之義，言逐旋給與之也。不特待使者，凡百官廩禄皆然，猶今官中給俸米。僩。稍人。

鄉遂雖用貢法，然「巡野觀稼，以年之上中下出斂法」，則亦未嘗拘也。閎祖。司稼。

春官

周禮載用赤璋、白璧等斂，此豈長策？要是周公未思量耳。觀季孫斯死用玉，而孔子歷階言其不可，則是孔子方思量到，而周公思量未到也。義剛。典瑞。

黄問：「周禮祀天神、地示、人鬼之樂，何以無商音？」曰：「五音無一，則不成樂。非是無商音，只是無商調。先儒謂商調是殺聲，鬼神畏商調。」淳。以下大司樂。

周禮不言祭地，止於大司樂一處言之。舊見陳君舉亦云，社稷之祭，乃是祭地。却不曾問大司樂祭地祇之事。人傑。

因說及夢，曰：「聖人無所不用其敬，雖至小没緊要底物事，也用其敬。到得後世儒者方說得如此闊大，没收殺。如周禮，夢亦有官掌之，此有甚緊要？然聖人亦將做一件事。某平生每夢見故舊親戚，次日若不接其書信及見之，則必有人說及。看來惟此等是正夢，其他皆非正。」僩。占夢。

夏官

路門外有鼓，謂之路鼓，王崩則擊此鼓，用以宣傳四方。肺石，其形若肺，擊之有聲；

冤民許擊此石，如今登聞鼓。唐人亦有肺石。文蔚。太僕。

秋官

人謂周公不言刑。秋官有許多刑，如何是不言刑！淳。

問：「周禮五服之貢，限以定名，不問其地之有無，與禹貢不合，何故？」曰：「一代自有一代之制。他大概是近處貢重底物事，遠處貢輕底物事，恰如禹貢所謂『納銍』、『納秸』之類。」義剛。大行人。

冬官

車所以揉木，又以圍計者，蓋是用生成圓木揉而爲之，故堅耐，堪馳騁。閎祖。輪人。

問：「侯國亦倣鄉遂都鄙之制否？」曰：「鄭氏説，侯國用都鄙法。然觀『魯人三郊三遂』，及孟子『請野九一而助，國中什一使自賦』，則亦是如此。」義剛録作：「當亦是鄉遂。」淳。匠人注。

朱子語類卷第八十七

禮四

小戴禮

總論

問：「看禮記、語、孟，孰先？」曰：「禮記有說宗廟朝廷，說得遠後，雜亂不切於日用。若欲觀禮，須將禮記節出切於日用常行者看，節出玉藻、内則、曲禮、少儀看。」節。

問讀禮記。曰：「禮記要兼儀禮讀，如冠禮、喪禮、鄉飲酒禮之類，儀禮皆載其事，禮記只發明其理。讀禮記而不讀儀禮，許多理皆無安著處。」

「讀禮記，須先讀儀禮。嘗欲編禮記附於儀禮，但須著和注寫。」德輔云：「如曲禮、檀弓之類，如何附？」曰：「此類自編作一處。」又云：「祖宗時有三禮科學究，是也。雖不曉義理，却尚自記得。自荆公廢了學究科，後來人都不知有儀禮。」又云：「荆公廢儀禮而取禮記，舍本而取末也。」德輔。

學禮，先看儀禮。儀禮是全書，其他皆是講説。如周禮、王制是制度之書，大學、中庸是説理之書。儒行、樂記非聖人之書，乃戰國賢士爲之。又云：「人不可以不莊嚴，所謂『君子莊敬日强，安肆日偷』。」又曰：「『智崇禮卑。』人之智識不可以不高明，而行之在乎小心。如大學之格物、致知，是智崇處；正心、修身，是禮卑處。」卓。

禮記只是解儀禮，如喪服小記便是解喪服傳，推之每篇皆然。惟大傳是總解。德明。

許順之説，人謂禮記是漢儒説，恐不然。漢儒最純者莫如董仲舒，仲舒之文最純者莫如三策，何嘗有禮記中説話來！如樂記所謂「天高地下，萬物散殊，而禮制行矣；流而不息，合同而化，而樂興焉」。仲舒如何説得到這裏！想必是古來流傳得此箇文字如此。廣。方子録云：「以是知禮記亦出於孔門之徒無疑。順之此言極是。」

問：「禮記正義載五養老、七養老之禮。」曰：「漢儒説制度有不合者，多推從殷禮去。大抵古人制度恐不便於今。如鄉飲酒禮，節文甚繁，今强行之，畢竟無益，不若取今之禮酌而行之。」人傑。

問：「禮記古注外，無以加否？」曰：「鄭注自好。看注看疏，自可了。」大雅。文蔚録云：

「問二禮制度如何可了？」曰：「只注疏自了得。」

鄭康成是箇好人，考禮名數大有功，事事都理會得。如漢律令亦皆有注，儘有許多精力。東漢諸儒煞好。盧植也好。淳。義剛録云：「康成也可謂大儒。」

王肅議禮，必反鄭玄。賀孫。

禮記有王肅注，煞好。又，太史公樂書載樂記全文，注家兼存得王肅。又，鄭玄說覺見好。禮書，如陸農師禮象，陳用之禮書，亦該博，陳底似勝陸底。後世禮樂全不足録。但諸儒議禮頗有好處，此不可廢，當別類作一書，方好看。六朝人多是精於此。畢竟當時此學自專門名家，朝廷有禮事，便用此等人議之。如今刑法官，只用試大法人做。如本生父母事，却在隋書劉子翼傳。江西有士人方庭堅引起，今言者得以引用。賜。夔孫同。

或曰：「經文不可輕改。」曰：「改經文，固啓學者不敬之心。然舊有一人，專攻鄭康成解禮記不合改其文。如『蛾子時術之』，亦不改，只作蠶蛾子，云，如蠶種之生，循環不息，是何義也！且如大學云：『舉而不能先，命也。』若不改，成甚義理！」大雅。

方、馬二解，合當參考，儘有說好處，不可以其新學而黜之。如「君賜衣服，服以拜賜」。絶句是。「以辟之命，銘爲烝彝鼎」，舊點「以辟之」爲一句，極無義。辟，乃君也。以君之命銘彝鼎，最是。又如陸農師點「人生十年曰幼」作一句，「學」作一句，下放此，亦有理。「聖人作」作一句，「爲禮以教人」。學記「大學之教也」作一句，「時教必有正業，退息必有居學」。「乃言底可績三載」，皆當如此。「不在此位也」，呂與叔作「豈不在此位也」，是。後看家語乃無「不」字，當從之。賀孫。

禮記、荀、莊有韻處多。龔實之云，嘗官於泉，一日問陳宜中云：「古詩有平仄否？」陳云：「無平仄。」龔云：「有。」辨之久不決，遂共往決之於李漢老。陳問：「古詩有平仄否？」李云：「無平仄，只是有音韻。」龔大然之。謂之無、有，皆不是，謂之音韻乃是。揚。

曲禮

曲禮必須别有一書協韻，如弟子職之類。如今篇首「若思」，「定辭」，「民哉」，兹。及「上堂聲必揚」，「入户視必下」，户。皆是韻。今上下二篇却是後人補湊而成，不是全篇做底。「若夫」等處，文意都不接。内則却是全篇做底，但「曾子曰」一段不是。方子。

問：「曲禮首三句是從源頭説來，此三句固是一篇綱領。要之，『儼若思，安定辭』，又以『毋不敬』爲本。」曰：「然。」又曰：「只是下面兩句，便是『毋不敬』。今人身上大節目，只是一箇容貌言語，便如『君子所貴乎道者三』。這裏只是不曾說『正顏色』。要之，顏色容貌亦不争多，只是顏色有箇誠與僞。」簡録云：「箕子『九疇』，其要只在『五事』。」文蔚。

問：「艾軒解『儼若思』，訓『思』字作助語，然否？」曰：「訓『思』字作助語，尚庶幾，至以『辭』字亦爲助語，則全非也。他們大率偏枯，把心都在邊角上用。」煇。

「賢者狎而敬之」，狎是狎熟、狎愛。如「晏平仲善與人交，久而敬之」，既愛之而又敬之也。「畏而愛之」，如「畏天命，畏大人，畏聖人之言」之「畏」，畏中有愛也。「很毋求勝」，很亦是兩家事。注云：「鬩鬩也。」如與人争鬭，分辨曲直，便令理明，不必求勝在我也。「分毋求多」，分物毋多自與，欲其平也。僩。

「若夫坐如尸，立如齊」，本大戴禮之文。上言事親，因假說此乃成人之儀，非所以事親也。記曲禮者撮其言，反帶「若夫」二字，不成文理。而鄭康成又以「丈夫」解之，益謬！他也是解書多後，更不暇子細。此亦猶「子曰好學近乎智，力行近乎仁，知恥近乎勇」，家語答問甚詳；子思取入中庸，而刪削不及，反衍「子曰」兩字。義剛。

問：「『禮聞取於人，不聞取人；禮聞來學，不聞往教。』呂與叔謂上二句學者之道，下二句教者之道。取，猶致也。取於人者，我爲人所取而教之；在教者言之，則來學者也。取人者，我致人以教己；在教者言之，則往教者也。此說如何？」曰：「道理亦大綱是如此，只是説得不甚分曉。據某所見，都只就教者身上説。取於人者，是人來求我，我因而教之；取人者，是我求人以教。今欲下一轉語：取於人者，便是『有朋自遠方來』，『童蒙求我』；取人者，便是『好爲人師』，『我求童蒙』。」文蔚。

「班朝治軍，涖官行法，非禮，威嚴不行；禱祠祭祀，供給鬼神，非禮，不誠不莊。」以「誠莊」對「威嚴」，則涖官當以威嚴爲本。然恐其太嚴，又當以寬濟之。德明。

問：「『七十老而傳』，則嫡子、嫡孫主祭。如此，則廟中神主都用改換作嫡子、嫡孫名奉祀。然父母猶在，於心安乎？」曰：「然。此等也難行，也且得躬親耳。」又問：「嫡孫主祭，則便須祧六世、七世廟主。自嫡孫言之，則當祧。若叔祖尚在，則乃是祧其高曾祖，於心安乎？」曰：「也只得如此。聖人立法，一定而不可易。兼當時人習慣，亦不以爲異也。」又問：「先生舊時立春祭先祖，冬至祭始祖，後來廢之，何故？」曰：「覺得忒煞過當，和禘、祫都包在裏面了。恐太僭，遂廢之。」僩。

問：「『年長以倍，則父事之』，這也是同類則可？」曰：「他也是説得年輩當如此。」又問：「如此，則不必問德之高下，但一例如此否？」曰：「德也隱微難見。德行底人，人也自是尊敬他。」又問：「如此，則不必問年之高下，但有德者皆尊敬之？」曰：「若是師他，則又不同。若朋友中德行底，也自是較尊敬他。」義剛。

「爲人子者，居不主奧。」古人室在東南隅開門，東北隅爲窔，西北隅爲屋漏，西南爲奧。人纔進，便先見東北隅，却到西北隅，然後始到西南隅，此是至深密之地。銖。

尸用無父母者爲之，故曰：「食饗不爲槩，祭祀不爲尸。」文蔚。

「父召無諾，唯而起。」唯速於諾。文蔚。

問：「禮云『父不祭子，夫不祭妻』，何也？」曰：「便是此一說，被人解得都無理會了。據某所見，此二句承上面『餕餘不祭』說。蓋謂餕餘之物，雖父不可將去祭子，夫不可將去祭妻。且如孔子『君賜食，必正席先嘗之；君賜腥，必熟而薦之』。君賜腥，則非餕餘矣，雖熟之以薦先祖可也。賜食，則或爲餕餘，但可正席先嘗而已；固是不可祭先祖，雖妻子至卑，亦不可祭也。」文蔚。

「餕餘不祭，父不祭子，夫不祭妻。」先儒自爲一說，橫渠又自爲一說。看來只是祭祀之「祭」，此因「餕餘」起文。謂父不以是祭其子，夫不以是祭其妻，舉其輕者言，則他可知矣。雉。

「餕餘不祭，父不祭子，夫不祭妻」，古注說不是。今思之，只是不敢以餕餘又將去祭神。雖以父之尊，亦不可以祭其子之卑；夫之尊，亦不可以祭其妻之卑，蓋不敢以鬼神之餘復以祭也。祭，非「飲食必有祭」之「祭」。賀孫。

凡有一物必有一箇則，如「羹之有菜者用梜」。祖道。

問「君言不宿於家」。曰：「只是受命即行，不停留於家也。那數句是説數項事。」燾。

凡御車，皆御者居中，乘者居左。惟大將軍之車，將自居中，所謂「鼓下」。大將自擊此鼓，爲三軍聽他節制。雖王親征，亦自擊鼓。文蔚。

居喪，初無不得讀書之文。「古人居喪不受業」者，業，謂簨虡上一片板；不受業，謂不敢作樂耳。古人禮樂不離身，惟居喪然後廢樂，故曰：「喪復常，讀樂章。」周禮有司業者，謂司樂也。僩。

檀弓上

檀弓恐是子游門人作，其間多推尊子游。必大。人傑録云：「多説子游之知禮。」

子思不使子上喪其出母。以儀禮考之，出妻之子爲父後者，自是爲出母無服。或人之問，子思自可引此正條答之，何故却自費辭？恐是古者出母本自無服，逮德下衰，時俗方制此服。故曰「伋之先君子無所失道」，即謂禮也。「道隆則從而隆，道汙則從而汙」，是聖人固用古禮，亦有隨時之義，時如伯魚之喪出母是也。子思自謂不能如此，故但守古之禮而已。然則儀禮出妻之子爲母齊衰杖期，必是後世沿情而制者。雖疑如此，然終未可如此斷定。必大。

孔子令伯魚喪出母，而子上不喪者，蓋猶子繼祖，與祖爲體；出母既得罪於祖，則不得入祖廟，不喪出母，禮也。孔子時人喪之，故亦令伯魚、子思喪之；子上時人不喪之，故子上守法，亦不喪之。其實子上是正禮，孔子却是變禮也。故曰：「道隆則從而隆，道汙則從而汙。」方子。

問子上不喪出母。曰：「今律文甚分明。」又問：「伯魚母死，期而猶哭，如何？」曰：「既期則當除矣，而猶哭，是以夫子非之。」又問「道隆則從而隆，道汙則從而汙」。曰：「以文意觀之，道隆者，古人爲出母無服，迨德下衰，有爲出母制服者。夫子之聽伯魚喪出母，隨時之義也。若子思之意，則以爲我不能效先君子之所爲，亦從古者無服之義耳。」人傑。

問「不喪出母」。曰：「子思所答，與喪禮都不相應，不知何故。據其問意，則以孔子嘗令子思喪之，却不令子上喪之，故疑而問之也。子思之母死，孔子令其哭於廟。蓋伯魚死，其妻再嫁於衛。子思答以道之汙隆，則以孔子之時可以隨俗；而今據正禮，則爲伋妻者則爲白母，不爲伋妻者是不爲白母爾。禮，爲父後者，爲出母無服。只合以此答之。」僩。

問「稽顙而后拜，拜而后稽顙」。曰：「兩手下地曰拜。『拜而后稽顙』，先以兩手伏地如常，然後引手向前扣地。『稽顙而后拜』，開兩手，先以首扣地，却交手如常。頓首，亦是引首少扣地。稽首，是引首稍久在地；稽者，稽留之意。」胡泳。

「稽顙而后拜」，謂先以頭至地，而後下手，此喪拜也。若「拜而後稽顙」，則今人常用之拜也。人傑。

「稽顙而後拜」，稽顙者，首觸地也。「拜」字從兩手下。人傑。

申生不辨驪姬，看來亦未是。若辨而後走，恐其他公子或可免於難。方子。

脱驂於舊館人之喪，「惡其涕之無從也」。今且如此説，萬一無驂可脱時，又如何？必大。

施問：「每疑夫子言『我非生而知之』，『若聖與仁，則吾豈敢』，及至夢奠兩楹之間，則曰：『太山其頽乎！梁木其壞乎！哲人其萎乎！』由前似太謙，由後似太高。」曰：「檀弓出於漢儒之雜記，恐未必得其真也。」寓。

「曾子襲裘而弔，子游裼裘而弔。」裘，似今之襖子；裼衣，似今背子；襲衣，似今涼衫公服。襲裘者，冒之不使外見；裼裘者，袒其半而以禪衣襯出之。「緇衣，羔裘；素衣，麑裘；黄衣，狐裘。」緇衣、素衣、黄衣，即裼衣，禪衣也。欲其相稱也。僩。

「幼名，冠字，五十以伯仲，死謚，周道也。」所謂「以伯仲」者，蓋古者初冠而字，便有

「伯某父」、「仲某父」三字了。及到得五十，即除了下面兩字，猶今人不敢斥尊者呼爲幾丈之類。今日偶看儀禮疏中却云，既冠之時，即是權以此三字加之，實未嘗稱也，到五十方才稱此三字。某初疑其不然，却去取禮記看，見其疏中正是如前説。蓋當時疏是兩人做，孔穎達、賈公彦。故不相照管。夔孫。

「死謚，周道也。」史云，夏、商以上無謚，以其號爲謚，如堯、舜、禹之類。看來堯、舜、禹爲謚，也無意義。「堯」字從三土，如土之堯然而高；「舜」只是花名，所謂「顔如舜華」；「禹」者，獸跡，今篆文「禹」字如獸之跡。若死而以此爲謚號，也無意義。況虞舜側微時，已云「有鰥在下曰虞舜」，則不得爲死而後加之謚號矣。看來堯、舜、禹只是名，非號也。僩。

「從母之夫，舅之妻，二夫人相爲服。」這恰似難曉。往往是外甥在舅家，見得嬷與姨夫相爲服。其本來無服，故異之。賀孫。

黄文〔一〕問：「從母之夫，舅之妻，皆無服，何也？」曰：「先王制禮：父族四，故由父而上，爲從曾祖服緦麻；姑之子，姊妹之子，女子之子，皆有服，皆由父而推之故也。母族

〔一〕「文」，似當作「丈」。

三：母之父，母之母，母之兄弟。恩止於舅，故從母之夫，舅之妻，皆不爲服，推不去故也。妻族二：妻之父，妻之母。乍看時，似乎雜亂無紀。仔細看，則皆有義存焉。」又言：「呂與叔集中一婦人墓誌，言凡遇功、緦之喪，皆蔬食終其身。此可爲法。」又言：「生布加碾治者爲功。」方子。

姊妹呼兄弟之子爲姪，兄弟相呼其子爲從子。禮云：「喪服，兄弟之子猶子也。」以爲己之子與爲兄之子，其喪服一也。爲己之次子期，兄弟之子亦期也。今人呼兄弟之子爲「猶子」，非是。揚。

姪對姑而言。今人於伯叔父前，皆以爲「猶子」。蓋禮記者，主喪服言。如夫子謂「回也視予猶父」。若以姪謂之「猶子」，則亦可以師爲「猶父」矣！漢人謂之「從子」，却得其正，蓋叔伯皆從父也。道夫。

問：「嫂叔無服，而程先生云：『後聖有作，須爲制服。』」曰：「守禮經舊法，此固是好。纔説起，定是那箇不穩。然有禮之權處，父道母道，亦是無一節安排。看『推而遠之』，便是合有服，但安排不得，故推而遠之。若果是鞠養於嫂，恩義不可已，是他心自住不得，又如何無服得！」直卿云：「當如所謂『同爨緦』可也。今法從小功。」居父問姨母重於舅服。曰：「姊妹於兄弟未嫁，朞，既嫁則降爲大功，姊妹之身却不降也，故姨母重於舅也。」賀孫。

嫂、婦無類，不當制他服。皆以類從兄弟，又太重。弟婦亦無服，嫂、婦於伯、叔亦無服，今皆有之。姪婦却有服，皆報服也。揚。

喪禮只二十五月，「是月禫，徙月樂」。文蔚。

檀弓下

「反哭升堂，反諸其所作也。主婦入於室，反諸其所養也。」須知得這意思，則所謂「踐其位，行其禮」等事，行之自安，方見得繼志述事之事。銖。

問：「『延陵季子之於禮也，其合矣乎！』不知聖人何以取之？」曰：「旅中之禮，只得如此。變禮也只得如此。」燾。

問：「延陵季子左袒而旋其封。」曰：「便有老、莊之意。」端蒙。

問子貢、曾子入弔修容事。曰：「未必恁地。」夔孫。池本云：「不知又出來作箇甚嘴臉。」

王制

問：「一夫均受田百畝，而有食九人、八人、七人、六人、五人多少之不等者，何以能均？」曰：「田均受百畝，此等數乃言人勤惰之不齊耳。上農夫勤於耕，則可食得九人；下不勤底，則可食得五人。故庶人在官者之祿，亦準是以爲差也。」淳。

王制：「四海之内九州，州方千里。」及論建國之數，恐只是諸儒做箇如此算法，其實不然。建國必因其山川形勢，無截然可方之理。又，冀州最闊，今河東、河北數路都屬冀州。雍州亦闊，陝西、秦、鳳皆是。至青、徐、兖、豫四州皆相近做一處，其疆界又自窄小。其間山川險夷又自不同，難概以三分去一言之。如三代封建其間，若前代諸侯先所有之國土，亦難爲無故去減削他。所以周公之封魯，太公之封齊，去周室皆遠。是近處難得空地，偶有此處空隙，故取以封二公。不然，何不只留封近地，以夾輔王室？左氏載齊本爽鳩氏之地，其後蒲姑氏因之，而後太公因之。又，史記載太公就封，萊人與之争國。當時若不得蒲姑之地，太公亦未有安頓處。又如襄王以原田賜晉文公，原是王畿地，正以他無可取之處故也。然原人尚不肯服，直至用兵伐之，然後能取。蓋以世守其地，不肯遽以予人。若封建之初，於諸侯有所減削，奪彼予此，豈不致亂！聖人處事，決不如此。若如此，則是王莽所爲也。王莽變更郡國，如以益歲以南付新平，以雍丘以東付陳定，以封丘以東付治亭，以陳留以西付祈隧，故當時陳留已無有郡矣。其大尹、太尉皆詣行在所，此尤可笑！必大。人傑録云「漢儒之説，只是立下一箇算法，非惟施之當今有不可行，求之昔時，亦有難曉」云云。

王制説王畿采地，只是内諸侯之禄。後來如祭公、單父、劉子、尹氏亦皆是世嗣。然其沾王教細密，人物皆好。劉康公所謂「民受天地之中以生」，都是識這道理。想當時識這道理者亦多，所以孔子亦要行一遭，問禮於老聃。淳。

問：「畿内采地，只是仕於王朝而食禄，退則無此否？」曰：「采地不世襲，所謂『外諸侯嗣也，内諸侯禄也』。然後來亦各占其地，競相侵削，天子只得鄉、遂而已。」淳。

王制、祭法廟制不同。以周制言之，恐王制爲是。閎祖。

王制「犆礿，祫禘，祫嘗，祫烝」之説，此没理會，不知漢儒何處得此説來。禮家之説，大抵自相矛盾。如禘之義，恐只趙伯循之説爲是。必大。

問「天子犆礿，祫禘，祫嘗，祫烝」，正義所解數段。曰：「此亦難曉。礿祭以春物未成，其禮稍輕，須著逐廟各祭。祫禘之類，又却合爲一處，則犆反詳，而祫反略矣。又據正義，禘禮是四處各序昭穆，而大傳謂『不王不禘。王者禘其祖之所自出，以其祖配之』。若周人禘嚳，配以后稷是也。如此，則説禘又不可通矣。」又云：「春秋書『禘于太廟，用致夫人』，又不知禘于太廟其禮如何？太廟是周公之廟。先儒有謂魯亦有文王廟。左氏載鄭祖厲王。諸侯不敢祖天子，而當時越禮如此。故公廟設於私家，皆無理會處。」又問：「『諸侯礿則不禘』一段，注謂是歲朝天子，廢一時祭。」曰：「春秋朝會無節，必大録云：「若從征伐，或經歲方歸。」豈止廢一時祭而已哉！不然，則或有世子，或大臣居守，豈不可以攝事？」

人傑。必大録略。

五方之民，言語不通，却有暗合處。蓋是風氣之中，有自然之理，便有自然之字，非人力所能安排，如「福」與「備」通。

月令

月令比堯之曆象已不同。今之曆象，又與月令不同。人傑。

明堂，想只是一箇三間九架屋子。賀孫。

論明堂之制者非一。某竊意當有九室，如井田之制：東之中爲青陽太廟，東之南爲青陽右箇，東之北爲青陽左箇，南之中爲明堂太廟，南之東即東之南。爲明堂左箇，南之西即西之南。爲明堂右箇，西之中爲總章太廟，西之南即南之西。爲總章左箇，西之北即北之西。爲總章右箇，北之中爲玄堂太廟，北之東即東之北。爲玄堂右箇，北之西即西之北。爲玄堂左箇，中央爲太廟太室。凡四方之太廟異方所。其左箇右箇，則青陽之右箇，乃明堂之左箇，明堂之右箇，乃總章之左箇也；總章之右箇，乃玄堂之左箇，玄堂之右箇，乃青陽之左箇也。但隨其時之方位開門耳。太廟太室則每季十八日，天子居焉。古人制事多用井田遺意，此恐也是。砥。

總章左箇	總章太廟	總章右箇
明堂右箇		玄堂左箇
明堂門太廟	太廟太室	玄堂門太廟
明堂左箇		玄堂右箇
青陽右箇	青陽太廟	青陽左箇

曹問：「春行秋令之類，不知是天行令，是人行令？」曰：「是人行此令，則召天之災。」

戊己土，「律中黄鍾之宫」。詹卿以爲陽生於子，至午而盡，到未又生出一黄鍾。這箇只可説話，某思量得不是恁地。蓋似些元亨利貞。黄鍾略略似箇「乾」字，宫是在「中」字中間〔一〕，又似「是非」在「惻隱」之前。其他春音角，夏音徵，秋音商，冬音羽，此惟説宫聲。如京房律準十三絃，中一絃爲黄鍾不動，十二絃便拄起應十二月。夔孫。

〔一〕此句賀疑誤。

「庚」之言更也，「辛」之言新也。見月令「孟秋之月，其日庚辛」下注。銖。

直卿云：「今仲冬中星，乃東壁。」義剛。

問：「禮注疏中所説祀五帝神名，如靈威仰、赤熛怒、白招炬、叶光紀之類，果有之否？」曰：「皆是妄説。漢時已祀此神。漢是火德，故祀赤熛怒，謂之『感生帝』。本朝火德，亦祀之。」問「感生」之義。曰：「如玄鳥卵、大人跡之類耳。」「漢赤帝子事，果有之否？」曰：「豈有此理！盡是鄙俗相傳，傅會之談。」又問：「五行相生相勝之説，歷代建國皆不之廢，有此理否？」曰：「須也有此理，只是他前代推得都没理會。如秦以水德，漢却黜秦爲閏，而自以火德繼周。如漢初張蒼自用水德，後來賈誼、公孫臣輩皆云當用土德，引黄龍見爲證，遂用土德。直至漢末，方中火德之説。及光武以有赤伏符之應，遂用火德。歷代相推去。唐用土德，後梁繼之以金。及至後唐，又自以爲唐之後，復用土德，而不繼梁。後晉以金繼土，後漢以水，後周以木，本朝以火。是時諸公皆争以爲本朝當用土德，改正五代之序，而去其一以承周。至引太祖初生時，胞衣如菡萏，遍體如真金色，以爲此真土德之瑞。一時煞争議，後來卒用火德。此等皆没理會。且如五代僅有三四年者，亦占一德，此何足以繫存亡之數！若以五代爲當繫，則豈應黜秦爲閏？皆有不可曉者，不知如何。」又曰：「五行之建，於國家初無利害，但臘日則用此推之耳。如本朝用戌日爲臘，是取此義。」又曰：「如秦以水德，以爲水者刻深，遂專尚殺罰，此却大害事！」僩。

文王世子

「師保」、「疑丞」。「疑」字曉不得，想只是有疑即問他之意。

「公與公族燕，則異姓爲賓。」注曰：「同宗無相賓客之道。」銖。

「公族有罪無宮刑，不翦其類也。」纖剸於甸人，特不以示衆耳。刑固不可免。今之法，乃殺人不死！ 祖宗時宗室至少，又聚於京師，犯法絶寡，故立此法。今散於四方萬里，與常人無異，乃縱之殺人，是何法令！ 不可不革！可學。

禮運

「禮運言，三王不及上古事。人皆謂其説似莊、老。」先生曰：「禮運之説有理，三王自是不及上古。胡明仲言，恐是子游撰。」以前有「言偃」云云。揚。

問：「禮運似與老子同？」曰：「不是聖人書。胡明仲云：『禮運是子游作，樂記是子貢作。』計子游亦不至如此之淺。」可學。

孔子曰：「我欲觀夏道，是故之杞，而不足徵也，吾得夏時焉；我欲觀殷道，是故之宋，而不足徵也，吾得坤乾焉。」説者謂夏小正與歸藏。然聖人讀此二書，必是大有發明處。歸藏之書無傳。然就使今人得二書讀之，豈能有聖人意思也！人傑。

楊問：「禮運『故百姓則君以自治也』云云。注『則』字作『明』字，不知可從否？」曰：「只得作『明』字。」寓問：「六經中，注家所更定字，不知盡從之否？」曰：「亦有不可依他處。」寓問：「禮記：『主人既祖，填池。』鄭氏作『奠徹』，恐只是『填池』，是殯車所用者。」曰：「如『魚躍拂池』，固是如此。但見葬車用此，恐殯車不用此，此處亦有疑。」又問：「『其慎也，蓋殯也。』『慎』改爲『引』，如何？」曰：「若此處，皆未可曉。」寓。

「『用人之知，去其詐；用人之勇，去其怒；用人之仁，去其貪。』知與詐，勇與怒，固相類。仁却如何貪？」「蓋是仁只是愛，愛而無義以制之，便事事都愛好。物事也愛好，官爵也愛，錢也愛，事事都愛，所以貪。諸家解都不曾恁地看得出。」又問：「雖是偏，不是有一邊，無一邊。」曰：「那一邊也是闕了。」胡泳。

智與詐相近，勇與怒相似，然仁却與貪不相干。蓋（南）〔北〕〔一〕方好也，好行貪很；

〔一〕「南北」二字，據漢書翼奉傳改。

〔北〕〔南〕〔二〕方惡也，惡行廉貞。蓋好便有貪底意思。故仁屬愛，愛便有箇貪底意思。又云：「大率慈善底人，多於財上不分曉。能廉者，多是峻刻、悍悻、聒噪人底人。」燾。

「用人之仁去其貪。」蓋人之性易得偏。仁緣何貪？蓋仁善底人，便有好便宜底意思。今之廉介者，便多是那剛硬底人。燾。

問：「喜、怒、哀、懼、愛、惡、欲是七情，論來亦自性發。只是惡自羞惡發出，如喜、怒、愛、欲，恰都自惻隱上發。」曰：「哀、懼是那箇發？看來也只是從惻隱發，蓋懼亦是怵惕之甚者。但七情不可分配四端，七情自於四端横貫過了。」賀孫。

問：「喜、愛欲發於陽，怒、哀、懼、惡發於陰否？」曰：「也是如此。」問：「怒如何屬陰？」曰：「怒畢竟屬義，義屬陰。怒與惡，皆羞惡之發，所以屬陰。愛與欲相似，欲又較深。愛是説這物事好可愛而已，欲又是欲得之於己。他這物事，又自分屬五行。」問：「欲屬水，喜屬火，愛屬木，惡與怒屬金，哀與懼亦屬水否？」曰：「然。」僩。

劉圻父問七情分配四端。曰：「喜、怒、愛、惡是仁義，哀、懼主禮，欲屬水，則是智。且粗恁地説，但也難分。」義剛。

〔二〕「南北」二字，據漢書翼奉傳改。

問：「喜、愛、欲三者不同，如何分别？」曰：「各就他地頭看。如誠只是實，就他本來説唤做誠，就自家身己説誠，又自與本來不同。如信，就本然之理説是信，就自家身己説信，又不同，就物上説又不同。要知也只是一箇實。如曰『主忠信』之類，皆是自家身上説也。」賀孫。

問：「愛與欲何以别？」曰：「愛是汎愛那物；欲則有意於必得，便要拏將來。」淳。

問：「『欲』與『慾』字有何分别？」曰：「無心『欲』字虚，有心『慾』字實。有心『慾』字是無心『欲』字之母。此兩字亦通用。今人言滅天理而窮人慾，亦使此『慾』字。」爨曰：「方動者慾，行出來者欲。」節。

問「慾」與「欲」之異。曰：「也只一般。只是這『慾』字指那物事而言，説得較重；這『欲』字又較通用得。凡有所愛，皆是欲。」燾。

記云：「人者，鬼神之會。」又云：「致愛則存，致慤則著。」祭義皆説得好。夔孫。

「天秉陽，垂日星；地秉陰，竅於山川。播五行於四時，和而後月生也。」陰陽變化，一時撒出，非今日生此，明日生彼。但論其先後之序，則當如此耳。横渠云：「神爲不測，故緩辭不足以盡神；化爲難知，故急辭不足以體化。」因説雷斧，舉横渠云：「其來也，幾微易簡；其究也，廣大堅固。」閎祖。

問「人者，天地之心」。曰：「謂如『天道福善禍淫』，乃人所欲也。善者人皆欲福之，淫者人皆欲禍之。」又曰：「教化皆是人做，此所謂『人者天地之心也』。」燾。

禮器

「經禮三百」，便是儀禮中士冠、諸侯冠、天子冠禮之類。此是大節，有三百條。如始加、再加、三加，又如「坐如尸，立如齊」之類，皆是其中之小目，便有三千條。或有變禮，亦是小目。呂與叔云：「經便是常行底，緯便是變底。」恐不然。經中自有常、有變，緯中亦自有常、有變。

人只是讀書不多。今人所疑，古人都有說了，只是不曾讀得。鄭康成注「經禮三百」，云是周禮；「曲禮三千」，云是儀禮。某嘗疑之。近看臣瓚注漢書，云「經禮三百」，乃冠、昏、喪、祭，周官只是官名云云，乃知臣瓚之說，已非康成之說矣。蓋「經禮三百」，只是冠、昏、喪、祭之類。如冠禮之中，便有天子冠、士冠禮，他類皆然，豈無三百事？但儀禮五十六篇今皆亡闕，只存十七篇，故不全爾。「曲禮三千」，乃其中之小目。如冠禮中筮日、筮賓、三加之類，又如「上於東階，則先右足；上於西階，則先左足」，皆是也。子蒙。

陳叔晉云："經禮，如天子七廟、士二廟之類，當别有一書，今亡矣。曲禮，如威儀之類，至録云："是威儀纖悉處。"今曲禮、儀禮是也。"恨不及問之！方子。

禮器出人情，亦是人情用。可學。

天道至教，聖人至德，動静語默之間，無非教人處。孔子於鄉黨便"恂恂"，朝廷便"便便"，到處皆是人樣，更無精粗本末，何嘗有隱！砥。

郊特牲

"諸侯不得祖天子。"然魯有文王廟，左氏亦云"鄭祖厲王"，何也？此必周衰，諸侯僭肆，做此違條礙法事，故公廟設於私家。必大。

問："蜡祭何以言『仁之至，義之盡』？"曰："如迎猫、虎等事，雖至微至細處，亦有所不違，故曰『仁之至，義之盡』。"去僞。

問"昏禮不賀，人之序也"。曰："婦既歸，姑與之爲禮，喜於家事之有承替也。僩録作"有傳也"。姑反置酒一分，以勸飲婦。姑坐客位，而婦坐主位。僩録云："姑爲客，婦爲主。"姑降自西階，婦降自阼階。"卓。僩同。

商人求諸陽，故尚聲；周人求諸陰，故尚臭，灌用鬱鬯。然周人亦求諸陽，如大司樂言「圜鍾爲宮，則天神可得而禮」。可見古人察得義理精微，用得樂，便與他相感格。夔孫録云「大抵天人無間。如云『聖人之道，洋洋乎發育萬物，峻于天』。聖人能全體得，所以參天地贊化育，只是有此理。以粗底言，如荀子」云云。此迺降神之樂。如舞雲門，乃是獻神之樂。荀子謂「伯牙鼓琴，而六馬仰秣；瓠巴鼓瑟，而流魚出聽」。粗者亦有此理。又如虞美人草，聞人歌虞美人詞〔與〕〔與〕〔一〕吴詞則自動。夔孫録云：「聞唱虞美人詞則自拍。亦不特是虞美人詞，凡吴調者皆然。以手近之，亦能如此。」雖草木亦如此。又曰：「今有箇新立底神廟，緣衆人心邪向他，他便盛。如狄仁傑廢了許多廟，亦不能爲害，只緣他見得無這物事了。上蔡云：『可者欲人致生之，故其鬼神；不可者欲人致死之，故其鬼不神。』」先生每見人説世俗神廟可怪事，必問其處形勢如何。賜。夔孫少異。

安卿問：「禮記『魂氣歸于天』，與横渠『反原』之説，何以别？」曰：「魂氣歸于天，是消散了，正如火煙騰上去處何歸，只是消散了，論理大概固如此。然亦有死而未遽散者，亦有冤恨而未散者。然亦不皆如此，亦有冤死而魂即散者。」叔器問：「聖人死如何？」曰：「聖人安於死，即消散。」義剛。

〔一〕據陳本改。

内則

「偪屨著綦。」綦，鞋口帶也，古人皆旋繫，今人只從簡易，綴之於上，如假帶然。

「不有敬事，不敢袒裼。不涉不撅。」看來此三句文義一樣，古注誤作兩段解。言尊長之前有敬事，方敢袒裼。敬事，如習射之類。射而袒裼，乃爲敬。若非敬事，而以勞倦袒裼，則是不敬。惟涉水而後撅，若不涉而撅，則爲不敬。如云「勞毋袒。暑毋褰裳」。若非敬事，雖勞亦不敢袒。惟涉水乃可褰裳，若非涉水，雖盛暑亦不敢褰裳也。僩。

玉藻

「君子登車有光」一節，養出好意思來。方子。

笏者，忽也，所以備忽忘也。天子以球玉，諸侯以象，大夫以魚須、文竹，士竹本、象可也。漢書有秉笏奏事。又曰：「執薄亦笏之類，本只是爲備遺忘，故手執，眼觀，口誦。或於君前有所指畫，不敢用手，故以笏指畫，今世遂用以爲常執之物。周禮典瑞『王搢大圭，執鎮圭』。大圭不執，只是搢於腰間，却執鎮圭，用藻藉以朝日，而今郊廟天子皆執大圭。大圭長三尺，且重，執之甚難，古者本非執大圭也。」僩。

問：「禮記九容，（問）〔與〕[一]論語九思，一同本原之地，固欲存養；於容貌之間，又欲隨事省察。」曰：「即此便是涵養本原。這裏不是存養，更於甚處存養？」

明堂位

問：「明堂位一篇，是有此否？」曰：「看魯人有郊禘，也是有此。」問：「當時周公制禮：『父爲大夫，子爲士，葬以大夫，祭以士；父爲士，子爲大夫，葬以士，祭以大夫。』不成周公制禮，使其子亂之！看來子思前如此説，後却説『郊社之禮，禘嘗之義，治國其如示諸掌乎』！怕是子思以此譏魯之僭禮。」曰：「子思自是稱武王、周公之達孝，不曾是譏魯。」劉曰：「孔子言：『魯之郊禘，非禮也，周公其衰矣！』孔子尚有此説。」曰：「孔子後來是如此譏之。」先生因曰：「看文字，最不可都要合作一處説。」又曰：「這箇自是周公死了，成王賜伯禽，不干周公事。堯之有丹朱，舜之有商均，不肖子弟亦有之。成王、伯禽猶似可。」問：「當時不曾封公，只是封侯，如何？」曰：「天子之宰，二王之後，方封公。伯禽勢不得封公。」楊問秦會之當時云云。曰：「他當時有震主之勢，出於己，只是跳一步便是這

[一] 據陳本改。

物事。如吴王濞既立丞相、御史大夫、百官，與天子不相遠，所以起不肖之心。周公當時〔一〕七年天子之位其勢，成王所以賜之天子之禮樂。」砥。寓録同。無楊問以下。

喪服小記

問：「『三年而後葬者，必再祭。』鄭玄注以爲只是練祥祭無禫。」曰：「不必禮經上下文如何道，看見也是如此。」賀孫。

問：「大夫士不祔於諸侯，祔於諸祖父之爲大大士者。亡則中一而祔，祔必以其昭穆。」曰：「中，間也。間而祔者，以祖爲諸侯，既不可祔，則間一而上祔於高祖；只取昭穆之行同，而不紊其昭穆之序也。如魯昭公冠於衞成公之廟，亦只是取其行同耳。」因問：「卒哭而祔，何義？」曰：「只是祔於其行，相似告報祖考云。」銖。

問「妾母」之稱。曰：「恐也只得稱母，他無可稱。在經只得云『妾母』，不然，無以别於他母也。」又問：「弔人妾母之死，合稱云何？」曰：「恐也只得隨其子平日所稱而稱之。」或曰：「五峰稱妾母爲『少母』，南軒亦然。據爾雅，亦有『少姑』之文。五峰想是本此。」先

〔一〕此下賀疑有誤。

生又曰：「『爲人後者爲其父母服。』本朝濮王之議，欲加『皇考』字，引此爲證。當時雖是衆人争得住，然至今士大夫猶以爲未然。蓋不知禮經中若不稱作爲父母，别無箇稱呼，只得如此説也。」僩。

凡文字，有一兩本參對，則義理自明。如禮記中喪服小記、喪服大傳都是解注儀禮。喪服小記云：「庶子不祭禰，明其宗也。」又曰：「庶子不祭祖，明有宗也。」注謂不祭禰者，父之庶子，不祭祖者，其父爲庶子，説得繁碎。大傳只説「庶子不祭」，則祖禰皆在其中矣，某所以於禮書中只載大傳説。僩。

大傳

吴斗南説：「『禮，不王不禘。』王，如『來王』之『王』。四夷黄録作「要荒」。之君，世見中國。一世王者立，則彼一番來朝，故王者行禘禮以接之。彼本國之君一世繼立，則亦一番來朝，故歸國則亦行禘禮。」此説亦有理。所謂「吉禘於莊公」者，亦此類，非五年之禘也。淳。義剛同。

諸侯奪宗，大夫不可奪宗。泳。

「别子爲祖，繼别爲宗。」是諸侯之庶子，與他國之人在此邦居者，皆爲别子，則其子孫各自以爲太祖。如魯之三家：季友，季氏之太祖也；慶父，孟氏之太祖也；公子牙，叔孫氏之太祖也。僩。

問「有小宗而無大宗者，有大宗而無小宗者，有無宗亦莫之宗者」。曰：「此說公子之宗也。謂如人君有三子，一嫡而二庶，則庶宗其嫡，是謂『有大宗而無小宗』；皆庶，則宗其庶長，是謂『有小宗而無大宗』；止有一人，則無人宗之，己亦無所宗焉，是謂『無宗亦莫之宗』也。下云：『公子之公，爲其士大夫之庶者，宗其士大夫之嫡者。』此正解『有大宗而無小宗』一句。『之公』之『公』，猶君也。」人傑。

少儀

「毋跛來，毋報往。」報，音赴。跛，是急走倒從這邊來；赴，是又急再還倒向那邊去，來往只是向背之意。此二句文義猶云：「其就義若熱，則其去義若渴。」言人見有箇好事，火急歡喜去做，這樣人不耐久，少間心懶意闌，則速去之矣，所謂「其進鋭者其退速」也。僩。

「不窺密」，止「無測未至」。曰：「許多事都是一箇心，若見得此心誠實無欺僞，方始能如此。心苟渙散無主，則心皆逐他去了，更無一箇主。觀此，則求放心處，全在許多事上。將許多事去攔截此心教定。『無測未至』，未至之事，自家不知，不當先測，今日未可便説道明日如何。」子蒙。

學記

「九年知類通達」，横渠説得好：「學者至於能立，則教者無遺恨矣。此處方謂大成。」蓋學者既到立處，則教者亦不消得管他，自住不得。故横渠又云：「學者能立，則自强不反，而至於聖人之大成矣。而今學者不能得扶持到立處。」嘗謂此段是箇致知之要。如云：「一年視離經辨志。」古注云，離經，斷絶句也。此且是讀得成句。辨志，是知得這箇是爲己，那箇是爲人；這箇是義，那箇是利。「三年敬業樂羣。」敬業，是知得此是合當如此做；樂羣，是知得滋味，好與朋友切磋。「五年博習親師。」博習，是無所不習；親師，是所見與其師相近了。「七年論學取友。」論學，是他論得有頭緒了；取友，是知賢者而取之，此謂之小成。「九年知類通達」，此謂之大成。横渠説得「推類」兩字最好，如荀子「倫類不通，不足謂之善學」。而今學者只是不能推類，到得「知類通達」，是無所不曉，便是自强不反。這幾句都是上兩字説學，下兩字説所得處；如離經，便是學；辨志，便是所得處。他皆倣此。賜。夔孫同。

子武問「宵雅肄三，官其始也」。曰：「聖人教人，合下便是要他用，便要用賢以治不賢，舉能以教不能。所以公卿大夫在下，也思各舉其職。不似而今上下都恁地了，使窮困之民無所告訴。聖賢生斯世，若是見似而今都無理會，他豈不爲之惻然思有以救之？『孔子三月無君，則皇皇如也』，但不可枉尺直尋，以利言之。天生一人，便須管得天地間事。如人家有四五子，父母養他，豈不要他使？但其間有不會底，則會底豈可不出來爲他擔當一家事？韓退之云：『蓋畏天命而悲人窮也。』這也説得好，説得聖賢心出。」義剛。

問：「『不學雜服，不能安禮。』鄭注謂，服是皮弁、冕服；橫渠謂，服，事也，如洒埽應對沃盥之類。」曰：「恐只如鄭説。古人服各有等降，若理會得雜服，則於禮亦思過半矣。如冕服是天子祭服，皮弁是天子朝服；諸侯助祭於天子，則服冕服，自祭於其廟，則服弁冕；大夫助祭於諸侯，則服玄冕，自祭於其廟，則服皮弁。又如天子常朝，則服皮弁，朔旦則服玄冕，無旒之冕也。諸侯常朝則用玄端，朔旦則服皮弁；大夫私朝亦用玄端，夕深衣；士則玄端以祭，上士玄裳，中士黃裳，下士雜裳，前玄後黃也。庶人深衣。」僩。

「呻其佔畢，多其訊。」多其訊，如公、穀所謂「何」者是也。廣。

問：「『使人不由其誠』，莫只是教他記誦，而中心未嘗自得否？」曰：「若是逼得他緊，他便來廝瞞，便是不由誠。嘗見橫渠作簡與某人，謂其子日來誦書不熟，且教他熟誦，盡其誠與材。」文蔚曰：「便是他解此兩句，只作一意解。其言曰：『人之材足以有爲，但以其不由於誠，則不盡其材。若曰勉率以爲之，豈有由其誠也哉？』」曰：「固是。既是他不由誠，自是材不盡。」文蔚。

「善問者如攻堅木，先其易者」，而後其難。今人多以難中有道理，而不知通其易，則難自通，此不可不曉。可學。

問「善問者如攻堅木」一段。曰：「此説最好。若先其難者，理會不得，更進步不去。須先其易者，難處且放下，少間見多了，自然相證而解。『説』字，人以爲『悦』，恐只是『説』字。説，證之義也。『解物爲解，自解釋爲解。』恐是相證而曉解。」

「『善問者如攻堅木，先其易者，後其節目。』非特善問，讀書求義理之法皆然。置其難處，先理會其易處；易處通，則堅節自迎刃而解矣。若先其難者，則刅頓斧傷，而木終不可攻，縱使能攻，而費工竭力，無自然相説而解之功，終亦無益於事也。」問：「『相説而解』，古注『説』音悦，『解』音佳買反。」曰：「説，只當如字；而解音蟹。蓋義理相説之久，其難處自然觸發解散也。」僩。

樂記

看樂記，大段形容得樂之氣象。當時許多刑名度數，是人人曉得，不消説出，故只説樂之理如此其妙。今來許多度數都没了，却只有許多樂之意思是好，只是没箇頓放處。如有帽，却無頭；有箇鞵，却無脚。雖則是好，自無頓放處。司馬温公舊與范蜀公事事爭到底，這一項事却不相思量著。賀孫。

古者禮樂之書具在，人皆識其器數，至録云：「人人誦習，識其器數。」却怕他不曉其義，故教之曰：「凡音之起，由人心生也。」又曰：「失其義，陳其數者，祝、史之徒也。」今則禮樂之書皆亡，學者却但言其義，至以器數，則不復曉，蓋失其本矣。方子。至同。

「朱紘」，練絲紘；「疏越」，下面闊。璘。

「一倡而三歎」，謂一人唱而三人和也。今之解者猶以爲三歎息，非也。僩。

「人生而靜，天之性」，未嘗不善；「感物而動，性之欲」，此亦未是不善。至於「物至知知，然後好惡形焉；好惡無節於内，知誘於外，不能反躬，天理滅矣」，方是惡。故聖賢説得「惡」字煞遲。端蒙。

問：「『人生而靜，天之性也。』靜非是性，是就所生指性而言。」先生應。問「知知」字。曰：「上『知』字是『致知』之『知』。」又曰：「上『知』字是體，下『知』字是用。上『知』字是知覺者。」問「反躬」。曰：「反躬是回頭省察。」又曰：「反躬是事親孝，事君忠，這箇合恁地，那箇合恁地，這是反躬。」節。

「物之感人無窮，而人之好惡無節」，此說得工夫極密，兩邊都有些罪過。物之誘人固無窮，然亦是自家好惡無節，所以被物誘去。若自有箇主宰，如何被他誘去！此處極好玩味，且是語意渾粹。僩。

問：「『禮勝則離，樂勝則流』，才是勝時，不惟至於流與離，即禮樂便不在了。」曰：「這正在『勝』字緊要。只才有些子差處，則禮失其節，樂失其和。蓋這些子，正是交加生死岸頭。」又云：「禮樂者，皆天理之自然。節文也是天理自然有底，和樂也是天理自然有底。然這天理本是儱侗一直下來，聖人就其中立箇界限，分成段子；其本如此，其末亦如此；其外如此，其裏亦如此，但不可差其界限耳。才差其界限，則便是不合天理。所謂禮樂，只要合得天理之自然，則無不可行也。」又云：「無禮之節，則無樂之和，惟有節而後有和也。」燾。

問：「『禮勝則離，樂勝則流。』既云離與流，則不特謂之勝，禮樂已亡矣。」曰：「不必如此說，正好就『勝』字上看，只争這些子。禮纔勝些子，便是離了；樂纔勝些子，便是流了。知其勝而歸之中，即是禮樂之正。正好就『勝』字上看，不可云禮樂已亡也。」僩。

此等禮，古人目熟耳聞，凡其周旋曲折，升降揖遜，無人不曉。後世盡不得見其詳，却只有箇說禮處，云「大禮與天地同節」云云。又如樂盡亡了，而今却只空留得許多說樂處，云「流而不息，合同而化」云云。只如周易，許多占卦，淺近底物事盡無了，却空有箇繫辭，説得神出鬼没。僩。

問「明則有禮樂，幽則有鬼神」。曰：「禮主減，樂主盈。鬼神亦只是屈伸之義。禮樂鬼神一理。」德明。

「明則有禮樂，幽則有鬼神。」禮樂是可見底，鬼神是不可見底。禮是收縮節約底，便是鬼；樂是發揚底，便是神。故云「人者鬼神之會」，説得自好。又云「至愛則存，至慤則著」，亦説得好。賜。

問「明則有禮樂，幽則有鬼神」。曰：「此是一箇道理。在聖人制作處，便是禮樂；在造化處，便是鬼神。」或云：「明道云：『「天尊地卑，乾坤定矣」；「鼓之以雷霆，潤之以風雨」，是也。』不知『天地尊卑』是禮，『鼓之』、『潤之』是樂否？」先生乃引樂記「天尊地卑」至「樂者天地之和也」一段，云：「此意思極好！」再三歎息。又云：「鬼神只是禮樂底骨子。」人傑。去僞録略。

「樂由天作」，屬陽，故有運動底意；「禮以地制」，如由地出，不可移易。升卿。

或問「天高地下，萬物散殊」一段。先生因歎此數句意思極好，非孟子以下所能作，其文如中庸，必子思之辭。左傳子太叔亦論此：「夫禮，天之經，地之義，民之行，天地之經，而民實則之。」云：「舊見伯恭愛教人看。只是說得粗，文意不溜亮，不如此說之純粹通暢。他只是說人做這箇去合那天之度數。如云『爲六畜、五牲、三犧，以奉五味』云云之類，都是做這箇去合那天，都無那自然之理。如云『天高地下，萬物散殊，而禮制行矣；流而不息，合同而化，而樂興焉』，皆是自然合當如此。」僩。

問：「『春作夏長，仁也；秋斂冬藏，義也。』此易所謂『人道天道』之位歟？」曰：「此即通書所謂二氣、五行之說。」去僞。

問：「『禮樂極於天而蟠乎地，行乎陰陽而通乎鬼神，窮極高遠而測深厚』，此是言一氣之和無所不通否？」曰：「此亦以理言。有是理，即有是氣。亦如說『天高地下，萬物散殊，而禮制行矣』。」文蔚曰：「正義却有『甘露降，醴泉出』等語。」曰：「大綱亦是如此。緣先有此理，末梢便有這徵驗。」文蔚。

「『樂，樂其所自生；禮，反其所自始。』亦如『樂由中出，禮自外作』。樂是和氣，從中間直出，無所待於外；禮却是始初有這意思，外面却做一箇節文抵當他，却是人做底。雖說是人做，元不曾杜撰，因他本有這意思，故下文云：『樂章德，禮報情，反始也。』」文蔚

問：「如何是章德？」曰：「和順積諸中，英華發諸外，便是章著其內之德。橫渠說：『樂則得其所樂，即是樂也，更何所待？是樂其所自成。』說得亦好。只是『樂其所自成』，與『樂

其所自生』，用字不同爾。」文蔚。

問：「『禮樂偩天地之情』，如陰陽之闔闢升降，天地萬物之高下散殊；『窮本知變，樂之情』，如五音六律之相生無窮；『著誠去僞，禮之經』，如品藻節文之不可淆亂否？」曰：「也不消如此分。這兩箇物事，只是一件。禮之誠，便是樂之本；樂之本，便是禮之誠。若細分之，則樂只是一體周流底物，禮則是兩箇相對，著誠與去僞也。禮則相刑相尅，以此克彼；樂則相生相長，其變無窮。樂如晝夜之循環，陰陽之闔闢，周流貫通；而禮則有向背明暗。論其本則皆出於一。樂之和，便是禮之誠；禮之誠，便是樂之和。只是禮則有誠有僞，須以誠克去僞，則誠著。所以樂記內外同異，只管相對說，翻來覆去，只是這兩說。」又曰：「偩，依象也。『窮本知變』，如樂窮極到本原處，而其變生無窮。」問：「『降興上下之神』，是說樂；『凝是精粗之體』，是說禮否？」曰：「不消如此分。禮也有『降興上下之神』時節，如祭肝祭心之類。」僴。

問「『樂以治心，禮以治躬』。曰：「心要平易，無艱深險阻，所以說：『不和不樂，則鄙詐之心入之矣！不莊不敬，則慢易之心入之矣！』」節。

讀書自有可得參考處。如「易直子諒之心」一句，「子諒」，從來說得無理會。却因見韓詩外傳「子諒」作「慈良」字，則無可疑。木之。

子武問：「『天則不言而信』，莫只是實理；『神則不怒而威』，莫只是不可測知否？」曰：「也是恁地。神便是箇動底物事。」義剛。

問：「樂記以樂爲先，與濂溪異。」曰：「他却將兩者分開了。」可學。

祭法

李丈問：「四時之祫，高祖有時而在穆。」曰：「某以意推之如此，無甚緊要，何必理會？禮書大概差舛不可曉。如祭法一篇，即國語柳下惠説祀爰居一段，但文有先後。如祀稷祀契之類，只是祭祖宗耳。末又説有功則祀之，若然，則祖宗無功，不祀乎？」淳。義剛録略。

或問：「祭法云：『鯀障洪水而殛死。禹能修鯀之功。』所以舉鯀，莫是因言禹後，併及之耶？」曰：「不然。」去僞。

官師，諸有司之長也。官司一廟止及禰，却於禰廟併祭祖。適士二廟，即祭祖，祭禰，皆不及高曾。大夫三廟，一昭一穆，與太祖廟而三。大夫亦有始封之君，如魯季氏，則公子友；仲孫氏，則公子慶父；叔孫氏，則公子牙是也。銖。

一廟者得祭祖、禰。古今祭禮中，江都集禮内有説。時舉。

祭義

「春禘秋嘗。霜露既降，君子履之，必有悽愴之心，非其寒之謂。雨露既濡，君子履之，必有怵惕之心，如將見之。樂以迎來，哀以送往，故禘有樂而嘗無樂。」蓋春陽氣發來，人之魂魄亦動，故禘有樂以迎來，如楚辭大招中亦有「魂來」之語；秋陽氣退去，乃鬼之屈，故嘗不用樂以送往。

問：「『孝子有終身之喪，忌日之謂也』，不知忌日合著如何服？」曰：「唐時士大夫依舊孝服受弔。五代時某人忌日受弔，某人弔之，遂於坐間刺殺之。後來只是受人慰書，而不接見，須隔日預辦下謝書，俟有來慰者，即以謝書授之，不得過次日。過次日，謂之失禮。服亦有數等，考與祖、曾祖、高祖，各有降殺；妣與祖妣，服亦不同。大概都是黲衫、黲巾。後來橫渠制度又別，以爲男子重乎首，女子重乎帶。考之忌日，則用白巾之類，疑亦是黲巾。而不易帶；妣之忌日，則易帶而不改巾。服亦隨親疏有隆殺。」問：「先生忌日何服？」曰：「某只著白絹涼衫、黲巾，不能做許多樣服得。」問：「黲巾以何爲之？」曰：「紗絹皆可。某以紗。」又問：「誕辰亦受子弟壽酒否？」曰：「否。」「衣服易否？」曰：「否。一例不受人物事。某家舊時常祭：立春、冬至、季秋祭禰三祭。後以立春、冬至二祭近禘、祫之祭，覺得不安，遂去之。季秋依舊祭禰，而用某生日祭之。適值某生日在季秋，遂用此日。」九月十五日。又問：「在官所，還受人壽儀否？」曰：「否。然也有行不得處，如作州則可以不受，蓋可以自由。若有監司所在，只得按例與之受；蓋他生日時，又用還他。某在潭州如此；在南康漳州，不受亦不送。」又問幓巾之制。曰：「如帕複相似，有四隻帶，若當襆頭然。」僩。

問「惟聖人爲能饗帝」。曰：「惟聖方能與天合德。」又曰：「這也是難。須是此心蕩蕩地，方與天相契；若有些黑暗，便不能與天相契矣。」燾。

「夫子答宰我鬼神説處甚好：『氣者，神之盛也；魄者，鬼之盛也。』人死時，魂氣歸於天，精魄歸於地。所以古人祭祀，燎以求諸陽，灌以求諸陰。」曰：「『其氣發揚於上，爲昭明，焄蒿、悽愴，此百物之精，神之著也』，何謂也？」曰：「人氣本騰上，這下面盡，則只管騰上去。如火之烟，這下面薪盡，則烟只管騰上去。」曰：「終久必消否？」曰：「是。」淳。

問：「『氣也者，神之盛也；魄也者，鬼之盛也。』豈非以氣魄未足爲鬼神，氣魄之盛者乃爲鬼神否？」曰：「非也。大凡説鬼神，皆是通生死而言。此言盛者，則是指生人身上而言。所以後面説『骨肉斃於下，陰爲野土』，但説體不説魄也。」問：「頃聞先生言，『耳目之精明者爲魄，口鼻之嘘吸者爲魂』，以此語是而未盡。耳目之所以能精明者爲魄，口鼻之所以能噓吸者爲魂，是否？」曰：「然。看來魄有箇物事形象在裏面，恐如水晶相似，所以發出來爲耳目之精明。且如月，其黑暈是魄也，其光是魂也。想見人身魂魄也是如此。人生時魂魄相交，死則離而各散去，魂爲陽而散上，魄爲陰而降下。」又曰：「陰主藏受，陽主運用。凡能記憶，皆魄之所藏受也，至於運用發出來是魂。這兩箇物事本不相離。他能記憶底是魄，然發出來底便是魂；能知覺底是魄，然知覺發出來底又是魂。雖各自分屬陰陽，然陰陽中又各自有陰陽也。」或曰：「大率魄屬形體，魂屬精神。」曰：「精又是魄，神又是魂。」又曰：「魄盛，則耳目聰明，能記憶，所以老人多目昏耳聵，記事不得，便是魄衰而少也。老子云：『載營魄。』是以魂守魄。蓋魂熱而魄冷，魂動而魄靜。能以魂守魄，則魂以所守而亦靜，魄以魂而有生意，魂之熱而生凉，魄之冷而生暖。惟二者不相離，故其陽不燥，其陰不滯，而得其和矣。不然，則魂愈動而魄愈靜，魂愈熱而魄愈冷。二者相離，則不得其和而死矣。」又云：「水一也，火二也。以魄載魂，以二守一，則水火固濟而不相離，所以能永年也。養生家説盡千言萬語，説龍説虎，説鉛説汞，説坎説離，其術止是如此而已。故云：『載魄抱魂，能勿離乎？專氣致柔，能如嬰兒乎？』今之道家，只是馳騖於外，安識所謂『載魄守一，能勿離乎』！康節云：『老子得易之體，孟子得易之用。』康節之學，意思微似莊老。」或曰：「老子以其不能發用否？」曰：「老子只是要收藏，不放散。」燾。

問：「陽魂爲神，陰魄爲鬼。祭義曰：『氣也者，神之盛也；魄也者，鬼之盛也。』而鄭氏曰：『氣，噓吸出入者也。耳目之聰明爲魄。』然則陰陽未可言鬼神，陰陽之靈乃鬼神也，如何？」曰：「魄者，形之神；魂者，氣之神。魂魄是神氣之精英，謂之靈。故張子曰：『二氣之良能。』」二氣，即陰陽也。良能，是其靈處。問：「眼體也，眼之光爲魄。耳體也，何以爲耳之魄？」曰：「能聽者便是。如鼻之知臭，舌之知味，皆是。但不可以『知』字爲魄，纔説知，便是主於心也。心但能知，若甘苦鹹淡，要從舌上過。如老人耳重目昏，便是魄漸要散。」潘問：「魄附於體，氣附於魂，可作如此看否？」曰：「也不是附。魂魄是形氣之精英。」銖問：「陽主伸，陰主屈。鬼神陰陽之靈，不過指一氣之屈伸往來者而言耳。天地之間，陰陽合散，何物不有？所以錯綜看得。」曰：「固是。今且説大界限，則周禮言『天曰神，地曰祇，人曰鬼』。三者皆有神，而天獨曰神者，以其常常流動不息，故專以神言之。若人亦自有神，但在人身上則謂之神，散則謂之鬼耳。鬼是散而静了，更無形，故曰『往而不返』。」又問：「子思只舉『齊明盛服』以下數語發明『體物而不可遺』之驗，只是舉神之著者而言，何以不言鬼？」曰：「鬼是散而静，更無形，故不必言。神是發見，此是鬼之神。如人祖考氣散爲鬼矣，子孫精誠以格之，則『洋洋如在其上，如在其左右』，豈非鬼之神耶？」銖。

魂魄，禮記古注甚明，云：「魂，氣之所出入者是；魄，精明所寓者是。」

問：「孔子答宰我鬼神一段，鄭注云：『氣，謂噓吸出入者也。耳目之聰明爲魄。』竊謂人之精神知覺與夫運用云爲皆是神。但氣是充盛發於外者，故謂之『神之盛』；四肢九竅與夫精血之類皆是魄，但耳目能視能聽而精明，故謂之『鬼之盛』。」曰：「是如此。這箇只是就身上説。」又曰：「燈似魂，鏡似魄。燈有光焰，物來便燒；鏡雖照見，只在裏面。又，火日外影，金水内影；火日是魂，金水是魄。」又曰：「運用動作底是魂，不運用動作底是魄。」又曰：「動是魂，静是魄。」胡泳。

問「其氣發揚於上，爲昭明、焄蒿、悽愴」。曰：「此是陰陽乍離之際，髣髴如有所見，有這箇聲氣。昭明、焄蒿是氣之升騰，悽愴是感傷之意。」文蔚。

問「其氣發揚於上，爲昭明、焄蒿、悽愴」。曰：「昭明是所謂光景者，想像其如此；焄蒿是騰升底氣象；悽愴是能令人感動模樣，『墟墓之間未施哀而民哀』是也。『洋洋乎如在其上，如在其左右』，正謂此。」德明。

「昭明」是光耀底，「焄蒿」是滚上底，「悽愴」是凛然底。今或有人死，氣盛者亦如此。賜。

曾見人説，有人死，其室中皆温暖，便是氣之散。禮記云：「其氣發揚於上，爲昭明、君蒿、悽愴，此百物之精也。」昭明是精光，君蒿是暖氣，悽愴是慘栗者。如漢書李少君招魂，云：「其氣肅然！」

「君蒿是鬼神精氣交感處，注家一處説升騰。悽愴則漢武郊祀記所謂『其風肅然』！」

或問：「今人聚數百人去祭廟，必有些影響，是如何？」曰：「衆心輻湊處，這些便熱。」又問：「『郊焉而天神假，廟焉而人鬼享』，如何？」曰：「古時祭祀都是正，無許多邪誕。古人只臨時爲壇以祭，此心發處，則彼以氣感，纔了便散。今人不合做許多神像只兀兀在這裏坐，又有許多夫妻子母之屬。如今神道必有一名，謂之『張太保』、『李太保』，甚可笑！」自修。賀孫同。

問：「『昭明、君蒿、悽愴』之義如何？」曰：「此言鬼神之氣所以感觸人者。昭明，乃光景之屬；君蒿，氣之感觸人者；悽愴，如漢書所謂『神君至，其風颯然』之意。」廣問：「中庸或問取鄭氏説云：『口鼻之嘘吸者爲魂，耳目之精明者爲魄。』先生謂：『此蓋指血氣之類言之。口鼻之嘘吸是以氣言之，耳目之精明是以血言之。』目之精明以血言，可也。耳之精明，何故亦以血言？」曰：「醫家以耳屬腎，精血盛則聽聰，精血耗則耳聵矣。氣爲魂，血爲魄，故『骨肉歸於地，陰爲野土』，『若夫魂氣則無不之也』。」廣云：「是以易中説『遊魂爲變』。」曰：「易中又却只說一邊：『精氣爲物。』精氣聚則成物，精氣散則氣爲魂，精爲魄。魂升爲神，魄降爲鬼。易只說那升者。」廣云：「如徂落之義，則是兼言之。」曰：「然。」廣云：「今愚民於村落杜撰立一神祠，合衆以禱之，其神便靈。」曰：「可知衆心之所輻湊處，便自暖，故便有一箇靈底道理。所以祭神多用血肉者，蓋要得藉他之生氣耳。聞蜀中灌口廟一年嘗殺數萬頭羊，州府亦賴此一項稅羊錢用。又如古人釁鍾、釁龜之意，皆是如此。」廣云：「人心聚處便有神，故古人『郊則天神格，廟則人鬼享』，亦是此理。」曰：「固是。但古人之意正，故其神亦正；後世人心先不正了，故所感無由得正。」因言：「古人祭山川，只是設壇位以祭之，祭時便有，祭了便無，故不褻瀆。後世却先立箇廟貌如此，所以反致惑亂人心，倖求非望，無所不至。」廣因言今日淫祠之非禮，與釋氏之所以能服鬼神之類。曰：「人心苟正，表裏洞達，無纖毫私意，可以對越上帝，則鬼神焉得不服？故曰：『思慮未起，鬼神莫知。』又曰：『一心定而鬼神服。』」廣。

問：「『其氣發揚於上，爲昭明、焄蒿、悽愴，此百物之精也，神之著也。』如何？」曰：「神氣屬陽，故謂之人；精魄屬陰，故謂之鬼。然方其生也，而陰陽之理已附其中矣。」又曰：「今且未要理會到鬼神處。大凡理只在人心，此心一定，則萬理畢見，亦非能自見也。心苟是矣，試一察之，則是是非非，自然別得。且如惻隱、羞惡、辭遜、是非，固是良心。苟不存養，則發不中節，顛倒錯亂，便是私心。」又問：「既加存養，則未發之際不知如何？」曰：「未發之際，便是中，便是『敬以直内』，便是心之本體。」又問：「於未發之際，欲加識别，使四者各有著落，如何？」曰：「如何識别？也只存得這物事在這裏，便恁地涵養將去。既熟，則其發見自不差。所以伊川説：『德無常師，主善爲師；善無常主，協於克一。』須是協一，方得。」問：「『善』字不知主何而言？」曰：「這只主良心。」道夫。

問：「聖人凡言鬼神，皆只是以理之屈伸者言也。至言鬼神禍福凶吉等事，亦只是以理言。蓋人與鬼神天地同此一理，而理則無有不善。人能順理則吉，逆理則凶，於其禍福亦然。豈謂天地鬼神一一下降於人哉？如書稱『天道福善禍淫』，易言『鬼神害盈而福謙』，亦只是這意思。祭義：『宰我曰：「吾聞鬼神之名，不知其所謂。」孔子曰：「神也者，氣之盛也；魄也者，鬼之盛也。」又曰：「衆生必死，死必歸土，是之謂鬼。骨肉斃於下，陰爲野土。其氣發揚於上，爲昭明、焄蒿、悽愴，百物之精，神之著也。」』魄既歸土，此則不問。其曰氣，曰精，曰昭明，又似有物矣。既只是理，則安得有所謂氣與昭明者哉？及觀禮運論祭祀則曰：『以嘉魂魄，是謂合莫。』注謂，莫，無也。又曰：『上通無莫。』此説又似與祭義不合。」曰：「如子所論，是無鬼神也。鬼神固是以理言，然亦不可謂無氣。所以先王祭祀，或以燔燎，或以鬱鬯。以其有氣，故以類求之爾。至如禍福吉凶之事，則子言是也。」謨。

哀公問

哀公問中「訪」字，去聲讀，只是「方」字。山東人呼「方」字去聲。漢書中説文帝舅駟(鈞)〔鈞〕〔一〕處，上文云「訪高后時」，即山東音也，其義只是「方」字。按：此篇無「訪」字，乃録誤，當攷。僩。

仲尼燕居

「領惡全好。」楊至之記云：「領，管領，使之不得動。」又云：「領，治也，治去其惡也。」節。

孔子閒居

禮記「耆欲將至，有開必先」，家語作「有物將至，其兆必先」，却是。疑「有物」訛爲「耆

〔一〕據漢書文帝紀改。又，駟鈞是齊王襄舅，非文帝舅。

欲」，「其兆」訛爲「有開」。故「耆」下「日」亦似「有」，「開」上「門」亦似「兆」。若説「耆欲」，則又成不好底意。義剛。

表記

「朝極辨，不繼之以倦。」辨，治也。泳。

問：「『君子莊敬日强』，是志强否？」曰：「志也强，體力也强。今人放肆，則日怠惰一日，那得强！伊川云：『人莊敬則日就規矩。』莊敬自是耐得辛苦，自不覺其日就規矩也。」寓。

禮記「與仁同過」之言，説得太巧，失於迫切。人傑。

問：「表記，伊川曰：『禮記多有不純處，如「至孝近乎王，至弟近乎霸」，直是可疑。如此，則王無兄，霸無父也！』」曰：「表記言『仁有數，義有長短小大』，此亦有未安處。今且只得如注説。」去僞。

問：「『鄉道而行，中道而廢』，其意安在？」曰：「古人只恁地學將去，有時到方子録作「倒」。了，也不定。今人便算時度日，去計功效。」又問：「詩之正意，『仰』字當重看；夫子之言，『行』字當重看。」曰：「不是高山景行，又仰箇甚麽？又行箇甚麽？高山景行，便是那仁。」至。方子同。

深衣

「具父母，衣純以青。」偏親既無明文，亦當用青也。繢者，可以青純畫雲。「雲」字，見沈存中筆談。必大。

深衣用虔布，但而今虔布亦未依法。當先有事其縷，無事其布。方未經布時，先硏其縷，非織了後硏也。衣服當適於體。康節向温公說：「某今人，著今之服。」亦未是。泳。

鄉飲酒

鄉飲酒義「三讓」之義，注疏以爲「月三日而成魄，魄三月而成時」之義，不成文理，說倒了。他和書「哉生魄」，也不曾曉得，然亦不成譬喻。或云，當作「月三日而成明」，乃是。泳。

鄉飲酒禮：堂上主客列兩邊，主人一拜，客又答一拜；又拜一拜，又答一拜，却不交拜。又也皆北向拜，不相對。不知是如何。某赴省試時，衆士人拜知舉。知舉受拜了，却在堂上令衆人少立，使人大喝云：「知舉答拜！」方拜二拜。是古拜禮猶有存者。近年問人則便已交拜，是二三十年間此禮又失了。賀孫。

明州行鄉飲酒禮，其儀乃是高抑崇撰。如何不曾看儀禮，只將禮記鄉飲酒義做這文字。似乎編入國史實録，果然是貽笑千古者也！儀禮有「拜迎」、「拜至」、「拜送」、「拜既」。拜迎，謂迎賓；拜至，謂至堦；拜送，謂既酌酒送酒也；拜既，卒爵而拜也。此禮中四節如此。今其所定拜送，乃是送客拜兩拜，客去又拜兩拜，謂之「拜既」，豈非大可笑！禮，既飲，「左執爵，祭脯醢」。所以左執爵者，謂欲用右手取脯醢，從其便也。他却改「祭脯醢」作「薦脯醢」，自教一人在邊進脯醢。右手自無用，却將左手只管把了爵，將右順便手却縮了！是可笑否？賀孫。

紹興初，爲鄉飲酒禮，朝廷行下一儀制極乖陋。此時乃高抑崇爲禮官。看他爲慎終喪禮，是煞看許多文字，如儀禮一齊都考得仔細。如何定鄉飲酒禮乃如此疏繆？更不識著儀禮，只把禮記鄉飲酒義鋪排教人行。且試舉一項，如鄉飲酒文云：「拜至，拜洗，拜受，拜送，拜既。」拜至，乃是賓升，主人阼階上當楣北面再拜，謝賓至堂，是爲拜至。主人既洗酌，卒洗，升，賓拜洗，是爲拜洗。主人取爵實之獻賓，賓西階上拜，是爲拜受。若拜送，乃是賓進受爵，主人阼階上拜，如今云送酒，是爲拜送爵。賓復西階上位，方有拜告旨，拜既爵，及酢主人之禮。他乃將拜送，作送之門外再拜爲拜送；門外兩拜了，又兩拜，爲拜既。不知如何恁地不子細。拜既爵，亦只是堂上禮。又曰：「古禮看説許多節目，若甚繁縟，到得行時節，只頃刻可了。以舊時所行鄉飲酒看之，煞見得不費時節。」又曰：「開元禮煞可看。唯是五禮新儀全然不是！當時做這文字時，不曾用得識禮底人，只是胡亂變易古文白撰，全不考究。天子乘車，古者君車將駕，則僕御執策立於馬前。既効駕，君雖未升，僕御者先升，則奮衣由右上。以君位在左，故避君空位。五禮新儀却漏了僕人登車一項，至駐車處，却有僕人下車之文！這是一處錯。他處都錯了。」又云：「五禮新儀固未是，至如今又皆不理會。如朝報上云『執綏官』，則是無僕人之禮。古者執綏自是執綏，僕人乃是授綏，如何今却以執綏官代僕人？兼古者有敬事，則必式。蓋緣立於車上，故憑衡；式則是磬折，是爲致敬。今却在車上用椅子坐，則首與前衡高下不多，若憑手，則是傲慢。這般所在，都不是。如所謂『僕人乃立於車柱之外後角』，又恐立不住，却以采帛繫於柱上，都不成模樣！兼前面乃以內侍二人立於兩旁，是大非禮！『同子參乘，爰絲變色』，豈有以內侍同載，而前後皆安之？眼前事，纔拈一件起來勘當著所在，便不成模樣！神宗嘗欲正此禮數，王安石答以先理會得學問了，這般事自有人出理會，遂止。如荆公門人陸農師自是煞能考禮，渠後來却自不曾用他。」又曰：「婦人之拜，據古樂府云：『出門長跪問故夫。』又云：『直身長跪。』余正父云：『周禮有肅拜，恐只是如今之俯首加敬而已。』不知夫人如何。喪禮，婦人唯舅之喪則跪拜，於他人又不知其拜如何。古禮殘闕，這般所在皆無可考。」賀孫。

鄉射

「與爲人後者不入。」「與爲人後者」，謂大宗已有後，而小宗復爲之後，却無意思。因言，李光祖嘗爲人後，其家甚富，其父母死，竭家貲以葬之，而光祖遂至於貧。雖不中節，然意思却好。人傑。

「射中則得爲諸侯，不中則不得爲諸侯。」此等語皆難信。書謂「庶頑讒説，侯以明之」。然中間若有羿之能，又如何以此分别？恐大意略以射審定，非專以此去取也。賀孫。

射觀德擇人，是凡與射者皆賢者可以助祭之類，但更以射擇之。如卜筮決事然，其人賢不肖，不是全用射擇之也。小人更是會射。今俗射有許多法，與古法多少别，小人儘會學。後之説者説得太過了，謂全用此射以擇諸侯并助祭之人，非也。大率禮家説話，多過了，無殺合。揚。

拾遺

古人祭酒於地；祭食於豆間，有版盛之，卒食撤去。人傑。

「有體，有俎。」祭享：體，半邊也。俎以骨爲斷。卓。

木豆爲豆，銅豆爲登。「登」本作「證」。道夫。

几是坐物，有可以按手者，如今之三清椅。明作。

門是外門，雙扇。户是室中之户，隻扇。觀儀禮中可見。義剛。

王出户，則宗祝隨之；出門，則巫覡隨之。文蔚。

「天子視學以齒，嘗爲臣者弗臣。」或疑此句未純，恐其終使人不臣，如蔡卞之扶植王安石也。曰：「天子自有尊師重道之意，亦豈可遏！只爲蔡卞是小人，王安石未爲大賢，蔡卞只是扶他以證其邪説，故喫人議論。如了翁論他也是。若真有伊周之德，雖是故臣，稍加尊敬，亦何害？天子入學，父事三老，兄事五更，便是以齒不臣之也。如或人之論，則廢此禮可也。」

朱子語類卷第八十八

禮五

大戴禮

大戴禮無頭，其篇目闕處，皆是元無，非小戴所去取。其間多雜僞，亦有最好處。然多誤，難讀。義剛。

大戴禮冗雜，其好處已被小戴採摘來做禮記了，然尚有零碎好處在。廣。

大戴禮賀孫録云：「或有注，或無注，皆不可曉。」本文多錯，注尤舛誤。武王諸銘有直做得巧了切題者，如鑑銘是也。亦有絶不可曉者。賀孫録云：「有煞著題處，有全不著題處。」想古人只是述戒懼之意，而隨所在寫記以自警省爾；不似今人爲此銘，便要就此物上説得親切。賀孫録云：「須要做象本色。」然其間亦有切題者，如湯盤銘之類。至於武王盥盤銘，則又似箇船銘，賀孫録云：「因舉問數銘可疑。曰：『便是，如盥盤銘似可做船銘。』」想只是因水起意，然恐亦有錯雜處。廣。

賀孫録少異。

太公銘几杖之屬，有不可曉、不著題之語。古人文字只是有箇意思便説，不似今人區區就一物上説。

安卿問：「大戴保傅篇，多與賈誼策同，如何？」曰：「保傅中説『秦無道之暴』，此等語必非古書，乃後人采賈誼策爲之，亦有孝昭冠辭。」義剛。

明堂篇説，其制度有「二九四七五三六一八」，鄭注云「法龜文」也。此又九數爲洛書之一驗也。賀孫録云：「他那時已自把九疇作洛書看了。」廣。

朱子語類卷第八十九

禮六

冠昏喪

總論

冠禮、昏禮，不知起於何時。如禮記疏説得恁地，不知如何未暇辨得。義剛。

問：「冠、昏、喪、祭，何書可用？」曰：「只温公書儀略可行，亦不備。」又曰：「只是儀禮。」問：「伊川亦有書？」曰：「只有些子。」節。

欽夫嘗定諸禮可行者，淳録云：「在廣西刊三家禮。」乃除冠禮不載。問之，云：「難行。」某答之云：「古禮惟冠禮最易行。淳録云：「只一家事。」如昏禮須兩家皆好禮，淳録云：「礙兩家，如五兩之儀，須兩家是一樣人，始得。」方得行。喪禮臨時哀痛中，少有心力及之。祭禮則終獻之儀，煩多長久，皆是難行。看冠禮比他禮却最易行。」賀孫。淳録少異。

問：「喪、祭之禮，今之士固難行，而冠、昏自行，可乎？」曰：「亦自可行。某今所定者，前一截依温公，後一截依伊川。昏禮事屬兩家，恐未必信禮，恐或難行。若冠禮，是自家屋裏事，却易行。向見南軒説冠禮難行。某云，是自家屋裏事，關了門，將巾冠與子弟戴，有甚難！」又云：「昏禮廟見舅姑之亡者而不及祖，蓋古者宗子法行，非宗子之家不可別立祖廟，故但有禰廟。今只共廟，如何只見禰而不見祖？此當以義起，亦見祖可也。」問：「必待三月，如何？」曰：「今若既歸來，直待三月，又似太久。古人直是至此方見可以爲婦，及不可爲婦，此後方反馬。馬是婦初歸時所乘車，至此方送還母家。」賀孫。

問冠、昏、喪、祭禮。曰：「今日行之正要簡，簡則人易從。如温公書儀，人已以爲難行，其殽饌十五味，亦難辦。」舜功云：「隨家豐儉。」曰：「然。」問：「唐人立廟，不知當用何器？」曰：「本朝只文潞公立廟，不知用何器。曰〔一〕與叔亦曾立廟，用古器。然其祭以古玄服，乃作大袖皂衫，亦怪，不如著公服。今五禮新儀亦簡，唐人祭禮極詳。」可學。

問：「冠、昏之禮，如欲行之，當須使冠、昏之人易曉其言，乃爲有益。如三加之辭，出

〔一〕「曰」，似當作「呂」，形似而誤。

門之戒，若只以古語告之，彼將謂何？」曰：「只以今之俗語告之，使之易曉，乃佳。」時舉。

冠

因言冠禮，或曰：「邾隱公將冠，使孟懿子問於孔子，孔子對他一段好。」曰：「似這樣事，孔子肚裏有多，但今所載於方册上者，亦無幾爾。」廣。

昏

天子、諸侯不再娶，亡了后妃，只是以一娶十二女、九女者推上。魯齊破了此法再娶。大夫娶三，士二，却得再娶。揚。

因論今之士大夫多是死於慾，曰：「古人法度好。天子一娶十二女，諸侯一娶九女，老則一齊老了，都無許多患。」揚。

親迎之禮，從伊川之説爲是，近則迎於其國，遠則迎於其館。閎祖。

問：「程氏昏儀與温公儀如何？」曰：「互有得失。」曰：「當以何爲主？」曰：「迎婦以前，温公底是；婦入門以後，程儀是。温公儀，親迎只拜妻之父，兩拜，便受婦以行，却是；程儀偏見妻之黨，則不是。温公儀入門便廟見，不是；程儀未廟見却是。大概只此兩條，以此爲準，去子細看。」曰：「廟見當以何日？」曰：「古人三月而後見。」曰：「何必待三月？」曰：「未知得婦人性行如何。三月之久，則婦儀亦熟，方成婦矣。然今也不能到三月，只做箇節次如此。」曰：「古人納采後，又納吉。若卜不吉，則如何？」曰：「便休也。」曰：「古人納幣五兩，只五匹耳。恐太簡，難行否？」曰：「計繁簡，則是以利言矣。且吾儕無望於復古，則風俗更教誰變？」曰：「温公用鹿皮，如何？」曰：「大節是了，小小不能皆然，亦没緊要。」曰：「温公婦見舅姑，及舅姑享婦儀，是否？」曰：「亦是古人有此禮。」淳。

或問：「古者婦三月廟見，而温公禮用次日。今有當日即廟見者，如何？」曰：「古人是從下做上，其初且是行夫婦禮；次日方見舅姑；服事舅姑已及三月，不得罪於舅姑，方得奉祭祀。」義剛。

問：「婦當日廟見，非禮否？」曰：「固然。温公如此，他是取左氏『先配後祖』之説。不知左氏之語何足憑？豈可取不足憑之左氏，而棄可信之儀禮乎！」卓。

人著書，只是自入些己意，便做病痛。司馬與伊川定昏禮，都是依儀禮，只是各改了一處，便不是古人意。司馬禮云：「親迎，奠雁，見主昏者即出。」不先見妻父母者，以婦未見舅姑也。是古禮如此。伊川却教拜了，又入堂拜大男小女，這不是。伊川云：「婿迎婦既至，即揖入内，次日見舅姑，三月而廟見。」是古禮。司馬禮却説，婦入門即拜影堂，這又不是。

古人初未成婦，次日方見舅姑。蓋先得於夫，方可見舅姑；到兩三月得舅姑意了，舅姑方令見祖廟。某思量，今亦不能三月之久，亦須第二日見舅姑，第三日廟見，乃安。亦當行親迎之禮。古者天子必無親至后家之禮。今妻家遠，要行禮，一則令妻家就近處設一處，却就彼往迎歸館成禮；一則妻家出至一處，婿即就彼迎歸自成禮。賀孫。

叔器問：「昏禮，温公儀，婦先拜夫；程儀，夫先拜婦。或以爲妻者齊也，當齊拜。何者爲是？」曰：「古者婦人與男子爲禮，皆俠拜，每拜以二爲禮。昏禮，婦先二拜，夫答一拜；婦又二拜，夫又答一拜。冠禮，雖見母，母亦俠拜。」淳。

問：「今有士人對俗人結姻，欲行昏禮，而彼俗人不從，却如何？」先生微笑，顧義剛久之，乃曰：「這也是費力，只得宛轉使人去與他商量。古禮也省徑，人也何苦不行！」直卿曰：「若古禮有甚難行者，也不必拘。如三周御輪，不成是硬要扛定轎子旋三匝！」先生亦笑而應。義剛曰：「如俗禮若不大段害理者，些小不必盡去也得。」曰：「是。」久之，云：「古人也有不可曉。古人於男女之際甚嚴，却如何地親迎乃用男子御車，但只令略偏些子？不知怎生地。」直卿舉今人結髮之説爲笑。先生曰：「若娶用結髮，則結髮從軍，皆先用結了頭髮後，方與番人厮殺耶？」義剛。

堯卿問姑舅之子爲昏。曰：「據律中不許。然自仁宗之女嫁李瑋家，乃是姑舅之子，故歐陽公曰：『公私皆已通行。』此句最是把啗。去聲。這事又如魯初間與宋世爲昏，後又與齊世爲昏，其間皆有姑舅之子者，從古已然。只怕位不是。」義剛。

喪

問喪禮制度節目。曰：「恐怕儀禮也難行。如朝夕奠與葬時事尚可。未殯以前，如何得一一恁地子細？只如『含飯』一節，教人從那裏轉、那裏安頓，一一各有定所，須是有人相，方得。孔子曰『行夏之時，乘殷之輅』，已是厭周文之類了。某怕聖人出來，也只隨今風俗立一箇限制，須從寬簡。而今考得禮子細，一一如古，固是好；如考不得，也只得隨俗不礙理底行去。」胡泳。

因論喪服，曰：「今人吉服皆已變古，獨喪服必欲從古，恐不相稱。」閎祖云：「雖是如此，但古禮已廢，幸此喪服尚有古制，不猶愈於俱亡乎？」直卿亦以爲然。先生曰：「『禮時爲大。』某嘗謂，衣冠本以便身，古人亦未必一一有義。又是逐時增添，名物愈繁。若要可行，須是酌古之制，去其重複，使之簡易，然後可。」又云：「一人自在下面做，不濟事。須是朝廷理會，一齊與整頓過。」又云：「康節說『某今人，須著今時衣服』，忒煞不理會也。」閎祖。以下喪服。

問子升：「向見考祔禮，煞子細。不知其他禮數，都考得如此否？」曰：「未能及其他。」曰：「今古不同。如殯禮，今已自不可行。」子升因問：「喪禮，如温公儀，今人平時既不用古服，却獨於喪禮服之，恐亦非宜，兼非禮不足哀有餘之意。故向來斟酌，只以今服加衰絰。」曰：「論來固是如此。只如今因喪服尚存古制，後世有願治君臣，或可因此舉而行之。若一向廢了，恐後來者愈不復識矣。」木之。

問：「喪服，今人亦有欲用古制者。時舉以爲吉服既用今制，而獨喪服用古制，恐徒駭俗。不知當如何？」曰：「駭俗猶些小事，但恐考之未必是耳。若果考得是，用之亦無害。」時舉。

喪禮衣服之類，逐時換去，如葬後換葛衫，小祥後換紳布之類。揚。

問喪服之制。曰：「『衣帶下尺。』鄭注云：『要也廣尺，足以掩裳上際。』廖西仲云，以布半幅，其長隨衣之圍，横綴於衣下而謂之要。」

問：「喪服，如至尊之喪，小官及士庶等服，於古皆差。儀禮，諸侯爲天子斬衰三年。傳曰：『君，至尊也。』注：『天子諸侯及卿大夫有地者皆曰君。』庶人爲國君齊衰三月。注：『不言民，而言庶人，庶人或有在官者。天子畿内之民，服天子亦如之。』以是觀之，自古無通天下爲天子三年之制，前輩恐未之考。」曰：「今士庶人既無本國之君服，又無至尊服，則是無君，亦不可不示其變。如今凉衫亦不害，此亦只存得些影子。」問：「士庶亦不可久。」「庶人爲國君亦止齊衰三月，諸侯之大夫爲天子，亦止小功緦衰。」或問：「有官人嫁娶在祔廟後。」曰：「只不可帶花用樂，少示其變。」又曰：「至尊之服，要好，初來三日用古冠服，上衣下裳；以後却用今所制服，四脚幞頭等。自京官以上是一等服，京官以下是一等服，士人又一等服，庶人又一等服。如此等級分明，也好。」器之問：「壽皇行三年之喪，是誰建議？」曰：「自是要行，這是甚次第！可惜無好宰相將順成此一大事。若能因舉行盛典及於天下，一整數千百年之陋，垂數千百年之成憲，是甚次第！時相自用紫衫皂帶，入臨用白衫，待退歸便不著。某前日在上前説及三年之喪，亦自感動，次日即付出與禮官集議，意甚好。不知後來如何忽又住了，却對宰相説：『也似咤異。』不知壽皇既已行了，又有甚咤異？只是亦無人助成此事。因檢儀禮注疏説嫡孫承重甚詳。君之喪服，士庶亦可聚哭，但不可設位。某在潭州時，亦多有民衆欲入衙來哭，某初不知，外面被門子止約了。待兩三日方知，遂出榜告示，亦有來哭者。」賀孫。以下君喪。

因説：「天子之喪，自太子宰執而下，漸降其服，至於四海，則盡三月。服，謂凶服。訃所至，不問地之遠近，但盡於三月而止。天子初死，近地先聞，則盡三月；遠地或後聞之，亦止於三月之内也。」又云：「古者次第，公卿大夫與列國之諸侯，各爲天子三年之喪；

而列國之卿大夫，又各爲其君三年之服，蓋止是自服其君。如諸侯之大夫，爲本國諸侯服三年之喪，則不復爲天子服。百姓則畿内之民，自爲天子服本國之君服三年之喪也。故禮曰『百姓爲天子、諸侯有土者服三年之喪』，爲此也。」又云：「『君之喪，諸達官之長，杖。』達官，謂得自通於君者，如内則公卿、宰執、六曹之長，九寺、五監之長，外則監司、郡守，皆自得通章奏於君者。凡此者皆杖，以次則不杖。如太常卿杖，太常少卿則不杖。若無太常卿，則少卿代之杖也。只不知王畿之内，公卿之有采地者，其民當何如服，當檢看。」卓。

徽廟訃至，胡明仲知嚴州，衆議欲以日易月。張晉彦爲司理，爲明仲言：「前世以日易月，皆是有遺詔。今太上在遠，無遺詔，豈可行？」胡曰：「然則如之何？」曰：「盍請之於朝？」胡如其説，不報。可學。

高宗登遐，壽皇麻衣不離身，而臣子晏然朝服如常，只於朝見時，略換皂帶，以爲服至尊之服。冠有數樣，衣有數樣，所以當來如此者，乃是甚麽時，便著甚麽樣冠服。昨聞朝廷無所折衷，將許多衣服一齊重疊著了。古禮恐難行，如今來却自有古人做未到處。如古者以皮束棺，如何會彌縫？又，設熬黍稷於棺旁以惑蚍蜉，可見少智。然三日便殯了，又見得防慮之深遠。今棺以用漆爲固，要拘三日便殯，亦難。喪最要不失大本。如不用浮屠，送葬不用樂，這也須除却。所謂古禮難行者，非是道不當行，只怕少間止了得要合那邊，要合這邊，到這裏一重大利害處，却没理會，却便成易了。古人已自有箇活法，如身執事者面垢而已之類。賀孫。

器遠問：「『安常習故』，是如何？」曰：「云云。如親生父母，子合當安之。到得立爲伯叔後，疑於伯叔父有不安者，這也是理合當如此。然而自古却有大宗無子，則小宗之子爲之後。這道理又却重。只得安於伯叔父母，而不可安於所生父母。喪服則爲爲後父母服三年，所生父母只齊衰，不杖，期。」賀孫。以下服制。

問：「『天下事易至於安常習故』，如何？」曰：「且如今人爲所生父母齊衰，不杖，期，爲所養父母斬衰三年，以理觀之，自是不安。然聖人有箇存亡繼絶底道理，又不容不安。且如濮安懿王事，當時皆以司馬公爲是。今則濮安懿王下却有主祀，朝廷却未嘗正其號。」卓。

祖在父亡，祖母死，亦承重。畢。

嫡孫承重，庶孫是長亦不承。

庶子之長子死，亦服三年。揚。

禮只有父母服，他服並無，故今長幼服都無考。妻服期，子以父在，服亦期，故哭祭之類同。今律則不然，故其禮皆齟齬。揚。

顯道問服制。曰：「唐時添那服制，添得也有差異處。且如親叔伯是期，堂叔須是大功，乃便降爲小功，不知是怎生地。」義剛。

服議，漢儒自爲一家之學，以儀禮喪服篇爲宗。禮記中小記、大傳則皆申其説者，詳密之至，如理絲櫛髮。可試考之，畫作圖子，更參以通典及今律令，當有以見古人之意不苟然也。灝。

問：「孝子於尸柩之前，在喪禮都不拜，如何？」曰：「想只是父母在生時，子弟欲拜，亦須俟父母起而衣服。今恐未忍以神事之，故亦不拜。」胡泳。以下居喪。

或問：「哀慕之情，易得間斷，如何？」曰：「此如何問得人！孝子喪親，哀慕之情，自是心有所不能已，豈待抑勒，亦豈待問人？只是時時思慕，自哀感。所以説『祭思敬，喪思哀』。只是思著自是敬，自是哀。若是不哀，別人如何抑勒得他！」因舉「宰我問三年之喪」云云，曰：「『女安則爲之！』聖人也只得如此説，不當抑勒他，教他須用哀。只是從心上説，教他自感悟。」僩録畧。

問：「居喪以來，惟看喪禮，不欲讀他書，恐妨哀。然又覺精神元自荒迷，更專一用心去考索制度名物，愈覺枯燥。今欲讀語孟，不知如何？」曰：「居喪初無不得讀書之文。

古人居喪廢業，業是簨簴上版子；廢業，謂不作樂耳。古人禮樂不去身，惟居喪然後廢樂。故『喪復常，讀樂章』。周禮司業者，亦司樂也。」

叔器問：「今之墨衰便於出入，而不合禮經，如何？」曰：「若不能出，則不服之亦好。但有出入治事，則只得服之。喪服四制說：『百官備，百物具。不言而事行者，扶而起；言而後事行者，杖而起；身執事而後行者，面垢而已。』蓋惟天子諸侯始得全伸其禮，庶人皆是自執事，不得伸其禮。」淳。義剛同。

親喪，兄弟先滿者先除服，後滿者後除，以在外聞喪有先後者。揚。

喪妻者，木主要作妻名，不可作母名。若是婦，須作婦名，翁主之。卒哭即祔。更立〔一〕木主於靈坐，朝夕奠就之，三年除之。揚。

長子死，則主父喪，用次子，不用姪，今法如此。宗子法立，則用長子之子。此法已壞，只從今法。揚。

問：「喪之五服皆有制，不知飲食起居，亦當終其制否？」曰：「合當盡其制。但今人不能行，然在人斟酌行之。」寓。

〔一〕「立」，賀疑誤。

問：「喪禮不飲酒，不食肉。若朝夕奠，及親朋來奠之饌，則如之何？」曰：「與無服之親可也。」淳。

喪葬之時，只當以素食待客。祭饌葷食，只可分與僕役。賀孫。

問：「居喪，爲尊長强之以酒，當如何？」曰：「若不得辭，則勉徇其意，亦無害。但不可至沾醉，食已復初可也。」問：「坐客有歌唱者如之何？」曰：「當起避。」僩。

或問：「親死遺囑教用僧道，則如何？」曰：「便是難處。」或曰：「也可以不用否？」曰：「人子之心有所不忍。這事，須子細商量。」胡泳。

或問：「設如母卒，父在，父要循俗制喪服，用僧道火化，則如何？」曰：「公如何？」曰：「只得不從。」曰：「其他都是皮毛外事，若決如此做，從之也無妨，若火化則不可。」泳曰：「火化，則是殘父母之遺骸。」曰：「此話若將與喪服浮屠一道説，便是未識輕重在。」胡泳。

「喪三年不祭。」蓋孝子居倚廬堊室，只是思慕哭泣，百事皆廢，故不祭耳。然亦疑當令宗人攝祭，但無明文，不可考耳。閎祖。以下喪廢祭。

「伊川謂，三年喪，古人盡廢事，故併祭祀都廢。今人事都不廢，如何獨廢祭祀？故祭祀可行。」先生曰：「然。亦須百日外方可。然奠獻之禮，亦行不得。只是鋪排酒食儀物之類後，主祭者去拜。若是百日之内要祭，或從伯叔兄弟之類，有人可以行。」或問：「今人以孫行之，如何？」曰：「亦得。」又曰：「期、大小功、緦麻之類服，今法上日子甚少，便可以入家廟燒香拜。」揚。

問「喪三年不祭」。曰：「程先生謂，今人居喪，都不能如古禮，却於祭祀祖先獨以古禮不行，恐不得。橫渠曰：『如此，則是不以禮祀其親也。』某嘗謂，如今人居喪時，行三二分居喪底道理，則亦當行三二分祭先底禮數。」今按：此語非謂只可行三二分，但既不得盡如古，則喪祭亦皆當存古耳。廣。

古人緦麻已廢祭祀，恐今人行不得。揚。

問：「三年喪中，得做祭文祭故舊否？」曰：「古人全不弔祭，今不柰何。胡籍溪言，只散句做，不押韻。」揚。

先生以子喪，不舉盛祭，就影堂前致薦，用深衣幅巾。薦畢，反喪服，哭奠於靈，至慟。賀孫。

問：「練而祔，是否？」曰：「此是殷禮，而今人都從周禮。若只此一件却行殷禮，亦無意思。若如陸子静說，祔了便除去几筵，則須練而祔。若鄭氏說祔畢復移主出於寢，則當如周制，祔亦何害？」賀孫。以下祔。

今不立昭穆，即所謂「祔於曾祖、曾祖姑」者，無情理也。德明。

古人所以祔於祖者，以有廟制昭穆相對，將來祧廟，則以新死者安於祖廟。所以設祔祭豫告，使死者知其將來安於此位；亦令其祖知是將來移上去，其孫來居此位。今不異廟，只共一堂排作一列，以西爲上，則將來祧其高祖了，只趲得一位，死者當移在禰處。如此則只當祔禰，今祔於祖，全無義理。但古人本是祔於祖，今又難改他底，若卒改他底，將來後世或有重立廟制，則又著改也。神宗朝欲議立朝廷廟制，當時張虎則以爲祧廟祔廟只移一位，陸農師則以爲祔廟祧廟皆移一匝。如農師之說，則是世爲昭穆不定，豈得如此？文王却是穆，武王却是昭。如曰「我穆考文王」，又曰「我昭考武王」。又如左傳說：「管、蔡、郕、霍、魯、衞、毛、郙、郜、雍、曹、滕、畢、原、酆、郇，文之昭也。」這十六國是文王之子，文王是穆，故其子曰「文之昭也」。「邘、晉、應、韓，武之穆也」，這四國是武王之子，武王是昭，故其子曰「武之穆也」。則昭穆是萬世不可易，豈得如陸氏之說？陸氏禮象圖中多有杜撰處。不知當時廟制，後來如何不行？賀孫。

祔新主而遷舊主，亦合告祭舊主，古書無所載，兼不說遷於何所。天子則有始祖之廟，而藏之夾室，大夫亦自有始祖之廟。今皆無此，更無頓處。古人埋桑主於兩堦間，蓋古者堦間人不甚行；今則混雜，亦難埋於此，看來只得埋於墓所。大戴禮說得遷祔一條，又不分曉。

先生以長子大祥，先十日朝暮哭，諸子不赴酒食會。近祥則舉家蔬食，此日除祔。先生累日顔色憂戚。賀孫。

二十五月祥後便禫，看來當如王肅之説，於「是月禫，徙月樂」之説爲順。而今從鄭氏之説，雖是禮疑從厚，然未爲當。看來而今喪禮須當從儀禮爲正。如父在爲母期，非是薄於母，只爲尊在其父，不可復尊在母，然亦須心喪三年。及嫂叔無服，這般處皆是大項事，不是小節目，後來都失了。而今國家法爲所生父母皆心喪三年，此意甚好。賀孫。以下禫。

先是旦日，吴兄不講禮。先生問何故。曰：「爲祖母承重，方在禫，故不敢講賀禮。」或問：「爲祖母承重，有禫制否？」曰：「禮惟於父母與長子有禫。賀孫録云：「却於祖母未聞。」今既承重，則便與父母一般了，當服禫。」廣。賀孫同。

或問：「女子已嫁，爲父母禫否？」曰：賀孫録云：「想是無此禮。」「據禮云父在爲母禫，止是主男子而言。」廣。賀孫同。

問：「今弔者用横烏，如何？」曰：「此正與『羔裘玄冠不以弔』相反，亦不知起於何時。想見當官者既不欲易服去弔人，故杜撰成箇禮數。若閒居時，只當易服用凉衫。」廣。弔。

「本朝於大臣之喪，待之甚哀。」賀孫舉哲宗哀臨温公事。曰：「温公固是如此，至於嘗爲執政，已告老而死，祖宗亦必爲之親臨罷樂。看古禮，君於大夫，小斂往焉，大斂往焉；於士，既殯往焉，何其誠愛之至！今乃恝然。這也只是自渡江後，君臣之勢方一向懸絶，無相親之意，故如此。古之君臣所以事事做得成，緣是親愛一體。因説虜人初起時，其酋長與部落都無分別，同坐同飲，相爲戲舞，所以做得事。如後來兀朮犯中國，虜掠得中國士類，因有教之以分等陛立制度者，於是上下位勢漸隔，做事漸難。」賀孫。君臨臣喪。

某舊爲先人飾棺，考制度作帷幌，李先生以爲不切。而今禮文覺繁多，使人難行。後聖有作，必是裁減了，方始行得。賀孫。飾棺。

先生殯其長子，諸生具香燭之奠。先生留寒泉殯所受弔，望見客至，必涕泣遠接之；客去，必遠送之。就寒泉菴西向殯。掘地深二尺，闊三四尺，内以火磚鋪砌，用石灰重重徧塗之，棺木及外用土磚夾砌。將下棺，以食五味奠亡人，次子以下皆哭拜。諸客拜奠，次子代亡人答拜。蓋兄死子幼，禮然也。賀孫。以下殯。

伯量問：「殯禮可行否？」曰：「此不用問人，當自觀其宜。今以不漆不灰之棺，而欲以甎土圍之，此可不可耶？必不可矣。數日見公説喪禮太繁絮，禮不如此看，説得人都心悶。須討箇活物事弄，如弄活蛇相似，方好。公今只是弄得一條死蛇，不濟事。某嘗説，古者之禮，今只是存他一箇大概，令勿散失，使人知其意義，要之必不可盡行。如始喪一段，必若欲盡行，則必無哀戚哭泣之情。何者？方哀苦荒迷之際，有何心情一一如古禮之繁細委曲？古者有相禮者，所以導孝子爲之。若欲孝子一一盡依古禮，必躬必親，則必無哀戚之情矣。況只依今世俗之禮，亦未爲失，但使哀戚之情盡耳。有虞氏瓦棺而葬，夏后氏堲周，必無周人之繁文委曲也。又禮，壙中用生體之屬，久之必潰爛，却引蟲蟻，非所以爲亡者慮久遠也。古人壙中置物甚多。以某觀之，禮文之意太備，則防患之意反不足。要之，只當防慮久遠，『毋使土親膚』而已，其他禮文皆可略也。又如古者棺不釘，不用漆粘。而今灰漆如此堅密，猶有蟻子入去，何況不使釘漆！此皆不可行。孔子曰：『如用之，則吾從先進。』已是厭周之文了。又曰：『行夏之時，乘殷之輅。』此意皆可見。使聖賢者作，必不盡如古禮，必裁酌從今之宜而爲之也。又如士相見禮、鄉飲酒禮、射禮之屬，而今去那裏行？只是當存他大概，使人不可不知。方周之盛時，禮又全體皆備，所以不可有纖毫之差。今世盡不見，徒掇拾編緝於殘編斷簡之餘，如何必欲盡倣古之禮得！」或曰：「『郁郁乎文哉？吾從周。』聖人又欲從周之文，何也？」曰：「聖人之言，固非一端。蓋聖人生於周之世。周之一代，禮文皆備，誠是整齊，聖人如何不從得！只是『如用之則吾從先進』，謂自爲邦則從先進耳。」僩。

伯謨問：「某人家欲除服而未葬，除之則魂魄無所依，不可祔廟。」曰：「不可，如何不早葬？葬何所費？只是悠悠。」因語：「莆人葬，只是於馬鬣上，大可憂！須是懸棺而葬。」可學。以下葬。

喪事都不用冥器糧瓶之類，無益有損。棺槨中都不著世俗所用者一物。揚。

因説地理，曰：「程先生亦揀草木茂盛處，便不是不擇。伯恭却只胡亂平地上便葬。若是不知此理，亦不是。若是知有此道理，故意不理會，尤不是！」𥌓。

堯卿問合葬夫婦之位。曰：「某當初葬亡室，只存東畔一位，亦不曾考禮是如何。」安卿云：「地道以右爲尊，恐男當居右。」曰：「祭以西爲上，則葬時亦當如此，方是。」義剛。

先生葬長子喪儀：銘旌，埋銘，魂轎，柩止用紫蓋。盡去繁文。埋銘石二片，各長四尺，闊二尺許，止記姓名歲月居里。刻訖，以字面相合，以鐵束之，置於壙上。其壙用石，上蓋厚一尺許，五六段横湊之，兩旁及底五寸許。内外皆用石灰、雜炭末、細沙、黄泥築之。賀孫。

問改葬。曰：「須告廟而後告墓，方啓墓以葬；葬畢，奠而歸，又告廟，哭，而後畢事，方穩。行葬更不必出主，祭告時却出主於寢。」賀孫。

「人家墓壙棺槨，切不可太大，當使壙僅能容槨，槨僅能容棺，乃善。去年此間陳家墳墓遭發掘者，皆緣壙中太闊，其不能發者，皆是壙中狹小無著脚手處，此不可不知也。」又，此間墳墓山脚低卸，故盜易入。」問：「墳與墓何別？」曰：「墓想是塋域，墳即土封隆起者。光武紀云，爲墳但取其稍高，四邊能走水足矣。古人墳極高大，壙中容得人行，也没意思。法令，一品以上墳得一丈二尺，亦自儘高矣。」守約云：「墳墓所以遭發掘者，亦陰陽家之說有以啓之。蓋凡發掘者，皆以葬淺之故。若深一二丈，自無此患。古禮葬亦許深。」曰：「不然，深葬有水。嘗見興化、漳、泉間墳墓甚高。問之，則曰，棺只浮在土上，深者僅有一半入地，半在地上，所以不得不高其封。後來見福州人舉移舊墳稍深者，無不有水，方知興化、漳、泉淺葬者，蓋防水爾。北方地土深厚，深葬不妨。豈可同也？」問：「槨外可用炭灰雜沙土否？」曰：「只純用炭末置之槨外，槨内實以和沙石灰。」或曰：「可純用灰否？」曰：「純灰恐不實，須雜以篩過沙，久之沙灰相乳入，其堅如石。槨外四圍上下，一切實以炭末，約厚七八寸許；既辟濕氣，免水患，又截樹根不入。樹根遇炭，皆生轉去，以此見炭灰之妙。蓋炭是死物，無情，故樹根不入也。抱朴子曰：『炭入地，千年不變。』」問：「范家用黄泥拌石炭實槨外，如何？」曰：「不可。黄泥久之亦能引樹根。」又問：「古人用瀝青，恐地氣蒸熱，瀝青溶化，棺有偏陷，却不便。」曰：「不曾親見用瀝青利害。但書傳間多言用者，不知如何。」僩。

「風之爲物，無物不入。因解「巽爲風」。今人棺木葬在地中，少間都吹喎了，或吹翻了。」

問：「今地上安一物，雖烈風，未必能吹動。何故地如此堅厚，却吹得動？」曰：「想得在地中蘊蓄欲發，其力盛猛；及出平地，則其氣渙散矣。」或云：「恐無此理。」曰：「政和縣有一人家，葬其親於某位。葬了，但時聞壙中響聲。其家以爲地之善，故有此響。久之家業漸替，子孫貧窮，以爲地之不利，遂發視之。見棺木一邊擊觸皆損壞，其所擊觸處正當壙前之籠壙，今捲塼爲之，棺木所入之處也。」或云：「恐是水浸致然。」曰：「非也。若水浸，則安能擊觸有聲？不知此理如何。」

古人惟家廟有碑，廟中者以繫牲。塚上四角四箇，以繫索下棺；棺既下，則埋於四角，所謂「豐碑」是也。或因而刻字於其上。後人凡碑刻無不用之，且於中間穴孔，不知欲何用也。今會稽大禹廟有一碑，下廣鋭而上小薄，形製不方不圓，尚用以繫牲，云是當時葬禹之物。上有隸字，蓋後人刻之也。僩。碑。

朱子語類卷第九十

禮七

祭

如今士大夫家都要理會古禮。今天下有二件極大底事，恁地循襲：其一是天地同祭於南郊；其一是太祖不特立廟，而與諸祖同一廟。自東漢以來如此。又録云：「千五六百年無人整理。」子謂爲芻靈者善，謂爲俑者不仁。雖是前代已用物事，到不是處，也須改用教是，始得。賀孫。以下天地之祭。

古時天地定是不合祭，日月山川百神亦無合共一時祭享之禮。當時禮數也簡，儀從也省，必是天子躬親行事。豈有祭天便將下許多百神一齊排作一堆都祭！只看郊臺階級，兩邊是踏過處，中間自上排下，都是神位，更不通看。賀孫。

問先朝南、北郊之辨。曰：「如禮説『郊特牲，而社稷太牢』，書謂『用牲於郊牛二』，及

『社于新邑』，此其明驗也。故本朝後來亦嘗分南、北郊。至徽宗時，又不知何故却合爲一。」又曰：「但周禮亦只是説祀昊天上帝，不説祀后土，故先儒説祭社便是。」又問：「周禮，大司樂，冬至奏樂於圜丘以禮天，夏至奏樂於方丘以禮地。」曰：「周禮中止有此説。更有『禮大神，享大鬼，祭大祇』之説，餘皆無明文。」廣。

「天地，本朝只是郊時合祭。神宗嘗南郊祭天矣，未及次年祭地而上仙。元祐間，嘗議分祭。東坡議只合祭，引詩郊祀天地爲證，劉元城逐件駁之。秋冬祈穀之類，亦是二祭而合言之。東坡只是謂祖宗幾年合祭，一旦分之，恐致禍，其説甚無道理。元城謂子由在政府，見其論無道理，遂且罷議。後張耒輩以衆説易當時文字。徽宗時分祭，祀后土皇地示，漢時謂之『媼神』。漢武、明皇以南郊祭天爲未足，遂祭於泰山；以北郊祭地爲未足，遂祭於汾陰，立一后土廟。真宗亦皆即泰山、汾陰而祭焉。」先生曰：「分祭是。」揚。

先生因泛説祭祀，以社祭爲祀地。「諸儒云，立大社、王社，諸侯國社、侯社。五峰有此説，謂此即祭地之禮。道夫録云：「五峰言無北郊，只社便是祭地，却説得好。」周禮他處不説，只宗伯『以黄琮禮地』。注謂夏至地神在崑崙。典瑞『兩圭有邸以祀地』。注謂祀於北郊。大司樂『夏日至，於澤中方丘奏之八變，則地示可得而禮矣』。他書亦無所考。書云：『乃社于新邑，牛一、羊一。』然禮云諸侯社稷皆少牢，此處或不可曉。」賀孫。

如今郊禮合祭天地。周禮有「圜丘」、「方澤」之説，後來人却只説地便是后土，見於書傳，言郊社多矣。某看來不要如此，也自還有方澤之祭。但周禮其他處又都不説，亦未可曉。木之。

如今祀天地山川神，塑貌像以祭，極無義理。木之。

堯卿問：「社主，平時藏在何處？」曰：「向來沙隨説，以所宜木刻而爲主。某嘗辨之，後來覺得却是。但以所宜木爲主。如今世俗神樹模樣，非是將木來截作主也。以木名社，如櫟社、枌榆社之類。」又問社稷神。曰：「説得不同。或云稷是山林原隰之神，或云是穀神。看來穀神較是，社是土神。」又問：「社何以有神？」曰：「能生物，便是神也。」又曰：「周禮，亡國之神，却用刑人爲尸。一部周禮却是看得天理爛熟也。」夔孫。以下社。

程沙隨云：「古者社以木爲主，今以石爲主，非古也。」方子。

五祀：行是道路之神，伊川云是宇廊，未必然；門是門神，户是户神，與中霤、竈，凡五。古聖人爲之祭祀，亦必有其神。如孔子説：「祭如在，祭神如神在。」是有這祭，便有這神；不是聖人若有若亡，見得一半，便自恁地。但不如後世門神，便晝一箇神象如此。賀孫。以下五祀。

叔器問五祀祭行之義。曰：「行，堂塗也。古人無廊屋，只於堂階下取兩條路。五祀雖分四時祭，然出則獨祭行。及出門，又有一祭。作兩小山於門前，烹狗置之山上，祭畢，却就山邊喫，却推車從兩山間過，蓋取跋履山川之義。」舜功問：「祭五祀，想也只是當如此致敬，未必有此神。」曰：「神也者，妙萬物而言者也。盈天地之間皆神。若説五祀無神處，是甚麽道理？」叔器問：「天子祭天地，諸侯祭山川，大夫祭五祀，士庶人祭其先，此是分當如此否？」曰：「也是氣與他相關。如天子則是天地之主，便祭得那天地。若似其他人，與他人不相關後，祭箇甚麽？如諸侯祭山川，也只祭得境内底。如楚昭王病後卜云：『河爲祟。』諸大夫欲祭河，昭王自言楚之分地不及於河，河非所以爲祟。孔子所以美之云，昭王之不失國也宜哉！這便見得境外山川與我不相關，自不當祭。」又問：「如殺孝婦，天爲之旱，如何？」曰：「這自是他一人足以感動天地。若祭祀，則分與他不相關，如何祭得？」又問：「人而今去燒香拜天之類，恐也不是。」曰：「天只在我，更禱箇甚麽？一身之中，凡所思慮運動，無非是天。一身在天裏行，如魚在水裏，滿肚裏都是水。某説人家還醮無意思，一作「最可笑」。豈有斟一盃酒，盛兩箇餅，要享上帝！且説有此理無此理？某在南康祈雨，每日去天慶觀燒香。某説，且謾去。一作「且慢」。今若有箇人不經州縣，便去天子那裏下狀時，你嫌他不嫌他？你須捉來打，不合越訴。而今祈雨，却如何不祭境内山川？如何便去告上帝？」義剛。

問：「竈可祭否？」曰：「人家飲食所繫，亦可祭。」問竈尸。曰：「想是以庖人爲之。」

問祭竈之儀。曰：「亦略如祭宗廟儀。」淳。

問：「月令，竈在廟門之外，如何？」曰：「五祀皆在廟中，竈在廟門之東。凡祭五祀，皆設席於奥，而設主奠俎於其所祭之處。已乃設饌迎尸於奥。」銖。

因説：「五祀，伊川疑不祭井。古人恐是同井。」曰：「然。」可學。

古者人有遠行者，就路問祭所謂「行神」者。用牲爲兩斷，車過其中，祭了却將喫，謂之「餞禮」。用兵時，用犯軍法當死底人斬於路，却兵過其中。揚。

祖道之祭，是作一堆土，置犬羊於其上，祭畢而以車碾從上過，象行者無險阻之患也，如周禮「犯軷」是也。此是門外事。門内又有行祭，乃祀中之一也。燾。

祈雨之類，亦是以誠感其氣。如祈神佛之類，亦是其所居山川之氣可感。今之神佛所居，皆是山川之勝而靈者。雨亦近山者易至，以多陰也。揚。

古人神位皆西坐東向，故獻官皆西向拜。而今皆南向了，釋奠時，獻官猶西向拜，不知是如何？以下祀先聖。

室中西南隅乃主位。室中西牖東户。若宣聖廟室，則先聖當東向，先師南向。如周人禘嚳郊稷，嚳東向，稷南向。今朝庭宗廟之禮，情文都自相悖，不曉得。古者主位東向，配位南向，故拜即望西。今既一列皆南向，到拜時亦却望西拜，都自相背。古者用籩豆簠簋等陳於地，當時只席地而坐，故如此飲食爲便。今塑像高高在上，而祭饌反陳於地，情文全不相稱。曩者某人來問白鹿塑像，某答以州縣學是天子所立，既元用像，不可更。書院自不宜如此，不如不塑像。某處有列子廟，却塑列子膝坐於地，這必有古像。行古禮，須是參用今來日用常禮，庶或饗之。如太祖祭，用簠簋籩豆之外，又設牙盤食用椀楪之類陳於床，這也有意思，到神宗時廢了。元祐初，復用。後來變元祐之政，故此亦遂廢。賀孫。

夫子像設置於椅上，已不是，又復置在臺座上，到春秋釋奠却乃陳簠簋籩豆於地，是甚義理？某幾番說要塑宣聖坐於地上，如設席模樣，祭時却自席地。此有甚不可處？每說與人，都道差異，不知如何。某記在南康，欲於學中整頓宣聖，不能得。後說與交代云云，宣聖本不當設像，春秋祭時，只設主祭可也。今不可行，只得設像坐於地，方始是禮。寓。

先聖冕服之制殊不同。詹卿云：「衮冕畫龍於胸。」然則鷩冕之雉，毳冕之宗彝，皆畫於胸。銖。

釋奠，據開元禮，只是臨時設位，後來方有塑像。顏孟配饗，始亦分位於先聖左右，後來方並坐於先聖之東西嚮。當來所降指揮，今亦無處尋討。必大。

孔子居中，顏孟當列東坐西嚮。七十二人先是排東廡三十六人了，却方自西頭排起，當初如此。自升曾子於殿上，下面趲一位，次序都亂了。此言漳州，未知他處如何。又云：「某經歷諸處州縣學，都無一箇合禮序。」賀孫。

高宗御製七十二子贊，曾見他處所附封爵姓名，多用唐封官號。本朝已經兩番加封，如何恁地？賀孫。

謁宣聖焚香，不是古禮。拜進將捻香，不當叩首。只直上捻香了，却出笏叩首而降拜。賀孫。

釋奠散齋，因云：「陳膚仲以書問釋奠之儀。今學中儀，乃禮院所班，多參差不可用。唐開元禮却好。開寶禮只是全録開元禮，易去帝號耳。若政和五禮則甚錯。今釋奠有伯魚而無子思，又『十哲』亦皆差互，仲弓反在上。且如紹興中作七十二子贊，只據唐爵號，不知後來已經加封矣。近嘗申明之。」可學。

因論程沙隨辨五禮新儀下丁釋奠之説，而曰：「政和中編此書時，多非其人，所以差誤如此。續已有指揮改正。唐開元禮既失煩縟，新儀又多脱略。如親祠一項，開元禮中自先説將升車，執某物立車右，到某處，方説自車而降。今新儀只載降車一節，却無其先升車事前一段。既如此載後，凡親祠處段段皆然。」今行禮時，又俱無此升降之儀。必大。

孟子配享，乃荆公請之。配享只當論傳道，合以顏子、曾子、子思、孟子配。嘗欲於雲谷左立先聖四賢配，右立二程諸先生，後不曾及。在南康時，嘗要入文字從祀伯魚。以漸去任，不欲入文字理會事，但封與劉淳叟，以其爲學官，可以言之。揚。

「在漳州日，陳請釋奠禮儀，到如今只恁地白休了。子約爲藉田令，多少用意主張，諸禮官都没理會了，遂休。」坐客云：「想是從來不曾理會得，故怕理會。」曰：「東坡曾云，今爲禮官者，皆是自牛背上拖將來。今看來是如此。」因問張舅忠甫家須臾別有禮書，令還鄉日詢求之。致道云：「今以時文取官，下梢這般所在，全理會不得。」曰：「向時尚有開寶通禮科，令其熟讀此書，試時挑問。後來又做出通禮，如注釋一般。如人要治此，必須連此都記得。如問云，籩起於何時？逐一説了後，又反復論議一段，如此亦自好。漳州煞有文字，皆不得寫。如今朝廷頒行許多禮書，如五禮新儀，未是。若是不識禮，便做不識禮，且只依本寫在也得。又去杜撰，將古人處改了。」是日因看薛直老行狀中有述其初爲教官，陳請改上丁釋奠事。「蓋其見當時用下丁，故請改之。舊看古禮中有一處注云：『春用二月上丁，秋用八月下丁。』今忘記出處。向亦欲檢問象先，及漳州陳請釋奠儀，欲乞委象先，又思量渠不是要理會這般事人，故已之。」賀孫。

新書院告成，明日欲祀先聖先師，古有釋菜之禮，約而可行，遂檢五禮新儀，令具其要者以呈。先生終日董役，夜歸即與諸生斟酌禮儀。鷄鳴起，平明往書院，以廳事未備，就講堂禮。宣聖像居中，兖國公顔氏、郕侯曾氏、沂水侯孔氏、鄒國公孟氏西向配北上。並紙牌子。濂溪周先生、東一。明道程先生、西一。伊川程先生、東二。康節邵先生、西二。司馬温國文正公、東三。横渠張先生、西三。延平李先生東四。從祀。亦紙牌子。並設於地。祭儀别録。祝文别録。先生爲獻官，命賀孫爲贊，直卿、居甫分奠，叔蒙贊，敬之掌儀。堂狹地潤，頗有失儀。但獻官極其誠意，如或享之，鄰曲長幼並來陪。禮畢，先生揖賓坐，賓再起，請先生就中位開講。先生以坐中多年老，不敢居中位，再辭不獲，諸生復請，遂就位，説爲學之要。午飯後，集衆賓飲，至暮散。賀孫。

李丈問太廟堂室之制。曰：「古制是不可曉。禮説，士堂後一架爲室，蓋甚窄。架即也〔一〕。天子便待加得五七架，亦窄狹。不知周家三十以上神主位次相逼，如何行禮？室在堂後一間，後堂内左角爲户而入。西壁如今之牆上爲龕，太祖居之，東嚮。旁兩壁有牖，羣昭列於北牖下而南嚮，羣穆列於南牖下而北嚮。堂又不爲神位，而爲人所行禮之

〔一〕注文疑誤。

地。天子設黼扆於中，受諸侯之朝。」淳。義剛録同。以下天子宗廟之祭。

「祖有功而宗有德」，是爲百世不遷之廟。商六百年，只三宗，皆以有功德當百世祀，故其廟稱「宗」。至後世始不復問其功德之有無，一例以「宗」稱之。必大。

古人七廟，恐是祖宗功德者不遷。胡氏謂如此，則是子孫得以去取其祖宗。然其論續謚法，又謂謚乃天下之公義，非子孫得以私之。如此，則廟亦然。揚。

問：「漢諸儒所議禮如何？」曰：「劉歆説得較是。他謂宗不在七廟中者，謂恐有功德者多，則占了那七廟數也。」問：「文定『七廟』之説如何？」曰：「便是文定好如此硬説，如何恁地説得！且如商之三宗，若不是别立廟，後只是親廟時，何不胡亂將三箇來立？如何恰限取祖甲、太戊、高宗爲之？『祖有功，宗有德』，天下後世自有公論，不以揀擇爲嫌，所謂『名之曰「幽」、「厲」，雖孝子慈孫，百世不能改』。那箇好底自是合當宗祀，如何毁得！如今若道三宗只是親廟，則是少一箇親廟了。便是書難理會。且如成王崩後十餘日，此自是成服了，然顧命却説麻冕、黼裳、彤裳之屬，如此便是脱了那麻衣，更來著色衣。文定便説道是攝行踐阼之禮。某道，政事便可攝而行，阼豈可攝而踐！如何恁地硬説？且如元年，他便硬道不要年號。而今有年號，人尚去揩改契書之屬；若更無後，當如何？」又問：「『志一則動氣』，是『先天而天弗違』；『氣一則動志』，是『後天而奉天時』，其意如何？」曰：「他是説春秋成後致麟，先儒固亦有此説。然亦安知是作起獲麟，與文成致麟？但某意恐不恁地，這似乎不祥。若是一箇麟出後，被人打殺了，也揜采。」因言：「馬子莊道，兖州曾有一麟。」胡叔器云：「但是古老相傳，舊日開江有一白駒。」先生曰：「馬説是二十年間事。若白駒等説，是起於禹。如顔師古注『啓母石』之説，政如此。近時廣德軍張大王分明是倣這一説。」義剛。

廟，商七世，周亦七世。前漢初立三宗，後王莽并後漢末，又多加了「宗」字，又一齊亂了。唐十二廟。本朝則韓持國本退之禘祫説祀僖祖，又欲止起於太祖。其議紛紛，合起僖祖典禮，都只將人情處了，無一人斷之以公。自合只自僖祖起，後世德薄者祧之。周廟，文王在豐，武王又在一處，自合只同一處，方是。不知如何。周廟：后稷文武高曾祖考七廟。揚。

今之廟制，出於漢明帝，歷代相承不改。神宗嘗欲更張，今見於陸農師集中，史却不載。可學。

問：「諸侯廟制，太祖居北而南嚮，昭廟二在其東南，穆廟二在其西南，皆南北相重。不知當時每廟一處，或共一室各爲位也。」曰：「古廟則自太祖以下各是一室，陸農師禮象圖可考。西漢時，高帝廟、文帝顧成之廟，猶各在一處。但無法度，不同一處。至明帝謙貶，不敢自當立廟，祔於光武廟，其後遂以爲例。至唐，太廟及羣臣家廟，悉如今制，以西爲上也。至禰處謂之『東廟』，只作一列。今太廟之制亦然。」德明。

鄧子禮問：「廟主自西而列，何所據？」曰：「此也不是古禮。如古時一代，只奉之於一廟。如后稷爲始封之廟，文王自有文王之廟，武王自有武王之廟，不曾混雜共一廟。」賀孫。

諸侯有四時之祫，畢竟是祭有不及處，方如此，如春秋「有事於太廟」。太廟，便是羣祧之主皆在其中。義剛。

或問：「『遠廟爲祧』，如何？」曰：「天子七廟，如周文武之廟不祧。文爲穆，則凡後之屬乎穆者皆歸于文之廟；武爲昭，則凡後之屬乎昭者皆歸乎武之廟也。」時舉。

昭、穆，昭常爲昭，穆常爲穆。中間始祖，太廟門嚮南，兩邊分昭、穆。周家則自王季以上之主，皆祧於后稷始祖廟之夾室；自成王、昭王以下則隨昭、穆遞遷於昭、穆之首廟，至首廟而止。如周，則文王爲穆之首廟，武王爲昭之首廟。凡新崩者祔廟，則看昭、穆。但昭則從昭，穆則從穆，不交互兩邊也。又云：「諸廟皆有夾室。」

堯卿問「高爲穆」之義。曰：「新死之主，新祔便在昭這一排。且如諸侯五廟，一是太祖，便居中，二昭二穆相對。今新死者祔，則高過穆這一排對空坐；禰在昭一排，亦對空坐。以某意推之，當是如此，但禮經難考。今若看得一兩般書，猶自得；若看上三四般去，便無討頭處。如孟子當時，自無可尋處了。今看孟子考禮亦疏，理會古制亦不甚得。他只是大概説。且如説井田後，舉詩云：『雨我公田，遂及我私。』『惟助爲有公田，由此觀之，雖周亦助也。』似這般證驗，也不大故切。」安卿問：「孟子何故不甚與古合？」曰：「他只是據自家發放做，相那箇時勢做。」又問：「鄭康成注王制，以爲諸侯封國，與周禮小大不同，蓋王制是説夏商以前之制。如何？」曰：「某便是不甚信此説，恐不解有此理。且如孟子説：『夏后氏五十而貢，殷人七十而助，周人百畝而徹。』某自不敢十分信了。且如一家有五十畝田，忽然説我要添與你作七十畝，則要多少心力！蓋人家各爲定業，東阡西陌，已自定了。這五十畝中，有溝洫，有廬舍。而今忽然變更，又著分疆界，制溝洫，毀廬舍，東邊住底移過西邊，這裏住底遷過那裏，一家添得二十畝田，却勞動多少！」語至此，大聲云：「恁地天下騷然不寧，把幾多心力去做！據某看來，自古皆是百畝，不解得恁地。而今解時，只得就他下面説放那裏。淳録云：「向解孟子，且隨文如此解。」若理會著實行時，大不如此。」義剛問井田：「今使一家得百畝，而民生生無已，後來者當如何給之？」先生笑曰：「今且據見在人數給。如封建，夏商以前只是百里，到周方是諸公方五百里，諸侯方四百里，諸伯方三百里，諸子方二百里，諸男方百里。恁地却取四國地來，方添成一國。那四國又要倂地，却何處討那地來！」安卿曰：「或言夏商只有三千里，周時乃是七千里。」曰：「便是亂說。且當時在在是國，自王畿至要荒，皆然。今若要封得較大似夏商時，便著每國皆添地，却於何處頓放？此須是武王有縮地脉法始得。倂地時，便煞改徙著。許多國元在這裏底，今又著徙去那裏，宗廟社稷皆著改易。如此，天下騷然。他人各有定分土地，便肯舍著從別處去討？君舉說封疆方五百里，只是周圍五百里，徑只百二十五里，四百里者徑百里，三百里者徑七十五里，一百里者只五十里。如此看時，尚似相合。若是諸男之地方百里時，以此法推之，則止二十五里。如此，却只是一箇耆長。某便道他說只是謾人。他向來進此書，甚爲得意。淳録云：「自奇其說與王制等合。」某嘗作一篇文以闢之，逐項破其說。且當時說侯六伯七，淳録云：「本文：『方千里之地，以封侯則六侯，以封伯則七伯，以封子則二十五子，以封男則百男，其地已有定數。』此說如何可通？」如此，則所封大國自少。若是只皆百里而止，便是一千里地，只將三十同來封了，那七十同却空放那裏，却綿亘數百里皆無國！」又問：「『三分去一』之說如何？」曰：「便是不是。他們只是不曉事，解不行後，便胡說。且如川中有六七百里中置數州者，那裏地平坦，寸寸是地。如這一路，某嘗登雲谷望之，密密皆山。其中間有些子罅隙中黃白底，方是田。倂地却如何去？淳録云：「蓋百分之二，又如何三分去一！」注疏多是如此，有時到那解不行處，便說從別處去。」義剛問：「先生向時説齊魯始封時皆七百里，然孟子却説只是百里。」曰：「便是不如此。今只據齊地是『東至於海，西至於河，南至於穆陵，北至於無棣』；魯地是跨許宋之境，是有五七百里闊；時勢也是著恁地。且『禹會諸侯於塗山，執玉帛者萬國』。到周，只有千八百國，便是相并吞後，那國都大了。你却要只將百里地封他，教他入那大國罅中去。武王不柰何，只得就封他。當時也自無那閑地。緣是滅了許多國，如孟子説『驅飛廉於海隅而戮之，滅國者五十』，便是得許多空地來封許多功臣同姓之屬。孟子謂『一不朝，則貶其爵；再不朝，則削其地』。如齊，先是爽鳩氏居之，後又是某氏居之，如書所謂某氏徙於齊。這便見得當時諸侯有過，便削其地，方始得那地來封後來底。若不恁地時，那太公、周公也自無安頓處。你若不恁地，後要去取斂那地來，封我功臣與同姓時，他便敢起兵，如漢晁錯時樣子。且如孟子當時也自理會那古制不甚得。如曰『諸侯之禮，吾未之學，然而軻也嘗聞其略也』。恁地便是不曾知得子細，他當時説諸國許多事，也只是大概説如此。雖説『湯以七十里，文王以百里』，然及滕文公恁地時，又却只説『有王者作，必來取法，是爲王者師也』。元不曾説道便可王。『以齊王，猶反手也』，便是也要那國大底方做得，小底也柰何不得。而今且説道將百里地與你，教你行王政，看你做從何處起？便是某道，古時聖賢易做，後世聖賢難做。古時只是順那自然做將去，而今大故費手。」淳録此下云：「漢高祖與項羽紛争五年之間，可謂甚窘，欲殺他不能，欲住又不得，費多少心力！想不似當初做亭長時較快活。」良久，問諸生曰：「當劉項恁地紛争時，設使堯舜湯武居其時，當如何？是戰好，是不戰好？」安卿曰：「湯武是仁義素孚於民，人自然歸服，不待戰。」曰：「他而今不待你素孚。秦當時收盡天下，尺地一民，皆爲己有，你仁義如何地得素孚？淳録云：「何處討地來行仁政？如何得素孚於民？」如高祖之徒，皆是起於田里。若使湯武居之，當如何地勝得秦？」安卿曰：「以至仁伐至不仁，以至義伐至不義，自是勝。」曰：「固是如此。如秦，可謂不仁不義。當時所謂『更遣長者扶義而西』，也是做這意思做。但當時諸侯入關，皆被那章邯連併敗了。及高祖入去，緣路教無得鹵掠，如此之屬，也是恁地做了。然他入去後，又尚要設許多詭計，誘那秦將之屬，後方入得。設使湯武居之，還是恁地做，不恁地做？今且做秦是不仁不義，可以勝。那項籍出來紛争許多時，却如何對他？還是與他廝殺？若不與廝殺，便被他殺了；若與他廝殺時，還是不殺人麽？當此時是天理，是人欲？恁地看來，是未有箇道理。湯武在那時，也須著百端去思量，與他區處。但而今看來，也未有箇道理。」胡叔器問：「太公、吕后當時若被項羽殺了，如何？」曰：「不特此一事，當時皆是如此，便是太費調護。」徐顧林擇之云：「項羽恁地粗暴，當時捉得太公，如何不殺了？」擇之曰：「羽也有斟酌，他怕殺了反重其怨。」曰：「便是項羽也有商量，高祖也知他必不殺，故放得心下。項羽也是團量了高祖，故不敢殺。若是高祖軟弱，當時若敵他不過時，他從頭殺來是定。」義剛曰：「孔明誘奪劉璋地，也似不義。或者因言渠雜學伯道，所以後將申商之説教劉禪。」曰：「便是適間説後世聖賢難做，動著便是恁地粘手惹脚。」次日言：「某夜來思量那高祖其初入關後，恁地鎮撫那人民；及到灞上，又不入秦府庫取財貨美女之屬，皆是。後來被項羽王他巴蜀、漢中，他也入去，這箇也是。未幾，便出來定三秦，已自侵占别人田地了。但是那三降王不足以王秦，却也是定。若是奪得那關中便也好住，便且關了關門，守得那裏面底也得。又不肯休，又去尋得弑義帝説話出來，這箇尋得也是，若湯武也不肯放過。但既尋得這箇説話，便只依傍這箇做便是。却又率五諸侯，合得五十六萬兵走去彭城，日日去喫酒，取那美人，更不理會，却被項羽來殺得狼當走，湯武便不肯恁地。自此後，名義壞盡了。從此去，便只是胡做胡殺了。」文定謂『惜乎假之未久而遽歸』者，此也。這若把與湯武做時，須做得好，定是不肯恁地。」義剛問：「高祖因閉關後，引得項羽怒。若不閉時，却如何？」先生笑曰：「只是見他頭勢來得惡後，且權時關閉著，看他如何地。」義剛。淳録少異，作數條。

禮，宗廟只是一君一嫡后。自錢惟演佞仁祖，遂以一嫡同再立后，更以仁主所生后配，後遂以爲例而禮亂矣。臣民禮亦只是一嫡配，再正娶者亦尚可。婢而生子者，婢之子主祭，只祭嫡正，其所生當别祭。揚。

古者各有始祖廟，以藏祧主。如適士二廟，各有門、堂、寢，各三間，是十八間屋。今士人如何要行得！賀孫。以下士。

古命士得立家廟。家廟之制，内立寢廟，中立正廟，外立門，四面牆圍之。非命士止祭於堂上，只祭考妣。伊川謂，無貴賤皆祭自高祖而下，但祭有豐殺疏數不同。廟嚮南，坐皆東嚮。自天子以至於士，皆然。伊川於此不審，乃云「廟皆東嚮，祖先位面東」，自廳側直東入其所，反轉面西入廟中。其制非是。古人所以廟面〔一〕東嚮坐者，蓋户在東，牖在西，坐於一邊，乃是奧處也。揚。

唐大臣長安立廟，後世子孫，必其官至大臣，乃得祭其廟，此其法不善也。只假一不理選限官與其子孫，令祭其廟爲是。揚。

唐大臣皆立廟於京師。本朝惟文潞公法唐杜佑制，立一廟在西京。雖如韓司馬家，亦不曾立廟。杜佑廟，祖宗時尚在長安。揚。

問：「家廟在東，莫是親親之意否？」曰：「此是人子不死其親之意。」問：「大成殿又却在學之西，莫是尊右之義否？」曰：「未知初意如何。本朝因仍舊制，反更率略，較之唐

〔一〕「面」，賀疑當作「内」。

制，尤没理會。唐制猶有近古處，猶有條理可觀。且如古者王畿之内，髣髴如井田規畫。中間一圈便是宮殿，前圈中左宗廟，右社稷，其他百官府以次列居，是爲前朝。後中圈爲市，不似如今市中，家家自各賣買；乃是官中爲設一去處，令凡民之賣買者就其處，若今場務然，無游民雜處其間。更東西六圈，以處六鄉六遂之民。耕作則出就田中之廬，農功畢則入此室處。唐制頗放此，最有條理。城中幾坊，每坊各有牆圍，如子城然。一坊共一門出入，六街。凡城門坊角，有武侯鋪，衞士分守。日暮門閉。五更二點，鼓自内發，諸街鼓，城振坊市門皆啓。若有姦盜，自無所容。蓋坊内皆常居之民，外面人來皆可知。如殺宰相武元衡於靖安里門外，分明宰元衡入朝，出靖安里，賊乘暗害之。亦可見坊門不可胡亂入，只在大官街上被殺了。如那時措置得好，官街邊都無閑雜賣買，汙穢雜揉。所以杜詩云：『我居巷南子巷北，可恨鄰里間，十日不見一顔色！』亦見出一坊，入一坊，非特特往來不可。」賀孫。

問：「先生家廟，只在廳事之側。」曰：「便是力不能辦。古之家廟甚闊，所謂『寢不踰廟』是也。」「祭時移神主於正堂，其位如何？」曰：「只是排例以西爲上。」「祫祭考妣之位如何？」曰：「太祖東嚮，則昭、穆之南嚮北嚮者，以西方爲上；則昭之位次，高祖西而妣東，祖西而妣東，是祖母與孫並列，於體爲順。若余正父之説，則欲高祖東而妣西，祖東而妣西，則是祖與孫婦並列，於體爲不順。彼蓋據漢儀中有高祖南嚮，呂后少西，更不取證於經文；而獨取傳注中之一二，執以爲是，斷不可回耳。」人傑。

先生云：「欲立一家廟，小五架屋。以後架作一長龕堂，以板隔截作四龕堂，堂置位牌，堂外用簾子。小小祭祀時，亦可只就其處。大祭祀則請出，或堂或廳上皆可。」揚。

家廟要就人住居。神依人，不可離外做廟。又在外時，婦女遇雨時難出入。揚。

問：「祧主當遷何地？」曰：「便是這事難處。漢唐人多瘞於兩階之間。然今人家廟亦無所謂兩階者。兩階之間，以其人跡不踏，取其潔耳。」問：「各以昭、穆瘞於祖宗之墳，如何？」曰：「唐人亦有瘞於寢園者。但今人墳墓又有太遠者，恐難用耳。頃在朝，因僖祖之祧，與諸公争辨，幾至喧忿。後來因是去國，不然，亦必爲人論逐。當時全不曾商議，只見劉智夫崇之，時爲太常卿。來言，欲祧僖祖。某問：『欲祧之何所？』劉曰：『正未有以處，因此方詔集議。』某論卒不合。後來竟爲别廟于太廟之側，奉僖祖、宣祖祧主，藏之於别廟。不知祫禘時如何。這都行不得。若禘祫太祖之廟，不成教祖宗來就子孫之廟！若移太祖之主合禘於别廟，則太祖復不得正東嚮之位，都行不得。治平間曾如此祧了。及至熙寧，章衡上疏論僖祖不當祧，想其論是主王介甫。然其論甚正。介甫嘗上疏云，皇家僖祖，正如周家之稷契〔一〕，皆爲始祖百世不遷之廟。今替其祀，而使下祔於子孫之夾室，非所謂『事亡如事存，事死如事生』，而順祖宗之孝心也。此論甚正，後來復僖祖之廟。某當時之論，正用介甫之意。某謂僖祖當爲始祖百世不遷之廟，如周之后稷，而太祖、太宗則比周之文武，有何不可？而趙丞相一向不從。當時如樓大防、陳君舉、謝深甫力主其説，而彭子壽、孫從之之徒，又從而和之。或云：『太祖取天下，何與僖祖事？』某應之曰：『諸公身自取富貴，致位通顯，然則何用封贈父祖邪？』又，許及之上疏云：『太祖皇帝開基，而不得正東向之位，雖三尺童子亦爲之不平！』其鄙陋如此！後來集議，某度議必不合，遂不曾與議，却上一疏論其事，趙丞相又執之不下。某數問之，亦不從。後來歸家，亦數寫書去問之：『何故不降出？』亦不從。後已南遷，而事定矣。僖祖、翼祖、順祖、宣祖，中間嘗祧去翼祖，所以不諱『敬』字得幾時。及蔡京建立九廟，遂復取還翼祖，以足九廟之數。後來渡江，翼祖、順祖廟已祧去。若論廟數，則自祧僖祖之外，由宣祖以至孝廟，方成九數，乃併宣祖而祧之！某嘗聞某人云：『快便難逢，不如祧了，且得一件事了。』其不恭敢如此，某爲之駭然！以下祧。

〔一〕賀疑誤。

問祧禮。曰：「天子諸侯有太廟夾室，則祧主藏於其中。今士人家無此，祧主無可置處。禮注説藏於兩階間，今不得已，只埋於墓所。」問：「有祭告否？」曰：「横渠説三年後祫祭於太廟，因其祭畢還主之時，遂奉祧主歸於夾室，遷主、新主皆歸於廟。鄭氏周禮注大宗伯享先王處，亦有此意，今略放而行之。」問：「考妣入廟有先後，則祧以何時？」曰：「妣先未得入廟，考入廟則祧。」宗伯注曰：「魯禮，三年喪畢而祫於太祖。明年春，禘於羣廟。自爾以後，率五年而再殷祭，一祫一禘。」王制注亦然。義剛。

胡兄問祧主置何處。曰：「古者始祖之廟有夾室，凡祧主皆藏之於夾室，自天子至於士庶皆然。今士庶之家不敢僭立始祖之廟，故祧主無安頓處。只得如伊川説，埋於兩階之間而已。某家廟中亦如此。兩階之間，人跡不到，取其潔爾。今人家廟亦安有所謂兩階？但擇浄處埋之可也。思之，不若埋於始祖墓邊。緣無箇始祖廟，所以難處，只得如此。」僩。

問：「祧主，諸侯於祫祭時祧。今士人家無祫祭，只於四時祭祧，仍用祝詞告之，可否？」曰：「默地祧，又不是也。古者適士二廟，廟是箇大臺。特牲饋食禮有宗、祝等許多官屬，祭祀時禮數大。今士人家無廟，亦無許大禮數。」淳。

春秋時宗法未亡。如滕文公云：「吾宗國魯先君。」蓋滕，文之昭也。文王之子武王既爲天子，以次則周公爲長，故滕謂魯爲「宗國」。又如左氏傳載：「女喪而宗室，於人何有？」如三桓之後，公父文伯、公鉏、公爲之類，乃季氏之小宗；南宮适之類，孟氏之小宗。今宗室中多帶「皇兄」、「皇叔」、「皇伯」等冠於官職之上，非古者不得以戚戚君之意。本朝王定國嘗言之，欲令稱「某王孫」，或「曾孫」，或「幾世孫」。有如越王派下，則當云「越王幾世孫」。如此，則族屬易識，且無戚君之嫌，亦自好。後來定國得罪，反以此論爲離間骨肉。今宗室散無統紀，名諱重疊，字號都窮了，更無安排處。楊子直嘗欲用「季宗」，趙丞相以爲季是叔、季，意不好，遂不用。賀孫。以下宗法。

「宗子只得立適，雖庶長，立不得。若無適子，則亦立庶子，所謂『世子之同母弟』。世子是適，若世子死，則立世子之親弟，亦是次適也，是庶子不得立也。本朝哲廟上仙，哲廟弟有申王，次端王，次簡王，乃哲廟親弟。當時章厚欲立簡王。是時向后猶在，乃曰『老身無子，諸王皆』云云。當以次立申王，目眇不足以視天下，乃立端王，是爲徽宗。章厚殊不知禮意。同母弟便須皆是適子，方可言。既皆庶子，安得不依次第！今臣庶家要立宗也難。只是宗室，與襲封孔氏、柴氏，當立宗。今孔氏、柴氏襲封，只是兄死弟繼，只如而今門長一般，大不是。」又曰：「今要立宗，亦只在人，有甚難處？只是而今時節，更做事不得，柰何！柰何！如伊川當時要勿封孔氏，要將朝廷所賜田五百頃一處給作一『奉聖鄉』，而呂原明便以爲不可，不知如何。漢世諸王無子國除，不是都無子，只是無適子，便除其國。不知是如何。恐只是漢世不柰諸侯王何，幸因他如此，便除了國。」賀孫。

余正甫前日堅説一國一宗。某云：「一家有大宗，有小宗，如何一國却一人？」渠高聲抗爭。某檢本與之看，方得口合。賀孫。

大宗法既立不得，亦當立小宗法，祭自高祖以下，親盡則請出高祖就伯叔位，服未盡者祭之。㛐則別處，令其子私祭之。今世禮全亂了。揚。

祭祀，須是用宗子法，方不亂。不然，前面必有不可處置者。揚。

呂與叔謂合族當立一空堂，逐宗逐番祭，亦杜撰也。揚。

父在主祭，子出仕宦不得祭。父没，宗子主祭。庶子出仕宦，祭時其禮亦合減殺，不得同宗子。揚。

宗子法，雖宗子庶子孫死，亦許其子孫別立廟。揚。

「古者宗法有南宮、北宮，便是不分財，也須異爨。今若同爨，固好；只是少間人多了，又却不齊整，又不如異爨。」問：「陸子静家有百餘人喫飯。」曰：「近得他書，已自別架屋，便也是許多人無頓著處。」又曰：「見宋子蜚説，廣西賀州有一人家共一大門，門裏有兩廊，皆是子房，如學舍、僧房。每私房有人客來，則自辦飲食，引上大廳，請尊長伴五盞後，却回私房，别置酒。恁地却有宗子意，亦是異爨。見説其族甚大。」又曰：「陸子静始初理會家法，亦齊整：諸父自做一處喫飯，諸母自做一處喫飯，諸子自做一處，諸婦自做一處，諸孫自做一處，孫婦自做一處，卑幼自做一處。」或問：「父子須異食否？」曰：「須是如此。亦須待父母食畢，然後可退而食。」問：「事母亦須然否？」曰：「須如此。」問：「有飲宴，何如？」曰：「這須同處。如大饗，君臣亦同坐。」賀孫。

用之問祭用尸之意。曰：「古人祭祀無不用尸，非惟祭祀家先用尸，祭外神亦用尸。不知祭天地如何，想惟此不敢爲尸。杜佑説，古人用尸者，蓋上古朴陋之禮，至聖人時尚未改，文蔚録云：「是上古朴野之俗，先王制禮是去不盡者。」相承用之。至今世，則風氣日開，朴陋之禮已去，不可復用，去之方爲禮。而世之迂儒必欲復尸，可謂愚矣！杜佑之説如此。今蠻夷猺洞中有尸之遺意，每遇祭祀鬼神時，必請鄉之魁梧姿美者爲尸，而一鄉之人相率以拜祭。爲之尸者，語話醉飽。每遇歲時，爲尸者必連日醉飽。此皆古之遺意。嘗見崇安余宰，邵武人，説他之鄉里有一村名密溪，去邵武數十里。此村中有數十家，事所謂『中王』之神甚謹。所謂『中王』者，每歲以序輪一家之長一人爲『中王』，周而復始。凡祭祀祈禱，必請中王坐而祠之，歲終則一鄉之父老合樂置酒，請新舊中王者講交代之禮。此人既爲中王，則一歲家居寡出，恭謹畏慎，略不敢爲非，以副一村祈向之意。若此村或有水旱災沴，則人皆歸咎於中王，以不善爲中王之所致。此等意思，皆古之遺聞。近來數年，此禮已廢矣。看來古人用尸自有深意，非朴陋也。」陳丈云：「蓋不敢死其親之意。」曰：「然。」用之云：「祭祀之禮，酒肴豐潔，必誠必敬，所以望神之降臨，乃歆響其飲食也。若立之尸，則爲尸者既已享其飲食，鬼神豈復來享之！如此却爲不誠矣。」曰：「此所以爲盡其誠也。蓋子孫既是祖宗相傳一氣下來，氣類固已感格。而其語言飲食，若其祖考之在焉，則有以慰其孝子順孫之思，而非恍惚無形想象不及之可比矣。古人用尸之意，所以深遠而盡誠，蓋爲是耳。今人祭祀但能盡誠，其祖考猶來格。況既是他親子孫，則其來格也益速矣。」因言：「今世鬼神之附著生人而説話者甚多，亦有祖先降神於其子孫者。又如今之師巫，亦有降神者。蓋皆其氣類之相感，所以神附著之也。周禮祭墓則以墓人爲尸，亦是此意。」子蒙。以下尸。

古人用尸，本與死者是一氣，又以生人精神去交感他那精神，是會附著歆享。杜佑説古人質朴，立尸爲非禮。今蠻夷中猶有用尸者。

李堯卿問：「今祭欲用尸，如何？」曰：「古者男女皆有尸。自周以來不見説有女尸，想是漸次廢了。這箇也嶢崎。古者君迎尸，在廟門之外，則全臣子之禮；在廟門之内，則君拜之。杜佑説，上古時中國但與夷狄一般，後出聖人改之有未盡者，尸其一也。蓋今蠻洞中猶有此，但擇美丈夫爲之，不問族類。事見杜佑所作理道要訣末篇。」義剛。

古者立尸必隔一位。孫可以爲祖尸，子不可以爲父尸，以昭、穆不可亂也。義剛。

或問：「古人祫祭時，每位有尸否？」曰：「固是。周家旅酬六尸，是每位皆一尸也。古者主人獻尸，尸酢主人。開元禮猶如此，每獻一位畢，則尸便酢主人；受酢已，又獻第二位。不知甚時緣甚事後廢了。到本朝，都把這樣禮數併省了。」

問：「設尸法如何？」曰：「每一神位是一尸。但不知設尸時，主頓在何處。祭時尸自食其物。若獻罷，則尸復勸主人，而凡行禮等人與祭事者皆得食。當初獻時，尚自齊整。至三獻後，人皆醉了，想見勞攘。」先生説至此，笑曰：「便是古人之禮，也不可曉。所以夫子説禘自既灌，則不欲觀。想只是灌時有些誠意。且如祭祖，自始祖外皆旅酬。如此，自是不解嚴肅。如大夫雖無灌禮，然亦只是其初祭時齊整，後面自勞攘。」今按：此條亦爲後世言之耳。若是古祭祀，自始至終一於誠敬，無不嚴肅，讀者不可泥也。義剛。

或問：「妣有尸否？」曰：「一處説無尸，又有一處説有男尸，有女尸。亦不知廢於甚時。古者不用尸，則有陰厭。書儀中所謂『闔門垂簾』是也，欲使神靈厭飫之也。」廣。

男用男尸，女用女尸，隨祖先數目列祭。若其家止有一人，全無骨肉子孫之類，又不知如何。程先生言：「古人之用尸也質。」意謂今不用亦得。揚。

神主之位東向，尸在神主之北。銖。

問山川之尸。曰：「儀禮，周公祭太山，以召公爲尸。」義剛。

問：「祭五祀皆有尸。祀竈，則以誰爲尸？」曰：「今亦無可考者。但如墓祭，則以塚人爲尸。以此推之，則祀竈之尸，恐是膳夫之類；祀門之尸，恐是閽人之類；又如祀山川，則是虞衡之類。」問尸之坐立。曰：「夏立尸，商坐尸，周旅酬六尸。后稷之尸不旅酬。」問祭妣之尸。曰：「婦人不立尸，却有明文。」又曰：「古者以先王衣服藏之廟中，臨祭則出以衣尸。如后稷之衣，到周時恐已不在，亦不可曉。」儒用。

問：「程氏主式，士人家可用否？」曰：「他云，已是殺諸侯之制。士人家用牌子。」曰：「牌子式當如何？」曰：「温公用大板子。今但依程氏古式，而勿陷其中，可也。」淳。以下主式。

伊川木主制度，其剡刻開竅處，皆有陰陽之數存焉。信乎其有制禮作樂之具也！方。

伊川制，士庶不用主，只用牌子。看來牌子當如主制，只不消做二片相合，及竅其旁以通中。賀孫。

問：「庶人家亦可用主否？」曰：「用亦不妨。且如今人未仕，只用牌子，到仕後不中換了。若是士人只用主，亦無大利害。」又問：「祧主當如何？」曰：「當埋之於墓。其餘祭儀，諸家祭禮已備具矣。如欲行之，可自仔細考過。」

堯卿問士牌子式。曰：「晉人制長一尺二分，博四寸五分，亦太大。不如只依程主外式，然其題則不能如陷中之多矣。」義剛。

直卿問：「神主牌，先生夜來説荀勗禮未終。」曰：「温公所製牌，闊四寸，厚五寸八分，錯了。據隋煬帝所編禮書有一篇荀勗禮，乃是云：『闊四寸，厚五寸，八分大書「某人神座」。』不然，只小楷書亦得。後人相承誤了，却作『五寸八分』爲一句。」義剛。

無爵曰「府君、夫人」，漢人碑已有，只是尊神之辭。府君，如官府之君，或謂之「明府」。今人亦謂父爲「家府」。義剛。淳同。

古人祭禮次喪禮，蓋謂從那始作重時，重用木，司馬儀用帛。便做那祭底道理來。後來人却移祭禮在喪之前，不曉這箇意思。植。以下論家祭。

安卿問：「人於其親始死，則復其魂魄；又爲重，爲主，節次尊祭，所以聚其精神，使之不散。若親死而其子幼稚，或在他鄉，不得盡其萃聚之事，不知後日祭祀，還更萃得他否？」曰：「自家精神自在這裏。」義剛。

問：「祭禮，古今事體不同，行之多窒礙，如何？」曰：「有何難行？但以誠敬爲主，其他儀則，隨家豐約。如一羹一飯，皆可自盡其誠。若温公書儀所説堂室等處，貧家自無許多所在，如何要行得？據某看來，苟有作者興禮樂，必有簡而易行之理。」賀孫。

今之冠昏禮易行，喪祭禮繁多，所以難行。使聖人復出，亦必理會教簡要易行。今之祭禮，豈得是古人禮？唐世三獻官隨獻，各自飲福受胙。至本朝便都只三獻後，方始飲福受胙，也是覺見繁了，故如此。某之祭禮不成書，只是將司馬公者減却幾處。如今人飲食，如何得恁地多？横渠説「墓祭非古」，又自撰墓祭禮，即是周禮上自有了。賀孫。

古禮，於今實是難行。當祭之時獻神處少，只祝酌奠。卒祝、迎尸以後，都是人自食了。主人獻尸，尸又酢主人，酢主婦，酢祝，及佐食、宰、贊、衆賓等，交相勸酬，甚繁且久，所以季氏之祭至於繼之以燭。竊謂後世有大聖人者作，與他整理一過，令人蘇醒，必不一一如古人之繁，但放古人大意，簡而易行耳。温公儀人所憚行者，只爲閑辭多，長篇浩瀚，令人難讀，其實行禮處無多。某嘗修祭儀，只就中間行禮處分作五六段，甚簡易曉。後被人竊去，亡之矣。淳。李丈問：「祭儀更有修改否？」曰：「大概只是温公儀，無修改處。」

楊通老問祭禮。曰：「極難。且如温公所定者，亦自費錢。温公祭儀，庶羞麪食米食共十五品。今須得一簡省之法，方可。」𤦺。

問：「舊嘗收得先生一本祭儀，時祭皆是卜日。今聞却用二至、二分祭，如何？」曰：「卜日無定，慮有不虔。温公亦云，只用分、至亦可。」問：「如此，則冬至祭始祖，立春祭先祖，季秋祭禰，此三祭如何？」曰：「覺得此箇禮數太遠，似有僭上之意。」又問：「禰祭如何？」曰：「此却不妨。」廣。

問：「時祭用仲月清明之類。或是先世忌日，則如之何？」曰：「却不思量到，古人所以貴於卜日也。」過。

家祭須致齊，當官者只得在告一日。若沿檄他出，令以次人代祭，可也。必大。

遇大時節，請祖先祭於堂或廳上，坐次亦如在廟時排定。祔祭旁親者，右丈夫，左婦女。坐以就裏爲大。凡祔於此者，不從昭、穆了，只以男女左右大小分排。在廟，却各從昭、穆祔。

排祖先時，以客位西邊爲上。高祖第一，高祖母次之，只是正排看正面，不曾對排。曾祖、祖、父皆然。其中有伯叔、伯叔母、兄弟、嫂婦無人主祭而我爲祭者，各以昭、穆論。如祔祭伯叔，則祔於曾祖之傍一邊，在位牌西邊安；伯叔母則祔曾祖母東邊安；兄弟、嫂、妻、婦則祔於祖母之傍。伊川云「曾祖兄弟無主者亦不祭」，不知何所據而云。伊川云「只是以義起也」。揚。

古人祭祀，只是席地。今祭祀時，須一椅一桌，木主置椅上。如一派排不足，只相對坐亦得。然對其前不得拜，謂所在窄了。須逐位取出，酒就外酹。揚。

祭只三獻：主人初獻，嫡子亞獻，或主婦。庶子弟終獻。或嫡孫。執祭人排列，皆從温公禮。韓魏公禮不同。揚。賀孫録云：「未有主婦，則弟爲亞獻，弟婦得爲終獻。」

朔旦家廟用酒菓，望旦用茶。重午、中元、九日之類，皆名俗節。大祭時，每位用四味，請出木主。俗節小祭，只就家廟，止二味。朔旦俗節，酒止一上，斟一盃。揚。

問：「有田則祭，無田則薦，如何？」曰：「温公祭禮甚大，今亦只是薦。然古人薦用首月，祭用仲月，朝廷却用首月。」揚。

諸家禮皆云，薦新用朔。朔、新如何得合？但有新即薦於廟。揚。

温公書儀以香代爇蕭。楊子直不用，以爲香只是佛家用之。義剛。

問：「酹酒是少傾？是盡傾？」曰：「降神是盡傾。然温公儀降神一節，亦似僭禮。大夫無灌獻，亦無爇蕭。灌獻爇蕭，乃天子諸侯禮。爇蕭欲以通陽氣，今太廟亦用之。或以爲焚香可當爇蕭。然焚香乃道家以此物氣味香而供養神明，非爇蕭之比也。」義剛。

飲福受酢，即尸酢主人之事。無尸者，則有陰厭、陽厭。旅酬從下面勸上，下至直疊洗者，皆得與獻酬之數。方子。

問：「生時男女異席，祭祀亦合異席。今夫婦同席，如何？」曰：「夫婦同牢而食。」文蔚。

夫祭妻，亦當拜。義剛。

先生每祭不燒紙，亦不曾用帛。

先生家祭享不用紙錢。凡遇四仲時祭，隔日滌椅桌，嚴辦。次日侵晨，已行事畢。過。

問：「祭祀焚幣如何？」曰：「祀天神則焚幣，祀人鬼則瘞幣。人家祭祀之禮要焚幣，亦無稽考處。若是以尋常焚真衣之類爲是，便不當只焚真衣，著事事做去焚，但無意義。只是焚黄，若本無官，方贈初品，及贈到改服色處，尋常人家做去焚，然亦無義耳。」㽦。

或問：「祖宗非士人，而子孫欲變其家風以禮祭之，祖宗不曉，却如何？」曰：「如何議論得恁地差異！公曉得不曉得？」淳録云：「公曉得，祖先便曉得。」義剛。

人家族衆不分合祭，或主祭者不可以祭及叔伯之類，則須令其嗣子別得祭之。今且説同居，同出於曾祖，便有從兄弟及再從兄弟了。祭時主於主祭者，其他或子不得祭其父母。若恁地滚做一處祭，不得。要好，當主祭之嫡孫，當一日祭其曾祖及祖及父，餘子孫與祭。次日，却令次位子孫自祭其祖及父。又次日，却令又次位子孫自祭其祖及父。此却有古宗法意。古今祭禮，這般處皆有之。某後來更討得幾家，要入未得。如今要知宗法祭祀之禮，須是在上之人先就宗室及世族家行了，做箇樣子，方可使以下士大夫行之。賀孫。以下主祭。

某自十四歲而孤，十六而免喪。是時祭祀，只依家中舊禮，禮文雖未備，却甚齊整。先妣執祭事甚虔。及某年十七八，方考訂得諸家禮，禮文稍備。是時因思古人有八十歲躬祭事拜跪如禮者。常自期，以爲年至此時，當亦能如此。在禮雖有「七十曰老，而傳」，則祭祀不預之説，然亦自期儻年至此，必不敢不自親其事。然自去年來，拜跪已難，至冬間益艱辛。今年春間僅能立得住，遂使人代拜，今立亦不得了。然七八十而不衰，非特古人，今人亦多有之，不知某安得如此衰也！僩。

問「支子不祭」。曰：「不當祭。」問：「横渠有季父之喪，三廢時祀，却令竹監弟爲之。緣竹監在官，無持喪之事，如此則支子亦祭。」曰：「這便是横渠有礙處，只得不祭。」因説：「古人持喪，端的是持喪，如不食粥。」淳。

問士祭服。曰：「應舉者用襴衫幞頭，不應舉者用皂衫幞頭。」問：「皂衫帽子如何？」曰：「亦可。然亦只當凉衫。中間朝廷一番行冠帶後，却自朝官先廢了。崇觀間，莆人朱給事子入京，父令過錢塘謁故人某大卿。初見以衫帽。及宴，亦衫帽，用大樂。酒一行，樂一作，主人先釂，遂兩手捧盞側勸客。客亦釂，主人捧盞不移，義剛録云：「依舊側盞不移。」至樂罷而後下。及五盞歇坐，請解衫帶，著背子，不脱帽以終席。來歸語其父。父曰：『我所以令汝謁見者，欲汝觀前輩禮儀也。』此亦可見前輩風俗。今士大夫殊無有衫帽者。嘗有某人作郡，作衫帽之禮，監司不喜，以他故按之。」淳。義剛同。士祭服。

叔器問：「士庶當祭幾代？」曰：「古時一代即有一廟，其禮甚多。今於禮制大段虧缺，而士庶皆無廟。但温公禮祭三代，伊川祭自高祖，始疑其過。要之，既無廟，又於禮煞缺，祭四代亦無害。」義剛問：「東坡『小宗』之説如何？」曰：「便是祭四代，蓋自己成一代説起。」仲蔚問：「『郵表畷』，不知爲何神？」曰：「却不曾子細考。東坡以爲猶如戲。」又問：「中霤是何處？」曰：「上世人居土屋，中間開一天窗，此便是中霤。後人易爲屋，不忘古制，相承亦有中霤之名。今之中霤，但當於室中祭之。」張以道問：「蜡便是臘否？」曰：「模樣臘自是臘，蜡自是蜡。」義剛曰：「臘之名，至秦方有。」義剛。以下論士祭世數。

問：「天子七廟，諸侯五廟，大夫三廟，士二廟，官師一廟。若只是一廟，只祭得父母，更不及祖矣，無乃不盡人情？」曰：「位卑則流澤淺，其理自然如此。」文蔚曰：「今雖士庶人家亦祭三代，如此，却是違禮。」曰：「雖祭三代，却無廟，亦不可謂之僭。古之所謂廟者，其體面甚大，皆是門、堂、寢、室，勝如所居之宫，非如今人但以室爲之。」文蔚。

問祭禮。曰：「古禮難行，且依温公，擇其可行者行之。祭土地，只用韓公所編。祇一位。祭祖，自高祖而下，如伊川所論。古者祇祭考妣，温公祭自曾祖而下。伊川以高祖有服，所當祭，今見於遺書者甚詳。此古禮所無，創自伊川，所以使人盡孝敬追遠之義。」驤。

問："遺書云：『尋常祭及高祖。』"曰："天子則以周人言，上有太祖二祧。大夫則於祫及其高祖。"可學〔一〕。

堯卿問始祖之祭。曰："古無此。伊川以義起。某當初也祭，後來覺得僭，遂不敢祭。古者諸侯只得祭始封之君，以上不敢祭。大夫有大功，則請於天子，得祭其高祖；然亦止得祭一番，常時不敢祭。程先生亦云，人必祭高祖，只是有疏數耳。"又問："今士庶亦有始基之祖，莫亦只祭得四代，但四代以上則可不祭否？"曰："如今祭四代已爲僭。古者官師亦只得祭二代，若是始基之祖，莫亦只存得墓祭。"義剛。以下祭始祖、先祖。

余正父謂："士大夫不得祭始祖，此天子諸侯之禮。若士大夫當祭，則自古無明文。"又云："大夫自無太祖。"先生因舉春秋如單氏、尹氏，王朝之大夫，自上世至後世，皆不變其初來姓號，則必有太祖。又如季氏之徒，世世不改其號，則亦必有太祖。余正父謂："此春秋時，自是世卿不由天子，都没理會。"先生云："非獨是春秋時，如詩裏説『南仲太祖，太師皇父』，南仲是文王時人，到宣王時爲太祖。不知古者世禄不世官之説如何？又如周公之後，伯禽已受封於魯，而周家世有周公，如春秋云：『宰周公。』這般所在，自曉未

〔一〕賀疑此條有誤。

得。」賀孫。

問：「冬至祭始祖，是何祖？」曰：「或謂受姓之祖，如蔡氏，則蔡叔之類。或謂厥初生民之祖，如盤古之類。」曰：「立春祭先祖，則何祖？」曰：「自始祖下之第二世，及己身以上第六世之祖。」曰：「何以只設二位？」曰：「此只是以意享之而已。」淳。

李問至日始祖之祭初獻事。曰：「家中尋常只作一番安排。想古人也不恁地，却有三奠酒；或有脯醢之屬，因三奠中進。」遂問：「始祖是隨一姓有一始祖？或只是一始祖？」曰：「此事亦不可得而見。想開闢之時，只是生一箇人出來。」淳略。

用之問：「先生祭禮，立春祭高祖而上，只設二位。若古人祫祭，須是逐位祭？」曰：「某只是依伊川說。伊川禮更略。伊川所定，不是成書。温公儀却是做成了。」賀孫。

伊川時祭止於高祖，高祖而上，則於立春設二位統祭之，而不用主，此說是也。却又云，祖又豈可厭多？苟其可知者，無遠近多少，須當盡祭之。疑是初時未曾討論，故有此說。道夫。

問：「祭先祖，用一分如何？」曰：「只是一氣。若影堂中各有牌子，則不可。」可學。

家廟之制，伊川只以元妃配享。蓋古者只是以媵妾繼室，故不容與嫡並配。後世繼室，乃是以禮聘娶，自得爲正。故唐會要中載顔魯公家祭，有並配之儀。必大。以下配祭。

古人無再娶之禮，娶時便有一副當人了，嫡庶之分定矣，故繼室於正室不可並配。今人雖再娶，然皆以禮聘，皆正室也。祭於別室，恐未安。如伊川云，奉祀之人是再娶所生，則以所生母配。如此，則是嫡母不得祭矣。此尤恐未安。大抵伊川考禮文，却不似橫渠考得較仔細。伯羽。〔砥〕〔一〕同。

居父問祖妣配祭之禮。先生檢古今祭禮唐元和一段示之。賀孫。

妣者，媲也。祭所生母，只當稱母，則略有別。砥。祭生母。

無後之祭，伊川說在古今家祭禮中。閎祖。以下祭無後者。

問無後祔食之位。曰：「古人祭於東西廂。今人家無東西廂，某家只位於堂之兩邊。祭食則一。但正位三獻畢，然後使人分獻一酌而已，如今學中從祀然。」義剛。

李守約問：「祭殤，幾代而止？」曰：「禮經無所見。只程氏遺書一段說此，亦是以義起。」義剛。祭殤。

一之問：「長兄死，有義嫂無子，不持服，歸父母。未幾，亦死於父母家。嫂已去而無

〔一〕據陳本增。

義，亦不祀其嫂之主。又有次兄年少未娶而死。欲以二兄之主同爲一櫝，如何？」曰：「兄在日不去嫂，兄死後，嫂雖歸父母家，又不嫁，未得爲絶，不祀亦無謂。若然，是弟自去其嫂也！兄弟亦何必同櫝乎？」淳。以下雜論。

堯卿問：「荆婦有所生母在家間養，百歲後，只歸祔於外氏之塋，如何？」曰：「亦可。」又問：「神主歸於婦家，則婦家凌替，欲祀於家之别室，如何？」曰：「不便。北人風俗如此。上谷郡君謂伊川曰：『今日爲我祀父母，明日不復祀矣。』是亦祀其外家也。然無禮經。」義剛。

叔器問：「行正禮，則俗節之祭如何？」曰：「韓魏公處得好，謂之節祠，殺於正祭。某家依而行之。但七月十五素饌用浮屠，某不用耳。向南軒廢俗節之祭，某問：『於端午能不食粽乎？重陽能不飲茱萸酒乎？不祭而自享，於汝安乎？』」淳。義剛同。以下俗祭。

問：「行時祭，則俗節如何？」曰：「某家且兩存之。」童問：「莫簡於時祭否？」曰：「是。要得不行，須是自家亦不飲酒，始得。」淳。

先生依婺源舊俗：歲暮二十六日，烹豕一祭家先，就中堂二鼓行禮。次日，召諸生餕。李丈問曰：「夜來之祭，飲福受胙否？」曰：「亦不講此。」婺源俗：豕必方切大塊。首蹄肝肺心腸肚尾腎等，每件逐位皆均有。亦炙肉，及以魚佐之。云，是日甚忌有器皿之設。淳。

先生以歲前二十六夜祭先。云：「是家間從來如此。這又不是新安舊俗。某嘗在新安見祭享，又不同。只都安排了，大男小女都不敢近。夜亦不舉燭，只黑地，主祭一人自去燒香禱祝了。祭饌不徹，閉户以待來早，方徹。其祭不止一日，從二十六日連日只祭去。大綱如今俗所謂『唤福』。」賀孫。

問：「先生除夜有祭否？」曰：「無祭。」「先生有五祀之祭否？」曰：「不祭。」因説五祀皆設主而後迎尸，其詳見月令注，與宗廟一般。遂舉先生語解中「王孫賈」一段。先生曰：「當初因讀月令注，方知王孫賈所問奥、竈之説。」淳。

墓祭非古。雖周禮有「墓人爲尸」之文，或是初間祭后土，亦未可知。但今風俗皆然，亦無大害。國家不免亦十月上陵。淳。以下墓祭。

問：「墓祭有儀否？」曰：「也無儀，大概略如家祭。唐人亦不見有祭，但是拜掃而已。」林擇之云：「唐有墓祭，通典載得在。」曰：「却不曾考。」或問：「墓祭，祭后土否？」曰：「就墓外設位而祭。」義剛。淳少異。

問后土氏之祭。曰：「極而言之，亦似僭。然此即古人中霤之祭，而今之所謂『土地』者。郊特牲：『取財於地，取法於天，是以尊天而親地，教民美報焉。故家主中霤，而國主社。』觀此，則天不可祭，而土神在民亦可祭。蓋自上古陶爲土室，其當中處上爲一竅以通明，名之曰『中霤』。及中古有宮室，亦以室之中央爲中霤，存古之舊，示不忘本。雖曰土神，而只以小者言之，非如天子所謂祭皇天后土之大者也。」義剛同〔一〕。

古無忌祭，近日諸先生方考及此。賀孫。以下忌祭。

問：「忌日當哭否？」曰：「若是哀來時，自當哭。」又問衣服之制。曰：「某自有弔服，絹衫絹巾，忌日則服之。」廣。

忌日須用墨衣墨冠。橫渠却視祖先遠近爲等差，墨布冠，墨布繒衣。銖。

先生母夫人忌日，著緣墨布衫，其巾亦然。友仁問：「今日服色何謂？」曰：「公豈不聞『君子有終身之喪』？」友仁。

忌日祭，只祭一位。燾。

過每論士大夫家忌日用浮屠誦經追薦，鄙俚可怪。既無此理，是使其先不血食也！乙卯年，見先生家凡值遠諱，早起出主於中堂，行三獻之禮。一家固自蔬食，其祭祀食物，則以待賓客。考妣諱日祭罷，裹生絹幓巾終日。一日晚到閣下，尚裹白巾未除。因答問者云：「聞内弟程允夫之訃。」過。

〔一〕「同」上似有脱文。

先生爲無後叔祖忌祭，未祭之前不見客。賀孫。

「同人在旅中，遇有私忌，於所舍設桌炷香，可否？」曰：「這般微細處，古人也不曾説。若是無大礙於義理，行之亦無害。」燾。元德同。

朱子語類卷第九十一

禮八

雜儀

自三代後，車服冠冕之制，前漢皆不説，只後漢志内略載，又多不可曉。以下服。古者有祭服，有朝服。祭服所謂鷩冕之類，朝服所謂皮弁、玄端之類。天子諸侯各有等差。自漢以來，祭亦用冕服，朝服則所謂進賢冠、絳紗袍。隋煬帝時始令百官戎服，唐人謂之「便服」，又謂之「從省服」，乃今之公服也。祖宗以來，亦有冕服、車騎、黄緑作旗之類，而不常用，惟大典禮則用之。然將用之時，必先出許多物色於庭。所持之人，又須有賞賜。黄録云：「所付之人，又須有以易也。」於是將用之前，有司必先入文字，取指揮，例降旨權免。夔孫。義剛同。

今朝廷服色三等，乃古間服，此起於隋煬帝時。然當時亦只是做戎服。當時以巡幸煩數，欲就簡便，故三品以上服紫，五品服緋，六品以下服緑。他當時又自有朝服。今亦自有朝服，大祭祀時用之，然不常以朝。到臨祭時取用，却一齊都破損了。要整理，又須大費一巡，只得恁地包在那裏。賀孫。

今之朝服乃戎服，蓋自隋煬帝數遊幸，令百官以戎服從，一品紫，五品朱，六品青，皂靴乃上馬鞋也。後世循襲，遂爲朝服。然自唐人朝服，猶著禮服，幞頭圓頂軟脚，今之吏人所冠者是也。桶頂帽子乃隱士之冠。宣和末，京師士人行道間，猶著衫帽。至渡江戎馬中，乃變爲白涼衫。紹興二十年間，士人猶是白涼衫，至後來軍興又變爲紫衫，皆戎服也。義剛。

唐人法服猶施之朝廷，今日惟祭祀不得已乃用，不復施之朝廷矣。且如今之冕，嵯峨而不安於首。古者佩玉，右徵角，左宮羽，今必不然。方子。

祖宗時有大朝會，如元正、冬至有之。天子被法服，羣臣皆有其服。籍溪在某州爲解頭，亦嘗預元正朝班。又，舊制：在京升朝官以上，每日赴班；如上不御殿，宰相押班。所以韓魏公不押班，爲臺諫所論。籍溪云，士服著白羅衫，青緣，有裙有佩。紹興間，韓勉之知某州，於信州會様來製士服，正如此。某後來看祖宗實録，乃是教大晟樂時士人所服，方知出處。今朝廷所頒緋衫，乃有司之服也。人傑。廣録畧。

「政和間，嘗令天下州學生習大晟樂者皆著衣裳，如古之制，及漆紗帽，但無頂爾。及諸州得解舉首貢至京師，皆若此赴元日朝。」或曰：「蒼梧雜志載『背子』，近年方有，舊時無之。只汗衫襖子上便著公服。女人無背，只是大衣。命婦只有橫帔、直帔之異爾。背子乃婢妾之服，以其在背後，故謂之『背子』。」先生曰：「見說國初之時，至尊常時禁中，常只裹帽著背子，不知是如何。又見前輩說，前輩子弟，平時家居，皆裹帽著背，不裹帽便爲非禮。出門皆須且冠帶。今皆失了。從來人主常朝，君臣皆公服。孝宗簡便，平時著背；常朝引見臣下，只是凉衫。今遂以爲常。如講筵早朝是公服，晚朝亦是凉衫。」

問：「今冠帶起於何時？」曰：「看角抵圖所畫觀戲者盡是冠帶。立底、屋上坐底皆戴帽繫帶，樹上坐底也如此。那時猶只是軟帽，搭在頭上；帶只是一條小皮穿幾箇孔，用那跨子縛住。至賤之人皆用之。今來帽子做得恁高，硬帶做得恁地重大，既不便於從事，又且是費錢。皂衫更費重。某從向時見此三物，疑其必廢。如今果是人罕用。也是貧士如何要辦得！自家竭力辦得，著去那家，那家自無了，教他出來相接也不得。所以其弊必廢。大凡事不商量，後都是如此。」問：「古人制深衣，正以爲士之貴服，且謂『完且弗費』，極是好，上至天子亦服之。不知士可以常服否？」曰：「『可以擯相，可以治軍旅』，如此貴重，恐不可常服。」曰：「『朝玄端，夕深衣』，已是從簡便了。且如深衣有大帶了，又有組以束之，今人已不用組了。凡是物事，纔是有兩件，定是廢了一件。」又云：「薄太后以帽絮提文帝，則帽已自此時有了。從來也多喚做巾子、幞頭。」或云：「唐莊宗取伶官者用之，但未有脚。」或云：「太祖廟方用。」想此時方制得如此長脚。賀孫。

符舜功曰：「去年初得官，欲冠帶參先生，中以顯道言而止。今思之，亦是失禮。」先生曰：「畢竟是君命。」良久，笑曰：「顯道是出世間法。某初聞劉諫議初仕時，冠帶乘涼轎還人事，往往前輩皆如此。今人都不理會其間有如此者，遂哂之。要之，冠帶爲禮。某在同安作簿時，朝廷亦有文字令百官皆戴帽。某時坐轎有礙，後於轎頂上添了一圈竹。」義剛。

上領服非古服。看古賢如孔門弟子衣服，如今道服，却有此意。古畫亦未有上領者。惟是唐時人便服此，蓋自唐初已雜五胡之服矣。賀孫。

因言服制之變：「前輩無著背子者，雖婦人亦無之。士大夫常居，常服紗帽、皂衫、革帶，無此則不敢出。背子起殊未久。」或問：「婦人不著背子，則何服？」曰：「大衣。」問：「大衣，非命婦亦可服否？」曰：「可。」僩因舉胡德輝雜志云：「背子本婢妾之服。以其行直主母之背，故名『背子』。後來習俗相承，遂爲男女辨貴賤之服。」曰：「然。然嘗見前輩雜説中載，上御便殿，著紗帽、背子，則國初已有背子矣。皆不可曉。」又曰：「後世禮服固未能猝復先王之舊，且得華夷稍有辨别，猶得。今世之服，大抵皆胡服，如上領衫靴鞋之類，先王冠服掃地盡矣！中國衣冠之亂，自晉五胡，後來遂相承襲。唐接隋，隋接周，周接元魏，大抵皆胡服。」問：「今公服起於何時？」曰：「隋煬帝游幸，令羣臣皆以戎服從，三品以上服紫，五品以上服緋，六品以下服緑。只從此起，遂爲不易之制。」又問：「公服何故如許闊？」曰：「亦是積漸而然，初不知所起。嘗見唐人畫十八學士，裹幞頭，公服極窄；畫裴晉公諸人，則稍闊；及畫晚唐王鐸輩，則又闊。相承至今，又益闊也。嘗見前輩說，紹興初，某人欲製公服，呼針匠計料，匠云少三尺許。某人遂寄往都下製造，及得之，以示針匠。匠曰：『此不中格式，某不敢爲也。』某人問其故。曰：『但看袖必短，據格式袖合與下襜齊至地，不然則不可以入閤門。』彼時猶守得這意思，今亦不復存矣。唐人有官者，公服、幞頭不離身，以此爲常服。又别有朝服，如進賢冠、中單服之類。其下又有省服，服爲常服；今之公服，即唐之省服服也。」又問幞頭所起。曰：「亦不知所起。但諸家小說中，時班駁見一二。如王彦輔麈史猶略言之。某少時尚見唐時小說極多，今皆不復存矣。唐人幞頭，初止以紗爲之，後以其軟，遂斫木作一山子在前襯起，名曰『軍容頭』。其說以爲起於魚朝恩，一時人争傚。士大夫欲爲幞頭，則曰：『爲我斫一軍容頭來。』及朝恩被誅，人以爲語讖。其先幞頭四角有脚，兩脚繫向前，兩脚繫向後；後來遂横兩脚，以鐵綫張之。然惟人主得裹此。世所畫唐明皇已裹兩脚者，但比今甚短。後來藩鎮遂亦僭用，想得士大夫因此亦皆用之。但不知幾時展得如此長？嘗見禪家語録載唐莊宗問一僧云：『朕收中原得一寶，未有人酬賈。』僧曰：『略借陛下寶看。』莊宗以手展幞頭兩脚示之。如此，則五代時，猶是惟人君得裹兩脚者，然皆莫可考也。桐木山子相承用，至本朝，遂易以藤織者，而以紗冒之。近時方易以漆紗。嘗見南劍沙溪一士夫家，尚收得上世所藏幞頭，猶是藤織坯子。唐製又有兩脚上下者，亦莫可曉。」僩。

而今衣服未得復古，且要辨得華夷。今上領衫與靴皆胡服，本朝因唐，唐因隋，隋因周，周因元魏。隋煬帝有游幸，遂令臣下服戎服，三品以上服紫，五品以上服緋，六品以下服緑，皆戎服也。至唐有三等服：有朝服，又有公服，治事時著，便是法服，有衣裳、佩玉等。又有常時服，便是今時公服，則無時不服。唐初年服袖甚窄，全是胡服；中年漸寬，末年又寬，但看人家畫古賢可見。唐初頭上裹四脚軟巾，至魚朝恩以桐木爲冠，如山形，安於髻上，方裹巾，後人漸學他。至本朝漸變爲幞頭，方用漆紗做。本來唐時四脚軟巾，只人主後面二帶用物事穿得横，臣下不敢用。後藩鎮之徒僭竊用，今則朝廷一例如此。學蒙。與上條聞同。

「爵弁赤少黑多，如今深紫色。韠以皮爲之，如今水檐相似。蓋古人未有衣服時，且取鳥獸之皮來遮前面後面。後世聖人制服不去此者，示不忘古也。今則又以帛爲之耳。韠中間有頸，兩頭有肩，肩以革帶穿之，革帶今有胯子。古人却是環子釘於革帶，其勢垂下，如今人釘鉸串子樣。鐫鏇之類，結放上面。今之胯子，便是倣他形像。古人帶甚輕，却帶得許多物。今人帶枉做得恁地重，如幞頭、靴之類亦然。幞頭本是偃脚垂下，要束得緊，今却做長帶。」問：「横渠説唐莊宗因取伶官幞頭帶之，後遂成例。」曰：「不是恁地。莊宗在位，亦未能便變化風俗。兼是伶人所帶，士大夫亦未必肯帶之。見畫本，唐明皇已帶長脚幞頭。或云藩鎮僭禮爲之，後遂皆爲此樣。或云乃是唐宦官要得常似新幞頭，故以鐵綫插帶中，又恐壞，其中以桐木爲一幞頭骨子，常令幞頭高起如新，謂之『軍容頭』。後來士大夫學之，令匠人『爲我斫箇軍容頭來』。蓋以木爲之，故謂之斫。及唐末宦者之禍，人皆以此語爲讖。王彦輔麈史説如此，説得有來歷，恐是如此。後人覺得不安，到本朝太宗時，又以藤做骨子，以紗糊於上。後又覺見不安，到仁宗時，方以漆紗爲之。嘗見南劍沙縣人家尚有藤骨子，可見此事未久。蓋此非一朝一夕之故，其變必有漸。」夔孫。

摯是初見君時，用以獻君。二生一死，皆是抱羔、鴈、雉真物以獻。如今笏，却是古人記事手板，王述倒執手板。插之帶間。今人笏，却是用行禮記事，但其私記也。今之公服，皆古之戎服。古公服是法服，朱衣皂緣冠。則三公用貂蟬，御史用獬。在衣之上則係帶，帶劍之類六七件。隋煬帝南遊，命羣臣以戎服從，大臣紫，中緋，小緑。今之成羣成隊試進士詩賦，亦煬帝法也。金銀魚，乃古人以合符。臣之得魚符者，用袋之腰間。今無合符事，却尚用魚，又不用袋魚。魚袋事出唐書輿服志，高、武、中、睿時。揚。

今衣服無章，上下混淆。某嘗謂縱未能大定經制，且隨時略加整頓，猶愈於不爲。如小衫令各從公衫之色，服紫者小衫亦紫，服緋緑者小衫亦緋緑，服白則小衫亦白，胥吏則皆烏衣。餘皆倣此，庶有辨别也。閎祖。

古人戴冠，郭林宗時戴巾，温公幅巾，是其類也。古人衣冠，大率如今之道士。道士以冠爲禮，不戴巾。婦人環髻，今之特髻是其意也，不戴冠。揚。

今官員執笏，最無道理。笏者，只是君前記事，恐事多，須以紙粘笏上，記其頭緒。或在君前不可以手指人物，須用笏指之。此笏常插在腰間，不執在手中。夫子「攝齊升堂」，何曾手中有笏？攝齊者，畏謹，恐上階時踏著裳，有顛仆之患。執圭者，圭自是贄見之物，只是捧至君前，不是如執笏。所以執圭時便「足縮縮，如有循」。緣手中有圭，不得攝齊，亦防顛仆。明作。

古人言人跪坐。「雖有拱璧而先乘馬，不如坐進此道」，謂跪而獻之也。如文帝不覺膝之前，蓋亦是跪坐。跪坐，故兩手下爲拜。「拜」字從兩手下。古者初冠，母子相拜；婦初見舅姑，舅姑答拜，不特君臣相答拜也。方子。以下拜。

古人坐於地，未必是盤足，必是跪。以其慣了，故脚不痛，所以拜時易也。古人之拜，正如今道士拜，二膝齊下。唐人先下一膝，謂之「雅拜」，似有罪，是不恭也。今人不然。明作。

安卿問：「古者天子拜其臣，想亦是席地而坐，只略爲之俛首，便是拜否？」曰：「太甲『拜手稽首』，成王『拜手稽首』，疏言稽留之意，是首至地之久也，蓋其尊師傅如此。後來晉元帝亦拜王導，至其家，亦拜其妻。如法帖中，元帝與王導帖皆稱『頓首』，不知如何。」義剛。

問：「虞禮，子爲尸，父拜之。」曰：「古人大抵如此。如子冠，母先拜之，子却答拜，而今這處都行不得。看來古人上下之際雖是嚴，而情意甚相通，如『禹拜昌言』、『王拜手稽首』之類。到漢以來，皇帝見丞相，在坐爲起，在輿爲下。贊者曰：『皇帝爲丞相起！』尚有這意思。到六朝以來，君臣逐日相與説話。如宋文帝明日欲殺某人，晚間更與他説話，不能得他去。其間有入朝去從人即分散去，到晚他方出。到唐，尚有坐説話底意思。而今宰相終年立地，不曾得一日坐，人主或終日不曾得見面。壽皇求治之初，中間學士固是直宿，又分講官亦直宿，又令從官亦得入賜坐，從容講論。而今未論朝廷，如古人州郡之問，亦自如此。如羅池碑云，柳子厚與牙將歐陽翼共飲。法帖中有顏真卿與蔡明遠帖，都書名。牙將即是客將，蔡明遠亦是衙前，他却與之情意如此。而今州郡與小官也不如此了。」夔孫。

問：「看禮中説婦人吉拜，雖君賜肅拜，此則古人女子拜亦伏地也。」曰：「古有女子伏拜者。乃太祖問范質之姪杲：『古者女子拜如何？』他遂舉古樂府云『長跪問故夫』，以爲古婦女皆伏拜，自則天欲爲自尊之計，始不用伏拜。今看來此説不然。樂府只説『長跪問故夫』，不曾説伏拜。古人坐也是跪，一處云：『直身長跪。』若拜時，亦只低手衹揖，便是肅拜。故禮肅拜注云：『肅，俯手也。』蓋婦人首飾盛多，如『副笄六珈』之類，自難以俯伏地上。古人所以有父母拜其子，舅姑答婦拜者，蓋古坐時只跪坐在地，拜時亦容易；又不曾相對，拜各有向，當答拜亦然。大祝九拜：稽首拜，頭至地；頓首拜，頭叩地；空首拜，頭至手，所謂『拜手』也；振動，戰栗變動之拜；吉拜，拜而後稽顙；凶拜，稽顙而後拜也；奇拜一拜；褒拜再拜，『褒』，讀爲『報』；肅拜，『但俯下手，今時擡』，傳云『介者不拜』，『敢肅使者』，是也。」賀孫。

問：「古者婦人以肅拜爲正，何謂『肅拜』？」曰：「兩膝齊跪，手至地，而頭不下，爲肅拜。拜手亦然。爲喪主，則頭亦至地，不肅拜。南北朝有樂府詩説婦人云：『伸腰再拜跪，問客今安否。』伸腰，亦是頭不下也。周宣帝令命婦朝見皆跪伏朝見，如男子之儀。但不知婦人膝不跪地而變爲今之拜者，起於何時。此等小小禮文，皆無所稽考。程泰之以爲始於武后，亦非也。古者男子拜，亦兩膝齊屈，如今之道士拜。杜子春注周禮奇拜，以爲先屈一膝，如今之雅拜。漢人雅拜，即今之拜是也。」淳。

婦人有肅拜、拜手、稽顙。肅拜者，兩膝跪地，斂手放低；拜手者，膝亦跪，而手至地也；稽顙，頭至地也。爲夫與長子喪，亦如之。燾。

拜親時須合坐受，叔伯母亦合坐受，兄只立受。嫂叔同一家，不可不拜，亦須對拜。夫婦對拜。揚。

團拜須打圈拜。若分行相對，則有拜不著處。廣。

今人契拜父母兄弟，極害義理。揚。

古人跪坐，立乘。方子。以下坐。

問：「盤坐，於理有害否？」曰：「古人席地亦只是盤坐，又有跪坐者。寓録云：「古人亦只跪坐，未有盤坐。」君前臣跪，父前子跪，兩膝頭屈前著地，觀畫圖可見。古人密處未見得，其疏即是如此。寓録云：「古人樽節處，自如此密。」管寧坐一木榻，積五十年未嘗箕股，其榻上當膝處皆穿。今人有椅子，若對賓客時，合當垂足坐；若獨居時，垂足坐難久，盤坐亦何害？」淳。

寓録少異。

族長至己之家，必以族長坐主位，無親疏皆然。北人以姑夫之類，外姓之人亦坐主位，無此義。揚。

燕居父子同坐亦得，惟對客不得。揚。

古人屋黄作「室」。無廊廡。三公露立於槐下，九卿露立於棘下。當其朝會，有雨則止。曾子問：「諸侯見天子，入門而雨霑服失容，則廢。」淳。義剛録略。以下朝廷之儀。

因論朝禮，云：「如周禮所説古之朝禮，君臣皆立。至漢時所謂『皇帝見丞相起』，尚有此禮，不知後來如何廢了。然所謂『朝不坐』，又也有坐底。」燾。

三代之君見大臣多立，乘車亦立。漢初猶立見大臣，如贊者云：「天子爲丞相起！」後世君太尊，臣太卑。德明。

古者天子見羣臣有禮：先特揖三公，次揖九卿，又次揖左右，然後泛揖百官，所謂「天揖同姓」之類，有許多等級。義剛。

因問：「欲使士人爲宰相吏，升降揖遜不佳否？」曰：「古人皆有此禮，本朝廢之。」又問：「古人何故受拜？」曰：「不然。孔子須拜衞靈公、魯哀公。舊制，宰相在堂上，御史中丞爲班首，與對拜於階下。又聖節日，百官盡揖宰相於何處。」揚。

「古時隔品則拜，謂如八品見六品，六品見四品，則拜。宰相禮絶百僚，則皆拜之。若存得此等舊禮，亦好，却有等殺。今著公令：從事郎以下，庭參不拜，則以上者不庭參可知。豈有京朝官復降階之禮！今朝士見宰相，只是客禮；見監司、郡守，如何却降階？」問：「若客司揖請降階，則如何？」曰：「平立不降可也。同官雖皆降階，吾獨不降，可也。」是時將赴莆田，問此。先生又云：「古者庭參官令録以下，往往皆拜，惟職官不拜，所以著令如此。」德明。

子晦將赴莆陽，請於先生：「今屬邑見郡守，不問官序，例堦墀，如何？」曰：「若欲自行其志，勿從俗可也。」因云：「今多相尚如此。以此去事人，固是無見識。且是爲官長者安受而不疑，更是怪。」坐客云：「趙丞相帥某處，經過某處，而屬邑宰及同僚皆於船頭迎望拜接，後却指揮不要此般禮數。這般所在，須先戒飭客將。」或云：「今人見宰相，欲有所言，未及出口，已爲客將按住云：『相公尊重！』至有要取覆，而客將抗聲云『不得取覆』者。」先生曰：「若是有此等，無奈何，須叱之，可也。」賀孫。

開元禮有刺史弔吏民之禮，略如古者國君弔臣禮。本朝删去此條。方子。

問：「左右必竟孰爲尊？」曰：「漢初右丞相居左丞相之上，史中有言曰『朝廷無出其右者』，則是右爲尊也。到後來又却以左爲尊。而老子有曰：『上將軍處右，而偏將軍處左。』喪事尚左，兵凶器也，故以喪禮處之。如此，則吉事尚右矣。漢初豈習於戰國與暴秦之所爲乎！」廣。以下雜論。

古父子異宮。宮如今人四合屋，雖各一處，然四面共牆圍。揚。

古謂之「宮」，只是牆。蓋古人無今廊屋。燾。

因論戟：「古人戰争出入部從用之，今只置之於門。唐時私家得用戟，如官幾品得幾戟。」燾。

今之表啓是下諛其上，今之制誥是君諛其臣。道夫。

今之書簡使上覆，以爲重於啓也。然用「啓」字則有義理，用「覆」字却無義理。啓，乃開啓之「啓」。「覆」爲審覆之「覆」，如「三覆奏」，謂已有指揮，更爲再三審覆之也。廣。

問：「今人書簡未嘗拜而言拜，未嘗瞻仰而言瞻仰，如何？」曰：「『瞻仰』字去之無害。但『拜』字承用之久，若遽除去，恐不免譏駡。前輩只云『某啓』，啓是開白之義。法帖中有『頓首』，韓文中有『再拜』，其來已久。」問：「啓，又訓跪。如秦王問范睢，有『跽而請之』。」曰：「古人席地而坐，有問於人，則略起身時，其膝至地，或謂之跪。若婦人之拜，在古亦跪。古樂府云『伸腰拜手跪』，則婦人當跪而拜，但首不至地耳。不知婦人之不跪，起於何代。或謂唐武后時方如此，亦未可知。周天元令命婦爲男子之拜以稱賀。及天元薨，遂改其制。想史官書之，以表其異。則古者婦人之拜，其首不至地，可知也。然則婦人之拜，當以深拜，頗合於古。」人傑。

有士大夫來謁，各以坐次推遜不已。先生曰：「吾人年至五十後，莫論官、休。」自修。

大抵前輩禮數極周詳鄭重，不若今人之苟簡。以今人律之先王之禮，則今人爲山鹿野麋矣！然某尚及見前輩禮數之周，今又益薄矣。僩。

朱子語類卷第九十二

樂古今

問：「古尺何所考？」曰：「羊頭山黍今不可得，只依温公樣，他考必子細。然尺亦多樣，隋書載十六等尺，説甚詳。王莽貨泉錢，古尺徑一寸。」因出二尺，曰：「短者周尺，長者景表尺。」義剛。

十二律皆在，只起黄鍾之宫不得。所以起不得者，尺不定也。升卿。

「律管只吹得中聲爲定。季通嘗截小竹吹之，可驗。若謂用周尺，或羊頭山黍，雖應準則，不得中聲，終不是。大抵聲太高則焦殺，低則盎緩。」「牛鳴盎中」，謂此。又云：「此不可容易杜撰。劉歆爲王莽造樂，樂成而莽死；後荀勗造於晉武帝時，即有五胡之亂；和峴造於周世宗時，世宗亦死。惟本朝太祖神聖特異，初不曾理會樂，但聽樂聲，嫌其太高，令降一分，其聲遂和。唐太宗所定樂及本朝樂，皆平和，所以世祚久長。」笑云：「如此議論，又却似在樂不在德也。」德明。

因論樂律，云：「尺以三分爲增減，蓋上生下生，三分損一益一。故須一寸作九分，一分分九釐，一釐分九絲，方如破竹，都通得去。人傑録云：「律管只以九寸爲準，則上生下生，三分益一損一，如破竹矣。」其制作，通典亦略備，史記律書、漢律曆志所載亦詳。范蜀公與温公都枉了相爭，只通典亦未嘗看。蜀公之言既疏，温公又在下。」僴。

無聲，做管不成。德明。

司馬遷説律，只是推一箇通了，十二箇皆通。

十二律自黄鍾而生。黄鍾是最濁之聲，其餘漸漸清。若定得黄鍾是，便入得樂。都是這裏纔差了些子，其他都差。只是寸難定，所以易差。道夫。

樂聲，黄鍾九寸最濁，應鍾最清，清聲則四寸半。八十一、五十四、七十二、六十四，至六十四，則不齊而不容分矣。人傑。

音律如尖塔樣，闊者濁聲，尖者清聲。宫以下則太濁，羽以上則太輕，皆不可爲樂，惟五聲者中聲也。人傑。

樂律：自黄鍾至中吕皆屬陽，自蕤賓至應鍾皆屬陰，此是一箇大陰陽。黄鍾爲陽，大吕爲陰，太簇爲陽，夾鍾爲陰，每一陽間一陰，又是一箇小陰陽。閎祖。

自黄鍾至中吕皆下生，自蕤賓至應鍾皆上生。以上生下，皆三生二；以下生上，皆三生四。闓祖。

禮記注疏説「五聲六律十二管還相爲宮」處，分明。人傑。

旋宮：且如大吕爲宮，則大吕用黄鍾八十一之數，而三分損一，下生夷則；夷則又用林鍾五十四之數，而三分益一，上生夾鍾。其餘皆然。闓祖。

問：「先生所論樂，今考之，若以黄鍾爲宮，便是太簇爲商，姑洗爲角，蕤賓爲變徵，林鍾爲徵，南吕爲羽，應鍾爲變宮。若以大吕爲宮，便是夾鍾爲商，中吕爲角，林鍾爲變徵，夷則爲徵，無射爲羽，黄鍾爲變宮。其餘則旋相爲宮，周而復始。若言相生之法，則以律生吕，便是下生；以吕生律，則爲上生。自黄鍾下生林鍾，林鍾上生太簇；太簇下生南吕，南吕上生姑洗；姑洗下生應鍾，應鍾上生蕤賓。蕤賓本當下生，今却復上生大吕；大吕下生夷則，夷則上生夾鍾；夾鍾下生無射，無射上生中吕。相生之道，至是窮矣，遂復變而上生黄鍾之宮。再生之黄鍾不及九寸，只是八寸有餘。然黄鍾君象也，非諸宮之所能役，故虚其正而不復用，所用只再生之變者。就再生之變又缺其半，所謂缺其半者，蓋若大吕爲宮，黄鍾爲變宮時，黄鍾管最長，所以只得用其半聲。而餘宮亦皆倣此。」曰：「然。」又曰：「宮、商、角、徵、羽與變徵，皆是數之相生，自然如此，非人力所加損，此其所以爲妙。」問：「既有宮、商、角、徵、羽，又有變宮、變徵，何也？」曰：「二者是樂之和，去聲。相連接處。」道夫。

「『旋相爲宮』，若到應鍾爲宮，則下四聲都當低去，所以有半聲，亦謂之『子聲』，近時所謂清聲是也。大率樂家最忌臣民陵君，故商聲不得過宮聲。然近時却有四清聲，方響十六箇，十二箇是律呂，四片是四清聲。古來十二律却都有半聲。所謂『半聲』者，如蕤賓之管當用六寸，却只用三寸。雖用三寸，聲却只是大呂，但愈重濁耳。」又問聲氣之元。曰：「律曆家最重這元聲，元聲一定，向下都定；元聲差，向下都差。」植。饒本云：「因論樂，云：『黄鍾之律最長，應鍾之律最短，長者聲濁，短者聲清。十二律旋相爲宮，宮爲君，商爲臣。樂中最忌臣陵君，故有四清聲。如今方響有十六箇，十二箇是正律，四箇是四清聲，清聲是減一律之半。如應鍾爲宮，其聲最短而清。或蕤賓爲之商，則是商聲高似宮聲，爲臣陵君，不可用，遂乃用蕤賓律減半爲清聲以應之，雖然減半，只是出律，故亦自能相應也。此是通典載此一項。』又云：『樂聲不可太高，又不可太低。樂中上聲，便是鄭衛。所以太祖英明不可及，當王朴造樂，聞其聲太急，便令減下一律，其聲遂平。徽宗朝作大晟樂，其聲一聲低似一聲，故其音緩。』又云：『賢君大概屬意於雅樂，所以仁宗晚年極力要理會雅樂，終未理會得。』」

律遞相爲宮，到末後宮聲極清，則臣民之聲反重，故作折半之聲；然止於四者，以爲臣民不可大於君也。事物大於君不妨。五聲分爲十二律，添三分，減三分，至十二而止。後世又增其四，取四清聲。璘。

宮與羽，角與徵，相去獨遠。故於其間製變宮、變徵二聲。廣。

問：「周禮大司樂説宮、角、徵、羽，與七聲不合，如何？」曰：「此是降神之樂，如黄鍾爲宮，大吕爲角，太簇爲徵，應鍾爲羽，自是四樂各舉其一者而言之。以大吕爲角，則南吕爲宮；太簇爲徵，則林鍾爲宮；應鍾爲羽，則太簇爲宮。以七聲推之合如此，注家之説非也。」人傑。

律吕有十二，用時只使七箇。自黄鍾下生至七，若更插一聲，便拗了。淳。

七聲之説，國語言之。人傑。

「律十有二，作樂只用七聲。惟宮聲筵席不可用，用則賓主失歡。」力行云：「今人揲卦得乾卦者，多不爲吉。故左傳言『隨元、亨、利、貞』，有是四德，乃可以出。」曰：「然。」力行。

問：「國語云：『律者立均出度。』韋昭注云：『均謂均鍾，木長七尺，係之以弦。』不知其制如何？」曰：「韋昭是箇不分曉底人。國語本自不分曉，更著他不曉事，愈見鶻突。均，只是七均。如以黄鍾爲宮，便用林鍾爲徵，太簇爲商，南吕爲羽，姑洗爲角，應鍾爲變宮，蕤賓爲變徵。這七律自成一均，其聲自相諧應。古人要合聲，先須吹律，使衆聲皆合律，方可用。後來人想不解去逐律吹得。京房始有律準，乃是先做下一箇母子，調得正了，後來只依此爲準。國語謂之『均』，梁武帝謂之『通』。其制十三弦，一弦是全律底黄鍾，只是散聲。又自黄鍾起至應鍾有十二弦，要取甚聲，用柱子來逐弦分寸上柱取定聲。

立均之意，本只是如此。古來解書，最有一箇韋昭無理會。且如下文『六者中之色』，『六』字本只是『黄』字闕却上面一截，他便就這『六』字上解，謂六聲天地之中。六者，天地之中，自是數，干色甚事！」文蔚。

水、火、木、金、土是五行之序。至五聲，宫却屬土，至羽屬水。宫聲最濁，羽聲最清。一聲應七律，共八十四調。除二律是變宫，止六十調。人傑。

樂聲是土、金、木、火、水，洪範是水、火、木、金、土。人傑。

樂之六十聲，便如六十甲子。以五聲合十二律而成六十聲，以十干合十二支而成六十甲子。若不相屬，而實相爲用。遺書云「三命是律，五星是曆」，即此説也。只曉不得甲子、乙丑皆屬木，而納音却屬金。前輩多論此，皆無定説。僩。

絲尚宫，竹尚羽。竹聲大，故以羽聲濟之；絲聲細，故以宫聲濟之。廣。

絲宫而竹羽。人傑。

周禮以十二律爲之度數，如黄鍾九寸、林鍾六寸之類；以十二聲爲之劑量斟酌，磨削剛柔清濁。音聲有輕重高低，故復以十二聲劑量。蓋磬材有厚薄，令合節奏，如磬氏「已上則磨其旁，已下則磨其端」之類。

先生偶言及律吕，謂：「管有長短，則聲有清濁。黄鍾最長，則聲最濁；應鍾最短，則聲最清。」時舉云：「黄鍾本爲宫，然周禮祭天神人鬼地示之時，則其樂或以黄鍾爲宫，或以林鍾爲宫，未知如何。」曰：「此不可曉。先儒謂商是殺聲，鬼神所畏，故不用，而只用四聲迭相爲宫。未知其五聲不備，又何以爲樂？大抵古樂多淡，十二律之外，又有黄鍾、大呂、太簇、夾鍾四清聲，雜於正聲之間，樂都可聽。今古樂不可見矣。長沙南嶽廟每祭必用樂，其節奏甚善，祭者久立不勝其勞。據圖經云，是古樂。然其樂器又亦用伏鼓之類，如此，則亦非古矣。」時舉因云：「『金聲玉振』是樂之始終。不知只是首尾用之，還中間亦用耶？」曰：「樂有特鐘、特磬，有編鐘、編磬。編鐘、編磬是中間奏者，特鐘、特磬是首尾用者。」時舉云：「所謂『玉振』者，只是石耶？還真用玉？」曰：「只是石耳。但大樂亦有玉磬，所謂『天球』者是也。」

問：「周禮祭不用商音，或以爲是武王用厭勝之術。竊疑聖人恐無此意。」曰：「這箇也難曉。須是問樂家，如何不用商。嘗見樂家言，是有殺伐之意，故祭不用。然也恐是無商調，不是無商音。他那奏起來，五音依舊皆在。」又問：「向見一樂書，温公言本朝無徵音。竊謂五音如四時代謝，不可缺一。若無徵音，則本朝之樂，大段不成説話。」曰：「不特本朝，從來無那徵；不特徵無，角亦無之。然只是太常樂無，那宴樂依舊有。這箇也只是無徵調、角調，不是無徵音、角音。如今人曲子所謂『黄鍾宫，大呂羽』，這便是調。謂如頭一聲是宮聲，尾後一聲亦是宮聲，這便是宮調。若是其中按拍處，那五音依舊都用，不只是全用宮。如説無徵，便只是頭聲與尾聲不是徵。這却不知是如何，其中有箇甚麽欠缺處，所以做那徵不成。徽宗嘗令人硬去做，然後來做得成，却只是頭一聲是徵，尾後一聲依舊不是，依舊走了，不知是如何。平日也不曾去理會，這須是樂家辨得聲音底，方理會得。但是這箇别是一項，未消得理會。」義剛。

古者太子生，則太師吹管以度其聲，看合甚律。及長，其聲音高下皆要中律。南北之亂，中華雅樂中絶。隋文帝時，鄭譯得之於蘇祇婆。蘇祇婆乃自西域傳來，故知律吕乃天地自然之聲氣，非人之所能爲。譯請用旋宫，何妥恥其不能，遂止用黄鍾一均。事見隋志。因言，佛與吾道不合者，蓋道乃無形之物，所以有差。至如樂律，則有數器，所以合也。閎祖。

六朝彈箏鼓瑟皆歌。節。

唐太宗不曉音律，謂不在樂者，只是胡説。易。

唐祖孝孫説八十四調。季通云，只有六十調，不以變宫、變徵爲調。恐其説有理。此左傳「中聲以降，五降之後不容彈矣」之意也。人傑。

「自唐以前，樂律尚有制度可考；唐以後，都無可考。如杜佑通典所算分數極精。但通典用十分爲寸作算法，頗難算。蔡季通只以九分算。本朝范、馬諸公非惟不識古制，自是於唐制亦不曾詳看；通典又不是隱僻底書，不知當時諸公何故皆不看。只如沈存中博覽，筆談所考器數甚精，亦不曾看此。使其見此，則所論過於范、馬遠甚。呂伯恭不喜筆談，以爲皆是亂説。某與〔一〕言：『未可恁地説，恐老兄欺他未得在，只是他做人不甚好耳。』」因令將五音、十二律寫作圖子，云：「且須曉得這箇，其他却又商量。」道夫。

問樂。曰：「古聲只是和，後來多以悲恨爲佳。温公與范蜀公，胡安定與阮逸、李照爭辨，其實都自理會不得，却不曾去看通典。通典説得極分明，蓋此事在唐猶有傳者，至唐末遂失其傳。王朴當五代之末杜撰得箇樂如此。當時有幾鍾名爲『啞鍾』，不曾擊得，蓋是八十四調。朴調其聲，令一一擊之。其實那箇啞底却是。古人制此不擊，以避宮聲。若一例皆擊，便有陵節之患。漢禮樂志劉歆説樂處亦好。唐人俗舞謂之『打令』，其狀有四：曰招，曰摇，曰送，其一記不得。蓋招則邀之之意，摇則摇手呼喚之意，送者送酒之意。舊嘗見深村父老爲余言，其祖父嘗爲之收得譜子。曰：『兵火失去。』舞時皆裹幞頭，列坐飲酒，少刻起舞。有四句號云：『送摇招摇，三方一圓，分成四片，得在摇前。』人多不

〔一〕「某與」，原作「與某」，據陳本乙。

知，皆以爲啞謎。」漢卿云：「張（滋）〔鎡〕〔一〕約齋亦是張家好子弟。」曰：「見君舉説，其人大曉音律。」因言：「今日到詹元善處，見其教樂，又以管吹習古詩二南、七月之屬，其歌調却只用太常譜。然亦只做得今樂，若古樂必不恁地美。人聽他在行在録得譜子。大凡壓入音律，只以首尾二字，章首一字是某調，章尾只以某調終之，如關雎『關』字合作無射調，結尾亦著作無射聲應之；葛覃『葛』字合作黄鍾調，結尾亦著作黄鍾聲應之；如七月流火三章皆『七』字起，『七』字則是清聲調，末亦以清聲調結之；如『五月斯螽動股』，『二之日鑿冰冲冲』，『五』字『二』字皆是濁聲，黄鍾調，末以濁聲結之。元善理會事，都不要理會箇是，只信口胡亂説，事事喚做曾經理會來。如宫、商、角、徵、羽，固是就喉、舌、脣、齒上分，他便道只此便了，元不知道喉、舌、脣、齒上亦各自有宫、商、角、徵、羽。何者？蓋自有箇疾徐高下。」賀孫。

「温公與范忠文，胡安定與阮逸李照等議樂，空自争辯。看得來，都未是，元不曾去看通典。據通典中所説皆是，又且分曉。」廣云：「如此則杜佑想是理會得樂。」曰：「這也不知他會否，但古樂在唐猶有存者，故他因取而載於書。至唐末黄巢亂後，遂失其傳。至周

〔一〕據院本改。

世宗時，王朴據他所見杜撰得箇樂出來。通鑑中説，王朴説，當時鍾有幾箇不曾擊，謂之『啞鍾』，朴乃調其聲，便皆可擊。看得來所以存而不擊者，恐是避其陵慢之聲，故不擊之耳，非不知擊之也。」廣。

范蜀公謂今漢書言律處折了八字。蜀中房庶有古本漢書有八字，所以與温公争者，只争此。范以古本爲正。蜀公以上黨粟一千二百粒，實今九寸爲準；闊九寸。温公以一千二百粒排今一尺爲準。漢書〔云〕〔文〕〔一〕不甚順，又粟有大小，遂取中者爲之。然下粟時頓緊，則粟又下了，又不知如何爲正排，又似非是。今世無人曉音律，只凴器論造器，又紛紛如此。古人曉音律，風角、鳥占皆能之。太史公以律論兵，意出於此。仁宗時，李照造樂，蜀公謂差過了一音，每思之爲之痛心。劉羲叟謂聖上必得心疾，後果然。揚。

仁宗以胡安定、阮逸樂書，令天下名山藏之，意思甚好。道夫。

問：「温公論本朝樂無徵音，如何？」曰：「其中不能無徵音，只是無徵調。如首以徵音起，而末復以徵音合殺者，是徵調也。徵調失其傳久矣。徽宗令人作之，作不成，只能以徵音起，而不能以徵音終。如今俗樂，亦只有宫、商、羽三調而已。」淳。

〔一〕據陳本改。

蔡京用事，主張喻世清作樂，盡破前代之言樂者。因作中聲正聲，如正聲九寸，中聲只八寸七分一。按史記「七」字多錯，乃是「十分一」。其樂只是杜撰，至今用之。人傑。

徽宗時，一黥卒魏漢津造雅樂一部，皆杜撰也。今太學上丁用者是此樂。揚。

季通律書分明是好，却不是臆説，自有按據。道夫。

問：「季通律書難曉。」曰：「甚分明，但未細考耳。」問：「空圍九分，便是徑三分？」曰：「古者只説空圍九分，不説徑三分，蓋不啻三分猶有奇也。」問：「算到十七萬有餘之數，當何用？」曰：「以定管之長短而出是聲。如太簇四寸，惟用半聲方和。大抵考究其法是如此，又未知可用與否耳。節五聲，須是知音律之人與審驗過，方見得。」德明。

季通理會樂律，大段有心力，看得許多書。也是見成文字，如史記律曆書，自無人看到這裏。他近日又成一律要，盡合古法。近時所作律，逐節吹得，却和。怕如今未必如此。這箇若促些子，聲便焦殺；若長些子，便慢蕩。賀孫。

陳淳言：「琴只可彈黄鍾一均，而不可旋相爲宫。」此説猶可。至謂琴之泛聲爲六律，又謂六律爲六同，則妄矣。今人彈琴都不知孰爲正聲，若正得一弦，則其餘皆可正。今調弦者云，如此爲宫聲，如此爲商聲，安知是正與不正？此須審音人方曉得。古人所以吹管，聲傳在琴上。如吹管起黄鍾之指，則以琴之黄鍾聲合之，聲合無差，然後以吹徧合諸聲。五聲既正，然後不用管，只以琴之五聲爲準，而他樂皆取正焉。季通書來說，近已曉得，但絣定七絃，不用調絃，皆可以彈十一宮。琴之體是黃鍾一均，故可以彈十一宮。如此，則大吕、太簇、夾鍾以下，聲聲皆用按徽，都無散聲。蓋纔不按，即是黃鍾聲矣，亦安得許多指按耶？兼如其説，則大吕以下亦不可對徽，須挨近第九徽裏按之。此後愈挨下去，方合大吕諸聲。蓋按著正徽，復是黃鍾聲矣。渠云，頃問之太常樂工，工亦云然。恐無此理。古人彈琴，隨月調弦，如十一月調黃鍾，十二月調大吕，正月調太簇，二月調夾鍾。但此後聲愈緊，至十月調應鍾，則弦急甚，恐絶矣。不知古人如何。季通不能琴，他只是思量得，不知彈出便不可行。這便是無下學工夫，吾人皆坐此病。古人朝夕習於此，故以之上達不難，蓋下學中上達之理皆具矣。如今説古人兵法戰陣，坐作進退，斬射擊刺，鼓行金止，如何曉得他底？莫説古人底曉不得，只今之陣法也曉不得，更説甚麽？如古之兵法，進則齊進，退則齊退，不令進而進，猶不令退而退也。如此，則無人敢妄動。然又却有一人躍馬陷陣，殺數十百人，出入數四，矢石不能傷者，何也？良久，又曰：「據今之法，只是兩軍相持住，相射相刺，立得脚住不退底便贏，立不住退底便輸耳。」僩。

今朝廷樂章長短句者，如六州歌頭，皆是俗樂鼓吹之曲。四言詩乃大樂中曲。本朝樂章會要，國史中只有數人做得好，如王荆公做得全似毛詩，甚好。其他有全做不成文章。橫渠只學古樂府做，辭拗强不似，亦多錯字。

今之樂，皆胡樂也，雖古之鄭衛，亦不可見矣。今關雎、鹿鳴等詩，亦有人播之歌曲。然聽之與俗樂無異，不知古樂如何。古之宮調與今之宮調無異，但恐古者用濁聲處多，今樂用清聲處多。季通謂今俗樂，黃鍾及夾鍾清，如此則争四律，不見得如何。般涉調者，胡樂之名也。「般」如「般若」之「般」。「子在齊聞韶」，據季札觀樂，魯亦有之，何必在齊而聞之也？又，夫子見小兒徐行恭謹，曰：「韶樂作矣！」人傑。

「詹卿家令樂家以俗樂譜吹風雅篇章。初聞吹二南詩，尚可聽。後吹文王詩，則其聲都不成模樣。」因言：「古者風雅頌，名既不同，其聲想亦各别。」廣。

趙子敬送至小雅樂歌，以黃鍾清爲宮，此便非古。清者，半聲也。唐末喪亂，樂人散亡，禮壞樂崩。朴自以私意撰四清聲。古者十二律外，有十二子聲，又有變聲六。謂如「黃鍾爲宮，則他律用正律；若他律爲宮，則不用」〔一〕黃鍾之正聲，而用其子聲。故漢書云「黃鍾不與他律爲役」者，此也。若用清聲爲宮，則本聲輕清而高，餘聲重濁而下，禮書中删去乃是。樂律，通典中蓋説得甚明。本朝如胡安定、范蜀公、司馬公、李照輩，元不曾

〔一〕據陳本增。

看，徒自如此争辨也。漢書所載甚詳，然不得其要。太史公所載甚畧，然都是要緊處。新修禮書中樂律補篇，以一尺爲九寸，一寸爲九分，一分爲九釐，一釐爲九毫，一毫爲九絲。方子。

樂律中所載十二詩譜，乃趙子敬所傳，云是唐開元間鄉飲酒所歌也。但却以黄鍾清爲宫，此便不可。蓋黄鍾管九寸，最長。若以黄鍾爲宫，則餘律皆順；若以其他律爲宫，便有相陵處。今且只以黄鍾言之，自第九宫後四宫，則後爲角，或爲羽，或爲商，或爲徵。若以爲角，則是民陵其君矣；若以爲商，則是臣陵其君矣。徵爲事，羽爲物，皆可類推。樂記曰：「五者皆亂，迭相陵謂之慢。如此，則國之滅亡無日矣！」故製黄鍾四清聲用之。清聲短其律之半，是黄鍾清長四寸半也。若後四宫用黄鍾爲角、徵、商、羽，則以四清聲代之，不可用黄鍾本律，以避陵慢。故漢志有云：「黄鍾不復爲他律所役。」其他律亦皆有清聲，若遇相陵，則以清聲避之，不然則否。惟是黄鍾則不復爲他律所用。然沈存中續筆談説云：「惟君臣民不可相陵，事物則不必避。」先生一日又説：「古人亦有時用黄鍾清爲宫，前説未是。」廣。

音律只有氣。人亦只是氣，故相關。揚。

今之士大夫，問以五音、十二律，無能曉者。要之，當立一樂學，使士大夫習之，久後必有精通者出。升卿。

今人都不識樂器，不聞其聲，故不通其義。如古人尚識鐘鼓，然後以鐘鼓爲樂。故孔子云：「樂云樂云，鐘鼓云乎哉！」今人鐘鼓已自不識。揚。

鎛鐘甚大，特懸鐘也。衆樂未作，先擊特鐘以發其聲；衆樂既闋，乃擊特磬以收其韻。僩。

堂上樂，金鐘玉磬。今太常玉磬鎖在櫃裏，更不曾設，恐爲人破損，無可賠還。尋常交割，只據文書；若要看，旋開櫃取一二枚視之。人傑。

今之簫管，乃是古之笛。雲簫方是古之簫。廣。

篳篥，本名悲栗，言其聲之悲壯也。廣。

俗樂中無徵聲，蓋没安排處；及無黄鍾等四濁聲。𧶘。

今之曲子，亦各有某宫某宫云。今樂起處差一位。璘。

洛陽有帶花劉使，名几，於俗樂甚明，蓋曉音律者。范蜀公徒論鍾律，其實不曉，但守死法。若以應鍾爲宫，則君民事物皆亂矣。司馬公比范公又低。二公於通典尚不曾看，通典自説得分曉。史記律書説律數亦好。此蓋自然之理，與先天圖一般，更無安排。但數到窮處，又須變而生之，却生變律。人傑。

劉几與伶人花日新善，其弟厭之，令勿通。几戒花吹笛於門外，則出與相見。其弟又令終日吹笛亂之。然花笛一吹，則劉識其音矣。人傑。

向見一女童，天然理會得音律，其歌唱皆出於自然，蓋是稟得這一氣之全者。人傑。

胡問：「今俗妓樂不可用否？」曰：「今州縣都用，自家如何不用得？亦在人斟酌。」淳。

朱子語類卷第九十三

孔孟周程張子

看聖賢代作，未有孔子，便無論語之書；未有孟子，便無孟子之書；未有堯舜，便無典謨；未有商周，便無風、雅、頌。賀孫。

此道更前後聖賢，其説始備。自堯舜以下，若不生箇孔子，後人去何處討分曉？孔子後若無箇孟子，也未有分曉。孟子後數千載，乃始得程先生兄弟發明此理。今看來漢唐以下諸儒説道理見在史策者，便直是説夢！只有箇韓文公依稀説得略似耳。文蔚。

「天不生仲尼，萬古長如夜！」唐子西嘗於一郵亭梁間見此語。季通云：「天先生伏羲、堯、舜、文王，後不生孔子，亦不得；後又不生孟子，亦不得；二千年後又不生二程，亦不得。」方。

「孔子天地間甚事不理會過！若非許大精神，亦呑許多不得。」一日因話又説：「今覺見朋友間，都無大精神。」文蔚。

問：「『定禮樂』，是禮記所載否？」曰：「不見得。」節復問「贊易」之「贊」。曰：「稱述其事，如『大哉乾元』之類是贊。」節。

戰國、秦、漢間，孔子言語存者尚多有之，如孟子所引「仁不可爲衆」，「爲此詩者，其知道乎」！又如劉向所引之類。

夫子度量極大，與堯同。門弟子中如某人輩，皆不點檢他，如堯容四凶在朝相似。必大。人（之一）〔傑録〕〔一〕云：「堯容四凶在朝。夫子之門，亦何所不容！」

問：「孔子不是不欲仕，只是時未可仕？」曰：「聖人無求仕之義。君不見用，只得且恁地做。」銖。

或問：「孔子當衰周時，可以有爲否？」曰：「聖人無有不可爲之事，只恐權柄不入手。若得權柄在手，則兵隨印轉，將逐符行。近温左氏傳，見定哀時煞有可做底事。」問：「固是聖人無不可爲之事。聖人有不可爲之時否？」曰：「便是聖人無不可爲之時。若時節變了，聖人又自處之不同。」又問：「孔子當衰周，豈不知時君必不能用己？」曰：「聖人却無此心。豈有逆料人君能用我與否？到得後來説『吾不復夢見周公』，與『鳳鳥不至，河

〔一〕據陳本改。

不出圖，吾已矣夫』時，聖人亦自知其不可爲矣。但不知此等話是幾時說。據『陳恒弑其君，孔子沐浴而朝，請討之』時，是獲麟之年，那時聖人猶欲有爲也。」廣。

問：「看聖人汲汲皇皇，不肯没身逃世，只是急於救世，不能廢君臣之義。至於可與不可，臨時依舊裁之以義。」曰：「固是。但未須說急於救世，自不可不仕。」又問：「若據『危邦不入，亂邦不居』，『有道則見，無道則隱』等語，却似長沮、桀溺之徒做得是？」曰：「此爲學者言之。聖人做作，又自不同。」又問：「聖人亦明知世之不可爲否？」曰：「也不是明知不可。但天下無不可爲之時，苟可以仕則仕，至不可處便止。如今時節，臺諫固不可做，州縣也自做得。到得居位守職，却教自家枉道廢法，雖一簿尉也做不得，便著去位。」木之。

某嘗疑誅少正卯無此事，出於齊魯陋儒欲尊夫子之道，而造爲之說。若果有之，則左氏記載當時人物甚詳，何故有一人如許勞攘，而略不及之？史傳間不足信事如此者甚多。僩。

衞靈公無道如此，夫子直欲扶持之，戀戀其國，久而不去，不知是何意，不可曉。必大。

孔子在衞國居得甚久。想是靈公有英雄之氣，孔子見其可與有爲，故久居而欲輔之。壽昌。

問：「自孔子後，何故無聖人？」曰：「公且看三代而下，那件不薄？文章、字、畫亦可見，只緣氣自薄。」因問：「康節『一元開物閉物』之説是否？」曰：「有此理。不易他窺測至此！」浩。揚録云：「自周後氣薄，亦不生聖賢。」

或問：「孔子當孟子時如何？」曰：「孔子自有作用，然亦須稍加峻厲。」又問：「孔子若見用，顔子還亦出否？」曰：「孔子若用，顔子亦須出來做他次一等人。如孔子做宰相，顔子便做參政。」去僞。

龜山謂「孔子如知州，孟子如通判權州」，也是如此。通判權州，畢竟是别人事，須著些力去做，始得。廣。

問：「『顔子合下完具，只是小，要漸漸恢廓；孟子合下大，只是未粹，要索學以充之。』此莫是才具有異？」曰：「然。孟子覺有動蕩底意思。」可學。

或問：「顔子比湯如何？」曰：「顔子只據見在事業，未必及湯。使其成就，則湯又不得比顔子。前輩説禹與顔子雖是同道，禹比顔子又粗些。顔子比孟子，則孟子當粗看，磨稜合縫，猶未有盡處；若看諸葛亮，只看他大體正當，細看不得。」大雅。

才仲問顔子，因舉先生舊語云：「顔子優於湯武。」「如何見得？」曰：「公只且自做工夫，這般處説不得。據自看，覺得顔子渾渾無痕迹。」賀孫。

問：「顏子之學，莫是先於性情上著工夫否？」曰：「然。凡人爲學，亦須先於性情上著工夫。非獨於性情上著工夫，行步坐立，亦當著工夫。」煇。謨録云：「學者固當存養性情。然處事接物，動止應酬，皆是著工夫處，不獨性情也。」

邵漢臣問顏淵、仲尼不同。曰：「聖人之德，自是無不備，其次則自是易得不備。如顏子已是煞周全了，只比之聖人，更有些未完。如仲弓則偏於淳篤，而少顏子剛明之意。若其他弟子，未見得。只如曾子則大抵偏於剛毅，這終是有立脚處。所以其他諸子皆無傳，惟曾子獨得其傳。到子思也恁地剛毅，孟子也恁地剛毅。惟是有這般人，方始湊合得著。惟是這剛毅等人，方始立得定。子思别無可考，只孟子所稱，如『摽使者出諸大門之外，北面再拜稽首而不受』；如云『事之云乎，豈曰友之云乎』之類，這是甚麽樣剛毅！」賀孫。

孔門只一箇顏子合下天資純粹。到曾子便過於剛，與孟子相似。世衰道微，人欲横流，不是剛勁有脚跟底人，定立不住。淳。

問：「若使曾子爲邦，比顏子如何？」曰：「想得不似顏子熟。然曾子亦大故有力。曾子、子思、孟子大略皆相似。」問：「明道比顏子如何？」曰：「不要如此問，且看他做工夫處。」德明。

曾點開闊，漆雕開深穩。振。

曾點父子爲學不同。點有康節底意思，將那一箇物玩弄。道夫。

曾子父子相反，參合下不曾見得，只從日用間應事接物上積累做去，及至透徹，那小處都是自家底了。點當下見得甚高，做處却又欠闕。如一座大屋，只見廳堂大概，裏面房室元不曾經歷，所以夷考其行而有不掩，卒歸於狂。僩用。

曾子真積力久。若海。

曾子説話，盛水不漏。敬仲。

曾子太深，壁立萬仞！振。

孔門弟子，如子貢後來見識煞高，然終不及曾子。如一唯之傳，此是大體。畢竟他落脚下手立得定，壁立萬仞！觀其言，如「彼以其富，我以吾仁」，「可以托六尺之孤」，「士不可以不弘毅」之類，故後來有子思、孟子，其傳永。孟子氣象尤可見。士毅。

曾子本是魯拙，後來既有所得，故守得夫子規矩定。其教人有法，所以有傳。若子貢則甚敏，見得易，然又雜；往往教人亦不似曾子守定規矩，故其後無傳。因竇問子貢之學無傳。德明。

子貢俊敏，子夏謹嚴。孔子門人自曾顔而下，惟二子，後來想大故長進。僩。

但將論語子夏之言看，甚嚴毅。節。

子游是箇簡易人，於節文有未至處。如譏子夏之門人，與「喪致乎哀」而止。廣。

子張過高，子夏窄狹。端蒙。

子張是箇務外底人，子游是箇高簡、虛曠、不屑細務底人，子夏是箇謹守規矩、嚴毅底人。因觀荀子論三子之賤儒，亦是此意，蓋其末流必至是也。僩。

問：「孔門學者，如子張全然務外，不知如何地學却如此？」曰：「也干他學甚事？他在聖門，亦豈不曉得爲學之要？只是他資質是箇務外底人，所以終身只是這意思。子路是箇好勇底人，終身只是説出那勇底話。而今學者閒時都會説道理當如何；只是臨事時，依前只是他那本來底面目出來，都不如那閒時所説者。」僩。

子路全義理，管仲全功利。振。

孟子極尊敬子路。

問：「韓子稱『孔子之道大而能博』。大是就渾淪，博是就該貫處否？」曰：「韓子亦未必有此意。但如此看，亦自好。」至問：「如何是『學焉而皆得其性之所近』？」曰：「政事者就政事上學得，文學者就文學上學得，德行、言語者就德行、言語上學得。」至。

「看來人全是資質。韓退之云：『孔子之道大而能博，門弟子不能偏觀而盡識也，故學焉而皆得其性之所近。』此説甚好。看來資質定了，其爲學也只就他資質所尚處，添得些小好而已。所以學貴公聽並觀，求一箇是當處，不貴徒執己自用。今觀孔子諸弟子，只除了曾顔之外，其他説話便皆有病。程子諸門人，上蔡有上蔡之病，龜山有龜山之病，和靖有和靖之病，無有無病者。」或問：「也是後來做工夫不到，故如此。」曰：「也是合下見得不周徧，差了。」又曰：「而今假令親見聖人説話，盡傳得聖人之言不差一字，若不得聖人之心，依舊差了，何況猶不得其言？若能得聖人之心，則雖言語各别，不害其爲同。如曾子説話，比之孔子又自不同。子思傳曾子之學，比之曾子，其言語亦自不同。孟子比之子思又自不同。然自孔子以後，得孔子之心者，惟曾子、子思、孟子而已。後來非無能言之士，如揚子雲法言模倣論語，王仲淹中説亦模倣論語，言愈似而去道愈遠。直至程子方略明得四五十年，爲得聖人之心。然一傳之門人，則已皆失其真矣。云云。其終卒歸於『擇善固執』、『明善誠身』、『博文約禮』而已，只是要人自去理會。」僩。

孟子比之孔門、原憲，謹守必不似他。然他不足以及人，不足以任道，孟子便擔當得事。淳。孟子。

孟子不甚細膩，如大匠把得繩墨定，千門萬户自在。又記「千門」字上有「東南西北」字。節。

鄧子禮問：「孟子恁地，而公孫、萬章之徒皆無所得。」曰：「也只是逐孟子上上下下，不曾自去理會。」又曰：「孔子於門人恁地提撕警覺，尚有多少病痛！」賀孫。

問：「周子是從上面先見得？」曰：「也未見得是恁地否。但是周先生天資高，想見下面工夫也不大故費力。而今學者須是從下學理會，若下學而不上達，也不成箇學問。須是尋到頂頭，却從上貫下來。」夔孫。周子。

季通云：「濂溪之學，精慤深密。」端蒙。

濂溪清和。孔經甫祭其文曰：「公年壯盛，玉色金聲；從容和毅，一府皆傾。」墓碑亦謂其「精密嚴恕」，氣象可想矣。道夫。

「周子看得這理熟，縱横妙用，只是這數箇字都括盡了。周子從理處看，邵子從數處看，都只是這理。」砥曰：「畢竟理較精粹。」曰：「從理上看則用處大，數自是細碎。」砥。

「今人多疑濂溪出於希夷；又云爲禪學，其諸子皆學佛。」可學云：「濂溪書具存，如太極圖，希夷如何有此説？或是本學老、佛而自變了，亦未可知。」曰：「嘗讀張忠定公語録。公問李畋云：『汝還知公事有陰陽否？』云云。此説全與濂溪同。忠定見希夷，蓋亦有些來歷。但當時諸公知濂溪者，未嘗言其有道。」可學曰：「此無足怪。程太中獨知之。」曰：「然。」又問：「明道之學，後來固別。但其本自濂溪發之，只是此理推廣之耳。但不如後來程門授業之多。」曰：「當時既未有人知，無人往復，只得如此。」可學。

「濂溪在當時，人見其政事精絶，則以爲宦業過人；見其有山林之志，則以爲襟袖灑落，有仙風道氣，無有知其學者，惟程太中獨知之。這老子所見如此，宜其生兩程子也。只一時程氏，類多好人。」舉横渠祭太中弟云：「父子參點。」又祭明道女兄云：「見伯淳言，汝讀孟子有所見，死生鬼神之藴，無不洞曉。今人爲卿相大臣者，尚不能知。」先生笑曰：「此事是譏富公。」賨問：「韓公一家氣象如何？」曰：「韓公天資高，但學識淺，故只做得到那田地，然其大綱皆正。」又云：「明道當初想明得煞容易，便無那渣滓。只一再見濂溪，當時又不似而今有許多言語出來。不是他天資高，見得易，如何便明得？」德明問：「遺書中載明道語，便自然灑落明快。」曰：「自是他見得容易。伊川易傳却只管修改，晚年方出其書。若使明道作，想無許多事。嘗見門人有祭明道文云：『先生欲著樂書，有志未就。』不知其書要如何作。」德明。周程。

問：「明道、濂溪俱高，不如伊川精切。」曰：「明道説話超邁，不如伊川説得的確。濂溪也精密，不知其他書如何，但今所説這些子，無一字差錯。」問明道不著書。曰：「嘗見某人祭明道文説蹺蹊，説明道要著樂書。「樂」音「洛」。樂，如何著得書？」德輔。

汪端明嘗言二程之學，非全資於周先生者。蓋通書人多忽略，不曾考究。今觀通書，皆是發明太極。書雖不多，而統紀已盡。二程蓋得其傳，但二程之業廣耳。㽦。

二程不言太極者，用劉絢記程言，清虚一大，恐人别處走。今只説敬，意只在所由，只一理也。一理者，言「仁義中正而主静」。方。

濂溪静一，明道敬。方子。

明道説話渾淪，煞高，學者難看。淳。程子。

明道説底話，恁地動彈流轉。方子。

明道語宏大，伊川語親切。方。

明道説話，一看便好，轉看轉好；伊川説話，初看未甚好，久看方好。義剛。

明道説話，亦有説過處，如説「舜有天下不與」。又其説闊，人有難曉處，如説「鳶飛魚躍」，謂「心勿忘勿助長」處。伊川較子細，説較無過，然亦有不可理會處。又曰：「明道所見甚俊偉，故説得較快，初看時便好，子細看亦好；伊川説，初看時較拙，子細看亦拙。」又曰：「明道説經處較遠，不甚協注。」揚。

説明道言語儘寬平；伊川言語初難看，細讀有滋味。又云：「某説大處自與伊川合，小處却持有意見不同。説南軒見處高，如架屋相似，大間架已就，只中間少裝折。」寓。

「明道曾看釋老書，伊川則莊列亦不曾看。」先生云：「後來須著看。不看，無緣知他道理。」

伊川好學論，十八時作。明道十四五便學聖人，二十及第，出去做官，一向長進。定性書是二十二三時作。是時遊山，許多詩甚好。義剛。

問：「明道可比顏子，伊川可比孟子否？」曰：「明道可比顏子。孟子才高，恐伊川未到孟子處。然伊川收束檢制處，孟子却不能到。」煇。

竇問：「前輩多言伊川似孟子。」曰：「不然。伊川謹嚴，雖大故以天下自任，其實不似孟子放脚放手。孟子不及顏子，顏子常自以爲不足。」德明。

鄭問：「明道到處響應，伊川入朝成許多事，此亦可見二人用處。」曰：「明道從容，伊川都挨不行。」陳後之問：「伊川做時似孟子否？」曰：「孟子較活絡。」問：「孟子做似伊尹否？」先生首肯。又曰：「孟子傳伊尹許多話，當時必有一書該載。」淳。

問：「學於明道，恐易開發；學於伊川，恐易成就。」曰：「在人用力。若不用力，恐於伊川無向傍處。明道却有悟人處。」方。

伊川說話，如今看來，中間寧無小小不同？只是大綱統體說得極善。如「性即理也」一語，直自孔子後，惟是伊川說得盡。這一句便是千萬世說性之根基！理是箇公共底物事，不解會不善。人做不是，自是失了性，却不是壞了著修。賀孫。

明道詩云：「旁人不識予心樂，將謂偷閑學少年。」此是後生時氣象眩露，無含蓄。

學蒙。

或問明道五十年猶不忘遊獵之心。曰：「人當以此自點檢。須見得明道氣質如此，至五十年猶不能忘。在我者當益加操守方是，不可以此自恕。」卓。

東坡見伊川主司馬公之喪，譏其父在，何以學得喪禮如此？然後人遂爲伊川解說，道伊川先丁母艱。也不消如此。人自少讀書，如禮記、儀禮，便都已理會了。古人謂居喪讀喪禮，亦平時理會了，到這時更把來温審，不是方理會。賀孫。

因論司馬、文、吕諸公，當時尊伊川太高。自宰相以下皆要來聽講，遂致蘇、孔諸人紛紛。曰：「宰相尊賢如此，甚好。自是諸人難與語。只如今賭錢喫酒等人，正在無禮，你却將禮記去他邊讀，如何不致他惡！」揚。

伊川令吕進伯去了韓安道。李先生云：「此等事，須是自信得及，如何教人做得！」揚。

至之問：「程先生當初進說，只以『聖人之說爲可必信，先王之道爲可必行，不狃滯於近規，不遷惑於衆口，必期致天下如三代之世』，何也？」先生曰：「也不得不恁地說。如今說與學者，也只得教他依聖人言語恁地做去。待他就裏面做工夫有見處，便自知得聖人底是確然恁地。荆公初時與神宗語亦如此，曰：『願陛下以堯、舜、禹、湯爲法。今苟能爲堯、舜、禹、湯之君，則自有皋、夔、稷、契、伊、傅之臣。諸葛亮、魏徵，有道者所羞道也。』説得甚好，只是他所學偏，後來做得差了，又在諸葛、魏徵之下。」義剛。

有咎伊川著書不以示門人者，再三誦之，先生不以爲然也。因坐復歎。先生曰：「公恨伊川著書不以示人，某獨恨當時提撕他不緊。故當時門人弟子布在海内，炳如日星，自今觀之，皆不滿人意。只今易傳一書散滿天下，家置而人有之，且道誰曾看得他箇！果有得其意者否？果曾有行得他箇否？」道夫。

聞伯夷、柳下惠之風者，頑廉薄敦，皆有興起；此孟子之善想像者也。「孔子，元氣也；顔子，和風慶雲也；孟子，泰山巖巖之氣象也。」此程夫子之善想像者也。今之想像大程夫子者，當識其明快中和處；小程夫子者，當識其初年之嚴毅，晚年又濟以寬平處。豈徒想像而已哉？必還以驗之吾身者如何也。若言論風旨，則誦其詩，讀其書，字字而訂之，句句而議之，非惟求以得其所言之深旨，將併與其風範氣象得之矣。大雅。

書無所不讀，事無所不能，若作强記多能觀之，誠非所以形容有道之君子。然在先生分上正不妨。書之當讀者無所不讀，欲其無不察也；事之當能者無所不能，以其無不通也。觀其平日辯異端，闢邪説，如此之詳，是豈不讀其書而以耳剽決之耶？至於鄙賤之事雖瑣屑，然孰非天理之流行者？但此理既得，自然不習而無不能耳。故孔子自謂「多能鄙事」，但以爲學者不當自是以求之，故又曰「不多」也。今欲務於强記多能，固非所以爲學。然事物之間分別太甚，則有修飭邊幅，簡忽細故之病，又非所以求盡心也。鎬。

伊川快説禪病，如後來湖南、龜山之弊，皆先曾説過。湖南正以爲善。龜山求中於喜怒哀樂之前。方。

居仁謂伊川顢頇語，是親見與病叟書中説。方。

伊川告詞如此，是紹興初年議論，未免一褒一貶之雜也。謨。

程先生傳甚備，見徽廟實録，吕伯恭撰。振。

叔器問：「横渠似孟子否？」曰：「一人是一樣，規模各不同。横渠嚴密，孟子宏闊。孟子是箇有規矩底康節。」安卿曰：「他宏闊中有縝密處，每常於所謂『「不見諸侯，何也？」曰：「不敢也」』。『「賜之則不受，何也？」曰：「不敢也」』。此兩處，見得他存心甚畏謹，守義甚縝密。」曰：「固是。」至之曰：「孟子平正；横渠高處太高，僻處太僻。」曰：「是。」義剛。張子。

横渠將這道理擡弄得來大，後更柰何不下。必大。

横渠儘會做文章。如西銘及應用之文，如百椀燈詩，甚敏。到説話，却如此難曉，怕關西人語言自如此。賀孫。

横渠之學是苦心得之，乃是「致曲」，與伊川異。以孔子爲非生知，渠蓋執「好古敏以求之」，故有此語。不知「好古敏以求之」，非孔子做不得。可學。

問：「横渠之教，以禮爲先。浩恐謂之禮，則有品節，每遇事，須用秤停當，禮方可遵守。初學者或未曾識禮，恐無下手處。敬則有一念之肅，便已改容更貌，不費安排，事事上見得此意。如何？」先生曰：「古人自幼入小學，便教以禮；及長，自然在規矩之中。横渠却是用官法教人，禮也易學。今人乍見，往往以爲難。某嘗要取三禮編成一書，事多蹉過。若有朋友，只兩年工夫可成。」浩。

張横渠傳，當時人推范純夫作，見神宗實録。揚。

明道之學，從容涵泳之味洽；横渠之學，苦心力索之功深。端蒙。程張。

横渠之於程子，猶伯夷、伊尹之於孔子。若海。

問：「孔子六經之書，盡是説道理内實事故，便覺得此道大。自孟子以下，如程張之門，多指説道之精微，學之要領，與夫下手處，雖甚親切易見，然被他開了四至，便覺規模狹了，不如孔子六經氣象大。」曰：「後來緣急欲人曉得，故不得不然，然亦無他不得。若無他説破，則六經雖大，學者從何處入頭？横渠最親切。程氏規模廣大，其後學者少有能如横渠輩用工者。近看得横渠用工最親切，直是可畏！學者用工，須是如此親切。更有一説奉祝：老兄言語更多些，更須刪削見簡潔處，方是。」大雅。

閭丘次孟云：「諸先生説話，皆不及小程先生，雖大程亦不及。」曰：「不然。明道説話儘高，那張説得端的處，儘好。且如伊川説『仁者天下之公，善之本也』，大段寬而不切。如横渠説『心統性情』，這般所在，説得的當。又如伊川謂『鬼神者造化之迹』，却不如横渠所謂『二氣之良能也』。」直卿曰：「如何？」曰：「程子之説固好，但只渾淪在這裏。張子之説，分明便見有箇陰陽在。」曰：「如所謂『功用則謂之鬼神』，也與張子意同。」曰：「只爲他渾淪在那裏。」閭丘曰：「明則有禮樂，幽則有鬼神。」曰：「只這數句便要理會。明便如何説禮樂？幽便如何説鬼神？須知樂便屬神，禮便屬鬼。他此語落著，主在鬼神。」因指甘蔗曰：「甘香氣便唤做神，其漿汁便唤做鬼。」直卿曰：「向讀中庸所謂『誠之不可掩』處，竊疑謂鬼神爲陰陽屈伸，則是形而下者。若中庸之言，則是形而上者矣。」曰：「今也且只就形而下者説來。但只是他皆是實理處發見，故未有此氣，便有此理；既有此理，必有此氣。」道夫。

今且須看孔、孟、程、張四家文字，方始講究得著實，其他諸子不能無過差也。理。

朱子語類卷第九十四

周子之書

太極圖

太極圖「無極而太極」。上一圈即是太極，但挑出在上。泳。

太極一圈，便是一畫，只是撒開了，引教長一畫。泳。

太極圖只是一箇實理，一以貫之。端蒙。

太極分開只是兩箇陰陽，括盡了天下物事。

「易有太極，是生兩儀。」四象八卦，皆有形狀。至於太極，有何形狀？故周子曰：「無極而太極。」蓋云無此形狀，而有此道理耳。賫。

「無極而太極」，只是一句。如「冲漠無眹」，畢竟是上面無形象，然却實有此理。圖上自分曉。到說無極處，便不言太極，只言「無極之真」。真便是太極。賫。

「無極而太極。」蓋恐人將太極做一箇有形象底物看，故又説「無極」，言只是此理也。端蒙。

「無極而太極」，只是説無形而有理。所謂太極者，只二氣五行之理，非別有物爲太極也。又云：「以理言之，則不可謂之有；以物言之，則不可謂之無。」僩。

「『無極而太極』，只是無形而有理。周子恐人於太極之外更尋太極，故以無極言之。既謂之無極，則不可以有底道理强搜尋也。」問：「太極始於陽動乎？」曰：「陰静是太極之本，然陰静又自陽動而生。一静一動，便是一箇闢闔。自其闢闔之大者推而上之，更無窮極，不可以本始言。」

問：「『無極而太極』，固是一物，有積漸否？」曰：「無積漸。」曰：「上言無極，下言太極。竊疑上言無極無窮，下言至此方極。」曰：「無極者無形，太極者有理也。周子恐人把作一物看，故云無極。」曰：「太極既無氣，氣象如何？」曰：「只是理。」可學。

周子所謂「無極而太極」，非謂太極之上別有無極也，但言太極非有物耳。如云「上天之載，無聲無臭」。故云「無極之真，二五之精」，既言無極，則不復別舉太極也。若如今説，則此處豈不欠一「太極」字耶？端蒙。

原「極」之所以得名，蓋取樞極之義。聖人謂之「太極」者，所以指夫天地萬物之根也；周子因之而又謂之「無極」者，所以大一作「著夫」。「無聲無臭」之妙也。升卿。

問：「太極解引『上天之載無聲無臭』，此『上天之載』，即是太極否？」曰：「蒼蒼者是上天，理在『載』字上。」淳。

問：「『無極而太極』，如何？」曰：「子細看，便見得。問先生之意，不正是以無極太極爲理？」曰：「此非某之説，他道理自如此，著自家私意不得。太極無形象，只是理。他自有這箇道理，自家私著一字不得。」問：「既曰太極，又有箇無極，如何？」曰：「『太極本無極』，要去就中看得這箇意出方得。公只要去討他不是處，與他鬭。而今只管去檢點古人不是處，道自家底是，便是識見不長。」劉曰：「要得理明，不得不如此。」曰：「且可去放開胸懷讀書。看得道理明徹，自然無歉吝之病，無物我之私，自然快活。」寓。

無極是有理而無形。如性，何嘗有形？太極是五行陰陽之理皆有，不是空底物事。若是空時，如釋氏説性相似。又曰：「釋氏只見得箇皮殼，裏面許多道理，他却不見。他皆以君臣父子爲幻妄。」節。

「無極而太極」，不是太極之外别有無極，無中自有此理。又不可將無極便做太極。「無極而太極」，此「而」字輕，無次序故也。「動而生陽，静而生陰」，動即太極之動，静即太極之静。動而後生陽，静而後生陰，生此陰陽之氣。謂之「動而生」，「静而生」，則有漸次也。「一動一静，互爲其根」，動而静，静而動，闢闔往來，更無休息。「分陰分陽，兩儀立焉」，兩儀是天地，與畫卦兩儀意思又别。動静如晝夜，陰陽如東西南北，分從四方去。「一動一静」以時言，「分陰分陽」以位言。方渾淪未判，陰陽之氣，混合幽暗。及其既分，中間放得寬闊光朗，而兩儀始立。康節以十二萬九千六百年爲一元，則是十二萬九千六百年之前，又是一箇大闢闔，更以上亦復如此，直是「動静無端，陰陽無始」。小者大之影，只晝夜便可見。五峰所謂「一氣大息，震蕩無垠，海宇變動，山勃川湮，人物消盡，舊迹大滅，是謂洪荒之世」。常見高山有螺蚌殼，或生石中，此石即舊日之土，螺蚌即水中之物。下者却變而爲高，柔者變而爲剛，此事思之至深，有可驗者。「陽變陰合而生水火木金土。」陰陽氣也，生此五行之質。天地生物，五行獨先。地即是土，土便包含許多金木之類。天地之間，何事而非五行？五行陰陽，七者滚合，便是生物底材料。「五行順布，四時行焉。」金木水火分屬春夏秋冬，土則寄旺四季。如春屬木，而清明後十二日即是土寄旺之時。每季寄旺十八日，共七十二日。唯夏季十八日土氣爲最旺，故能生秋金也。以圖象考之，木生火、金生水之類，各有小畫相牽連；而火生土、土生金，獨穿乎土之内，餘則從旁而過，爲可見矣。「五行一陰陽也，陰陽一太極也，太極本無極也。」此當思無有陰陽而無太極底時節。若以爲止是陰陽，陰陽却是形而下者；若只專以理言，則太極又不曾與陰陽相離。正當沉潛玩索，將圖象意思抽開細看，又復合而觀之。某解此云：「非有離乎陰陽也；即陰陽而指其本體，不雜乎陰陽而爲言也。」此句自有三節意思，更宜深考。通書云：「静而無動，動而無静，物也；動而無動，静而無静，神也。」當即此兼看之。謨。可學録别出。

舜弼論太極云：「陰陽便是太極。」曰：「某解云：『非有離乎陰陽也；即陰陽而指其本體，不雜乎陰陽而言耳。』此句當看。今於某解説句尚未通，如何論太極！」又問：「『無極而太極』，因『而』字，故生陸氏議論。」曰：「『而』字自分明。下云：『動而生陽，静而生陰。』説一『生』字，便是見其自太極來。今曰『而』，則只是一理。『無極而太極』，言無能生有〔一〕也。」某問：「自陽動以至於人物之生，是一時俱生？且如此説，爲是節次如此？」曰：「道先後不可，然亦須有節次。康節推至上十二萬八千云云，不知已前又如何。太極之前，須有世界來，正如昨日之夜，今日之晝耳。陰陽亦一大闔闢也。但當其初開時須昏暗，漸漸乃明，故有此節次，其實已一齊在其中。」又問：「今推太極以前如此，後去又須如此。」曰：「固然。程子云：『動静無端，陰陽無始。』此語見得分明。今高山上多有石上蠣殼之類，是低處成高。又蠣須生於泥沙中，今乃在石上，則是柔化爲剛。天地變遷，何常

〔一〕「無能生有」，賀云：「張蘿谷改作『無中含有』。」

之有？」又問：「明道云：『陰陽亦形而下者，而曰「道」，只此兩句截得上下分明。』『截』字，莫是『斷』字誤？」曰：「正是『截』字。形而上、形而下，只就形處離合分别，此正是界至處。若止説在上在下，便成兩截矣！」可學。

李問：「『無極之真』與『未發之中』，同否？」曰：「無極之真是包動静而言，未發之中只以静言。無極只是極至，更無去處了。至高至妙，至精至神，更没去處。濂溪恐人道太極有形，故曰『無極而太極』，是無之中有箇至極之理。如『皇極』，亦是中天下而立，四方輻湊，更没去處；移過這邊也不是，移過那邊也不是，只在中央，四畔合湊到這裏。」又指屋極曰：「那裏更没去處了。」問：「南軒説『無極而太極』，言『莫之爲而爲之』，如何？」曰：「他説差。道理不可將初見便把做定。伊川解文字甚縝密，也是他年高七十以上歲，見得道理熟。吕與叔言語多不縝密處，是他不滿五十歲。若使年高，看道理必煞縝密。」寓。

太極無方所，無形體，無地位可頓放。若以未發時言之，未發却只是静。動静陰陽，皆只是形而下者。然動亦太極之動，静亦太極之静，但動静非太極耳。或録云：「動不是太極，但動者太極之用耳；静不是太極，但静者太極之體耳。」故周子只以「無極」言之。無形而有理。未發固不可謂之太極，然中含喜怒哀樂，喜樂屬陽，怒哀屬陰，四者初未著，而其理已具。若對已發言之，容或可謂之太極，然終是難説。此皆只説得箇髣髴形容，當自體認。僩。

問：「『無極而太極』，極是極至無餘之謂。無極是無之至，至無之中乃至有存焉，故云『無極而太極』。」曰：「本只是箇太極，只爲這本來都無物事，故説『無極而太極』。如公説無極，恁地説却好，但太極説不去。」曰：「『有』字便是『太』字地位。」曰：「將『有』字訓『太』字不得。太極只是箇理。」曰：「至無之中乃萬物之至有也。」曰：「亦得。」問：「『動而生陽，靜而生陰』，注：『太極者本然之妙，動靜者所乘之機。』太極只是理，理不可以動靜言，惟『動而生陽，靜而生陰』，理寓於氣，不能無動靜所乘之機。乘，如乘載之『乘』，其動靜者，乃乘載在氣上，不覺動了靜，靜了又動。」曰：「然。」又問：「『動靜無端，陰陽無始』，那箇動，又從上面靜生下；上面靜，又是上面動生來。今姑把這箇説起。」曰：「然。」又問：「『以質而語其生之序』，不是相生否？只是陽變而助陰，故生水；陰合而陽盛，故生火；木金各從其類，故在左右。」曰：「『水陰根陽，火陽根陰。』錯綜而生其端，是『天一生水，地二生火，天三生木，地四生金』；到得運行處，便水生木，木生火，火生土，土生金，金又生水，水又生木，循環相生。又如甲乙丙丁戊己庚辛壬癸，都是這箇物事。」因曰：「這箇太極，是箇大底物事。『四方上下曰「宇」，古往今來曰「宙」。』無一箇物似宇樣大：四方去無極，上下去無極，是多少大？無一箇物似宙樣長遠：亘古亘今，往來不窮！自家心下須常認得這意思。」問：「此是誰語？」曰：「此是古人語。象山常要説此語，但他説便只是這箇，又不用裏面許多節拍，却只守得箇空蕩蕩底。公更看横渠西銘，初看有許多節拍，却似狹；充其量，是甚麼樣大！合下便有箇乾健、坤順意思。自家身己便如此，形體便是這箇物事，性便是這箇物事。『同胞』是如此，『吾與』是如此，主腦便是如此。『尊高年，所以長其長；慈孤弱，所以幼其幼』，又是做工夫處。後面節節如此。『于時保之，子之翼也。樂且不憂，純乎孝者也。』其品節次第又如此。横渠這般説話，體用兼備，豈似他人只説得一邊！」問：「自其節目言之，便是『各正性命』；充其量而言之，便是『流行不息』。」曰：「然。」又問：「『聖人定之以中正仁義而主静。』」曰：「此是聖人『修道之謂教』處。」因云：「今且須涵養。如今看道理未精進，便須於尊德性上用功；於德性上有不足處，便須於講學上用功。二者須相趲逼，庶得互相振策出來。若能德性常尊，便恁地廣大，便恁地光輝，於講學上須更精密，見處須更分曉。若能常講學，於本原上又須好。覺得年來朋友於講學上却説較多，於尊德性上説較少，所以講學處不甚明了。」賀孫。

或問太極。曰：「太極只是箇極好至善底道理。人人有一太極，物物有一太極。周子所謂太極，是天地人物萬善至好底表德。」謙。

太極非是别爲一物，即陰陽而在陰陽，即五行而在五行，即萬物而在萬物，只是一箇理而已。因其極至，故名曰太極。廣。

才説太極，便帶著陰陽；才説性，便帶著氣。不帶著陰陽與氣，太極與性那裏收附？然要得分明，又不可不拆開説。寓。

因問：「太極圖所謂『太極』，莫便是性否？」曰：「然。此是理也。」問：「此理在天地間，則爲陰陽，而生五行以化生萬物；在人，則爲動静，而生五常以應萬事。」曰：「動則此理行，此動中之太極也；静則此理存，此静中之太極也。」洽。

問：「先生説太極『有是性則有陰陽五行』云云，此説性是如何？」曰：「想是某舊説，近思量又不然。此『性』字爲稟於天者言。若太極，只當説理，自是移易不得。易言『一陰一陽之謂道』，『繼之者則謂之『善』，至於成之者方謂之『性』。此謂天所賦於人物，人物所受於天者也。」寓。

問：「『即陰陽而指其本體，不雜於陰陽而言之』，是於道有定位處指之。」曰：「然。『一陰一陽之謂道』，亦此意。」可學。

自太極至萬物化生，只是一箇道理包括，非是先有此而後有彼。但統是一箇大源，由體而達用，從微而至著耳。端蒙。

某常説：「太極是箇藏頭底，動時屬陽，未動時又屬陰了。」方子。

太極自是涵動靜之理，却不可以動靜分體用。蓋靜即太極之體也，動即太極之用也。譬如扇子，只是一箇扇子，動摇便是用，放下便是體。才放下時，便只是這一箇道理；及摇動時，亦只是這一箇道理。

梁文叔云：「太極兼動靜而言。」曰：「不是兼動靜，太極有動靜。喜怒哀樂未發，也有箇太極；喜怒哀樂已發，也有箇太極。只是一箇太極，流行於已發之際，斂藏於未發之時。」

問：「『太極動而生陽，靜而生陰』，見得理先而氣後。」曰：「雖是如此，然亦不須如此理會，二者有則皆有。」問：「未有一物之時如何？」曰：「是有天下公共之理，未有一物所具之理。」德明。

問：「太極之有動靜，是靜先動後否？」曰：「一動一靜，循環無端。無靜不成動，無動不成靜。譬如鼻息，無時不噓，無時不吸；噓盡則生吸，吸盡則生噓，理自如此。」德明。

問：「太極動然後生陽，則是以動爲主？」曰：「纔動便生陽，不是動了而後生。這箇只得且從動上説起，其實此之所以動，又生於靜；上面之靜，又生於動。此理只循環生去，『動靜無端，陰陽無始』。」賀孫。

「太極動而生陽，靜而生陰」，不是動後方生陽，蓋纔動便屬陽，靜便屬陰。「動而生陽」，其初本是静，静之上又須動矣。所謂「動静無端」，今且自「動而生陽」處看去。時舉。

「太極動而生陽，静而生陰。」非是動而後有陽，静而後有陰，截然爲兩段，先有此而後有彼也。只太極之動便是陽，静便是陰。方其動時，則不見静；方其静時，則不見動。然「動而生陽」，亦只是且從此説起。陽動以上，更有在。程子所謂「動静無端，陰陽無始」，於此可見。端蒙。

國秀説太極。曰：「公今夜説得却似，只是説太極是一箇物事，不得。説太極中便有陰陽，也不得。他只説『太極動而生陽，動極而静，静而生陰』。公道未動以前如何？」曰：「只是理。」曰：「固是理，只不當對動言。未動即是静，未静又即是動，未動又即是静。伊川云：『動静無端，陰陽無始，惟知道者識之。』動極復静，静極復動，還當把那箇做擗初頭始得？今説『太極動而生陽』，是且推眼前即今箇動斬截便説起。其實那動以前又是静，静以前又是動。如今日一晝過了，便是夜，夜過了，又只是明日晝。即今晝以前又有夜了，昨夜以前又有晝了。即今要説時日起，也只且把今日建子説起，其實這箇子以前豈是無了？」賀孫。

問：「『太極動而生陽』，是有這動之理，便能動而生陽否？」曰：「有這動之理，便能動而生陽；有這静之理，便能静而生陰。既動，則理又在動之中；既静，則理又在静之中。」

曰：「動静是氣也，有此理爲氣之主，氣便能如此否？」曰：「是也。既有理，便有氣；既有氣，則理又在乎氣之中。周子謂：『五殊二實，二本則一。一實萬分，萬一各正，大小有定。』自下推而上去，五行只是二氣，二氣又只是一理。自上推而下來，只是此一箇理，萬物分之以爲體，萬物之中又各具一理。所謂『乾道變化，各正性命』，然總又只是一箇理。此理處處皆渾淪，如一粒粟生爲苗，苗便生花，花便結實，又成粟，還復本形。一穗有百粒，每粒箇箇完全；又將這百粒去種，又各成百粒。生生只管不已，初間只是這一粒分去。物物各有理，總只是一箇理。」曰：「鳶飛魚躍，皆理之流行發見處否？」曰：「固是。然此段更須將前後文通看。」淳。

或問太極。曰：「未發便是理，已發便是情。如動而生陽，便是情。」

問：「『太極動而生陽』，是陽先動也。今解云『必體立而用得以行』，如何？」曰：「體自先有。下言『静而生陰』，只是説相生無窮耳。」可學。

「太極動而生陽，陽變陰合」，自有先後。且以人之生觀之，先有陽，後有陰。陽在内而陰包於外，故心知思慮在内，陽之爲也；形體，陰之爲。更須錯綜看。如臟腑爲陰，膚革爲陽，此見素問。端蒙。

太極者，如屋之有極，天之有極，到這裏更没去處，理之極至者也。陽動陰静，非太極動静，只是理有動静。理不可見，因陰陽而後知。理搭在陰陽上，如人跨馬相似。才生五行，便被氣質拘定，各爲一物，亦各有一性，而太極無不在也。統言陰陽，只是兩端，而陰中自分陰陽，陽中亦有陰陽。「乾道成男，坤道成女。」男雖屬陽，而不可謂其無陰；女雖屬陰，亦不可謂其無陽。人身氣屬陽，而氣有陰陽；血屬陰，而血有陰陽。至如五行，「天一生水」，陽生陰也；而壬癸屬水，壬是陽，癸是陰。「地二生火」，陰生陽也；而丙丁屬火，丙是陽，丁是陰。通書聖學章「一」便是太極，「静虚動直」便是陰陽，「明通公溥」便是五行。大抵周子之書才説起，便都貫穿太極許多道理。謨。

「『動而生陽』，元未有物，且是如此動蕩，所謂『化育流行』也。『静而生陰』，陰主凝，然後萬物『各正性命』。」問：「『繼之者善』之時，此所謂『性善』，至『成之者性』，然後氣質各異，方説得善惡？」曰：「既謂之性，則終是未可分善惡。」德明。

問：「動静，是太極動静？是陰陽動静？」曰：「是理動静。」問：「如此，則太極有模樣？」曰：「無。」問：「南軒云『太極之體至静』，如何？」曰：「不是。」問：「又云『所謂至静者，貫乎已發未發而言』，如何？」曰：「如此，則却成一不正當尖斜太極！」可學。

鄭仲履云：「吴仲方疑太極説『動極而静，静極復動』之説，大意謂動則俱動，静則俱静。」曰：「他都是胡説。」仲履云：「太極便是人心之至理。」曰：「事事物物皆有箇極，是道理之極至。」蔣元進曰：「如君之仁，臣之敬，便是極。」曰：「此是一事一物之極。總天地萬物之理，便是太極。太極本無此名，只是箇表德。」蓋卿。

問：「陰陽動静以大體言，則春夏是動，屬陽；秋冬是静，屬陰。就一日言之，晝陽而動，夜陰而静。就一時一刻言之，無時而不動静，無時而無陰陽。」曰：「陰陽無處無之，横看竪看皆可見。横看則左陽而右陰，竪看則上陽而下陰；仰手則爲陽，覆手則爲陰；向明處爲陽，背明處爲陰。正蒙云：『陰陽之氣，循環迭至，聚散相盪，升降相求，絪緼相揉，相兼相制，欲一之不能。』蓋謂是也。」德明。

太極未動之前便是陰，陰静之中，自有陽動之根；陽動之中，又有陰静之根。動之所以必静者，根乎陰故也；静之所以必動者，根乎陽故也。

問：「必至於『互爲其根』，方分陰陽。」曰：「從動静便分。」曰：「『分陰分陽』，是帶上句？」曰：「然。」可學。

問：「自太極一動而爲陰陽，以至於爲五行，爲萬物，無有不善。在人則才動便差，是如何？」曰：「造化亦有差處，如冬熱夏寒，所生人物有厚薄，有善惡；不知自甚處差將來，便没理會了。」又問：「惟人才動便有差，故聖人主静以立人極歟？」曰：「然。」廣。

問「動静者，所乘之機」。曰：「理搭於氣而行。」可學。

問「動静者，所乘之機」。曰：「太極理也，動静氣也。氣行則理亦行，二者常相依而未嘗相離也。太極猶人，動静猶馬；馬所以載人，人所以乘馬。馬之一出一入，人亦與之一出一入。蓋一動一静，而太極之妙未嘗不在焉。此所謂『所乘之機』，無極、二五所以『妙合而凝』也。」銖。

周貴卿問「動静者，所乘之機」。曰：「機，是關捩子。踏著動底機，便挑撥得那静底；踏著静底機，便挑撥得那動底。」義剛。

「動静者，所乘之機。」機，言氣機也。詩云：「出入乘氣機。」端蒙。

「動静無端，陰陽無始。」今以太極觀之，雖曰「動而生陽」，畢竟未動之前須静，静之前又須是動。推而上之，何自見其端與始！道夫。

「動静無端，陰陽無始。」説道有，有無底在前；説道無，有有底在前，是循環物事。敬仲。

陰陽本無始，但以陽動陰静相對言，則陽爲先，陰爲後；陽爲始，陰爲終。猶一歲以正月爲更端，其實姑始於此耳。歲首以前，非截然别爲一段事，則是其循環錯綜，不可以先後始終言，亦可見矣。端蒙。

問「動静無端，陰陽無始」。曰：「這不可説道有箇始。他那有始之前，畢竟是箇甚麽？他自是做一番天地了，壞了後，又恁地做起來，那箇有甚窮盡？某自五六歲，便煩惱道：『天地四邊之外，是什麽物事？』見人説四方無邊，某思量也須有箇盡處。如這壁相似，壁後也須有什麽物事。其時思量得幾乎成病。到而今也未知那壁後池本作「天外」。夔孫録作「四邊」。是何物。」或舉天地相依之説云：「只是氣。」曰：「亦是古如此説了。素問中説：『黄帝曰：「地有憑乎？」岐伯曰：「火氣乘之。」』是説那氣浮得那地起來。夔孫録云：「謂地浮在氣上。」這也説得好。」義剛。夔孫録略。

「陽變陰合」，初生水火。水火氣也，流動閃鑠，其體尚虚，其成形猶未定。次生木金，則確然有定形矣。水火初是自生，木金則資於土。五金之屬，皆從土中旋生出來。德明。

厚之問：「『陽變陰合』，如何是合？」曰：「陽行而陰隨之。」可學。

問：「太極圖兩儀中有地，五行中又有土，如何分别？」曰：「地言其大概，閎祖録作「全體」。土是地之形質。」

旻問太極、兩儀、五行。曰：「兩儀即陰陽，陰陽是氣，五行是質。『立天之道，曰陰與陽；立地之道，曰柔與剛』，亦是質。又如人，魂是氣，體魄是質。」旻云：「『太極生兩儀，兩儀生四象』，此如母生子，子在母外之義。若兩儀五行，却是子在母内。」曰：「是如此。陰陽、五行、萬物各有一太極。」又云：「『太極動而生陽』，只是如一長物，不免就中間截斷説起。其實動之前未嘗無静，静之前又未嘗無動。如『繼之者善也』，亦是就此説起。譬之俗語謂『自今日爲頭，已前更不受理』意思。」蓋卿。

太極、陰陽、五行，只將元亨利貞看甚好。太極是元亨利貞都在上面；陰陽是利貞是陰，元亨是陽；五行是元是木，亨是火，利是金，貞是水。端蒙。

或問太極圖之説。曰：「以人身言之：呼吸之氣便是陰陽，軀體血肉便是五行，其性便是理。」又曰：「其氣便是春夏秋冬，其物便是金木水火土，其理便是仁義禮智信。」又曰：「氣自是氣，質自是質，不可滚説。」義剛。

問：「『五行之生，各一其性』，理同否？」曰：「同而氣質異。」曰：「既説氣質異，則理不相通。」曰：「固然。仁作義不得，義作仁不得。」可學。

或問圖解云：「五行之生，隨其氣質而所禀不同，所謂『各一其性』也。」曰：「氣質是陰陽五行所爲，性則太極之全體。但論氣質之性，則此全體在氣質之中耳，非別有一性也。」銖。

或問：「太極圖五行之中又各有五行，如何？」曰：「推去也有，只是他圖未說到這處，然而他圖也只得到這處住了。」義剛。

某許多說話，是太極中說已盡。太極便是性，動靜陰陽是心，金木水火土是仁義禮智信，化生萬物是萬事。又云：「『無極之真，二五之精，妙合而凝』，此數句甚妙，是氣與理合而成性也。」賀孫。或録云：「真，理也；精，氣也。理與氣合，故能成形。」

「無極二五，妙合而凝。」凝只是此氣結聚，自然生物。若不如此結聚，亦何由造化得萬物出來？無極是理，二五是氣。無極之理便是性。性爲之主，而二氣、五行經緯錯綜於其間也。得其氣之精英者爲人，得其渣滓者爲物。生氣流行，一滾而出，初不道付其全氣與人，減下一等與物也，但禀受隨其所得。物固昏塞矣，而昏塞之中，亦有輕重者。昏塞尤甚者，於氣之渣滓中又復禀得渣滓之甚者爾。謨。

問：「『無極而太極』，先生謂此五字添減一字不得。而周子言『無極之真』，却又不言太極？」曰：「『無極之真』，已該得太極在其中。『真』字便是太極。」又問：「『太極動而生陽，靜而生陰，靜極復動』，則動復生陽，靜復生陰。不知分陰陽以立兩儀，在靜極復動之前，爲復在後？」曰：「『動而生陽，静而生陰』，則陰陽分而兩儀立矣。静極復動以後，所以明混闢不窮之妙。」子蒙。

或問：「太極圖下二圈，固是『乾道成男，坤道成女』，是各有一太極也。」曰：「『乾道成男，坤道成女』，方始萬物化生。」「易中却云：『有天地然後有萬物，有萬物然後有男女』，是如何？」曰：「太極所説，乃生物之初，陰陽之精，自凝結成兩箇，後來方漸漸生去。萬物皆然。如牛羊草木，皆有牝牡，一爲陽，一爲陰。萬物有生之初，亦各自有兩箇。故曰『二五之精，妙合而凝』。陰陽二氣更無停息。如金木水火土，是五行分了，又三屬陽，二屬陰，然而各又有一陰一陽。如甲便是木之陽，乙便是木之陰；丙便是火之陽，丁便是火之陰。只這箇陰陽，更無休息。形質屬陰，其氣屬陽。金銀坑有金礦銀礦，便是陰，其光氣爲陽。」賀孫。

天地之初，如何討箇人種？自是氣蒸池作「凝」。結成兩箇人後，方生許多萬物。所以先説「乾道成男，坤道成女」，後方説「化生萬物」。當初若無那兩箇人，如今如何有許多人？那兩箇人便如而今人身上蝨，是自然變化出來。楞嚴經後面説，大劫之後，世上人都死了，無復人類，却生一般禾穀，長一尺餘，天上有仙人下來喫，見好後，只管來喫，喫得身重，遂上去不得，世間方又有人種。此説固好笑，但某因此知得世間却是其初有箇人種如他樣説。義剛。

氣化，是當初一箇人無種後，自生出來底。形生，却是有此一箇人後，乃生生不窮底。義剛。

問「氣化」、「形化」。曰：「此是總言。物物自有牝牡，只是人不能察耳。」

或問：「『萬物各具一太極』，此是以理言？以氣言？」曰：「以理言。」銖。

「形既生矣」，形體，陰之爲也；「神發知矣」，神知，陽之爲也。蓋陰主翕，凡斂聚成就者，陰爲之也；陽主闢，凡發暢揮散者，陽爲之也。端蒙。

問：「『五行之生，各一其性。五性感動而善惡分。』此『性』字是兼氣稟言之否？」曰：「性離氣稟不得。有氣稟，性方存在裏面；無氣稟，性便無所寄搭了。稟得氣清者，性便在清氣之中，這清氣不隔蔽那善；稟得氣濁者，性在濁氣之中，爲濁氣所蔽。『五行之生，各一其性』，這又隨物各具去了。」淳。

問「五性感動而善惡分」。曰：「天地之性，是理也。才到有陰陽五行處，便有氣質之性，於此便有昏明厚薄之殊。『得其（性）〔秀〕〔一〕而最靈』，乃氣質以後事。」去僞。

〔一〕據太極圖説改。

問：「如何謂之性？」曰：「天命之謂性。」又問：「天之所命者，果何物也？」曰：「仁義禮智信。」又問：「太極圖何爲列五者於陰陽之下？」曰：「五常是理，陰陽是氣。有理而無氣，則理無所立；有氣而後，理方有所立，故五行次陰陽。」又問：「如此，則是有七？」曰：「義智屬陰，仁禮屬陽。」按：太極圖列金木水火土於陰陽之下，非列仁義禮智信於陰陽之下也。以氣言之，曰陰陽五行；以理言之，曰健順五行之性。此問似欠分別。節。

問：「『聖人定之以中正仁義』，何不曰仁義中正？」曰：「此亦是且恁地說。當初某看時，也疑此。只要去强說，又說不得。後來子細看，乃知中正即是禮智，無可疑者。」時舉。「中正仁義而已矣」，言生之序，以配水火木金也。又曰：「『仁義中正而已矣』，以聖人之心言之，猶孟子言『仁義禮智』也。」直卿。端蒙。

問：「太極圖何以不言『禮智』，而言『中正』？莫是此圖本爲發明易道，故但言『中正』，是否？」曰：「亦不知是如何，但『中正』二字較有力。」閎祖。

問：「周子不言『禮智』，而言『中正』，如何？」曰：「禮智說得猶寬，中正則切而實矣。且謂之禮，尚或有不中節處。若謂之中，則無過不及，無非禮之禮，乃節文恰好處也。謂之智，尚或有有正不正，若謂之正，則是非端的分明，乃智之實也。」銖。

問：「中正即禮智，何以不直言『禮智』，而曰『中正』？」曰：「『禮智』字不似『中正』字，却實。且中者，禮之極；正者，智之體，正是智親切處。伊川解『貞』字，謂『正而固』也。一『正』字未盡，必兼『固』字，所謂『智之實，知斯二者弗去』是也。智是端的真知，恁地便是正。弗去，便是固。所以『正』字較親切。」淳。

聖人立人極，不說仁義禮智，却說仁義中正者，中正尤親切。中是禮之得宜處，正是智之正當處。自氣化一節以下，又節節應前面圖說。仁義中正，應五行也。大抵天地生物，先其輕清以及重濁。「天一生水，地二生火」，二物在五行中最輕清；金木復重於水火，土又重於金木。如論律呂，則又重濁爲先，宮最重濁，商次之，角次之，徵又次之，羽最後。謨。

問：「『中即禮，正即智。』正如何是智？」曰：「於四德屬貞，智要正。」可學。

知是非之正爲智，故通書以正爲智。節。

問：「智與正何以相契？」曰：「只是真見得是非，便是正；不正便不唤做智了。」問：「只是真見得是，真見得非。若以是爲非，以非爲是，便不是正否？」曰：「是。」淳。寓同。

問：「周子言仁義中正亦甚大，今乃自偏言，止是屬於陽動陰静。」曰：「不可如此看，反覆皆可。」問：「『仁爲用，義爲體。』若以體統論之，仁却是體，義却是用？」曰：「是仁爲體，義爲用。大抵仁義中又各自有體用。」可學。

「中正仁義」一節，仁義自分體用，是一般説；仁義中正分體用，又是一般説。偏言專言者，只説仁，便是體；才説義，便是就仁中分出一箇道理。如人家有兄弟，只説户頭上，言兄足矣；才説弟，便更別有一人。仁義中正只屬五行，爲其配元亨利貞也。元是亨之始，亨是元之盡；利是貞之始，貞是利之盡。故曰：「元亨，誠之通；利貞，誠之復。」謨。

「『聖人定之以中正仁義』，『正』字、『義』字却是體，『中』、『仁』却是發用處。」問：「義是如何？」曰：「義有箇斷制一定之體。」又問：「仁却恐是體？」曰：「隨這事上説在這裏，仁却是發用。只是一箇仁，都説得。」㽦。

問：「『處之也正，裁之也義』。『處』與『裁』字，二義頗相近。」曰：「然。處，是居之；裁，是就此事上裁度。」又曰：「『處』字作『居』字，即分曉。」必大。

問「聖人定之以中正仁義」。曰：「本無先後。此四字配金木水火而言，中有禮底道理，正有智底道理。如乾之『元亨利貞』，元即仁，亨即中，利即義，貞即正，皆是此理。至於主静，是以正與義爲體，中與仁爲用。聖人只是主静，自有動底道理。譬如人説話，也須是先沉默，然後可以説話，蓋沉默中便有箇言語底意思。」去僞。

問：「『聖人定之以中正仁義而主静』，何也？」曰：「中正仁義分屬動静，而聖人則主於静。蓋正所以能中，義所以能仁。『克己復禮』，義也，義故能仁。易言『利貞者，性情也』。元亨是發用處，必至於利貞，乃見乾之實體。萬物到秋冬收斂成實，方見得他本質，故曰『性情』。此亦主静之説也。」銖。

「聖人定之以中正仁義」，此四物常在這裏流轉，然常靠著箇静做主。若無夜，則做得晝不分曉；若無冬，則做得春夏不長茂。如人終日應接，却歸來這裏空處少歇，便精神較健。如生物而無冬，只管一向生去，元氣也會竭了。中仁是動，正義是静。通書都是恁地説，如云「禮先而樂後」。義剛。

周貴卿説「定之以仁義中正而主静」。先生曰：「如那克處，便是義。非禮勿視聽言動，那禁止處便是義。」或曰：「正義方能静，謂正義便是静，却不得。」曰：「如何恁地亂説！今且粗解，則分外有精神。且如四時有秋冬收斂，則春夏方能生長。若長長是春夏，只管生長將去，却有甚了期，便有許多元氣！故『復，其見天地之心乎』！這便是静後見得動恁地好。這『中正』，只是將來替了那『禮智』字，皆不離這四般，但是主静。」義剛。

問：「『中正仁義而主静。』中仁是動，正義是静。如先生解曰：『非此心無欲而静，則何以酬酢事物之變而一天下之動哉？』今於此心寂然無欲而静處欲見所以正義者，何以見？」曰：「只理之定體便是。」又曰：「只是那一箇定理在此中，截然不相侵犯。雖然，就其中又各有動静，如惻隱是動，仁便是静；羞惡是動，義便是静。」淳。義剛同。

問「聖人定之以中正仁義而主静」。曰：「中正仁義皆謂發用處。正者，中之質；義者，仁之斷。中則無過不及，隨時以取中；正則當然之定理。仁則是惻隱慈愛之處，義是裁制斷決之事。主静者，主正與義也。正義便是利貞，中是亨，仁是元。」德明。今於「皆謂發用」及「之處」、「之事」等語，皆未曉，更考。

問：「太極『主静』之説，是先静後動否？」曰：「『動静無端，陰陽無始。』雖是合下静，静而後動，若細推時，未静時須先動來，所謂『如環無端，互爲其根』。謂如在人，人之動作及其成就，却只在静。便如渾淪未判之前，亦須曾明盛一番來。只是這道理層層流轉，不可窮詰，太極圖中盡之。動極生静，亦非是又別有一箇静來繼此動；但動極則自然静，静極則自然動。推而上之，没理會處。」僩。

主静，看「夜氣」一章可見。德明。

問：「又言『無欲故静』，何也？」曰：「欲動情勝，則不能静。」德。

濂溪言「主静」，「静」字只好作「敬」字看，故又言「無欲故静」。若以爲虚静，則恐入釋老去。季通。端蒙。

「聖人定之以中正仁義而主静」，正是要人静定其心，自作主宰。程子又恐只管静去，遂與事物不相交涉，却説箇「敬」，云：「敬則自虚静。」須是如此做工夫。德明。

問：「『聖人定之以中正仁義而主靜』，是聖人自定？是定天下之人？」曰：「此承上章『惟人也得其秀而最靈』言之，形生神發，五性感動而善惡分，故『定之以中正仁義而主靜』，以立人極。」又問：「此恐非中人以下所可承當？」曰：「二程教學者，所以只說一箇『敬』字，正是欲無智愚賢不肖皆得力耳。」久之，又曰：「此一服藥，人人皆可服，服之便有效，只是自不肯服耳。」子寰。

問：「周先生說靜，與程先生說敬，義則同，而其意似有異？」曰：「程子是怕人理會不得他『靜』字意，便似坐禪入定。周子之說只是『無欲故靜』，其意大抵以靜爲主，如『禮先而樂後』。」賀孫。

太極圖首尾相因，脈絡貫通。首言陰陽變化之原，其後即以人所稟受明之。自「唯人也得其秀而最靈」，所謂最靈，純粹至善之性也，是所謂太極也。「形生神發」，則陽動陰靜之爲也。「五性感動」，則「陽變陰合而生水火木金土」之性也。「善惡分」，則「成男成女」之象也。「萬事出」，則萬物化生之義也。至「聖人定之以中正仁義而主靜，立人極焉」，則又有以得乎太極之全體，而與天地混合而無間矣。故下又言天地、日月、四時、鬼神四者，無不合也。端蒙。

太極首言性命之源，用力處却在修吉、悖凶，其本則主於靜。端蒙。

林問：「太極：『原始反終，故知死生之説。』南軒解與先生解不同，如何？」曰：「南軒説不然，恐其偶思未到。周子太極之書如易六十四卦，一一有定理，毫髮不差。自首至尾，只不出陰陽二端而已。始處是生生之初，終處是已定之理。始有處説生，已定處説死，死則不復變動矣。」因舉張乖崖説：「斷公事，以爲未判底事皆屬陽，已判之事皆屬陰，以爲不可改變。通書無非發明此二端之理。」寓。

問：「太極圖自一而二，自二而五，即推至於萬物。易則自一而二，自二而四，自四而八，自八而十六，自十六而三十二，自三十二而六十四，然後萬物之理備。西銘則止言陰陽，洪範則止言五行，或略或詳皆不同，何也？」曰：「理一也，人所見有詳略耳，然道理亦未始不相值也。」閎祖。

或問太極、西銘。曰：「自孟子已後，方見有此兩篇文章。」

問：「先生謂程子不以太極圖授門人，蓋以未有能受之者。然而孔門亦未嘗以此語顔曾，是如何？」曰：「焉知其不曾説？」曰：「觀顔曾做工夫處，只是切己做將去。」曰：「此亦何嘗不切己？皆非在外，乃我所固有也。」曰：「然此恐徒長人億度料想之見。」曰：「理會不得者固如此。若理會得者，莫非在我，便可受用，何億度之有！」廣。

濂溪著太極圖，某若不分别出許多節次來，如何看得？未知後人果能如此子細去看否。人傑。

或求先生揀近思録。先生披數板，云：「也揀不得。」久之，乃曰：「『無極而太極』，不是說有箇物事光輝輝地在那裏，只是說這裏當初皆無一物，只有此理而已。既有此理，便有此氣；既有此氣，便分陰陽，以此生許多物事。惟其理有許多，故物亦有許多。以小而言之，則此下疑有脱句。無非是天地之事；以大而言之，則君臣父子夫婦朋友，無非是天地之事。只是這一箇道理，所以『君子修之吉，小人悖之凶』。而今看他說這物事，這機關一下撥轉後，卒乍攔他不住。聖人所以『一日二日萬幾，兢兢業業』，『如臨深淵，如履薄冰』，只是大化恁地流行，隨得是，便好；隨得不是，便喝他不住。『存心養性，所以事天也；殀壽不貳，修身以俟之，所以立命也。』所以昨日說西銘都相穿透。所以太極圖說『五行一陰陽也，陰陽一太極也』，二氣交感，所以化生萬物，這便是『天地之塞吾其體，天地之帥吾其性』。只是說得有詳略，有急緩，只是這一箇物事。所以萬物到秋冬時，各自收斂閉藏，忽然一下春來，各自發越條暢。這只是一氣，一箇消，一箇息。只如人相似，方其默時，便是靜；及其語時，便是動。那箇滿山青黄碧緑，無非是這太極。所以『仁者見之謂之仁，智者見之謂之智，百姓日用而不知，故君子之道鮮矣』，皆是那『一陰一陽之謂道，繼之者善也，成之者性也』。所以周先生太極、通書只是滾這許多句。『繼之者善』是動處，『成之者性』是靜處。『繼之者善』是流行出來，『成之者性』則各自成箇物事。『繼善』便是『元亨』，『成性』便是『利貞』。及至『成之者性』，各自成箇物事，恰似造化都無可做了；及至春來，又流行出來，又是『繼之者善』。譬如禾穀一般，到秋斂冬藏，千條萬穟，自各成一箇物事了；及至春，又各自發生出。以至人物，以至禽獸，皆是如此。且如人，方其在胞胎中，受父母之氣，則是『繼之者善』；及其生出，又自成一箇物事，『成之者性也』。既成其性，又自繼善，只是這一箇物事，今年一年生了，明年又生出一副當物事來，又『繼之者善』，又『成之者性』，只是這一箇物事滚將去。所以『仁者見之謂之仁』，只是見那發生處；『智者見之謂之智』，只是見那成性處。到得『百姓日用而不知』，則不知這事物矣。所以易只是箇陰陽交錯，千變萬化。故曰：『易有太極，是生兩儀，兩儀生四象，四象生八卦，八卦定吉凶，吉凶生大業。』聖人所以説出來時，只是使人不迷乎利害之途。」又曰：「近思録第二段説『誠無爲，幾善惡』。『誠無爲』，只是自然有實理恁地，不是人做底，都不犯手勢，只是自然一箇道理恁地。『幾善惡』，則是善裏面便有五性，所以爲聖，所以爲賢，只是這箇。」又曰：「下面説天下大本，天下達道。未發時便是靜，已發時便是動。方其未發，便有一箇體在那裏了；及其已發，便有許多用出來。少間一起一倒，無有窮盡。若靜而不失其體，便是『天下之大本』；動而不失其用，便是『天下之達道』。然靜而失其體，則『天下之大本』便錯了；動而失其用，則『天下之達道』便乖了。説來説去，只是這一箇道理。」義剛。

時紫芝亦曾見尹和靖來，嘗注太極圖。不知何故，渠當時所傳圖本，第一箇圈子内誤有一點。紫芝於是從此起意，謂太極之妙皆在此一點。亦有通書解，無數凡百説話。揚。

通書

周子留下太極圖，若無通書，却教人如何曉得？故太極圖得通書而始明。大雅。

通書一部，皆是解太極説。這道理，自一而二，二而五。如「誠無爲，幾善惡，德」以下，便配著太極陰陽五行，須是子細看。𦈡。

直卿云：「通書便可上接語孟。」曰：「此語孟較分曉精深，結構得密。語孟説得較闊。」方子。

通書覺細密分明，論孟又闊。高。

誠上

問「誠者聖人之本」。曰：「此言本領之『本』。聖人所以聖者，誠而已。」銖。

「誠者聖人之本」，言太極。「『大哉乾元！萬物資始』，誠之源」，言陰陽五行。「『乾道變化，各正性命』，誠斯立焉」，言氣化。「純粹至善者」，通繳上文。「故曰『一陰一陽之謂道』」，解「誠者聖人之本」。「繼之者善也」，解「大哉乾元」以下；「成之者性也」，解「乾道變化」以下。「元亨，誠之通」，言流行處；「利貞，誠之復」，言學者用力處。「大哉易也！性命之源」，又通繳上文。人傑。

「『大哉乾元！萬物資始』，誠之源也。」此統言一箇流行本源。「乾道變化，各正性命」，誠之流行出來，各自有箇安頓處。如爲人也是這箇誠，爲物也是這箇誠，故曰「誠斯立焉」。譬如水，其出只一源，及其流出來千派萬别，也只是這箇水。端蒙。

晏問：「舉『一陰一陽之謂道』以下三句，是證上文否？」曰：「固是。『一陰一陽之謂道』一句，通證『誠之源』、『大哉乾元』至『誠斯立焉』二節。『繼之者善』，又證『誠之源』一節；『成之者性』，證『誠斯立焉』一節。」植。

晏問：「誠上篇舉易『一陰一陽之謂道』三句。」曰：「『繼』、『成』二字皆節那氣底意思説。『性』、『善』二字皆只説理。但『繼之者善』方是天理流行處；『成之者性』便是已成形，有分段了。」植。

問：「『一陰一陽之謂道』，是太極否？」曰：「陰陽只是陰陽，道是太極。程子説：『所以一陰一陽者，道也。』」問：「知言云：『有一則有三，自三而無窮矣。』又云：『「一陰一陽之謂道」，謂太極也。陰陽剛柔顯極之幾，至善以微，孟子所謂「可欲」者也。』如何？」曰：「知言只是説得一段文字好，皆不可曉。」問：「『純粹至善者也』與『繼之者善』同否？」曰：「是繳上三句，却與『繼之者善』不同。『繼之者善』屬陽，『成之者性』屬陰。」問：「陽實陰虛。『繼之者善』是天命流行，『成之者性』是在人物。疑人物是實。」曰：「陽實陰虛，又不可執。只是陽便實，陰便虛，各隨地步上説。如揚子説：『於仁也柔，於義也剛。』今周子却以仁爲陽，義爲陰。要知二者説得都是。且如造化周流，未著形質，便是形而上者，屬陽；才麗於形質，爲人物，爲金木水火土，便轉動不得，便是形而下者，屬陰。若是陽時，自有多少流行變動在。及至成物，一成而不返。謂如人之初生屬陽，只管有長；及至長成，便只有衰，此氣逐旋衰減，至於衰盡，則死矣。周子所謂『原始反終』，只於衰盡處，可見反終之理。」又曰：「嘗見張乖崖云：『未押字時屬陽，已押字屬陰。』此語疑有得於希夷，未可知。」營。

問：「濂溪論性，自氣稟言，却是上面已説『太極』、『誠』，不妨。如孔子説『性相近，習相遠』，不成是不識！如荀揚便不可。」曰：「然。他已説『純粹至善』。」可學。

「繼之者善也」，周子是説生生之善。程子説作天性之善，用處各自不同。若以此觀彼，必有窒礙。人傑。

「元亨」，「繼之者善也」，陽也；「利貞」，「成之者性也」，陰也。節。

問：「『繼之者善也，成之者性也』，竊謂妙合之始，便是繼。『乾道成男，坤道成女』，便是成。」曰：「動而生陽之時，便有繼底意；及至靜而生陰，方是成。如六十四卦之序，至復而繼。」德明。

問：「陽動是元亨，陰靜是利貞。但五行在陰陽之下，人物又在五行之下，如何説『繼善成性』？」曰：「陰陽流於五行之中而出，五行無非陰陽。」可學。

問：「陰陽氣也，何以謂形而下者？」曰：「既曰氣，便是有箇物事，此謂形而下者。」又問：「『繼之者善，成之者性』，何以分繼善、成性爲四截？」曰：「繼成屬氣，善性屬理。性已兼理氣，善則專指理。」又曰：「理受於太極，氣受於二氣、五行。」植。

問：「『元亨誠之通，利貞誠之復。』元亨是春夏，利貞是秋冬。秋冬生氣既散，何以謂之收斂？」曰：「其氣已散，收斂者乃其理耳。」曰：「冬間地下氣暖，便也是氣收斂在內。」曰：「上面氣自散了，下面暖底乃自是生來，却不是已散之氣復爲生氣也。」時舉。

先生出示答張元德書，問「通」、「復」二字。先生謂：「『誠之通』，是造化流行，未有成立之初，所謂『繼之者善』；『誠之復』，是萬物已得此理，而皆有所歸藏之時，所謂『成之者性』。在人則『感而遂通』者，『誠之通』；『寂然不動』者，『誠之復』。」時舉因問：「明道謂：

「今人説性，只是説『繼之者善』。」是如何？」曰：「明道此言，却只是就人上説耳。」時舉。

直卿問：「『利貞誠之復』，如先生注下言，『復』如伏藏。」先生曰：「復只是回來，這箇是周先生添此一句。孔子只説『乾道變化，各正性命』。」又曰：「這箇物事又記是「氣」字。流行到這裏來，這裏住著，却又復從這裏做起。」又曰：「如母子相似。未生之時，母無氣不能生其子，既生之後，子自是子，母自是母。」又曰：「如樹上開一花，結一子，未到利貞處，尚是運下面氣去蔭又記是「養」字。他；及他到利貞處，自不用養。」又記是「恁他」字。又問：「自一念之萌以至於事之得其所，是一事之元亨利貞？」先生應之曰：「他又自這裏做起，所謂『生生之謂易』，也是恁地。」又記曰：「氣行到這裏住著，便立在這裏。既立在這裏，則又從這裏做起。」節。

問：「『元亨誠之通』，便是陽動；『利貞誠之復』，便是陰静。注却云：『此已是五行之性。』如何？」曰：「五行便是陰陽，但此處已分作四。」可學。

「利貞誠之復」，乃回復之「復」，如人既去而回，在物歸根復命者也。「不遠而復」，乃反復之「復」，反而歸其元地頭也。誠復，就一物一草一木看得。復善，則如一物截然到上面窮了，却又反歸到元地頭。誠復，只是就去路尋得舊迹回來。因論復卦説如此。更詳之，俟他日問。端蒙。

誠下

問誠是「五常之本」。曰：「誠是通體地盤。」方子。

「誠下」一章，言太極之在人者。人傑。

問：「『誠，五常之本。』同此實理於其中，又分此五者之用？」曰：「然。」可學。

問：「『果而確』，果者陽決，確者陰守？」曰：「此只是一事，而首尾相應。果而不確，即無所守；確而不果，則無決。二者不可偏廢，猶陰陽不可相無也。」銖。

誠幾德

通書「誠無爲」章，説聖、賢、神三種人。恐有記悮。銖。

「誠無爲。」誠，實理也；無爲，猶「寂然不動」也。實理該貫動静，而其本體則無爲也。「幾善惡。」「幾者，動之微」，動則有爲，而善惡形矣。「誠無爲」，則善而已。動而有爲，則有善有惡。端蒙。

光祖問「誠無爲，幾善惡」。曰：「誠是當然，合有這實理，所謂『寂然不動』者。幾，便是動了，或向善，或向惡。」賀孫。

曾問「誠無爲，幾善惡」。曰：「誠是實理，無所作爲，便是『天命之謂性』，『喜怒哀樂未發之謂中』。『幾者，動之微。』微，動之初，是非善惡於此可見；一念之生，不是善，便是惡。孟子曰：『道二，仁與不仁而已矣。』是也。德者，有此五者而已。仁義禮智信者，德之體；『曰愛』，『曰宜』，『曰理』，『曰通』，『曰守』者，德之用。」卓。

濂溪言「誠無爲，幾善惡」。才誠，便行其所無事，而幾有善惡之分。於此之時，宜當窮察識得是非。其初有毫忽之微，至於窮察之久，漸見充越之大，天然有箇道理開裂在那裏。此幾微之決，善惡之分也。若於此分明，則物格而知至，知至而意誠，意誠而心正身修而家齊國治天下平，如激湍水，自已不得；如田單火牛，自止不住。寓。

道夫言：「誠者，自然之實理，無俟營爲，及幾之所動，則善惡著矣。善之所誠，則爲五常之德。聖人不假修爲，安而全之；賢者則有克復之功。要之，聖賢雖有等降，然及其成功，則一而已。故曰『發微不可見、充周不可窮之謂神』。」曰：「固是如此。但幾是動之微，是欲動未動之間，便有善惡，便須就這處理會。若至於發著之甚，則亦不濟事矣，更怎生理會？所以聖賢説『戒慎乎其所不覩，恐懼乎其所不聞』。蓋幾微之際，大是要切！」

又問：「以誠配太極，以善惡配陰陽，以五常配五行，此固然。但『陽變陰合，而生水火木金土』，則五常必不可謂共出於善惡也。此似祇是説得善之一脚。」曰：「通書從頭是配合，但此處却不甚似。如所謂『剛善剛惡，柔善柔惡』，則確然是也。」道夫。

問：「『誠無爲，幾善惡』一段，看此與太極圖相表裏？」曰：「然。周子一書都是説這道理。」又舉「喜怒哀樂未發謂之中」一章及「心一也」一章。「程子承周子一派，都是太極中發明。」曰：「然。」問：「此都是説這道理是如此，工夫當養於未發。」曰：「未發有工夫，既發亦用工夫。既發若不照管，也不得，也會錯了。但未發已發，其工夫有箇先後，有箇輕重。」賀孫。

「或舉季通語：『通書「誠無爲，幾善惡」，與太極「惟人也得其秀而最靈；形既生矣，神發知矣，五性感動而善惡分」，二説似乎相背。既曰「無爲」矣，如何又却有善惡之幾？恐是周子失照管處。』如何？」曰：「當『寂然不動』時，便是『誠無爲』；有感而動，即有善惡。幾是動處。大凡人性不能不動，但要頓放得是。於其所動處頓放得是時，便是『德：愛曰仁，宜曰義』；頓放得不是時，便一切反是。人性豈有不動？但須於中分得天理人欲，方是。」祖道。

人傑問：「季通説：『「誠無爲，幾善惡。德：愛曰仁」一段，周子亦有照管不到處。既曰「誠無爲」，則其下未可便著「善」、「惡」字。』如何？」曰：「正淳如何看？」人傑曰：「若既誠而無爲，則恐未有惡。若學者之心，其幾安得無惡？」曰：「當其未感，五性具備，豈有不善？及其應事，才有照顧不到處，這便是惡。古之聖賢戰戰兢兢過了一生，正謂此也。顏子『有不善未嘗不知』，亦是如此。」因言：「仲弓問『焉知賢才而舉之』，程子以爲『便見仲弓與聖人用心之小大。推此義，則一心可以興邦，一心可以喪邦，只在公私之間』。且看仲弓之問，未見其爲私意；然其心淺狹欠闕處多，其流弊便有喪邦之理。凡事微有過差，才有安頓不著處，便是惡。」人傑。

問：「若是未發，便是都無事了，如何更有幾？『二者之間，其幾甚微』，莫是指此心未發而言否？」曰：「說幾時，便不是未發。幾，正是那欲發未發時，當來這裏致謹，使教自慊，莫教自欺。」又問：「莫是說一毫不謹，則所發流於惡而不爲善否？」曰：「只是說心之所發，要常常省察，莫教他自欺耳。人心下自是有兩般，所以要謹。謹時便知得是自慊，是自欺，而不至於自欺。若是不謹，則自慊也不知，自欺也不知。」義剛。

或以善惡爲男女之分，或以爲陰陽之事。凡此兩件相對說者，無非陰陽之理。分陰陽而言之，或說善惡，或說男女，看他如何使。故善惡可以言陰陽，亦可以言男女。謨。

或問：「有陰陽便有善惡。」曰：「陰陽五行皆善。」又曰：「合下只有善，惡是後一截事。」又曰：「竪起看，皆善；橫看，後一截方有惡。」又曰：「有善惡，理却皆善。」又記是「無惡」字。節。

「德：愛曰仁」至「守曰信」。德者，人之得於身者也。愛、宜、理、通、守者，德之用；仁、義、禮、智、信者，德之體。理，謂有條理；通，謂通達；守，謂確實。此三句就人身而言。誠，性也；幾，情也；德，兼性情而言也。直卿。端蒙。

「性焉安焉之謂聖」，是就聖人性分上說。「發微不可見、充周不可窮之謂神」，是他人見其不可測耳。夔孫。

問：「『性者獨得於天』，如何言『獨得』？」曰：「此言聖人合下清明完具，無所虧失。此是聖人所獨得者，此對了『復』字說。復者，已失而反其初，便與聖人獨得處不同。『安』字對了『執』字說。執是執持，安是自然。大率周子之言，稱等得輕重極是合宜。」因問：「周子之學，是自得於心？還有所傳授否？」曰：「也須有所傳授。渠是陸詵壻。温公涑水記聞載陸詵事，是箇篤實長厚底人。」銖。

「發微不可見，充周不可窮之謂神」，言其發也微妙而不可見，其充也周徧而不可窮。「發」字、「充」字就人看。如「性焉、安焉」、「執焉、復焉」，皆是人如此。「微不可見，周不可窮」，却是理如此。神只是聖之事，非聖外又有一箇神，别是箇地位也。端蒙。

「發微不可見、充周不可窮之謂神。」神即聖人之德，妙而不可測者，非聖人之上復有所謂神也。發，動也；微，幽也，言其「不疾而速」。一念方萌，而至理已具，所以微而不可見也。充，廣也；周，徧也，言其「不行而至」。蓋隨其所寓，而理無不到，所以周而不可窮也。此三句，就人所到地位而言，即盡夫上三句之理而所到有淺深也。端蒙。

問：「通書言神者五，三章、四章、九章、十一章、十六章。其義同否？」曰：「當隨所在看。」曰：「神，只是以妙言之否？」曰：「是。且説『感而遂通者，神也』，横渠謂：『一故神，兩在故不測。』」因指造化而言曰：「忽然在這裏，又忽然在那裏，便是神。」曰：「在人言之，則如何？」曰：「知覺便是神。觸其手則手知痛，觸其足則足知痛，便是神。『神應故妙』。」淳。

聖

「『寂然不動』者，誠也。」又曰：「『大哉乾元！萬物資始』，誠之源也。須知此，『大哉乾元！萬物資始』以上，更有『寂然不動』。」端蒙。

「幾善惡」，言衆人者也。「動而未形，有無之間也」，言聖人毫釐發動處，此理無不見。「『寂然不動』者誠也。」至其微動處，即是幾。幾在誠神之間。端蒙。

林問：「入德莫若以幾，此最要否？」曰：「然。」問：「通書説『幾』，如何是動静體用之間？」曰：「似有而未有之時，在人識之爾。」寓。

幾雖已感，却是方感之初；通，則直到末梢皆是通也。如推其極，到「協和萬邦，黎民於變時雍」，亦只是通也。幾，却只在起頭一些子。閎祖。

「通書多説『幾』。太極圖上却無此意。」曰：「『五性感動』，動而未分者，便是。」直卿云：「通書言主静、審幾、慎獨，三者循環，與孟子『夜氣』、『平旦之氣』、『晝旦所爲』相似。」方子。

問：「『誠精故明』，先生引『清明在躬，志氣如神』釋之，却是自明而誠。」曰：「便是看得文字粗疏。周子説『精』字最好。『誠精』者，直是無些夾雜，如一塊銀，更無銅鉛，便是通透好銀。故只當以清明釋之，『志氣如神』，即是『至誠之道可以前知』之意也。」人傑因曰：「凡看文字，緣理會未透，所以有差。若長得一格，便又看得分明。」曰：「便是説倒了。」人傑。

安卿問：「『神、誠、幾』，學者當從何入？」曰：「隨處做工夫。淳録云：「本在誠，著力在幾。」誠是存主處，發用處是神，幾是決擇處。淳録云：「在二者之間。」然緊要處在幾。」砥。淳同。

慎動

問：「『動而正曰道，用而和曰德』，却是自動用言。『曰』，猶言合也。若看做道德題目，却難通。」曰：「然。自是人身上説。」可學。

「『動而正曰道』，言動而必正爲道，否則非也。『用而和曰德』，德有熟而不喫力之意。」人傑。

師

問：「通書中四象，剛柔善惡，皆是陰陽？」曰：「然。」可學。

問「性者，剛柔善惡中而已」。曰：「此性便是言氣質之性。四者之中，去却兩件剛惡、柔惡，却又剛柔二善中，擇中而主池作「立」。焉。」去僞。

正淳問通書注「中」字處，引「允執厥中」。曰：「此只是無過不及之『中』。書傳中所言皆如此，只有『喜怒哀樂未發之中』一處是以體言。到『中庸』字亦非專言體，便有無過不及之意。」㽦。

問：「解云：『剛柔，即易之兩儀，各加善惡，即易之四象。』疑『善惡』二字是虛字，如易八卦之吉凶。今以善惡配爲四象，不知如何？」曰：「更子細讀，未好便疑。凡物皆有兩端。如此扇，便有面有背。自一人之心言之，則有善有惡在其中，便是兩物。周子止説到五行住，其理亦只消如此，自多説不得。包括萬有，舉歸於此。康節却推到八卦。太陽、太陰，少陽、少陰。太陽、太陰各有一陰一陽，少陽、少陰亦有一陰一陽，是分爲八卦也。」

問：「前輩以老陰、老陽爲乾、坤，又分六子以爲八卦，是否？」曰：「六子之説不然。」寓。

問：「通書解論周子止於四象，以爲水火金木，如何？」曰：「周子只推到五行。如邵康節不又從一分爲二，極推之至於十二萬四千，縱橫變動，無所不可？如漢儒將十二辟卦分十二月。康節推又别。」可學。

幸

「人之生，不幸不聞過。大不幸無恥。」此兩句只是一項事。知恥是由内心以生，聞過是得之於外。人須知恥，方能過而改，故恥爲重。僩。

思

問：「『無思，本也；思通，用也，無思而無不通爲聖人。』不知聖人是有思耶？無思耶？」曰：「無思而無不通是聖人，必思而後無不通是睿。」時舉云：「聖人『寂然不動』，是無思；才感便通，特應之耳。」曰：「聖人也不是塊然由人撥後方動，如莊子云『推而行，曳而止』之類。只是才思便通，不待大故地思索耳。」時舉因云：「如此，則是無事時都無所思，事至時才思而便通耳。」時舉。

睿有思，有不通；聖無思，無不通。又曰：「聖人時思便通，非是塊然無思，撥著便轉。恁地時，聖人只是箇瓠子！」說「無思本也」。節。

「幾」，是事之端緒。有端緒方有討頭處，這方是用得思。植。

「思」一章，「幾」、「機」二字無異義。舉易一句者，特斷章取義以解上文。人傑。

舉通書，言：「『通微，無不通。』舉李先生曰：『梁惠王〔一〕說好色，孟子便如此說；說好貨，便如此說；說好勇，便如此說，皆有箇道理，便說將去。此是盡心道理。』『當時不曉，今乃知是「無不通」底道理。』」方。

志學

問：「『聖希天。』若論聖人，自是與天相似了。得非聖人未嘗自以爲聖，雖已至聖處，而猶戒慎恐懼，未嘗頃刻忘所法則否？」曰：「不消如此說。天自是天，人自是人，終是如何得似天？自是用法天。『明王奉若天道，建邦設都』，無非法天者。大事大法天，小事小法天。」僩。

〔一〕「梁惠王」，當作「齊宣王」。

賓問：「『志伊尹之志，學顏子之學』，所謂志者，便是志於行道否？」曰：「『志伊尹之所志』，不是志於私。大抵古人之學，本是欲行。『伊尹耕於有莘之野，而樂堯舜之道』，凡所以治國平天下者，無一不理會。但方處畎畝之時，不敢言必於用耳。及三聘幡然，便向如此做去，此是堯舜事業。看二典之書，堯舜所以卷舒作用，直如此熟。」因說：「耿守向曾說：『「用之則行，舍之則藏，惟我與爾有是夫！」此非專爲用舍行藏，凡所謂治國平天下之具，惟夫子、顏子有之，用之則抱持而往，不用則卷而懷之。』」曰：「某不敢如此說。若如此說，即是孔顏胸次全無些洒落底氣象，只是學得許多骨董，將去治天下。又如龜山說，伊尹樂堯舜之道，只是出作入息、飢食渴飲而已。即是伊尹在莘郊時，全無些能解，及至伐夏救民，逐旋叫喚起來，皆說得一邊事。今世又有一般人，只道飽食暖衣無外慕，便如此涵養去，亦不是，須是一一理會去。」德明。耿名秉。

賓又問：「『志伊尹之志』，乃是志於行。」曰：「只是不志於私。今人仕宦只爲祿，伊尹却『祿之天下弗顧，繫馬千駟弗視也』。」又云：「雖志於行道，若自家所學元未有本領，如何便能舉而措之天下？又須有那地位。若身處貧賤，又如何行？然亦必自修身始，修身齊家，然後達諸天下也。」又曰：「此箇道理，緣爲家家分得一分，不是一人所獨得而專者。經世濟物，古人有這箇心。若只是我自會得，自卷而懷之，却是私。」德明。

「『志伊尹之所志，學顏子之所學。』志固是要立得大，然其中又自有先後緩急之序，『致廣大而盡精微』。若曰未到伊尹田地做未得，不成塊然喫飯，都不思量天下之事！若是見州郡所行事有不可人意，或百姓遭酷虐，自家寧不惻然動心？若是朝夕憂慮，以天下國家爲念，又那裏教你恁地來？」或曰：「聖賢憂世之志，樂天之誠，蓋有並行而不相悖者，如此方得。」曰：「然。便是怕人倒向一邊去。今人若不塊然不以天下爲志，便又切切然理會不干己事。如世間一樣學問，專理會典故世務，便是如此。『古之欲明明德於天下者』，合下學，便是學此事。既曰『欲明明德於天下』，不成只恁地空說！裏面有幾多工夫。」僩。

問：「『過則聖，及則賢。』若過於顏子，則工夫又更絶細，此固易見。不知過伊尹時如何說？」曰：「只是更加些從容而已，過之，便似孔子。伊尹終是有擔當底意思多。」僩。

動静

「動而無静，静而無動者，物也。」此言形而下之器也。形而下者，則不能通，故方其動時，則無了那静；方其静時，則無了那動。如水只是水，火只是火。就人言之，語則不默，默則不語；以物言之，飛則不植，植則不飛是也。「動而無動，靜而無靜」，非不動不靜，此言形而上之理也。理則神而莫測，方其動時，未嘗不靜，故曰「無動」；方其靜時，未嘗不動，故曰「無靜」。靜中有動，動中有靜，靜而能動，動而能靜，陽中有陰，陰中有陽，錯綜無窮是也。又曰：「『水陰根陽，火陽根陰。』水陰火陽，物也，形而下者也；所以根陰根陽，理也，形而上者也。」直卿云：「兼兩意言之，方備。言理之動靜，則靜中有動，動中有靜，其體也；靜而能動，動而能靜，其用也。言物之動靜，則動者無靜，靜者無動，其體也；動者則不能靜，靜者則不能動，其用也。」端蒙。

問「動而無動，靜而無靜」。曰：「此說『動而生陽，動極而靜，靜而生陰，靜極復動』。此自有箇神在其間，不屬陰，不屬陽，故曰『陰陽不測之謂神』。且如晝動夜靜，在晝間神不與之俱動，在夜間神不與之俱靜。神又自是神，神却變得晝夜，晝夜却變不得神。神妙萬物。如說『水陰根陽，火陽根陰』，已是有形象底，是說粗底了。」又曰：「靜者爲主，故以蒙艮終云。」植。

問：「『動而無動，靜而無靜，神也』，此理如何？」曰：「譬之晝夜：晝固是屬動，然動却來管那神不得；夜固是屬靜，靜亦來管那神不得。蓋神之爲物，自是超然於形器之表，貫動靜而言，其體常如是而已矣。」時舉。

「動、静」章所謂神者，初不離乎物。如天地，物也。天之收斂，豈專乎動？地之發生，豈專乎静？此即神也。閎祖。

問：「『動而無静，静而無動，物也；静而無静，動而無動，神也。』所謂物者，不知人在其中否？」曰：「人在其中。」曰：「所謂神者，是天地之造化否？」曰：「神，即此理也。」問：「物則拘於有形；人則動而有静，静而有動，如何却同萬物而言？」曰：「人固是静中動，動中静，亦謂之物。凡言物者，指形器有定體而言，然自有一箇變通底在其中。須知器即道，道即器，莫離道而言器可也。凡物皆有此理。且如這竹椅，固是一器，到適用處，便有箇道在其中。」又問神，曰「神在天地中，所以妙萬物者，如水爲陰則根陽，火爲陽則根陰」云云。先生曰：「文字不可泛看，須是逐句逐段理會。此一段未透，又去看别段，便鶻突去，如何會透徹？如何會貫通？且如此段未説理會到十分，亦且理會七分，看來看去，直至無道理得説，却又再换一段看。疏略之病，是今世學者通患。不特今時如此，前輩看文字，蓋有一覽而盡者，亦恐只是無究竟。」問：「經書須逐句理會。至如史書易曉，只看大綱，如何？」曰：「較之經書不同，然亦自是草率不得。須當看人物是如何，治體是如何，國勢是如何，皆當子細。」因舉上蔡看明道讀史：「逐行看過，不差一字。」寓。

至之問：「『水陰根陽，火陽根陰』與『五行陰陽，陰陽太極』爲一截，『四時運行，萬物終始』與『混兮闢兮，其無窮兮』爲一截。『混兮』是『利貞誠之復』，『闢兮』是『元亨誠之通』。注下『自五而一，自五而萬』之説，則是太極常在貞上，恐未穩。」先生大以爲然。曰：「便是猶有此等硬説處。」直卿云：「自易説『元亨利貞』，直到濂溪、康節始發出來。」方子。

「混兮闢兮」，混，言太極；闢，言爲陰陽五行以後，故末句曰：「其無窮兮。」言既闢之後，爲陰陽五行，爲萬物，無窮盡也。人傑。

樂

通書論樂意，極可觀，首尾有條理。只是淡與不淡，和與不和，前輩所見各異。邵康節須是二四六八，周子只是二四中添一上爲五行。如剛柔添善惡，又添中於其間，周子之説也。可學。

問：「通書注云：『而其制作之妙，真有以得乎聲氣之元。』不知而今尚可尋究否？」曰：「今所争，秖是黄鍾一宫耳。這裏高則都高，這裏低則都低，蓋難得其中耳。」問：「胡安定樂如何？」曰：「亦是一家。」榦。

聖學

問：「伊川云：『爲士必志於聖人。』周子乃云：『一爲要，一者，無欲也。』何如？」曰：「若注釋古聖賢之書，恐認當時聖賢之意不親切，或有悮處。此書乃周子自著，不應有差。『一者，無欲』，一便是無欲。今試看無欲之時，心豈不一？」又問：「比主一之敬如何？」曰：「無欲之與敬，二字分明。要之，持敬頗似費力，不如無欲撇脱。人只爲有欲，此心便千頭萬緒。此章之言，甚爲緊切，學者不可不知。」

問：「一是純一静虚，是此心如明鑑止水，無一毫私欲填於其中。故其動也，無非從天理流出，無一毫私欲撓之。静虚是體，動直是用。」曰：「也是如此。静虚易看，動直難看。静虚，只是伊川云『中有主則虚，虚則邪不能入』是也。若物來奪之，則實；實則暗，暗則塞。動直，只是其動也更無所礙。若少有私欲，便礙便曲。要恁地做，又不要恁地做，便自有窒礙，便不是直。曲則私，私則狹。」端蒙。

或問「聖可學乎云云。一爲要」。「這箇是分明底一，不是鶻突底一。」問：「如何是鶻突底一？」曰：「須是理會得敬落著處。若只塊然守一箇『敬』字，便不成箇敬。這箇亦只是説箇大概。明通，在己也；公溥，接物也。須是就静虚中涵養始得。明通，方能公溥。

若便要公溥，定不解得。静虚、明通，『精義入神』也；動直、公溥，『利用安身』也。」又曰：「一即所謂太極。静虚、明通，即圖之陰静；動直、公溥，即圖之陽動。」賀孫。

問：「『聖學』章，一者，是表裏俱一，純徹無二。少有纖毫私欲，便二矣。内一則静虚，外一則動直，而明通公溥，則又無時不一也。一者，此心渾然太極之體；無欲者，心體粹然無極之真；静虚者，體之未發，豁然絶無一物之累，陰之性也；動直者，用之流行，坦然由中道而出，陽之情也。明屬火，通屬木，公屬金，溥屬水。明通則静極而動，陰生陽也；公溥則動極而静，陽生陰也。而無欲者，又所以貫動静明通公溥而統於一，則終始表裏一太極也。不審是否？」曰：「只四象分得未是。此界兩邊説，明屬静邊，通屬動邊，公屬動邊，溥屬静邊。明是貞，屬水；通是元，屬木；公是亨，屬火；溥是利，屬金。只恁地循環去。明是萬物收斂醒定在這裏，通是萬物初發達，公是萬物齊盛，溥是秋來萬物溥徧成遂，各自分去，所謂『各正性命』。」曰：「在人言之，則如何？」曰：「明是曉得事物，通是透徹無窒礙，公是正無偏陂，溥是溥徧萬事，便各有箇理去。」直卿曰：「通者明之極，溥者公之極。」曰：「亦是。如後所謂『誠立明通』，意又別。彼處以『明』字爲重。立，如『三十而立』。通，則『不惑，知天命，耳順』也。」淳。

安卿問：「『明通公溥』，於四象曷配？」曰：「明者明於己，水也，正之義也；通則行無窒礙，木也，元之義也；公者公於己，火也，亨之義也；溥則物各得其平之意，金也，利之義也。利，如『乾道變化，各正性命』之意。明通者，靜而動；公溥者，動而靜。」砥。

問：「履之記先生語，以明配水，通配木，公配火，溥配金。溥何以配金？」曰：「溥如何配金！溥正是配水。此四者只是依春夏秋冬之序，相配將去：明配木，仁元。通配火，禮亨。公配金，義利。溥配水，智貞。想是他錯記了。」僩。

問：「『明通公溥』於四象何所配？」曰：「只是春夏秋冬模樣。」曰：「明是配冬否？」曰：「似是就動處說。」曰：「便似是元否？」曰：「是。然這處亦是偶然相合，不是正恁地說。」又曰：「也有恁地相似處。『吉凶者，失得之象也；悔吝者，憂虞之象也。』悔便是悔惡向善意。如曰『震無咎者存乎悔』，非如『迷復』字意。吝是未至於惡，只管吝，漸漸惡。『剛柔者，晝夜之象也；變化者，進退之象也。』變是進，化是退，便與悔吝相似。且以一歲言之，自冬至至春分，是進到一半，所以謂之分；自春分至夏至，是進到極處，故謂之至。進之過，則退。至秋分是退到一半處；到冬至，也是退到極處。天下物事，皆只有此兩箇。」問：「人只要全得未極以前底否？」曰：「若以善惡配言，則聖人到那善之極處，又自有一箇道理，不到得『履霜堅冰至』處。若以陰陽言，則他自是陰了又陽，陽了又陰，也只得順他。易裏才見陰生，便百種去裁抑他，固是如此。若一向是陽，則萬物何由得成？

他自是恁地。國家氣數盛衰亦恁地。堯到七十載時，也自衰了，便所以求得一箇舜，分付與他，又自重新轉過。若一向做去，到死後也衰了。文武恁地，到成康也只得恁地持盈守成。到這處極了，所以昭王便一向衰扶不起。漢至宣帝以後，便一向衰。直至光武，又只得一二世，便一向扶不起，國統屢絶。」劉曰：「光武便如康節所謂秋之春時節。」曰：「是。」賀孫。

理性命

彰，言道之顯；微，言道之隱。「匪靈弗瑩」，言彰與微，須靈乃能了然照見，無滯礙也。此三句是言理。別一本「靈」作「虚」，義短。「剛善、剛惡，柔亦如之，中焉止矣。」此三句言性。「二氣五行」以下並言命。實，是實理。人傑。

「厥彰厥微」，只是説理有大小精粗，如人事中，自有難曉底道理。如君仁臣忠父慈子孝，此理甚顯然。若陰陽性命鬼神往來，則不亦微乎！端蒙。

問「五殊二實」。曰：「分而言之有五，總而言之只是陰陽。」節。

鄭問：「『理性命』章何以下『分』字？」曰：「不是割成片去，只如月映萬川相似。」淳。

「萬一各正，小大有定」，言萬箇是一箇，一箇是萬箇。蓋體統是一太極，然又一物各具一太極。所謂「萬一各正」，猶言「各正性命」也。端蒙。

夔問「五殊二實」一段。先生説了，又云：「中庸『如天之無不覆幬，地之無不持載』，止是一箇大底包在中間；又有『四時錯行，日月代明』，自有細小去處。『道並行而不相悖，萬物並育而不相害。』並行並育，便是那天地覆載；不相悖不相害，便是那錯行代明底。『小德川流』是説小細底，『大德敦化』是那大底。大底包小底，小底分大底。千五百年間，不知人如何讀這箇，都似不理會得這道理。」又云：「『一實萬分，萬一各正』，便是『理一分殊』處。」植。

問：「『理性命』章注云：『自其本而之末，則一理之實，而萬物分之以爲體，故萬物各有一太極。』如此，則是太極有分裂乎？」曰：「本只是一太極，而萬物各有稟受，又自各全具一太極爾。如月在天，只一而已；及散在江湖，則隨處而見，不可謂月已分也。」謨。

顔子

問顔子「能化而齊」。曰：「此與『大而化之』之『化』異。但言消化却富貴貧賤之念，方能齊。齊，亦一之意。」去僞。

師友

杜斿問："濂溪言道至貴者，不一而足。"曰："周先生是見世間愚輩爲外物所搖動，如墮在火坑中，不忍見他，故如是說不一。世人心不在殼子裏，如發狂相似，只是自不覺。浙間只是權譎功利之淵藪。三二十年後，其風必熾，爲害不小。某六七十歲，居此世不久，旦夕便死。只與諸君子在此同說，後來必驗。"節。

勢

問"極重不可反，知其重而亟反之可也"。曰："是說天下之勢，如秦至始皇强大，六國便不可敵。東漢之末，宦官權重，便不可除。紹興初，只斬陳少陽，便成江左之勢。重極，則反之也難；識其重之機而反之，則易。"人傑。

文辭

"文所以載道"，一章之大意。"輪轅飾而人弗庸，徒飾也"，言有載道之文而人弗用也。"況虚車乎？"此不載道之文也。自"篤其實"至"行而不遠"，是輪轅飾而人庸之者也。自「不賢者」至「强之不從也」，是弗庸者也。自「不知務道德」至「藝而已」，虚車也。端蒙。

聖蘊

或問「發聖人之藴，教萬世無窮者，顔子也」。曰：「夫子之道如天，惟顔子盡得之。夫子許多大意思，盡在顔子身上發見。譬如天地生一瑞物，即此物上盡可以見天地純粹之氣。謂之發，乃『亦足以發』之『發』，不必待顔子言，然後謂之發也。」去僞。

精蘊

「聖人之精，畫卦以示；聖人之藴，因卦以發。」濂溪看易，却須看得活。方子。

精，謂心之精微也；藴，謂德所藴蓄也。端蒙。

「聖人之藴，因卦以發。」易本未有許多道理，因此卦，遂將許多道理搭在上面，所謂「因卦以發」者也。至。

問「聖人之精，聖人之藴」。曰：「精，是精微之意；藴，是包許多道理。」又問：「伏羲始畫，而其藴亦已發見於此否？」曰：「謂之已具於此則可，謂之已發見於此則不可。方其初畫，也未有乾四德意思，到孔子始推出來。然文王、孔子雖能推出意思，而其道理亦不出伏羲始畫之中，故謂之藴。藴，如『衣敝藴袍』之『藴』[一]，是包得在裏面。砥。饒錄云：「方其初畫出來，未有今易中許多事。到文王、孔子足得出來，而其理亦不外乎始畫。」

精，是聖人本意；藴，是偏旁帶來道理。如春秋，聖人本意，只是載那事，要見世變，「禮樂征伐自諸侯出」，「臣弒其君，子弒其父」，如此而已。就那事上見得是非美惡曲折，便是「因卦以發」底。如「易有太極，是生兩儀，兩儀生四象，四象生八卦」，是聖人本意底；如文王繫辭等，孔子之言，皆是因而發底，不可一例作重看。淳。

乾損益動

通書曰「乾乾不息」者，「懲忿窒慾，遷善改過」不息是也。節。

「乾乾不息」者，體；「日往月來，寒往暑來」者，用。有體則有用，有用則有體，不可分先後說。僩。

第一句言「乾乾不息」，第二句言損，第三句言益者，蓋以解第一句。若要不息，須著

[一]論語作「緼」。

去忿慾而有所遷改。中「乾之用其善是」,「其」字,疑是「莫」字,蓋與下兩句相對。若只是「其」字,則無義理,説不通。人傑。

問:「此章前面『懲忿窒慾,遷善改過』皆是自修底事,後面忽説動者何故?」曰:「所謂『懲忿窒慾,遷善改過』,皆是動上有這般過失;須於方動之時審之,方無凶悔吝,所以再説箇『動』。」僩。

蒙艮

問「『艮其背』,背非見也」。曰:「這也只如『非禮勿視』,非謂耳無所聞,目無所見也。『姦聲亂色,不留聰明;淫樂慝禮,不接心術』;『艮其背』者,只如此耳。程子解『艮其背』,謂『止於所不見』,恐如此説費力。所謂『背』者,只是所當止也。人身四體皆動,惟背不動,所當止也。看下文『艮其止』,『止』字解『背』字,所以謂之『止其所』。止所當止,如『人君止於仁,人臣止於敬』,全是天理,更無人欲,則内不見己,外不見人,只見有理。所以云『艮其背,不獲其身;行其庭,不見其人』,正謂此也。」砥。寓録别出。

問:「『艮其背』,背非見也。」曰:「只如『非禮勿視』,『姦聲亂色,不留聰明;淫樂慝禮,不接心術』,非是耳無所聞,目無所見。程子解『艮其背』,謂『止於其所不見』,即是此説，但易意恐不如此。卦彖下『止』，便是去止那上面『止』。『艮其止』一句，若不是『止』字誤，本是『背』字，便是『艮其止』句，解『艮其背』一句。『艮其止』，是止於所當止，如大學『君止於仁，臣止於敬』之類。程子解此『不及』〔一〕却好，不知『止』〔二〕如何又恁地説？人之四肢皆能動，惟背不動，有止之象。『艮其背』，是止於所當止之地；『不獲其身，行其庭不見其人』，萬物各止其所，便都純是理。也不見己，也不見有人，都只見道理。」寓。

問：「『止，非爲也；爲，不止矣。』何謂也？」曰：「止便不作爲，作爲便不是止。」曰：「止是以心言否？」曰：「是。」淳舉易傳「内欲不萌，外物不接」，曰：「即是這止。」淳。

後録

「濂溪言『寡欲以至於無』，蓋恐人以寡欲爲便得了，故言不止於寡欲而已，必至於無而後可耳。然無底工夫，則由於能寡欲。到無欲，非聖人不能也。」曰：「然則『欲』字如何？」曰：「不同。此寡欲，則是合不當如此者，如私欲之類。若是飢而欲食，渴而欲飲，

〔一〕「及」，賀疑當作「見」，是。
〔二〕「止」，賀疑當作「此」。

則此欲亦豈能無？但亦是合當如此者。」端蒙。

「誠立明通」，「立」字輕，只如「三十而立」之「立」。「明」字就見處說，如「知天命」以上之事。端蒙。

劉問：「心既誠矣，固不用養，然亦當操存而不失否？」曰：「誠是實也。到這裏已成就了，極其實，決定恁地，不解失了。砥録云：「誠，實也。存養到實處，則心純乎理，更無些子夾雜，又如何持守！」何用養？何用操存？」又問「反身而誠」。曰：「此心純一於理，徹底皆實，無夾雜，亦無虛僞。」寓。〔砥〕〔一〕少異。

問「會元」之期。曰：「元氣會則生聖賢，如曆家推朔旦冬至夜半甲子。所謂『元氣會』，亦是此般模樣。」寓。

拙賦

拙賦「天下拙，刑政徹」，其言似莊老。謨。

〔一〕據陳本補。

朱子語類卷第九十五

程子之書一 凡入近思録者，皆依次第類爲此卷。

近思録首卷所論誠、中、仁三者，發明義理，固是有許多名，只是一理，但須隨事别之，如説誠，便只是實然底道理。譬如天地之於萬物，陰便實然是陰，陽便實然是陽，無一毫不真實處；中，只是喜怒哀樂未發之理；仁，便如天地發育萬物，人無私意，便與天地相似。但天地無一息間斷，「聖希天」處正在此。仁義禮智，便如四柱，仁又包括四者。如易之「元亨利貞」，必統於元；如時之春秋冬夏，皆本於春。析而言之，各有所指而已。謨。

問：「伊川言：『「喜怒哀樂未發謂之中」，中也者，「寂然不動」是也。』南軒言：『伊川此處有小差，所謂喜怒哀樂之中，言衆人之常性；「寂然不動」者，聖人之道心。』又，南軒辨吕與叔論中書説，亦如此。今載近思録如何？」曰：「前輩多如此説，不但欽夫，自五峰發此論，某自是曉不得。今湖南學者往往守此説，牢不可破。某看來，『寂然不動』，衆人皆有是心；至『感而遂通』，惟聖人能之，衆人却不然。蓋衆人雖具此心，未發時已自汩亂了，思慮紛擾，夢寐顛倒，曾無操存之道；至感發處，如何得會如聖人中節！」寓。

「心一也，有指體而言者，有指用而言者。」伊川此語，與橫渠「心統性情」相似。淳。

伊川曰：「四德之元，猶五常之仁，偏言則主一事，專言則包四者。」若不得他如此說出，如何明得？

問：「仁既偏言則一事，如何又可包四者？」曰：「偏言之仁，便是包四者底；包四者底，便是偏言之仁。」節。

郭兄問：「偏言則一事，專言則包四者。」曰：「以專言言之，則一者包四者；以偏言言之，則四者不離一者也。」卓。

仁之包四德，猶冢宰之統六官。閎祖。

問：「論語中言仁處，皆是包四者？」曰：「有是包四者底，有是偏言底。如『克己復禮爲仁』，『巧言令色鮮矣仁』，便是包四者。」節。

問：「仁何以能包四者？」曰：「人只是這一箇心，就裏面分爲四者。且以惻隱論之：本只是這惻隱，遇當辭遜則爲辭遜，不安處便爲羞惡，分別處便爲是非。若無一箇動底醒底在裏面，便也不知羞惡，不知辭遜，不知是非。譬如天地只是一箇春氣，振録作「春生之氣」。發生之初爲春氣，發生得過李録云：「長得過。」便爲夏，收斂便爲秋，消縮便爲冬。明年又從春起，渾然只是一箇發生之氣。」節。方子、振同。

問：「仁包四者，只就生意上看否？」曰：「統是一箇生意。如四時，只初生底便是春，夏天長，亦只是長這生底；秋天成，亦只是遂這生底，若割斷便死了，不能成遂矣；冬天堅實，亦只是實這生底。如穀九分熟，一分未熟，若割斷，亦死了。到十分熟，方割來，這生意又藏在裏面。明年熟，亦只是這箇生。如惻隱、羞惡、辭遜、是非，都是一箇生意。當惻隱，若無生意，這裏便死了，亦不解惻隱；當羞惡，若無生意，這裏便死了，亦不解羞惡。這裏無生意，亦不解辭遜，亦不解是非，心都無活底意思。仁，渾淪言，則渾淪都是一箇，義禮知都是仁；對言，則仁義與禮智一般。」淳。寓録云：「安卿問：『仁包四者，就初意上看？就生意上看？』曰：『統是箇生意。四時雖異，生意則同。劈頭是春生，到夏長養，是長養那生底；秋來成遂，是成遂那生底；冬來堅實，亦只堅實那生底。草木未華實，去摧折他，便割斷了生意，便死了，如何會到成實！如穀有兩分未熟，只成七八分穀。仁義禮智都只是箇生意。當惻隱而不惻隱，便無生意，便死了；羞惡固是義，當羞惡而無羞惡，這生意亦死了。以至當辭遜而失其辭遜，是非而失其是非，心便死，全無那活底意思。』」

問「四德之元，猶五常之仁，偏言則一事，專言則包四者」。曰：「須先識得元與仁是箇甚物事，便就自家身上看甚麽是仁，甚麽是義、禮、智。既識得這箇，便見得這一箇能包得那數箇。若有人問自家：『如何一箇便包得數箇？』只答云：『只爲是一箇。』」問直卿曰：「公於此處見得分明否？」曰：「向來看康節詩，見得這意思。如謂『天根月窟閑來往，三十六宮都是春』，正與程子所謂『靜後見萬物皆有春意』同。且如這箇棹子，安頓得恰好時，便是仁。蓋無乖戾，便是生意。窮天地，亘古今，只是一箇生意，故曰『仁者與物無對』。以其無往非仁，此所以仁包四德也。」曰：「如此體仁，便不是，便不是生底意思。棹子安頓得恰好，只可言中，不可謂之仁。元只是初底便是，如木之萌，如草之芽；其在人，如惻然有隱，初來底意思便是。幹録作：「要理會得仁，當就初處看。故元亨利貞，而元爲四德之首。就初生處看，便見得仁。」所以程子謂『看雞雛可以觀仁』，爲是那嫩小底便是仁底意思在。」幹録作：「亦是看其初意思。」問：「如所謂『初來底意思便是』，不知思慮之萌不得其正時如何？」曰：「這便是地頭著賊，更是那『元』字上著賊了；如合施爲而不曾施爲時，便是亨底地頭著賊了；如合收斂而不曾收斂時，便是利底地頭著賊了；如合貞靜而不能貞靜時，便是貞底地頭著賊了。幹録作：「問：『物理固如此，就人心思慮上觀之，如何？』曰：『思慮方萌，特守得定，便是仁。如思慮方萌錯了，便是賊其仁；當施爲時錯了，便是賊其禮；當收斂時錯了，便是賊其義；當貞靜時錯了，便是賊其智。凡物皆有箇如此道理。』」以一身觀之，元如頭，亨便是手足，利便是胸腹，貞便是那元氣所歸宿處，所以人頭亦謂之『元首』。穆姜亦曰：『元者，體之長也。』今若能知得所謂『元之元，元之亨，元之利，利之貞』，上面一箇『元』字，便是包那四箇；下面『元』字，則是『偏言則一事』者。恁地説，則大煞分明了。須要知得所謂『元之元，亨之元，利之元，貞之元』者，蓋見得此，則知得所謂只是一箇也。若以一歲之體言之，則春便是元之元；所謂『首夏清和』者，便是亨之元；孟秋之月，便是利之元；到那初冬十月，便是貞之元也，只是初底意思便是。」榦錄作：「如春夏秋冬，春爲一歲之首，由是而爲夏，爲秋，爲冬，皆自此生出。所以謂仁包四德者，只緣四箇是一箇，只是三箇。元却有元之元，元之亨，元之利，元之貞。又有亨之元，利之元，貞之元。曉得此意，則仁包四者尤明白了。」道夫

曰：「如先生之言，正是程子說『復其見天地之心』。復之初爻，便是天地生物之心也。」曰：「今只將公所見，看所謂『心，譬如穀種，生之性便是仁，陽氣發處乃情也』，觀之便見。」久之，復曰：「正如天官冢宰，以分歲言之，特六卿之一耳；而建邦之六典，則又統六卿也。」道夫。榦錄稍異。

問：「曩者論仁包四者，蒙教以初底意思看仁。昨看孟子『四端』處，似頗認得此意。」曰：「如何？」曰：「仁者生之理，而動之機也。惟其運轉流通，無所間斷，故謂之心，故能貫通四者。」曰：「這自是難說，他自活。今若恁地看得來，只見得一邊，只見得他用處，不見他體了。」問：「生之理便是體否？」曰：「若要見得分明，只看程先生說『心譬如穀種，生之性便是仁』，便分明。若更要真識得仁之體，只看夫子所謂『克己復禮』；克去己私，如何便喚得做仁？」曰：「若如此看，則程子所謂『公』字，愈覺親切。」曰：「公也只是仁底殼

子，盡他未得在。畢竟裏面是箇甚物事？『生之性』，也只是狀得仁之體。」道夫。

直卿問：「仁包四德，如『元者善之長』。從四時生物意思觀之，則陰陽都偏了。」曰：「如此，則秋冬都無生物氣象。但生生之意，至此退了；到得退未盡處，則陽氣依舊在。且如陰陽，其初亦只是一箇，進便喚做陽，退便喚做陰。」道夫。

問：「仁包四者。然惻隱之端，如何貫得是非、羞惡、辭遜之類？」曰：「惻隱只是動處。接事物時，皆是此心先擁出來，其間却自有羞惡、是非之別，所以惻隱又貫四端。如春和則發生，夏則長茂，以至秋冬，皆是一氣，只是這箇生意。」問：「『偏言則曰「愛之理」，專言則曰「心之德」』，如何？」曰：「偏言是指其一端，因惻隱之發而知其有是愛之理；專言則五性之理兼舉而言之，而仁則包乎四者是也。」謨。

問：「仁可包義智禮。惻隱如何包羞惡二端？」曰：「但看羞惡時自有一般惻怛底意思，便可見。」曰：「仁包三者，何以見？」曰：「但以春言：春本主生，夏秋冬亦只是此生氣或長養，或斂藏，有間耳。」可學。

伊川言：「天所賦爲命，物所受爲性。」理一也，自天之所賦與萬物言之，故謂之命；以人物之所稟受於天言之，故謂之性。其實，所從言之地頭不同耳。」端蒙。

唐傑問：「近思録既載『鬼神者造化之跡』，又載『鬼神者二氣之良能』，似乎重了。」

曰：「造化之跡是日月星辰風雨之屬，二氣良能是屈伸往來之理。」蓋卿。

人性無不善，雖桀紂之爲窮凶極惡，也知此事是惡。但則是我要恁地做，不柰何，便是人欲奪了。銖。

伊川言：「在物爲理。」凡物皆有理，蓋理不外乎事物之間。「處物爲義。」義，宜也，是非可否處之得宜，所謂義也。端蒙。

「在物爲理，處物爲義。」理是在此物上，便有此理；義是於此物上自家處置合如此，便是義。義便有箇區處。㽦。

問「在物爲理，處物爲義」。曰：「且如這桌子是物，於理可以安頓物事。我把他如此用，便是義。」友仁。

問「忠信所以進德」至「對越在天也」。曰：「此一段，只是解箇『終日乾乾』。在天之剛健者，便是天之乾；在人之剛健者，便是人之乾。其體則謂之易，便是横渠所謂『坱然太虛，升降飛揚，未嘗止息』者。自此而下，雖有許多般，要之『形而上者謂之道，形而下者謂之器』，皆是實理。以時節分段言之，便有古今；以血氣支體言之，便有人己，却只是一箇理也。」道夫。

「忠信所以進德」至「君子當終日對越在天也」，這箇只是解一箇「終日乾乾」。「忠信進德，修辭立誠」，便無間斷，便是「終日乾乾」，不必便說「終日對越在天」。下面說「上天之載，無聲無臭」云云，便是說許多事，都只是一箇天。賀孫。

問：「詳此一段意，只是體當這箇實理。雖說出有許多般，其實一理也。」曰：「此只是解『終日乾乾』，故說此一段。從『上天之載，無聲無臭』說起。雖是『無聲無臭』，其闔闢變化之體，則謂之易。然所以能闔闢變化之理，則謂之道；其功用著見處，則謂之神。此皆就天上說。及說到『命於人，則謂之性；率性，則謂之道；修道，則謂之教』，是就人身上說。上下說得如此子細，都說了，可謂盡矣。『故說神「如在其上，如在其左右」』，又皆是此理顯著之跡。看甚大事小事，都離了這箇事不得。上而天地鬼神離這箇不得，下而萬事萬物都不出此，故曰『徹上徹下，不過如此』。形而上者，無形無影是此理；形而下者，有情有狀是此器。然謂此器則有此理，有此理則有此器，未嘗相離，却不是於形器之外別有所謂理。亘古亘今，萬事萬物皆只是這箇，所以說『但得道在，不係今與後，己與人』。」

叔蒙問：「不出這體用。其體則謂之性，其用則謂之道？」曰：「道只是統言此理，不可便以道爲用。仁義禮智信是理，道便是統言此理。」直卿云：「『道』字看來亦兼體、用，如說『其理則謂之道』，是指體言；又說『率性則謂之道』，是指用言。」曰：「此語上是就天上說，下是就人身上說。」直卿又云：「只是德又自兼體、用言。如通書云：『動而正曰道，用而和曰德。』」曰：「正是理，雖動而得其正理，便是道；若動而不正，則不是道。和亦只是順理，用而和順，便是得此理於身；若用而不和順，則此理不得於身。故下云：『匪仁，匪義，匪禮，匪智，匪信，悉邪也。』只是此理。故又云：『君子慎動。』」直卿〔問〕〔一〕：「太極圖只説『動而生陽，静而生陰』，通書又説箇『機』，此是動静之間，又有此一項。」又云：「『智』字自與知識之『知』不同。智是具是非之理，知識便是察識得這箇物事好惡。」又問：「神是心之至妙處，所以管攝動静。十年前，曾聞先生説，神亦只是形而下者。」賀孫問：「神既是管攝此身，則心又安在？」曰：「神即是心之至妙處，滚在氣裏説，又只是氣，然神又是氣之精妙處，到得氣，又是粗了。精又粗，形又粗。至於説魂説魄，皆是説到粗處。」賀孫。寓録云：「直卿云：『看來「神」字本不專説氣，也可就理上説。先生只就形而下者説。』先生曰：『所以某就形而下説，畢竟就氣處多，發出光彩便是神。』味道問：『神如此説，心又在那裏？』曰：『神便在心裏，凝在裏面爲精，發出光彩爲神。精屬陰，神屬陽。説到魂魄鬼神，又是説到大段粗處。』」

問：「『「上天之載，無聲無臭」，其體則謂之易』，如何看『體』字？」曰：「體，是體質之『體』，猶言骨子也。易者，陰陽錯綜，交换代易之謂，如寒暑晝夜，闔闢往來。天地之間，

〔一〕據陳本增。

陰陽交錯，而實理流行，蓋與道爲體也。寒暑晝夜，闔闢往來，而實理於是流行其間，非此則實理無所頓放。猶君臣父子夫婦長幼朋友，有此五者，而實理寓焉。故曰『其體則謂之易』，言易爲此理之體質也。」程子解「逝者如斯，不舍晝夜」，曰：「此道體也。天運而不已，日往則月來，寒往則暑來，水流而不息，物生而不窮，皆與道爲體。」集注曰：「天地之化，往者過，來者續，無一息之停，乃道體之本然也。」即是此意。銖。

「其體則謂之易」，在人則心也；「其理則謂之道」，在人則性也；「其用則謂之神」，在人則情也。所謂易者，變化錯綜，如陰陽晝夜，雷風水火，反復流轉，縱橫經緯而不已也。人心則語默動靜，變化不測者是也。體，是形體也，賀孫録云：「體，非體用之謂。」言體，則亦是形而下者；其理則形而上者也。故程子曰「易中只是言反復往來上下」，亦是意也。端蒙。

「以其體謂之易，以其理謂之道」，這正如心、性、情相似。易便是心，道便是性。易，變易也，如奕碁相似。寒了暑，暑了寒，日往而月來，春夏爲陽，秋冬爲陰，一陰一陽，只管恁地相易。賀孫。

「其體則謂之易，其理則謂之道，其用則謂之神。」人傑謂：「陰陽闔闢，屈伸往來，則謂之易；皆是自然，皆有定理，則謂之道；造化功用不可測度，則謂之神。」程子又曰：「其命於人則謂之性，率性則謂之道，修道則謂之教，只是就人道上說。」人傑謂：「中庸大旨，則『天命之謂「性」，率性之謂道』，是通人物而言；『修道之謂教』，則聖賢所以扶世立教、垂法後世者，皆是也。」先生曰：「就人一身言之：易，猶心也；道，猶性也；神，猶情也。」翌日再問云：「既就人身言之，却以就人身者就天地言之，可乎？」曰：「天命流行，所以主宰管攝是理者，即其心也；而有是理者，即其性也，如所以爲春夏、所以爲秋冬之理是也；至發育萬物者，即其情也。」人傑。䕫録别出。

正淳問：「『其體則謂之易』，只屈伸往來之義是否？」曰：「義則不是。只陰陽屈伸，便是形體。」又問：「昨日以天地之心、情、性在人上言之，今却以人之心、性、情就天上言之，如何？」曰：「春夏秋冬便是天地之心；天命流行有所主宰，其所以爲春夏秋冬便是性，造化發用便是情。」又問：「恐心大性小。」曰：「此不可以小大論。若以能爲春夏秋冬者爲性，亦未是。只是所以爲此者，是合下有此道理。謂如以鏡子爲心，其光之照見物處便是情，其所以能光者是性。因甚把木板子來，却照不見？爲他元没這光底道理。」䕫。

「其體則謂之易，其理則謂之道，其功用則謂之鬼神。」易是陰陽屈伸，隨時變易。大抵古今只是大闔闢，小闔闢，今人説易，都無著摸。聖人便於六十四卦，只以陰陽奇耦寫出來。至於所以爲陰陽，爲古今，乃是此道理。及至忽然生物，或在此，或在彼，如花木之類驀然而出，華時都華，實時都實，生氣便發出來，只此便是神。如在人，仁義禮智，惻隱羞惡，心便能管攝。其爲喜怒哀樂，即情之發用處。㽦。

「其體則謂之易，其理則謂之道，其用則謂之神」，此三句是説自然底。下面云「其命於人則謂之性」，此是就人上説。謂之「命於人」，這「人」字，便是「心」字。夔孫。

問：「此一段自『浩然之氣』以上，自是説道。下面『説神如在其上，如在其左右』，不知如何？」曰：「一段皆是明道體無乎不在。名雖不同，只是一理發出，是箇無始無終底意。」林易簡問：「莫是『動静無端，陰陽無始』底道理否？」曰：「不可如此類泥著，但見梗礙耳。某舊見伊川説仁，令將聖賢所言仁處類聚看，看來恐如此不得。古人言語，各隨所説見意，那邊自如彼説，這邊自如此説。要一一來比並，不得。」又曰：「文字且子細逐件理會，待看得多，自有箇見處。」林曰：「某且要知盡許多疑了，方可下手做。」曰：「若要知了，如何便知得了？不如且就知得處逐旋做去，知得一件做一件，知得兩件做兩件，貪多不濟事。如此用工夫，恐怕輕費了時月。某謂，少看有功却多，泛泛然多看，全然無益。今人大抵有貪多之病，初來只是一箇小没理會，下梢成一箇大没理會！」寓。

「明道『醫書手足不仁』止『可以得仁之體』一段，以意推之，蓋謂仁者，天地生物之心，而人物所得以爲心，則是天地人物莫不同有是心，而心德未嘗不貫通也。雖其爲天地，爲人物，各有不同，然其實則有一條脈絡相貫。故體認得此心，而有以存養之，則心理無所不到，而自然無不愛矣。才少有私欲蔽之，則便間斷，發出來愛，便有不到處。故世之忍心無恩者，只是私欲蔽錮，不曾認得我與天地萬物心相貫通之理。故求仁之切要，只在不失其本心而已。若夫『博施濟衆』，則自是功用，故曰何干仁事，言不於此而得也。仁至難言，亦以全體精微，未易言也。止曰『立人』、『達人』，則有以指夫仁者之心，而便於此觀，則仁之體，庶幾不外是心而得之爾。然又嘗以伊川『穀種』之説推之，其『心猶穀種，生之性便是仁，陽氣發動乃情也』，蓋所謂『生之性』，即仁之體，發處即仁之用也。若夫『博施濟衆』，則又是穀之成實，而利及於人之謂。以是觀之，仁聖可知矣。」先生云：「何干仁事？謂仁不於此得，則可；以爲聖仁全無干涉，則不可。」又云：「氣有不貫，血脈都在這氣字上。著心看，則意好。」又云：「『何事於仁？』言何止是仁，必也仁之成德，猶曰何止於木，必也木之成就；何止於穀，必也穀之成禾之意耳。」端蒙。

伊川語録中説「仁者以天地萬物爲一體」，説得太深，無捉摸處。易傳其手筆，只云：「四德之元，猶五常之仁；偏言則一事，專言則包四者。」又曰：「仁者天下之公，善之本也。」易傳只此兩處説仁，説得極平實，學者當精看此等處。銖。

「『生之謂性』一條難説，須子細看。此一條，伊川説得亦未甚盡。『生之謂性』，是生下來唤做性底，便有氣禀夾雜，便不是理底性了。前輩説甚『性惡』，『善惡混』，都是不曾識性。到伊川説『性即理也』，無人道得到這處。理便是天理，又那得有惡！孟子説『性善』，便都是説理善；雖是就發處説，然亦就理之發處説。」如曰「乃若其情」，曰「非才之罪」。又曰：「『生之謂性』，如椀盛水後，人便以椀爲水，水却本清，椀却有凈有不凈。」問：「雖是氣禀，亦尚可變得否？」曰：「然最難，須是『人一能之，己百之；人十能之，己千之』，方得。若只恁地待他自變，他也未與你卒乍變得在。這道理無他巧，只是熟，只是專一。」賀孫。

「人生氣禀，理有善惡。」此「理」字，不是説實理，猶云理當如此。僩。

「人生氣禀，理有善惡。」理，只作「合」字看。端蒙。

「生之謂性」一段，當作三節看，其間有言天命者，有言氣質者。「生之謂性」是一節，「水流就下」是一節，清濁又是一節。㽦。

問：「『生之謂性』一段難看。自起頭至『惡亦不可不謂之性也』，成兩三截。」曰：「此一段極難看。但細尋語脈，却亦可曉。上云『不是兩物相對而生』，蓋言性善也。」曰：「既言性善，下却言『善固性也，然惡亦不可不謂之性』，却是言氣禀之性，似與上文不相接。」曰：「不是言氣禀之性。蓋言性本善，而今乃惡，亦是此性爲惡所汩，正如水爲泥沙所混，不成不喚做水！」曰：「適所問，乃南軒之論。」曰：「敬夫議論出得太早，多有差舛。此間有渠論孟解，士大夫多求之者，又難爲拒之。」又問：「『人生而静』，當作斷句。」曰：「只是連下文而〔一〕『不容説』作句。性自禀賦而言，人生而静以上，未有形氣，理未有所受，安得謂之性！」又問「纔説性時便已不是性」。此處先生所答，記得不切，不敢録。次夜再問，别録在後。又問：「『凡人説性，只是説繼之者善也。』『繼之者善』，如何便指作性？」曰：「吾友疑得極是。此却是就人身上説『繼之者善』。若就向上説，則天理方流出，亦不可謂之性。」曰：「『生之謂性』，性即氣，氣即性。此言人生性與氣混合者。」曰：「有此氣爲人，則理具於身，方可謂之性。」又問：「向滕德粹問『生之謂性』，先生曰：『且從程先生之説，亦好。』當時再三請益，先生不答。後來子細看，此蓋告子之言。若果如程先生之説，亦無害。而渠意直是指氣爲性，與程先生之意不同。」曰：「程先生之言，亦是認告子語脈不差。果如此説，則孟子何必排之？則知其發端固非矣。大抵諸儒説性，多説著氣。如佛氏亦只是認知覺作用爲性。」又問孟注云：「『近世蘇氏、胡氏之説近此甚。』觀二家之説，似亦不執著氣。」曰：「其流必至此。」又問：「胡氏説『性不可以善惡名』，似只要形容得性如此之大。」曰：「不是要形容，只是見不明。若見得明，則自不如此。敬夫向亦執此説。嘗語之云：『凡物皆有對，今乃欲作尖邪物，何故？』程先生論性，只云『性即理也』，豈不是見得明？

〔一〕「而」，各本同，似衍。

是真有功於聖門！」又問：「『繼之者善也，成之者性也』，至程先生始分明。」曰：「以前無人如此說。若不是見得，安能及此！」第二夜復問：「昨夜問『生之謂性』一段，意有未盡。不知『纔說性便不是性』，此是就性未稟時說，已稟時說？」曰：「就已稟時說。性者，渾然天理而已。纔說性時，則已帶氣矣。所謂『離了陰陽更無道』，此中最宜分別。」又問：「『水流而就下』以後，此是說氣稟否？若說氣稟，則生下已定，安得有遠近之別？」曰：「此是夾習說。」饒本云：「此是說氣。」可學。

問：「『生之謂性』一章，泳竊意自『生之謂性』至『然惡亦不可不謂之性也』，是本來之性與氣質之性兼說。劈頭只指箇『生』字說，是兼二者了。」曰：「那『性』字却如何？」泳曰：「恐只是都說做性。」泳又問：「舊來因此以水喻性，遂謂天道純然一理，便是那水本來清；陰陽五行交錯雜揉而有昏濁，便是那水被泥污了。昏濁可以復清者，只緣他母子清。」曰：「然。那下愚不移底人，却是那臭穢底水。」問：「也須可以澄治？」曰：「也減得些分數。」因言：「舊時人嘗裝惠山泉去京師，或時臭了。京師人會洗水，將沙石在筧中上面傾水，從筧中下去。如此十數番，便漸如故。」或問：「下愚亦可以澄治否？」泳云：「恐他自不肯去澄治了。」曰：「那水雖臭，想也未至汙穢在。」問：「物如此更推不去，却似那臭泥相似？」曰：「是如此。」又問：「自『蓋生之謂性』至『猶水流而就下也』一節，是說本來之性。」曰：「『蓋生之謂性』，却是如何？」泳曰：「只是提起那一句說。」又問：「『人生而靜以上不容說』，『人生而靜』是說那初生時。更說向上去，便只是天命了。」曰：「所以『大哉乾元！萬物資始』，只說是『誠之源也』。至『乾道變化，各正性命』，方是性在。『凡人說性，只是說繼之者善也』，便兼氣質了。」問：「恐只是兼了情。」曰：「情便兼質了。所以孟子答告子問性，却說『乃若其情，則可以爲善矣』；說仁義禮智，却說惻隱、羞惡、恭敬、是非去。蓋性無形影，情却有實事，只得從情上說入去。」問：「因情以知性，恰似因流以知源。舊聞蔡季通問康叔臨云：『凡物有兩端。惻隱爲仁之端，是頭端，是尾端？』叔臨以爲尾端。近聞周莊仲說，先生云不須如此分。」曰：「公如何說？」曰：「惻隱是性之動處。因其動處，以知其本體，是因流以知其源，恐只是尾端。」曰：「是如此。」又問「皆水也」至「然不可以濁者不爲水也」一節。曰：「這水只是說氣質。」泳曰：「竊謂因物慾之淺深，可以見氣質之昏明，猶因惻隱、羞惡，可以見仁義之端。」曰：「也是如此。」或問：「氣清底人，自無物慾。」曰：「也如此說不得。口之欲味，耳之欲聲，人人皆然。雖是稟得氣清，纔不檢束，便流於慾去。」又問：「『如此，則人不可不加澄治之功』至『置在一隅也』一節，是說人求以變化氣質。然變了氣質，復還本然之性，亦不是在外面添得。」曰：「是如此。」又問：「『水之清，則性善之謂也』至於『舜禹有天下而不與焉者也』一節，是言學者去求道，不是外面添。聖人之教人，亦不是强人分外做。」曰：「『此理天命也』一句，亦可見。」胡泳。

或問「生之謂性」一段。曰：「此段引譬喻亦叢雜。如説水流而就下了，又説從清濁處去，與就下不相續。這處只要認得大意可也。」又曰：「『然惡亦不可不謂之性』一句，又似有惡性相似。須是子細看。」義剛。

問：「『惡亦不可不謂之性』，先生舊做明道論性説云：『氣之惡者，其性亦無不善，故惡亦不可不謂之性。』明道又云：『善惡皆天理。謂之惡者，本非惡，但或過或不及，便如此。蓋天下無性外之物，本皆善而流於惡耳。』如此，則惡專是氣禀，不干性事，如何説惡亦不可不謂之性？」曰：「既是氣禀惡，便也牽引得那性不好。蓋性只是搭附在氣禀上，既是氣禀不好，便和那性壞了。所以説濁亦不可不謂之水。水本是清，却因人撓之，故濁也。」又問：「先生嘗云：『性不可以物譬。』明道以水喻性，還有病否？」曰：「若比來比去，也終有病。只是不以這箇比，又不能得分曉。」僩。

「『善固性也，然惡亦不可不謂之性也』，疑與孟子牴牾。」曰：「這般所在難説，卒乍理會未得。某舊時初看，亦自疑。但看來看去，自是分明。今定是不錯，不相誤，只著工夫子細看。莫據己見，便説前輩説得不是。」又問：「草木與人物之性一乎？」曰：「須知其異而不害其爲同，知其同而不害其爲異方得。」木之。

正淳問：「性善，大抵程氏説善惡處，説得『善』字重，『惡』字輕。」曰：「『善固性也，惡亦不可不謂之性也』，此是氣質之性。蓋理之與氣雖同，畢竟先有此理而後有此氣。」又問郭氏性圖。曰：「『性善』字且做在上，其下不當同以『善』、『惡』對出於下。不得已時，『善』字下再寫一『善』，却傍出一『惡』字，倒著，以見惡只是反於善。且如此，猶自可説。」正淳謂：「自不當寫出來。」曰：「然。」𤋮。

問「人生而静以上不容説」一段。曰：「『人生而静以上』，即是人物未生時。人物未生時，只可謂之理，説性未得，此所謂『在天曰命』也。『纔説性時，便已不是性』者，言纔謂之性，便是人生以後，此理已墮在形氣之中，不全是性之本體矣，故曰『便已不是性也』，此所謂『在人曰性』也。大抵人有此形氣，則是此理始具於形氣之中，而謂之性。纔是説性，便已涉乎有生而兼乎氣質，不得爲性之本體也。然性之本體，亦未嘗雜。要人就此上面見得其本體元未嘗離，亦未嘗雜耳。『凡人説性，只是説繼之者善也』者，言性不可形容，而善言性者，不過即其發見之端而言之，而性之理固可默識矣，如孟子言『性善』與『四端』是也。」未有形氣，渾然天理，未有降付，故只謂之理；已有形氣，是理降而在人，具於形氣之中，方謂之性。已涉乎氣矣，便不能超然專説得理也。程子曰「天所賦爲命，物所受爲性」，又曰「在天曰命，在人曰性」，是也。銖。

明道論性一章，「人生而靜」，靜者固其性。然只有「生」字，便帶却氣質了。但「生」字以上又不容説，蓋此道理未有形見處。故今才説性，便須帶著氣質，無能懸空説得性者。「繼之者善」，本是説造化發育之功，明道此處却是就人性發用處説，如孟子所謂「乃若其情，則可以爲善」之類是也。伊川言：「極本窮源之性，乃是對氣質之性而言。」言氣質之稟，雖有善惡之不同，然極本窮源而論之，則性未嘗不善也。端蒙。

問「人生而靜以上」一段。曰：「程先生説性有本然之性，有氣質之性。人具此形體，便是氣質之性。才説性，此『性』字是雜氣質與本來性説，便已不是性。這『性』字却是本然性。才説氣質底，便不是本然底也。『人生而靜』以下，方有形體可説；以上是未有形體，如何説？」賀孫。

曾問「人生而靜以上不容説」。曰：「此是未有人生之時，但有天理，更不可言性。人生而後，方有這氣稟，有這物欲，方可言性。」卓。

「人生而靜以上不容説」，此只是理；「才説性時便已不是性」，此是氣質。要之，假合而後成。文蔚。

「人生而靜」，已是夾形氣，專説性不得。此處宜體認。可學。

或問：「説『人生而靜以上不容説』，爲天命之不已；感物而動，酬酢萬殊，爲天命之流行。不已便是流行，不知上一截如何下語？」曰：「『人生而靜以上不容說』，乃天命之本體也。」人傑。

問「人生而靜以上」一段。曰：「有兩箇『性』字：有所謂『理之性』，有所謂『氣質之性』。下一『性』字是理。『人生而靜』，此『生』字已自帶氣質了。『生而靜以上』，便只是理，不容說；『才說性時』，便只說得氣質，不是理也。」淳。

「才說性，便已不是性也。」蓋才說性時，便是兼氣質而言矣。「人生而靜以上不容說。」「人生而靜以上」，只說得箇「人生而靜」，上面不通說。蓋性須是箇氣質，方說得箇「性」字。若「人生而靜以上」，只說箇天道，下「性」字不得。所以子貢曰「夫子之言性與天道，不可得而聞也」，便是如此。所謂「天命之謂性」者，是就人身中指出這箇是天命之性，不雜氣禀者而言爾。若才說性時，則便是夾氣禀而言，所以說時，便已不是性也。濂溪說：「性者，剛柔善惡中而已矣。」濂溪說性，只是此五者。他又自有說仁義禮智底性時。若論氣禀之性，則不出此五者。然氣禀底性，便是那四端底性，非別有一種性也。然所謂「剛柔善惡中」者，天下之性固不出此五者。然細推之，極多般樣，千般百種，不可窮究，但不離此五者爾。僩。

「人生而靜以上不容說」，是只說性。如說善，即是有性了，方說得善。方。

問：「近思録中説性，似有兩種，何也？」曰：「此説往往人都錯看了。才説性，便有不是。人性本善而已，才墮入氣質中，便薰染得不好了。雖薰染得不好，然本性却依舊在此，全在學者著力。今人却言有本性，又有氣質之性，此大害理！」去僞。

問：「『凡人説性，只是説「繼之者善也」。』這『繼』字，莫是主於接續承受底意思否？」曰：「主於人之發用處言之。」道夫。

程子云：「凡人説性，只是説『繼之者善』。孟子言『性善』是也。」易中所言，蓋是説天命流行處；明道却將來就人發處説。孟子言「性善」，亦是就發處説，故其言曰：「乃若其情，則可以爲善矣。」蓋因其發處之善，是以知其本無不善，猶循流而知其源也。故孟子説「四端」，亦多就發處説。易中以天命言。程子就人言，蓋人便是一箇小天地耳。端蒙。

「夫所謂『繼之者善也』者，猶水流而就下也。」此「繼之者善」，指發處而言之也。性之在人，猶水之在山，其清不可得而見也。流出而見其清，然後知其本清也。所以孟子只就「見孺子入井，皆有怵惕惻隱之心」處，指以示人，使知性之本善者也。易所謂「繼之者善也」，在性之先；此所引「繼之者善也」，在性之後。蓋易以天道之流行者言，此以人性之發見者言。明天道流行如此，所以人性發見亦如此。如後段所謂「其體則謂之易，其理則謂之道，其用則謂之神」。某嘗謂，易在人便是心，道在人便是性，神在人便是情。緣他本原如此，所以生出來箇箇亦如此。一本故也。閎祖。

問：「或謂明道所謂『凡人説性，只是説「繼之者善」』與易所謂『繼之者善』意不同。明道是言氣質之性亦未嘗不善，如孔子『性相近』之意。」曰：「明道説『繼之者善』，固與易意不同。但以爲此段只説氣質之性，則非也。明道此段，有言氣質之性處，有言天命之性處。近陳後之寫來，只於此段『性』字下，各注某處是説天命之性，某處是説氣質之性。若識得數字分明有著落，則此段儘易看。」銖。

問：「明道言：『今人説性，多是説「繼之者善」，如孟子言「性善」是也。』此莫是説性之本體不可言，凡言性者，只是説性之流出處，如孟子言『乃若其情，則可以爲善矣』之類否？」先生點頭。後江西一學者問此。先生答書云：「易大傳言『繼善』，是指未生之前；孟子言『性善』，是指已生之後。」是夕，復語文蔚曰：「今日答書，覺得未是。」文蔚曰：「莫是易言『繼善』，是説天道流行處；孟子言『性善』，是説人性流出處。易與孟子就天人分上各以流出處言，明道則假彼以明此耳，非如先生『未生』、『已生』之云？」曰：「然。」文蔚。

「繼之者善也」，周子是説生生之善，程子説作人性之善，用處各自不同。若以此觀彼，心有窒礙。人傑。

問：「伊川云：『萬物之生意最可觀。』」曰：「物之初生，其本未遠，固好看。及幹成葉茂，便不好看。如赤子入井時，惻隱怵惕之心，只些子仁，見得時却好看。到得發政施仁，其仁固廣，便看不見得何處是仁。」賜。

問：「『萬物之生意最可觀，此「元者善之長也」，斯所謂仁也。』此只是先生向所謂『初』之意否？」曰：「萬物之生，天命流行，自始至終，無非此理；但初生之際，淳粹未散，尤易見爾。只如元亨利貞皆是善，而元則爲善之長，亨利貞皆是那裏來。仁義禮智亦皆善也，而仁則爲萬善之首，義禮智皆從這裏出爾。」道夫。

問：「『天地萬物之理，無獨必有對。』對是物也，理安得有對？」曰：「如高下小大清濁之類，皆是。」曰：「高下小大清濁，又是物也，如何？」曰：「有高必有下，有大必有小，皆是理必當如此。如天之生物，不能獨陰，必有陽；不能獨陽，必有陰；皆是對。這對處，不是理對。其所以有對者，是理合當恁地。」淳。

「天地萬物之理，無獨必有對。」問：「如何便至『不知手之舞之，足之蹈之』？」曰：「真箇是未有無對者。看得破時，真箇是差異好笑。且如一陰一陽，便有對；至於太極，便對甚底？」曰：「太極有無極對。」曰：「此只是一句。如金木水火土，即土亦似無對，然皆有對。太極便與陰陽相對。此是『形而上者謂之道，形而下者謂之器』，便對過，却是橫對了。土便與金木水火相對。蓋金木水火是有方所，土却無方所，亦對得過。必大録云：「四物皆資土故也。」胡氏謂『善不與惡對』。惡是反善，如仁與不仁，如何不可對？若不相對，覺說得天下事都尖斜了，没箇是處。」必大録云：「湖南學者云，善無對。不知惡乃善之對，惡者反乎善者也。」僩。必大同。

問：「『天下之理，無獨必有對。』有動必有静，有陰必有陽，以至屈伸消長盛衰之類，莫不皆然。還是他合下便如此邪？」曰：「自是他合下來如此，一便對二，形而上便對形而下。然就一言之，一中又自有對。且如眼前一物，便有背有面，有上有下，有内有外。二又各自爲對。雖説『無獨必有對』，然獨中又自有對。且如碁盤路兩兩相對，末梢中間只空一路，若似無對；然此一路對了三百六十路，此所謂『一對萬，道對器』也。」銖。

天下之物未嘗無對，有陰便有陽，有仁便有義，有善便有惡，有語便有默，有動便有静，然又却只是一箇道理。如人行出去是這脚，歸亦是這脚。譬如口中之氣，噓則爲温，吸則爲寒耳。雉。

問：「陰陽晝夜，善惡是非，君臣上下，此天地萬物無獨必有對之意否？」曰：「這也只如喜怒哀樂之中，便有箇既發而中節之和在裏相似。」道夫。

問：「『天地之間，亭亭當當，直上直下，出便不是』，如何？」曰：「『喜怒哀樂未發謂之中』，『亭亭當當，直上直下』等語，皆是形容中之在我，其體段如此。『出則不是』者，出便是已發。發而中節，只可謂之和，不可謂之中矣，故曰『出便不是』。」謨。

問「亭亭當當」之説。曰：「此俗語也，蓋不偏不倚、直上直下之意也。」問：「敬固非中，惟『敬而無失』，乃所以爲中否？」曰：「只是常敬，便是『喜怒哀樂未發之中』也。」道夫。

「天地間亭亭當當直上直下之正理，出則不是。如此則是內。敬而無無失最盡。」居敬。方謂「居」字好。方。

問：「無妄，誠之道。不欺，則所以求誠否？」曰：「無妄者，聖人也。謂聖人爲無妄，則可；謂聖人爲不欺，則不可。」又問：「此正所謂『誠者天之道，思誠者人之道』否？」曰：「然。無妄是自然之誠，不欺是著力去做底。」道夫。

「無妄之謂誠」是天道，「不欺其次矣」是人道，中庸所謂「思誠」者是也。𧦬。

味道問「無妄之謂誠，不欺其次也」。曰：「非無妄故能誠，無妄便是誠。無妄，是四方八面都去得；不欺，猶是兩箇物事相對。」寓。

或問「無妄之謂誠，不欺其次矣」。曰：「無妄，是兼天地萬物所同得底渾淪道理；不欺，是就一邊説。」泳問：「不欺，是就人身説否？」曰：「然。」胡泳。

無妄，自是我無妄，故誠；不欺者，對物而言之，故次之。祖道。

問：「『冲漠無朕』至『教入塗轍』。他所謂塗轍者，莫只是以人所當行者言之？凡所當行之事，皆是先有此理，却不是臨行事時，旋去尋討道理。」曰：「此言未有這事，先有這理。如未有君臣，已先有君臣之理；未有父子，已先有父子之理。不成元無此理，直待有君臣父子，却旋將道理入在裏面！」又問：「『既是塗轍，却只是一箇塗轍』，是如何？」曰：「是這一箇事，便只是這一箇道理。精粗一貫，元無兩樣。今人只見前面一段事無形無兆，將謂是空蕩蕩，却不知道『冲漠無朕，萬象森然已具』。如釋氏便只是說『空』，老氏便只是說『無』，却不知道莫實於理。」曰：「『未應不是先，已應不是後』，『應』字是應務之『應』否？」曰：「未應，是未應此事；已應，是已應此事。未應固是先，却只是後來事；已應固是後，却只是未應時理。」文蔚。

「未應不是先，已應不是後」，如未有君臣，已先有君臣之理在這裏。不是先本無，却待安排也。「既是塗轍，却只是一箇塗轍」，如既有君君臣臣底塗轍，却是元有君臣之理也。升卿。

子升問「冲漠無朕」一段。曰：「未有事物之時，此理已具，少間應處只是此理。所謂塗轍，即是所由之路。如父之慈，子之孝，只是一條路從源頭下來。」木之。

或問「未應不是先」一條。曰：「未應如未有此物，而此理已具；到有此物，亦只是這箇道理。塗轍，是車行處。且如未有塗轍，而車行必有塗轍之理。」賀孫。

問「冲漠無朕」一段。曰：「此只是説『無極而太極』。」又問：「下文『既是塗轍，却只是一箇塗轍』，是如何？」曰：「恐是記者欠了字，亦曉不得。」又曰：「某前日説，只從陰陽處看，則所謂太極者，便只在陰陽裏；所謂陰陽者，便只是在太極裏。而今人説陰陽上面別有一箇無形無影底物是太極，非也。」夔孫。他本小異。

問：「『近取諸身，百理皆具』，且是言人之一身與天地相爲流通，無一之不相似。至下言『屈伸往來之義，只於鼻息之間見之』，却只是説上意一脚否？」曰：「然。」又問：「屈伸往來，只是理自如此。亦猶一闔一闢，闔固爲闢之基，而闢亦爲闔之基否？」曰：「氣雖有屈伸，要之方伸之氣，自非既屈之氣。氣雖屈，而物亦自一面生出。此所謂『生生之理』，自然不息也。」道夫。

問：「屈伸往來，氣也。程子云『只是理』，何也？」曰：「其所以屈伸往來者，是理必如此。『一陰一陽之謂道。』陰陽氣也，其所以一陰一陽循環而不已者，乃道也。」淳。

明道言：「天地之間，只有一箇感應而已。」蓋陰陽之變化，萬物之生成，情僞之相通，事爲之終始，一爲感，則一爲應，循環相代，所以不已也。端蒙。

問天下只有箇感應。曰：「事事物物，皆有感應。寤寐、語默、動静亦然。譬如氣聚則風起，風止則氣復聚。」

「感應」二字有二義：以感對應而言，則彼感而此應；專於感而言，則感又兼應意，如感恩感德之類。端蒙。

問：「感，只是内感？」曰：「物固有自内感者。然亦不專是内感，固有自外感者。所謂『内感』，如一動一静，一往一來，此只是一物先後自相感。如人語極須默，默極須語，此便是内感。若有人自外來唤自家，只得唤做外感。感於内者自是内，感於外者自是外。如此看，方周徧平正。只做内感，便偏頗了。」夔孫。

心性以穀種論，則包裹底是心；有秫種，有粳種，隨那種發出不同，這便是性。心是箇發出底，池本作：「心似箇没思量底。」他只會生。又如服藥，喫了會治病，此是藥力；或温或涼，便是藥性。至於喫了有温證，有涼證，這便是情。夔孫。

履之問：「『心本善，發於思慮，則有善不善』章，如何？」曰：「疑此段微有未穩處。蓋凡事莫非心之所爲，雖放僻邪侈，亦是心之爲也。善惡但如反覆手耳，翻一轉便是惡，止安頓不著，也便是不善。如當惻隱而羞惡，當羞惡而惻隱，便不是。」又問：「心之用雖有不善，亦不可謂之非心否？」曰：「然。」伯羽。

問：「『發於思慮則有善不善。』看來不善之發有二：有自思慮上不知不覺自發出來者，有因外誘然後引動此思慮者。閑邪之道，當無所不用其力。於思慮上發時，便加省察，更不使形於事爲。於物誘之際，又當於視聽言動上理會取。然其要又只在持敬。惟敬，則身心内外肅然，交致其功，則自無二者之病。」曰：「謂發處有兩端，固是。然畢竟從思慮上發者，也只在外來底。天理渾是一箇。只不善，便是不從天理出來；不從天理出來，便是出外底了。視聽言動，該貫内外，亦不可謂專是外面功夫。若以爲在内自有一件功夫，在外又有一件功夫，則内外支離，無此道理。須是『誠之於思，守之於爲』，内外交致其功，可也。」端蒙。

問：「『心本善，發於思慮，則有善不善。』程子之意，是指心之本體有善而無惡，及其發處，則不能無善惡也。胡五峰云：『人有不仁，心無不仁。』先生以爲下句有病。如顔子『其心三月不違仁』，是心之仁也；至三月之外，未免少有私欲，心便不仁，豈可直以爲心無不仁乎？端蒙近以先生之意推之，莫是五峰不曾分别得體與發處言之否？」曰：「只爲他説得不備。若云人有不仁，心無不仁；心有不仁，心之本體無不仁，則意方足耳。」端蒙。

問：「『心既發，則可謂之情，不可謂之心』，如何？」曰：「心是貫徹上下，不可只於一處看。」可學。

「既發則可謂之情，不可謂之心」，此句亦未穩。淳。

「『心，生道也。』此句是張思叔所記，疑有欠闕處。必是當時改作行文，所以失其文意。」伯豐云：「何故入在近思録中？」曰：「如何敢不載？但只恐有闕文，此四字説不盡。」〔䕫〕。

「『心，生道也。人有是心，斯具是形以生。惻隱之心，生道也。』如何？」曰：「天地生物之心是仁；人之稟賦，接得此天地之心，方能有生。故惻隱之心在人，亦爲生道也。」〔謨〕。

「心，生道也。」心乃生之道。「惻隱之心，人之生道也」，乃是得天之心以生。生物便是天之心。〔可學〕。

問：「『心生道也』一段，上面『心生道』，莫是指天地生物之心？下面『惻隱之心，人之生道』，莫是指人所得天地之心以爲心？蓋在天只有此理，若無那形質，則此理無安頓處。故曰：『有是心，斯具是形以生。』上面猶言『繼善』，下面猶言『成性』。」曰：「上面『心，生道也』，全然做天底，也不得。蓋理只是一箇渾然底，人與天地混合無間。」〔端蒙〕。

「有是心，斯具是形以生。」是心乃屬天地，未屬我在，此乃是衆人者。至下面「各正性命」，則方是我底，故又曰：「惻隱之心，人之生道也。」仁者，天地生物之心，而人物之所得以爲心。人未得之，此理亦未嘗不在天地之間。只是人有是心，便自具是理以生。又不可道有心了，却討一物來安頓放裏面。似恁地處，難看，須自體認得。〔端蒙〕。

伊川云：「心，生道也。」方云：「生道者，是本然也，所以生者也。」曰：「是人爲天地之心意。」本文云。又曰：「生亦是生生之意。蓋有是惻隱心，則有是形。」方曰：「滿腔子是惻隱之心。」方。

敬子解「不求諸心而求諸迹，以博聞强記巧文麗詞爲工」，以爲「人不知性，故怠於爲希聖之學，而樂於爲希名慕利之學」。曰：「不是他樂於爲希名慕利之學，是他不知聖之可學，别無可做，只得向那裏去。若知得有箇道理，可以學做聖人，他豈不願爲！緣他不知聖人之可學，『飽食終日，無所用心』，不成空過。須討箇業次弄，或爲詩，或作文。是他没著渾身處，只得向那裏去，俗語所謂『無圖之輩』是也。」因曰：「世上萬般皆下品，若見得這道理高，見世間萬般皆低。故這一段緊要處，只在『先明諸心』上。蓋『先明諸心』了，方知得聖之可學；有下手處，方就這裏做工夫。若不就此，如何地做？」僩。以下第二卷。好學論入集注者，已附本章。

舜弼問：「定性書也難理會。」曰：「也不難。『定性』字，説得也詫異。此『性』字，是箇『心』字意。明道言語甚圓轉，初讀未曉得，都没理會；子細看，却成段相應。此書在鄠時作，年甚少。」淳。

「明道定性書自胸中瀉出，如有物在後面逼逐他相似，皆寫不辨。」直卿曰：「此正所謂『有造道之言』。」曰：「然。只是一篇之中，都不見一箇下手處。」蜚卿曰：「『擴然而大公，物來而順應』，這莫是下工處否？」曰：「這是説已成處。且如今人私欲萬端，紛紛擾擾，無可柰何，如何得他大公？所見與理皆是背馳，如何便得他順應？」道夫曰：「這便是先生前日所謂『也須存得這箇在』。」曰：「也不由你存。此心紛擾，看著甚方法，也不能得他住。這須是見得，須是知得天下之理，都著一毫私意不得，方是，所謂『知止而後有定』也。不然，只見得他如生龍活虎相似，更把捉不得。」道夫。

問：「定性書云：『大率患在於自私而用智。自私則不能以有爲爲應迹，用智則不能以明覺爲自然。』」曰：「此一書，首尾只此兩項。伊川文字段數分明；明道多只恁成片説將去，初看似無統，子細理會，中間自有路脈貫串將去。『君子之學，莫若擴然而大公，物來而順應』，自後許多説話，都只是此二句意。『艮其背，不獲其身；行其庭，不見其人』，此是説『擴然而大公』。孟子曰『所惡於智者，爲其鑿也』，此是説『物來而順應』。『第能於怒時遽忘其怒，而觀理之是非。』『遽忘其怒』是應『廓然而大公』，『而觀理之是非』是應『物來而順應』。這須子細去看，方始得。」賀孫。

明道答横渠「定性未能不動」一章，明道意，言不惡事物，亦不逐事物。今人惡則全絶之，逐則又爲物引將去。惟不拒不流，泛應曲當，則善矣。蓋横渠有意於絶外物而定其内。明道意以爲須是内外合一，「動亦定，静亦定」，則應物之際，自然不累於物。苟只静時能定，則動時恐却被物誘去矣。端蒙。

問：「聖人『動亦定，静亦定』。所謂定者，是體否？」曰：「是。」曰：「此是惡物來感時定？抑善惡來皆定？」曰：「惡物來不感，這裏自不接。」曰：「善物則如何？」曰：「當應便應，有許多分數來，便有許多分數應。這裏自定。」曰：「『子哭之慟』，而何以見其爲定？」曰：「此是當應也。須是『擴然而大公，物來而順應』。」再三誦此語，以爲「説得圓」。淳。

問：「聖人定處未詳。」曰：「『知止而後有定』，只看此一句，便了得萬物各有當止之所。知得，則此心自不爲物動。」曰：「舜『號泣于旻天』，『象憂亦憂，象喜亦喜』。當此時，何以見其爲定？」曰：「此是當應而應，當應而應便是定。若不當應而應，便是亂了；當應而不應，則又是死了。」淳。

問：「『天地之常，以其心普萬物而無心；聖人之常，以其情順萬事而無情。故君子之學，莫若擴然而大公，物來而順應。』學者卒未到此，柰何？」曰：「雖未到此，規模也是恁地。『擴然大公』，只是除却私意，事物之來，順他道理應之。且如有一事，自家見得道理是恁地；却有箇偏曲底意思，要爲那人，便是不公；便逆了這道理，不能順應。聖人自有聖人大公，賢人自有賢人大公，學者自有學者大公。」又問：「聖賢大公，固未敢請。學者之心當如何？」曰：「也只要存得這箇在，克去私意。這兩句是有頭有尾説話。大公是包説，順應是就裏面細説。公是忠，便是『維天之命，於穆不已』；順應便是『乾道變化，各正性命』。」道夫。

「擴然而大公」是「寂然不動」，「物來而順應」是「感而遂通」。僩。

趙致道問：「『自私者，則不能以有爲爲應迹；用智者，則不能以明覺爲自然。』所謂『天地之常，以其心普萬物而無心；聖人之常，以其情順萬事而無情』。所謂『普萬物，順萬事』者，即『廓然而大公』之謂；『無心無情』者，即『物來而順應』之謂。自私則不能『廓然而大公』，所以不能『以有爲爲應迹』；用智則不能『物來而順應』，所以不能『以明覺爲自然』。」曰：「然。」銖。

明道云：「不能以有爲爲應迹。」應迹，謂應事物之迹。若心，則未嘗動也。端蒙。

問：「昨日因説程子謂釋氏自私，味道舉明道答横渠書中語，先生曰：『此却是舉常人自私處言之。』若據自私而用智，與後面治怒之説，則似乎説得淺。若看得説那『自私則不能以有爲爲應迹，用智則不能以明覺爲自然』，則所指亦大闊矣。」先生曰：「固然。但明道總人之私意言耳。」味道又舉「反鑑索照」，與夫「惡外物」之説。先生曰：「此亦是私意。

蓋自常人之私意與佛之自私，皆一私也，但非是專指佛之自私言耳。」又曰：「此是程子因横渠病處箴之。然有一般人，其中空疏不能應物；又有一般人，溺於空虚不肯應物，皆是自私。若能『豁然而大公』，則上不陷於空寂，下不累於物欲，自能『物來而順應』。」廣。賀孫録云：「漢卿前日説：『佛是自私。』味道舉明道『自私用智』之語，『亦是此意。先生嘗以此自私説較粗，是常人之自私。某細思之，如「自私則不能以有爲爲應迹，用智則不能以明覺爲自然」，亦是説得煞，恐只是佛氏之自私」。先生曰：『此説得較闊，兼兩意。也是見横渠説得有這病，故如此説。』賀孫云：『「今以惡外物之心，求照無物之地，猶反鑑而索照也」，亦是説絶外物而求定之意。』曰：『然。但所謂「自私而用智」，如世人一等嗜慾，也是不能「以有爲爲應迹」；如異端絶滅外物，也是不能「以有爲爲應迹」。若「廓然大公，物來順應」，便都不如此，上不淪於空寂，下不累於物欲。』」

問：「定性書所論，固是不可有意於除外誘，然此地位高者之事。在初學，恐亦不得不然否？」曰：「初學也不解如此，外誘如何除得？有當應者，也只得順他，便看理如何。理當應便應，不當應便不應。此篇大綱，只在『廓然而大公，物來而順應』兩句。其他引易、孟子，皆是如此。末謂『第能於怒時遽忘其怒，而觀理之是非』，一篇著力緊要，只在此一句。『遽忘其怒』便是『擴然大公』，『觀理之是非』便是『物來順應』。明道言語渾淪，子細看，節節有條理。」曰：「『内外兩忘』，是内不自私，外應不鑿否？」曰：「是。大抵不可以在内者爲是，而在外者爲非，只得隨理順應。」淳。

先生舉「人情易發而難制者，惟怒爲甚。惟能於怒時遽忘其怒，而觀理之是非」。「舊時謂觀理之是非，才見己是而人非，則其爭愈力。後來看，不如此。如孟子所謂：『我必不仁也。其自反而仁矣，其横逆由是也，則曰：「此亦妄人而已矣！」』」璘。

人情易發而難制。明道云：「人能於怒時遽忘其怒，亦可見外誘之不足惡，而於道亦思過半矣。」此語可見。然有一説，若知其理之曲直，不必校，却好；若見其直而又怒，則愈甚。大抵理只是此理，不在外求。若於外復有一理時，却難，爲只有此理故。可學。

問：「聖人恐無怒容否？」曰：「怎生無怒容？合當怒時，必亦形於色。如要去治那人之罪，自爲笑容，則不可。」曰：「如此，則恐涉忿怒之氣否？」曰：「天之怒，雷霆亦震。舜誅『四凶』，當其時亦須怒。但當怒而怒，便中節；事過便消了，更不積。」淳。

問：「定性書是正心誠意功夫否？」曰：「正心誠意以後事。」寓。

伊川謂：「雖無邪心，苟不合正理，即妄也。」如楊墨何嘗有邪心？只是不合正理。義剛。

先生以伊川答方道輔書示學者，曰：「他只恁平鋪，無緊要説出來。只是要移易他一兩字，也不得；要改動他一句，也不得。」道夫。

問：「蘇季明以治經爲傳道居業之事，居常講習，只是空言無益，質之兩先生。何如？」曰：「季明是横渠門人，祖横渠『修辭』之説，以立言傳後爲修辭，是爲居業。明道與説易上『修辭』不恁地。修辭，只是如『非禮勿言』。若修其言辭，正爲立己之誠意，乃是體當自家『敬以直内，義以方外』之實事，便是理會敬義之實事，便是表裏相應。『敬以直内，義以方外』，便是立誠。道之浩浩，何處下手？惟立誠才有可居之處，有可居之處則可以修業。業，便是逐日底事業，恰似日課一般。『忠信所以進德』，爲實下手處。如是心中實見得理之不妄，『如惡惡臭，如好好色』，常常恁地，則德不期而進矣。誠，便即是忠信；修省言辭，便是要立得這忠信。若口不擇言，只管逢事便説，則忠信亦被汩没動蕩，立不住了。明道便只辨他『修辭』二字，便只理會其大規模。伊川却與辨治經，便理會細密，都無縫罅。」又曰：「伊川也辨他不盡。如講習，不止只是治經。若平日所以講習，父慈子孝兄友弟恭與應事接物，有合講者，或更切於治經，亦不爲無益。此更是一箇大病痛。」賀孫。

「孟子才高，學之無可依據」，爲他元來見識自高。顔子才雖未嘗不高，然其學却細膩切實，所以學者有用力處。孟子終是粗。端蒙。

伊川曰：「學者須是學顔子。」孟子説得粗，不甚子細；只是他才高，自至那地位。若學者學他，或會錯認了他意思。若顔子説話，便可下手做；孟子底，更須解説方得。賀孫。

蔡問：「『孟子無可依據，學者當學顔子。』如養氣處，豈得爲無可依據？」曰：「孟子皆是要用。顔子須就己做工夫，所以學顔子則不錯。」淳。

問：「『且省外事，但明乎善，惟進誠心』，只是教人『鞭辟近裏』。竊謂明善是致知，誠心是誠意否？」曰：「知至即便意誠，善才明，誠心便進。」又問：「『其文章雖不中，不遠矣』，便是應那『省外事』一句否？」曰：「然。外事所可省者即省之，所不可省者亦强省不得。善，只是那每事之至理，文章，是威儀制度。『所守不約，汎濫無功』，説得極切。這般處，只管將來玩味，則道理自然都見。」又曰：「這般次第，是吕與叔自關中來初見二程時説話。蓋横渠多教人禮文制度之事，他學者自管用心，不近裏，故以此説教之。然只可施之與叔諸人。若與龜山言，便不著地頭了。公今看了近思録，看別經書，須將遺書兼看。蓋他一人是一箇病痛，故程先生説得各各自有精采。」道夫。

「且省外事，但明乎善，惟進誠心」，是且理會自家切己處。明善了，又更須看自家進誠心與未。賀孫。

「學者識得仁體，實有諸己，只要義理栽培。」識得與實有，須做兩句看。識得，是知之也；實有，是得之也。若只識得，只是知有此物；却須實有諸己，方是己物也。畬。

問：「明道説『學者識得仁體，實有諸己，只要義理栽培』一段，只緣他源頭是箇不忍之心，生生不窮，故人得以生者，其流動發生之機亦未嘗息。故推其愛，則視夫天地萬物均受此氣，均得此理，則無所不當愛。」曰：「這道理只熟看，久之自見如此，硬椿定説不得。如云從他源頭上便有箇不忍之心，生生不窮，此語有病。他源頭上未有物可不忍在，未説到不忍在。只有箇陰陽五行，有闔闢，有動静；自是用生，不是要生。到得説生物時，又是流行已後。既是此氣流行不息，自是生物，自是愛。假使天地之間净盡無一物，只留得這一箇物事，他也自愛。如云均受此氣，均得此理，所以須用愛，也未説得這裏在。此又是説後來事。此理之愛，如春之温，天生自然如此。如火相似，炙著底自然熱，不是使他熱也。」因舉東見録中明道曰「學者須先識仁。仁者，渾然與物同體，義禮智信皆仁也」云云，「極好，當添入近思録中」。僩。

心只是放寬平便大，不要先有一私意隔礙，便大。心大則自然不急迫。如有禍患之來，亦未須驚恐；或有所獲，亦未有便歡喜在。少間亦未必，禍更轉爲福，福更轉爲禍。荀子言：「君子大心則天而道，小心則畏義而節。」蓋君子心大則是天心，心小則文王之翼翼，皆爲好也；小人心大則放肆，心小則是褊隘私吝，皆不好也。賀孫。

明道以上蔡記誦爲玩物喪志，蓋爲其意不是理會道理，只是誇多鬬靡爲能。若明道看史不差一字，則意思自别。此正爲己爲人之分。賀孫。

問：「『禮樂只在進反之間，便得情性之正。』記曰：『禮主其減，樂主其盈。禮減而進，以進爲文；樂盈而反，以反爲文。』恐減與盈，是禮樂之體本如此；進與反，却是用功處否？」曰：「減，是退讓、撙節、收斂底意思，是禮之體本如此。進者，力行之謂。盈，是和說、舒散、快滿底意思，是樂之體如此。反者，退斂之謂。『禮主其減』，却欲進一步向前著力去做；『樂主其盈』，却須退斂節制，收拾歸裏。如此則禮減而却進，樂盈而却反，所以爲得情性之正也，故曰『減而不進則消，盈而不反則亡』也。」因問：「如此，則禮樂相爲用矣。」曰：「然。」銖。

問：「『禮樂只在進反之間，便得性情之正』，何謂也？」曰：「記得『禮減而進，以進爲文；樂盈而反，以反爲文』。禮，如凡事儉約，如收斂恭敬，便是減；須當著力向前去做，便是進，故以進爲文。樂，如歌詠和樂，便是盈；須當有箇節制，和而不流，便是反，故以反爲文。禮減而却進前去，樂盈而却反退來，便是得情性之正。」淳。

「禮主其減」者，禮主於撙節、退遜、檢束；然以其難行，故須勇猛力進始得，故以進爲文。「樂主其盈」者，樂主於舒暢發越；然一向如此，必至於流蕩，故以反爲文。禮之進，樂之反，便得情性之正。又曰：「主減者當進，須力行將去；主盈者當反，須回顧身心。」

禮樂進反。「禮主於減」，謂主於斂束；然斂束太甚，則將久意消了，做不去，故以進爲文，則欲勉行之。「樂主於盈」，謂和樂洋溢；然太過則流，故以反爲文，則欲回來減些子。故進反之間，便得情性之正。不然，則流矣。端蒙。

問「禮樂進反」之説。曰：「『禮主其減，樂主其盈。禮減而進，以進爲文；樂盈而反，以反爲文。』禮以謙遜退貶爲尚，故主減；然非人之所樂，故須强勉做將去，方得。樂以發揚蹈厲爲尚，故主盈；然樂只管充滿而不反，則文也無收殺，故須反，方得。故云：『禮減而不進則銷，樂盈而不反則放。』故禮有報而樂有反，所以程子謂：『只在進反之間，便得性情之正。』」道夫。

「天分」，即天理也。父安其父之分，子安其子之分，君安其君之分，臣安其臣之分，則安得私！故雖行一不義，殺一不辜，而得天下，有所不爲。賀孫。

「『論學便要明理，論治便須識體。』這『體』字，只事理合當做處。凡事皆有箇體，皆有箇當然處。」問：「是體段之『體』否？」曰：「也是如此。」又問：「如爲朝廷有朝廷之體，爲一國有一國之體，爲州縣有州縣之體否？」曰：「然。是箇大體有格局當做處。如作州縣，便合治告訐，除盜賊，勸農桑，抑末作；如朝廷，便須開言路，通下情，消朋黨；如爲大吏，便須求賢才，去贓吏，除暴斂，均力役，這箇都是定底格局，合當如此做。」或問云云。曰：「不消如此説，只怕人傷了那大體。如大事不曾做得，却以小事爲當急，便害了那大體。如爲天子近臣，合當謇諤正直，又却恬退寡默；及至處鄉里，合當閉門自守，躬廉退之節，又却向前要做事，這箇便都傷了那大體。如今人議論，都是如此。合當舉賢才而不舉，而曰我遠權勢；合當去姦惡而不去，而曰不爲已甚。且如國家遭汴都之禍，國於東南，所謂大體者，正在於復中原，雪讐恥，却曰休兵息民，兼愛南北！正使真箇能如此，猶不是，況爲此說者，其實只是懶計而已！」僩。

「根本須是先培壅」，涵養持敬，便是栽培。賀孫。

問「根本須是先培壅，然後可立趨向」。曰：「此段只如『弟子入孝出弟，行謹言信，愛衆親仁，行有餘力則以學文』之意耳。先只是從實上培壅一箇根脚，却學文做工夫去。」端蒙。

仲思問「敬義夾持直上，達天德自此」。曰：「最是他下得『夾持』兩字好。敬主乎中，義防於外，二者相夾持。要放下霎時也不得，只得直上去，故便達天德。」伯羽。

「敬義夾持直上，達天德自此。」表裏夾持，更無東西走作去處，上面只更有箇天德。「忠信所以進德，修辭立其誠所以居業」者，乾道也；「敬以直內，義以方外」者，坤道也；只是健順。又曰：「非禮勿視聽言動者，乾道；『出門如見大賓，使民如承大祭』者，坤道。」又曰：「公但看進德立誠，是甚模樣强健！」賀孫。

「敬義夾持直上，達天德自此。」直上者，無許多人欲牽惹也。

因説敬恕，先生舉明道語云：「敬義夾持直上，達天德自此。」「而今有一樣人，裏面謹嚴，外面却蘁（直）〔苴〕〔一〕；有人外面恁地寬恕，裏面却都是私意了。內外夾持，如有人在裏面把住，一人在門外把持，不由他不上去。」夔孫。

問：「『正其義不謀其利，明其道不計其功』，道、義如何分別？」曰：「道、義是箇體、用。道是大綱説，義是就一事上説。義是道中之細分別，功是就道中做得功效出來。」寓。

問：「『正其義』者，凡處此一事，但當處置使合宜，而不可有謀利占便宜之心；『明其道』，則處此事便合義，是乃所以爲明其道，而不可有計後日功效之心。『正義不謀利』，在處事之先；『明道不計功』，在處事之後。如此看，可否？」曰：「恁地説，也得。他本是合掌説，看來也須微有先後之序。」僩。子蒙録云：「或問：『正義在先，明道在後。』曰：『未有先後。此只是合掌底意思。』」

「正其義不謀其利，明其道不計其功。」或曰，事成之謂利，所以有義；功成則是道。便不是。「惠迪吉，從逆凶。」然惠迪亦未必皆吉。可學。

楊問：「『膽欲大而心欲小』，如何？」曰：「膽大是『千萬人吾往』處，天下萬物不足以

〔一〕據陳本改。

動其心；『貧賤不能移，威武不能屈』，皆是膽大。心小是畏敬之謂，文王『小心翼翼』，曾子『戰戰兢兢，臨深履薄』是也。」問：「橫渠言『心大則百物皆通，心小則百物皆病』，何如？」曰：「此心小是卑陋狹隘，事物來都没柰何，打不去，只管見礙，皆是病。如要敬則礙和，要仁則礙義，要剛則礙柔。這裏只看得一箇，更著兩箇不得。爲敬，便一向拘拘；爲和，便一向放肆，没理會。仁，便煦煦姑息；義，便粗暴決裂。心大，便能容天下萬物。有這物則有這理，有那物即有那道理。『並行而不相悖，並育而不相害』。」寓。

「膽欲大而心欲小」，「戰戰兢兢，如臨深淵」，方能爲「赳赳武夫，公侯干城」之事。德明。

蜚卿云：「『智欲圓而行欲方，膽欲大而心欲小。』妄意四者缺一不可。」曰：「圓而不方則譎詐，方而不圓則執而不通。志不大則卑陋，心不小則狂妄。江西諸人便是志大而心不小者也。」道夫。

或問：「『智欲圓而行欲方。』智欲圓轉；若行不方正而合於義，則相將流於權謀譎詐之中，所謂『智欲圓而行欲方』也。」曰：「也是如此。」又曰：「智是對仁義禮智信而言。須是知得是非，方謂之智；不然，便是不智。」子蒙。

問：「學不言而自得者，乃自得也。」曰：「道理本自廣大，只是潛心積慮，緩緩養將去，自然透熟。若急迫求之，則是起意去趕趁他，只是私意而已，安足以入道！」僩。

問：「『視聽、思慮、動作，皆天也，人但於中要識得真與妄耳。』真、妄是於那發處别識得天理人欲之分。如何？」曰：「皆天也，言視聽、思慮、動作皆是天理。其順發出來，無非當然之理，即所謂真；其妄者，却是反乎天理者也。雖是妄，亦無非天理，只是發得不當地頭。譬如一草木合在山上，此是本分，今却移在水中。其爲草木固無以異，只是那地頭不是，恰如『善固性也，惡亦不可不謂之性』之意。」端蒙。

問：「視聽、思慮、動作，皆天之所爲。及發而不中節，則是妄。故學者須要識别之。」曰：「妄是私意，不是不中節。」道夫曰：「這正是顔子之所謂『非禮』者。」曰：「非禮處便是私意。」道夫。

役智力於農圃，内不足以成己，外不足以治人，是濟甚事！賀孫。

「進德則自忠恕」，是從這裏做出來；「其致則公平」，言其極則公平也。端蒙。

問：「公只是仁底道理，仁却是箇流動發生底道理。故『公而以人體之』，方謂之仁否？」曰：「此便是難説。『公而以人體之』，此一句本微有病。然若真箇曉得，方知這一句説得好，所以程先生又曰：『公近仁。』蓋這箇仁便在這『人』字上。你元自有這仁，合下便帶得來。只爲不公，所以蔽塞了不出來；若能公，仁便流行。譬如溝中水，被沙土罨靸壅塞了，故水不流；若能擔去沙土罨靸，水便流矣。又非是去外面別擔水來放溝中，是溝中元有此水，只是被物事壅遏了。去其壅塞，水便流行。如『克己復禮爲仁』。所謂『克己復禮』者，去其私而已矣。能去其私，則天理便自流行。不是克己了又別討箇天理來放在裏面也，故曰：『公近仁。』」又問：「『公所以能恕，所以能愛；恕則仁之施，愛則仁之用。』愛是仁之發處，恕是推其愛之之心以及物否？」曰：「如公所言，亦非不是。只是自是湊合不著，都無滋味。若道理只是如此看，又更做甚麽？所以只見不長進，正緣看那物事没滋味。」又問：「莫是帶那上文『公』字説否？」曰：「然。恕與愛本皆出於仁，然非公則安能恕？安能愛？」又問：「愛只是合下發處便愛，未有以及物在，恕則方能推己以及物否？」曰：「仁之發處自是愛，恕是推那愛底，愛是恕之所推者。若不是恕去推，那愛也不能及物，也不能親親仁民愛物，只是自愛而已。若裏面元無那愛，又只推箇甚麽？如開溝相似，是裏面元有這水，所以開著便有水來。若裏面元無此水，如何會開著便有水？若不是去開溝，縱有此水，也如何得他流出來？愛，水也；開之者，恕也。」又問：「若不是推其愛以及物，縱有此愛，也無可得及物否？」曰：「不是無可得及物，若不能推，則不能及物。此等處容易曉，如何恁地難看！」僩。

問：「『仁之道，只消道一「公」字。公是仁之理，公而以人體之，故曰仁。』竊謂仁是本有之理，公是克己功夫到處。公，所以能仁。所謂『公而以人體之』者，若曰己私既盡，只就人身上看，便是仁。體，猶骨也，如『體物不可遺』之『體』，『貞者事之幹』之類，非『體認』之『體』也。」曰：「公是仁之方法，人是仁之材料。有此人，方有此仁。蓋有形氣，便具此生理。若無私意間隔，則人身上全體皆是仁。如無此形質，則生意都不湊泊他。所謂『體』者，便作『體認』之『體』，亦不妨。體認者，是將此身去裏面體察，如中庸『體羣臣』之『體』也。」銖。

問：「向日問『公而以人體之則爲仁』，先生曰：『體，作「體認」之「體」亦不妨。』銖思之，未達。竊謂有此人則具此仁。然人所以不仁者，以其私也。能無私心則此理流行，即此人而此仁在矣。非是公後，又要去體認尋討也。」先生顧楊至之謂曰：「『仁』字，叔重説得是了，但認『體』字未是。體者，乃是以人而體公。蓋人撐起這公作骨子，則無私心而仁矣。蓋公只是一箇公理，仁是人心本仁。人而不公，則害夫仁。故必體此公在人身上以爲之體，則無所害其仁，而仁流行矣。作如此看，方是。」銖。

問：「『公而以人體之』，如何？」曰：「仁者心之德，在我本有此理。公却是克己之極功，惟公然後能仁。所謂『公而以人體之』者，蓋曰克盡己私之後，就自家身上看，便見得仁也。」謨。

「公而以人體之故爲仁。」蓋公猶無塵也，人猶鏡也，仁則猶鏡之光明也。鏡無纖塵則光明，人能無一毫之私欲則仁。然鏡之明，非自外求也，只是鏡元來自有這光明，今不爲塵所昏爾。人之仁，亦非自外得也，只是人心元來自有這仁，今不爲私欲所蔽爾。故人無私欲，則心之體用廣大流行，而無時不仁，所以能愛能恕。仁之名不從公來，乃是從人來，故曰「公而以人體之則爲仁」。端蒙。

「仁之道，只消道一『公』字」，非以公爲仁，須是「公而以人體之」。伊川自曰「不可以公爲仁」。世有以公爲心而慘刻不恤者，須公而有惻隱之心，此功夫却在「人」字上。蓋人體之以公方是仁，若以私欲，則不仁矣。銖。

「公而以人體之爲仁。」仁是人心所固有之理，公則仁，私則不仁。未可便以公爲仁，須是體之以人方是仁。公、恕、愛，皆所以言仁者也。公在仁之前，恕與愛在仁之後。公則能仁，仁則能愛能恕故也。謨。

李問：「仁，欲以公、愛、恕三者合而觀之，如何？」曰：「公在仁之先，愛、恕在仁之後。」又問「公而以人體之」一句。曰：「緊要在『人』字上。仁只是箇人。」淳。

公所以爲仁。故伊川云：「非是以公便爲仁，公而以人體之。」仁譬如水泉，私譬如沙石能壅却泉，公乃所以決去沙石者也。沙石去而水泉出，私去而仁復也。德明。

謂仁只是公，固若未盡；謂公近仁耳，又似太疏。伊川曰：「只是一箇『公』字。」學者問仁，則常教他將「公」字思量。此是先生晚年語，平淡中有意味。顯道記憶語及入關語録亦有數段，更宜參之。鎬。

或問：「『恕則仁之施，愛則仁之用』，施與用如何分別？」曰：「恕之所施，施其愛爾，不恕，則雖有愛而不能及人也。」銖。

問：「『恕則仁之施，愛則仁之用』，施與用何以别？」曰：「施是從這裏流出，用是就事說。『推己爲恕。』恕是從己流出去及那物，愛是才調恁地。愛如水，恕如水之流。」又問：「先生謂『愛如水，恕如水之流』，淳退而思，有所未合。竊謂仁如水，愛如水之潤，恕如水之流，不審如何？」曰：「説得好。昨日就過了。」淳。

問：「『恕則仁之施，愛則仁之用。』施與用如何分？」曰：「恕是分俵那愛底。如一桶水，愛是水，恕是分俵此水何處一杓，故謂之施。愛是仁之用，恕所以施愛者。」銖。

「恕則仁之施，愛則仁之用。」「施」「用」兩字，移動全不得。這般處，惟有孔孟能如此。下自荀揚諸人便不能，便可移易。昔有言「盡己之謂忠，盡物之謂恕」。伊川言：「盡物只可言信，推己之謂恕。」蓋恕是推己，只可言施。如此等處，極當細看。道夫。

或問：「『力行』如何是『淺近語』？」曰：「不明道理，只是硬行。」又問：「何以爲『淺近』？」曰：「他只是見聖賢所爲，心下愛，硬依他行。這是私意，不是當行。若見得道理時，皆是當恁地行。」又問：「『這一點意氣能得幾時了！』是如何？」曰：「久時，將次只是恁地休了。」節。

「涵養須用敬，進學則在致知。」無事時，且存養在這裏，提撕警覺，不要放肆。（則）〔到〕[一]講習應接時，便當思量義理。淳。

楊子順問：「『涵養須用敬。』涵養甚難，心中一起一滅，如何得主一？」曰：「人心如何教他不思？如『周公思兼三王，以施四事』，豈是無思？但不出於私則可。」曰：「某多被思慮紛擾，思這一事，又牽走那事去。雖知得，亦自難止。」曰：「既知得不是，便當絶斷了。」淳。

涵養此心須用敬。譬之養赤子，方血氣未壯實之時，且須時其起居飲食，養之於屋室之中而謹顧守之，則有向成之期。才方乳保，却每日暴露於風日之中，僵然不顧，豈不致疾而害其生耶！大雅。

問：「伊川謂：『敬是涵養一事。』敬不足以盡涵養否？」曰：「五色養其目，聲音養其

[一] 據陳本改。

耳，義理養其心，皆是養也。」賀孫。

用之問：「學者思先立標準，如何？」曰：「如『必有事焉而勿正』之謂。而今雖道是要學聖人，亦且從下頭做將去。若日日恁地比較，也不得。雖則是曰：『舜何人也？予何人也？』若只管將來比較，不去做工夫，又何益！」賀孫。

問：「學者做工夫，須以聖人爲標準，如何却說得不立標準？」曰：「學者固當以聖人爲師，然亦何須得先立標準？才立標準，心裏便計較思量幾時得到聖人？處聖人田地又如何？便有箇先獲底心。『顏淵曰：「舜何人也？予何人也？有爲者亦若是。」』也只是如此平說，教人須以聖賢自期。又何須先立標準？只恁下著頭做，少間自有所至。」僩。

「尹和靖從伊川半年後，方見得西銘、大學」，不知那半年是在做甚麼？想見只是且教他聽說話。曾光祖云：「也是初入其門，未知次第，驟將與他看未得。」先生曰：「豈不是如此？」又曰：「西銘本不曾說『理一分殊』，因人疑後，方說此一句。」義剛。

問：「『尹彥明見程子後，半年方得大學、西銘看』，此意如何？」曰：「也是教他自就切己處思量，自看平時箇是不是，未欲便把那書與之讀。」曰：「如此，則末後以此二書併授之，還是以尹子已得此意？還是以二書互相發故？」曰：「他好把西銘與學者看。他也是要教他知，天地間有箇道理恁地開闊。」道夫。

「昨夜説『尹彥明見伊川後，半年方得大學、西銘看』。此意思也好，也有病。蓋且養他氣質，淘潠去了那許多不好底意思，如學記所謂『未卜禘，不視學，游其志也』之意。此意思固好，然也有病者，蓋天下有多少書，若半年間都不教他看一字，幾時讀得天下許多書！所以尹彥明終竟後來工夫少了。易曰：『盛德大業，至矣哉！』『富有之謂大業。』須是如此，方得。天下事無所不當理會者，纔工夫不到，業無由得大；少間措諸事業，便有欠缺，此便是病。」或曰：「想得當時大學亦未成倫緒，難看在。」曰：「然。尹彥明看得好，想見煞著日月看。臨了連格物也看錯了，所以深不信伊川『今日格一件，明日格一件』之説，是看箇甚麽？」或曰：「和靖才力極短，當初做經筵不見得；若便當難劇，想見做不去。」曰：「只他做經筵，也不柰何，説得話都不痛快，所以難。能解經而通世務者，無如胡文定。然教他做經筵，又都不肯。一向辭去，要做春秋解，不知是甚意思。蓋他有退而著書立言以垂後世底意思，無那措諸事業底心。縱使你做得了將上去，知得人君是看不看？若朝夕在左右説，豈不大有益？是合下不合有這『著書垂世』底意思故也。人説話也難。有説得響感動得人者，如明道會説，所以上蔡説，才到明道處，聽得他説話，意思便不同。蓋他説得響，自是感發人。伊川便不似他。伊川説話方，終是難感動人。」或曰：

「如與東坡們説話，固是他們不是，然終是伊川説話有不相乳入處。」曰：「便是説話難。只是這一樣説話，只經一人口説，便自不同。有説得感動人者，有説得不愛聽者。近世所見會説話，説得響，令人感動者，無如陸子静。可惜如伯恭都不會説話，更不可曉，只通寒暄也聽不得。自是他聲音難曉，子約尤甚。」僩。

問：「謝氏説『何思何慮』處，程子道『恰好著工夫』，此是著何工夫？」曰：「人所患者，不能見得大體。謝氏合下便見得大體處，只是下學之功夫却欠。程子道『恰好著工夫』，便是教他著下學底工夫。」淳。

朱子語類卷第九十六

程子之書二

遺書云「不信其師」，乃知當時有不信者。方。第三卷。

「學原於思。」思所以起發其聰明。端蒙。

「六經浩渺，乍難盡曉。且見得路逕後，各自立得一箇門庭。」問：「如何是門庭？」曰：「是讀書之法。如讀此一書，須知此書當如何讀。伊川教人看易，以王輔嗣、胡翼之、王介甫三人易解看，此便是讀書之門庭。緣當時諸經都未有成説，學者乍難捉摸，故教人如此。」或問：「如詩是吟詠性情，讀詩者便當以此求之否？」曰：「然。」僩。

「學者全體此心。學雖未盡，若事物之來，不可不應。」此亦只是言其大概，且存得此心在這裏。「若事物之來，不可不應，且隨自家力量應之，雖不中不遠矣。」更須下工夫，方到得細密的當，至於至善處，此亦且是爲初學言。如龜山却是恁地，初間只管道是且隨力量恁地，更不理會細密處，下梢都衰塌了。賀孫。

「學者全體此心」，只是全得此心，不爲私欲汩没，非是更有一心能體此心也。此等當以意會。端蒙。

「只是心生」，言只是敬心不熟也。「恭者，私爲之恭」，言恭只是人爲；「禮者，非體之禮」，言只是禮，無可捉摸。故人爲之恭，必循自然底道理，則自在也。端蒙。

明道曰：「雖則心『操之則存，舍之則亡』，然而持之太甚，便是必有事焉而正之也。亦須且恁去。」其説蓋曰，雖是「必有事焉而勿正」，亦須且恁地把捉操持，不可便放下了。「敬而勿失」，即所以中也。「敬而無失」，本不是中，只是「敬而無失」，便見得中底氣象。此如公不是仁，然公而無私則仁。又曰：「中是本來底，須是做工夫，此理方著。司馬子微坐亡論，是所謂坐馳也。」他只是要得恁地虛静，都無事。但只管要得忘，便不忘，是馳也。明道説：「張天祺不思量事後，須强把他這心來制縛，亦須寄寓在一箇形象，皆非自然。」君實又只管念箇『中』字，此又爲『中』所制縛。且『中』字亦何形象？」他是不思量事，又思量箇不思量底，寄寓一箇形象在這裏。如釋氏教人，便有些是這箇道理。如曰「如何是佛」云云，胡亂掉一語，教人只管去思量。又不是道理，又别無可思量，心只管在這上行思坐想，久後忽然有悟。「中」字亦有何形象？又去那處討得箇「中」？心本來是錯亂了，又添這一箇物事在裏面，這頭討「中」又不得，那頭又討不得，如何會討得？天祺雖是硬捉，又且把定得一箇物事在這裏。温公只管念箇「中」字，又更生出頭緒多，他所以説終夜睡不得。又曰：「天祺是硬截，温公是死守，旋旋去尋討箇『中』。伊川即曰『持其志』，所以教人且就裏面理會。譬如人有箇家，不自作主，却倩別人來作主！」賀孫。

伯豐説：「『敬而無失』，則不偏不倚，斯能中矣。」曰：「説得慢了。只『敬而無失』，便不偏不倚，只此便是中。」㽦。

「敬而無失。」問：「莫是心純於敬，在思慮則無一毫之不敬，在事爲則無一事之不敬？」曰：「只是常敬。敬即所以中。」端蒙。

問：「『聖人不記事，所以常記得；今人忘事，以其記事』，何也？」曰：「聖人之心虚明，便能如此。常人記事忘事，只是著意之故。」淳。

李德之問：「明道因修橋尋長梁，後每見林木之佳者，必起計度之心，因語學者：『心不可有一事。』某竊謂，凡事須思而後通，安可謂『心不可有一事』？」曰：「事如何不思？但事過則不留於心可也。明道肚裏有一條梁，不知今人有幾條梁柱在肚裏。佛家有『流注想』。水本流將去，有些滲漏處便留滯。」蓋卿。

「心要在腔殻子裏。」心要有主宰。繼自今，便截胸中膠擾，敬以窮理。德明。

問：「『心要在腔子裏。』若慮事應物時，心當如何？」曰：「思慮應接，亦不可廢。但身在此，則心合在此。」曰：「然則方其應接時，則心在事上；事去，則此心亦不管著。」曰：「固是要如此。」德明。

或問「心要在腔子裏」。曰：「人一箇心，終日放在那裏去，得幾時在這裏？孟子所以只管教人『求放心』。今人終日放去，一箇身恰似箇無梢工底船，流東流西，船上人皆不知。某嘗謂，人未讀書，且先收斂得身心在這裏，然後可以讀書求得義理。而今硬捉在這裏讀書，心飛揚那裏去，如何得會長進！」賀孫。

或問：「『心要在腔子裏』，如何得在腔子裏？」曰：「敬，便在腔子裏。」又問：「如何得會敬？」曰：「只管恁地滚做甚麼？才説到敬，便是更無可説。」賀孫。

問：「『人心要活，則周流無窮而不滯於一隅。』如何是活？」曰：「心無私，便可推行。活者，不死之謂。」可學。

李丈問：「『「天地設位，而易行乎其中」，只是敬』，如何？」曰：「易是自然造化。聖人本意只説自然造化流行，程子是將來就人身上説。敬則這道理流行，僩録云：「敬便易行也。」不敬便間斷了。前輩引經文，多是借來説己意。如『必有事焉，而勿正，必勿忘，勿助長』，孟子意是説做工夫處，程子却引來『鳶飛魚躍』處，説自然道理。若知得『鳶飛魚躍』，便了此一語。又如『必有事焉』，程子謂有事於敬，此處那有敬意？亦是借來做自己説。孟子所謂有事，只是集義；勿正，是勿望氣之生。義集，則氣自然生。我只集義，不要等待氣之生。若等待，便辛苦，便去助氣使他長了。氣不至於浩然，便作起令張旺，謂己剛毅，無所屈撓，便要發揮去做事，便是助長。」淳。

問：「『「天地設位，而易行乎其中」，只是敬，敬則無間斷。』不知易何以言敬？」曰：「伊川們説得闊，使人難曉。」曰：「下面云：『誠，敬而已矣。』恐是説天地間一箇實理如此。」曰：「就天地之間言之，是實理；就人身上言之，惟敬，然後見得心之實處流行不息。敬才間斷，便不誠；不誠便無物，是息也。」德明。

問：「『「天地設位，而易行乎其中」，只是敬也，敬則無間斷。』天地人只是一箇道理。天地設位，而變易之理不窮，所以天地生生不息。人亦全得此理，只是氣稟物欲所昏，故須持敬治之，則本然之理，自無間斷。」曰：「也是如此。天地也似有箇主宰，方始恁地變易，便是天地底敬。天理只是直上去，更無四邊滲漏，更無走作。」賀孫。

問：「程子曰：『「敬以直內，義以方外」，仁也。』如何以此便謂之仁？」曰：「亦是仁也。若能到私欲浄盡，天理流行處，皆可謂之仁。如『博學篤志，切問近思』，能如是，則仁亦在其中。寓録作：「便可爲仁。」如『克己復禮』亦是仁；『出門如見大賓，使民如承大祭』，亦是仁；『居處恭，執事敬，與人忠』，亦是仁。看從那路入。但從一路入，做到極處皆是仁。」

淳。寓同。

問：「『不有躬，無攸利。』不立己後，雖向好事，猶爲化物。不得以天下萬物撓己。己立後，自能了當得天下萬物。」曰：「下面是伊川解易上句；後二句又是覆解此意，在乎以立己爲先，應事爲後。今人平日講究所以治國、平天下之道，而自家身己全未曾理會得。若能理會自家身己，雖與外事若茫然不相接，然明德在這裏了，新民只見成推將去。」賀孫。

問：「『不立己後，雖向好事，猶爲化物』，何也？」曰：「己不立，則在我無主宰矣。雖向好事，亦只是見那事物好，隨那事物去，便是爲物所化。」淳。

問「主一」。曰：「做這一事，且做一事；做了這一事，却做那一事。今人做這一事未了，又要做那一事，心下千頭萬緒。」節。

蜚卿問：「『主一』，如何用工？」曰：「不當恁地問。主一只是主一，不必更於主一上問道理。如人喫飯，喫了便飽，却問人：『如何是喫飯？』先賢說得甚分明，也只得恁地說，在人自體認取。主一只是專一。」驤。

厚之問：「或人專守主一。」曰：「主一亦是。然程子論主一，却不然，又要有用，豈是守塊然之主一？呂與叔問主一，程子云：『只是專一。』今欲主一，而於事乃處置不下，則與程子所言自不同。」可學。

或謂：「主一，不是主一事。如一日萬幾，須要並應。」曰：「一日萬幾，也無並應底道理，須還他逐一件理會，但只是聰明底人却見得快。」端蒙。

主一兼動静而言。

問「閑邪則固一矣，主一則更不消言閑邪」。曰：「只是覺見邪在這裏，要去閑他，則這心便一了。所以説道閑邪，則固一矣；既一，則邪便自不能入，更不消説又去閑邪。恰如知得外面有賊，今夜用須防他，則便惺了；既惺了，不須更説防賊。」賀孫。

或問：「『閑邪』、『主一』，如何？」曰：「主一似『持其志』，閑邪似『無暴其氣』。閑邪只是要邪氣不得入，主一則守之於内。二者不可有偏，此内外交相養之道也。」去僞。

用之問：「有言：『未感時，知何所寓？』曰：『操則存，舍則亡，出入無時，莫知其鄉。』更怎生尋所寓？只是有操而已。」曰：「這處難説，只争一毫子。只是看來看去，待自見得。若未感時，又更操這所寓，便是有兩箇物事，所以道『只有操而已』。只操，便是主宰在這裏。如『克己復禮』，不是『克己復禮』三四箇字排在這裏。『克復』二字，只是拖帶下面二字，要挑撥出天理人欲。非禮勿視聽言動，不是非禮是一箇物事，禮又是一箇物事，勿又是一箇物事。只是勿，便是箇主宰。若恁地持守勿令走作，也由他；若不收斂，一向放倒去，也由他。釋氏這處便説得驚天動地；聖人只渾淪説在這裏，教人自去看。」賀孫。

問：「程子謂『有主則虛』，又謂『有主則實』。」曰：「有主於中，外邪不能入，便是虛；有主於中，理義甚實，便是實。」淳。

外患不能入，是「有主則實」也；外邪不能入，是『有主則虛』也。自家心裏，只有這箇爲主，别無物事，外邪從何處入？豈不謂之虛乎？然他説「有主則虛」者，「實」字便已在「有主」上了。又曰：「『有主則實』者，自家心裏有主，外患所不能入，此非實而何？『無主則實』者，自家心裏既無以爲之主，則外邪却入來實其中，此又安得不謂之實乎！」道夫。

「中有主則實，實則外患不能入」，此重在「主」字上；「有主則虛，虛則邪不能入」，重在「敬」字上。言敬則自虛静，故邪不得而奸之也。端蒙。

問：「『有主則實』，又曰『有主則虛』，如何分别？」曰：「只是有主於中，外邪不能入。自其有主於中言之，則謂之『實』；自其外邪不入言之，則謂之『虛』。」又曰：「若無主於中，則目之欲，也從這裏入；耳之欲，也從這裏入；鼻之欲，也從這裏入。大凡有所欲，皆入這裏，便滿了，如何得虛？」淳録云：「『皆入這裏來，這裏面便滿了。』以手指心曰：『如何得虛？』」因舉林擇之作主一銘云：「『有主則虛』，神守其都；『無主則實』，鬼闞其室！」又曰：「『有主則實』，既言『有主』，便已是實了，却似多了一『實』字。看來這箇『實』字，謂中有主則外物不能入矣。」又曰：「程子既言『有主則實』，又言『有主則虛』，此不可泥看。須看大意各有不同，始得。凡讀書，則看他上下意是如何，不可泥著一字。如揚子言『於仁也柔，於義也剛』；到易中言，剛却是仁，柔却是義。又論語『學不厭，知也；教不倦，仁也』；到中庸又謂『成己，仁也；成物，知也』。各隨本文意看，自不相礙。」寓。

「主一之謂敬，無適之謂一。」敬主於一，做這件事更不做別事。無適，是不走作。泳。

問：「何謂『主一』？」曰：「無適之謂一。一，只是不走作。」又問：「思其所當思，如何？」曰：「却不妨，但不可胡思，且只得思一件事。如思此一事，又別思一件事，便不可。」銖。

「無適之謂一。」無適，是箇不走作。且如在這裏坐，只在這裏坐，莫思量出門前去；在門前立，莫思量別處去。聖人說：「不有博弈者乎？爲之猶賢乎己。」博弈豈是好事？與其營營膠擾，不若但將此心殺在博弈上。驤。

問「主一無適」。「只是莫走作。且如讀書時只讀書，著衣時只著衣。理會一事時，只理會一事，了此一件，又作一件，此『主一無適』之義。」蜚卿曰：「某作事時，多不能主一。」曰：「只是心不定。人亦須是定其心。」曰：「非不欲主一，然竟不能。」曰：「這箇須是習。程子也教人習。」曰：「莫是氣質薄否？」曰：「然。亦須涵養本原，則自然別。」道夫。

「伊川云：『主一之謂敬，無適之謂一。』又曰：『人心常要活，則周流無窮而不滯於一隅。』或者疑主一則滯，滯則不能周流無窮矣。道夫竊謂，主一則此心便存，心存則物來順應，何有乎滯？」曰：「固是。然所謂主一者，何嘗滯於一事？不主一，則方理會此事，而心留於彼，這却是滯於一隅。」又問：「以大綱言之，有一人焉，方應此事未畢，而復有一事至，則當何如？」曰：「也須是做一件了，又理會一件，亦無雜然而應之理。但甚不得已，則權其輕重可也。」道夫。

問：「伊川答蘇季明云：『求中於喜怒哀樂，却是已發。』某觀延平亦謂『驗喜怒哀樂未發之前爲如何』，此說又似與季明同。」曰：「但欲見其如此耳。然亦有病，若不得其道，則流於空。故程子云：『今只道敬。』」又問：「既發、未發，不合分作兩處，故不許。如中庸說，固無害。」曰：「然。」可學。

問：「舊看程先生所答蘇季明喜怒哀樂未發、耳無聞、目無見之説，亦不甚曉。昨見先生答呂子約書，以爲目之有見，耳之有聞，心之有知未發，與目之有視，耳之有聽，心之有思已發不同，方曉然無疑。不知足之履，手之持，亦可分未發已發否？」曰：「便是書不如此讀。聖人只教你去喜怒哀樂上討未發已發，却何嘗教你去手持足履上分未發已發？都不干事。且如眼見一箇物事，心裏愛，便是已發，便屬喜；見箇物事惡之，便屬怒。若見箇物事心裏不喜不怒，有何干涉？」或作：「一似閑，如何謂之已發？」僩。

問：「蘇季明問，靜坐時乃說未發之前，伊川以祭祀『前旒』、『黈纊』答之。據祭祀時，恭敬之心，向於神明，此是已略發，還只是未發？」曰：「只是如此恭敬，未有喜怒哀樂，亦未有思，喚做已發，不得。然前旒黈纊，非謂全不見聞。若全不見聞，則薦奠有時而不知，拜伏有時而不能起也。」淳。義剛同。

用之問「蘇季明問喜怒哀樂未發之前求中」一條。曰：「此條記得極好，只中間說『謂之無物則不可，然靜中須有箇覺處』，此二句似反說。『無物』字，恐當作『有物』字。涵養於喜怒哀樂未發之前，只是『戒慎乎其所不睹，恐懼乎其所不聞』，全未有一箇動綻。大綱且約住執持在這裏，到慎獨處，便是發了。『莫見乎隱，莫顯乎微』，雖未大投發出，便已有一毫一分見了，便就這處分別從善去惡。『雖耳無聞，目無見，然見聞之理在始得。』雖是耳無聞，目無見，然須是常有箇主宰執持底在這裏，始得。不是一向放倒，又不是一向空寂了。」問：「非禮勿視聽言動，是此意否？」曰：「此亦是有意了，便是已發。只是『敬而無失』，所以爲中。大綱且執持在這裏。下面說復卦，便是說靜中有動，不是如瞌睡底靜，中間常自有箇主宰執持。後又說艮卦，又是說動中要靜。復卦便是一箇大翻轉底艮卦，艮卦便是兩箇翻轉底復卦。復是五陰下一陽，艮是二陰上一陽。陽是動底物事，陰是靜底物事。凡陽在下，便是震動意思；在中，便是陷在二陰之中，如人陷在窟裏相似；在上，則没去處了，只得止，故曰『艮其止』。陰是柔媚底物事，在下則巽順陰柔，不能自立，須附於陽；在中，則是附麗之象；在上則説，蓋柔媚之物，在上則歡悦。」賀孫。

問：「未發之前，當戒慎恐懼，提撕警覺，則亦是知覺。而伊川謂『既有知覺，却是動』，何也？」曰：「未發之前，須常恁地醒，不是瞑然不省。若瞑然不省，則道理何在？成甚麽『大本』？」曰：「常醒，便是知覺否？」曰：「固是知覺。」曰：「知覺便是動否？」曰：「固是動。」曰：「何以謂之未發？」曰：「未發之前，不是瞑然不省，怎生説做静得？然知覺雖是動，不害其爲未動。若喜怒哀樂，則又别也。」曰：「恐此處知覺雖是動，而喜怒哀樂却未發否？」先生首肯曰：「是。」下面説『復見天地之心』，説得好。復一陽生，豈不是動？」曰：「一陽雖動，然未發生萬物，便是喜怒哀樂未發否？」曰：「是。」淳。

問：「前日論『既有知覺，却是動也』，某彼時一□□言句了。及退而思，大抵心本是箇活物，無間於已發未發，常恁地活。伊川所謂『動』字，只似『活』字。其曰『怎生言静』，而以復説證之，只是明静中不是寂然不省故爾。不審是否？」曰：「説得已是了。但『寂』字未是。寂，含活意，感則便動，不只是昏然不省也。」淳。

正淳問静中有知覺。曰：「此是坤中不能無陽，到動處却是復。只將十二卦排，便見。」方子。

問：「蘇季明問喜怒哀樂未發之前，下『動』字？下『靜』字？伊川曰：『謂之靜則可，靜中須有物始得。』所謂『靜中有物』者，莫是喜怒哀樂雖未形，而含喜怒哀樂之理否？」曰：「喜怒哀樂乃是感物而有，猶鏡中之影。鏡未照物，安得有影？」曰：「然則『靜中有物』，乃鏡中之光明？」曰：「此却説得近似。但只是此類。所謂『靜中有物』者，只是知覺便是。」曰：「伊川却云：『纔説知覺，便是動。』」曰：「此恐伊川説得太過。若云知箇甚底，覺箇甚底，如知得寒，覺得煖，便是知覺一箇物事。今未曾知覺甚事，但有知覺在，何妨其爲靜？不成靜坐便只是瞌睡！」文蔚。

問：「程子云：『須是靜中有物，始得。』此莫是先生所謂『知覺不昧』之意否？」曰：「此只是言靜時那道理自在，却不是塊然如死底物也。」端蒙。

「『靜中有物』如何？」曰：「有聞見之理在，即是『靜中有物』。」問：「敬莫是靜否？」曰：「敬則自然靜，不可將靜來喚做敬。」去僞。

問：「伊川言：『靜中須有物，始得。』此物云何？」曰：「只太極也。」洽。

「蘇季明嘗患思慮不定，或思一事未了，他事如麻又生。伊川曰：『不可。此不誠之本也。須是事事能專一時，便好。不拘思慮與應事，皆要專一。』而今學問，只是要一箇專一。若參禪修養，亦皆是專一，方有功。修養家無底事，他硬想成有；釋氏有底，硬想成無，只是專一。然他底却難；自家道理本來却是有，只要人去理會得，却甚順，却甚易。」

或問：「專一可以至誠敬否？」曰：「誠與敬不同：誠是實理，是人前輩後都恁地，做一件事直是做到十分，便是誠。若只做得兩三分，說道今且謾恁地做，恁地也得，不恁地也得，便是不誠。敬是戒慎恐懼意。」又問：「恭與敬，如何？」曰：「恭是主容貌而言，「貌曰恭」。「手容恭」。敬是主事而言。」「執事敬」。「事思敬」。問：「敬如何是主事而言？」曰：「而今做一件事，須是專心在上面，方得。不道是不好事。而今若讀論語，心又在孟子上，如何理會得？若做這一件事，心又在那事，永做不得。」又曰：「敬是畏底意思。」又曰：「敬是就心上說，恭是對人而言。」又曰：「若有事時，則此心便即專在這一事上；無事，則此心湛然。」又曰：「恭是謹，敬是畏，莊是嚴。『嚴威儼恪，非所以事親』，是莊於這處使不得。若以臨下，則須是莊。『臨之以莊，則敬。』『不莊以涖之，則民不敬。』」賀孫。

問：「『以心使心』，此句有病否？」曰：「無病。其意只要此心有所主宰。」燾。

問：「『以心使心』，如何？」曰：「平使之。今人都由心，則是妄使矣。」恐有誤字。可學。

「大率把捉不定，皆是不仁。」問曰：「心之本體，湛然虛明，無一毫私欲之累，則心德未嘗不存矣。把捉不定，則爲私欲所亂，是心外馳，而其德亡矣。」曰：「如公所言，則是把捉不定，故謂之不仁。今此但曰『皆是不仁』，乃是言惟其不仁，所以致把捉不定也。」端蒙。

「心定者，其言重以舒」兩句。言發於心，心定則言必審，故的確而舒遲；不定則内必紛擾，有不待思而發，故淺易而急迫。此亦志動氣之驗也。直卿。端蒙。

明道在扶溝時，謝、游諸公皆在彼問學。明道一日曰：「諸公在此，只是學某説話，何不去力行？」二公云：「某等無可行者。」明道曰：「無可行時，且去静坐。」蓋静坐時，便涵養得本原稍定，雖是不免逐物，及自覺而收斂歸來，也有箇著落。譬如人出外去，才歸家時，便自有箇著身處。若是不曾存養得箇本原，茫茫然逐物在外，便要收斂歸來，也無箇著身處也。廣。

「伊川見人静坐，如何便歎其善學？」曰：「這却是一箇總要處。」

安卿問：「伊川言：『目畏尖物，此理須克去。室中率置尖物，必不刺人。』此是如何？」曰：「疑病每如此。尖物元不曾刺人，他眼病只管見尖物來刺人耳。伊川又一處説此稍詳。有人眼病，嘗見獅子。伊川教他見獅子則捉來。其人一面去捉，捉來捉去，捉不著，遂不見獅子了。」寓。第五卷。

問：「前輩説治懼，室中率置尖物。」曰：「那箇本不能害人，心下要恁地懼，且習教不如此妄怕。」問：「習在危堦上行底，亦此意否？」曰：「那箇却分明是危，只教習教不怕著。」問：「習得不怕，少間到危疑之際，心亦不動否？」曰：「是如此。」胡泳。

或問：「程子有言：『「舍己從人」，最爲難事。己者，我之所有，雖痛舍之，猶懼守己者固，而從人者輕也。』此説發明得好。」曰：「此程子爲學者言之。若聖人分上，則不如此也。『無適也，無莫也，義之與比。』曰『痛舍』，則大段費力矣。」廣。

問：「『飢食渴飲，冬裘夏葛』，何以謂之『天職』？」曰：「這是天教我如此。飢便食，渴便飲，只得順他。窮口腹之欲，便不是。蓋天只教我飢則食，渴則飲，何曾教我窮口腹之欲？」淳。

問：「取甥女歸嫁一段，與前孤孀不可再嫁相反，何也？」曰：「大綱恁地，但人亦有不能盡者。」淳。第六卷。

問：「程子曰『義安處便爲利』，只是當然而然，便安否？」曰：「是。也只萬物各得其分，便是利。君得其爲君，臣得其爲臣，父得其爲父，子得其爲子，何利如之！此『利』字，即易所謂『利者義之和』，利便是義之和處。然那句解得不似此語却親切，正好去解那句。義初似不和而却和。截然不可犯，似不和；分別後，萬物各得其所，便是和。不和生於不義，義則和而無不利矣。」淳。寓録云：「義則無不和，和則無不利矣。」第七卷。

程子曰：「爲政須要有綱紀文章，謹權審量，讀法平價，皆不可闕。」所謂文章者，便是文飾那謹權審量、讀法平價之類耳。僩。第八卷。

問：「『必有關雎、麟趾之意，然後可以行周官之法度』，只是要得誠意素孚否？」曰：「須是自閨門衽席之微，積累到薰蒸洋溢，天下無一民一物不被其化，然後可以行周官之法度。不然，則爲王莽矣！揚雄不曾説到此。後世論治，皆欠此一意。」淳。

問：「『介甫言律』一條，何意也？」曰：「伯恭以凡事皆具，惟律不説，偶有此條，遂謾載之。」淳。第九卷。

「律是八分書」，言八分方是。方子。

「律是八分書」，是欠些教化處。必大。

「不安今之法令」，謂在下位者。閎祖。第十卷。

厚之問：「『感慨殺身者易，從容就義爲難』，如何是從容就義？」曰：「從容，謂徐徐。但義理不精，則思之再三；或汩於利害，却悔了，此所以爲難。」曰：「管仲如何？」曰：「管仲自是不死，不問子糾正不正。」可學。

厚之問：「伊川不答温公給事中事，如何？」曰：「自是不容預。如兩人有公事在官，爲守令者來問，自不當答。問者已是失。」曰：「此莫是避嫌否？」曰：「不然。本原已不是，與避嫌異。」可學。

游定夫編明道語，言釋氏「有『敬以直内』，無『義以方外』」。吕與叔編則曰：「有『敬以直内』，無『義以方外』，則與直内底也不是。」又曰：「『敬以直内』，所以『義以方外』也。」又曰：「游定夫晚年亦學禪。」節。第十三卷。

問：「佛家如何有『敬以直内』？」曰：「他有箇覺察，可以『敬以直内』，然與吾儒亦不同。他本是箇不耐煩底人，故盡欲掃去。吾儒便有是有，無是無，於應事接物只要處得是。」榦。

問「顔子春生，孟子并秋殺盡見」。曰：「仲尼無不包，顔子方露出春生之意，如『無伐善，無施勞』是也。使此更不露，便是孔子。孟子便如秋殺，都發出來，露其才。如所謂英氣，是發用處都見也。」又曰：「明道下二句便是解上三句，獨『時焉而已』，難曉。」伯羽。第十四卷。

問「孟子則露其才，蓋以時焉而已」。直卿云：「或曰非當如此，蓋時出之耳。或曰戰國之習俗如此。或曰世衰道微，孟子不得已焉耳。三者孰是？」曰：「恐只是習俗之説較穩。大抵自堯舜以來至於本朝，一代各自是一樣，氣象不同。」伯羽。

問：「『孟子露其才，蓋亦時然而已。』豈孟子亦有戰國之習否？」曰：「亦是戰國之習。如三代人物，自是一般氣象；左傳所載春秋人物，又是一般氣象；戰國人物，又是一般氣象。」淳。

論大成從祀，因問：「伊川於毛公，不知何所主而取之？」曰：「程子不知何所見而然。嘗考之詩傳，其緊要處有數處。如關雎所謂『夫婦有别，則父子親；父子有親，則君臣敬；君臣敬，則朝廷正；朝廷正，則王化成』。要之，亦不多見。只是其氣象大概好。」問：「退之一文士耳，何以從祀？」曰：「有闢佛老之功。」曰：「如程子取其原道一篇，蓋嘗讀之，只打頭三句便也未穩。」曰：「且言其大概耳。便如董仲舒，也則有疏處。」蜚卿曰：「伊川謂西銘乃原道之祖，如何？」曰：「西銘更從上面説來。原道言『率性之謂道』，西銘連『天命之謂性』説了。」道夫問：「如他説『定名』、『虚位』如何？」曰：「後人多譏議之。但某嘗謂，便如此説也無害。蓋此仁也，此義也，便是定名；此仁之道，仁之德，此義之道，義之德，則道德是總名，乃虚位也。且須知他此語爲老子設，方得。蓋老子謂『失道而後德，失德而後仁，失仁而後義，失義而後禮，失禮而後智』〔一〕，所以原道後面又云：『吾之所謂道德，合仁與義言之也。』須先知得他爲老子設，方看得。」曰：「如他謂『軻之死，不得其傳』，程子以爲非見得真實，不能出此語，而屏山以爲『孤聖道，絶後學』，如何？」先生笑曰：「屏山只要説釋子道流皆得其傳耳。」又問：「如十論之作，於夫子全以死生爲言，似以此爲大

〔一〕按：老子無「失禮」語。

事了。」久之，乃曰：「他本是釋學，但只是翻騰出來，說許多話耳。」道夫。

問：「『諸葛亮有儒者氣象』，如何？」曰：「孔明學不甚正，但資質好，有正大氣象。」問：「取劉璋一事如何？」曰：「此却不是。」又問：「孔明何故不能一天下？」曰：「人謂曹操父子爲漢賊，以某觀之，孫權真漢賊耳。先主、孔明正做得好時，被孫權來戰兩陣，到這裏便難向前了。權又結托曹氏父子。權之爲人，正如偷去劉氏一物，知劉氏之興，必來取此物，不若結托曹氏，以賊托賊。使曹氏勝，我不害守得一隅；曹氏亡，則吾亦初無利害。」㷸。

「遺書第一卷言韓愈近世豪傑，揚子雲豈得如愈？第六卷則曰：『揚子之學實，韓子之學華，華則涉道淺。』二說取予，似相牴牾。」曰：「只以言性論之，則揚子『善惡混』之說，所見僅足以比告子。若退之見得到處，却甚峻絕。性分三品，正是說氣質之性。至程門說破『氣』字，方有去著。此退之所以不易及，而第二說未得其實也。」謨。

自古罕有人說得端的，惟退之原道庶幾近之，却說見大體。程子謂「能作許大識見尋求」，真箇如此。他資才甚高，然那時更無人制服他，使做大了，謂「世無孔子，不當在弟子之列」。文中子不曾有說見道體處，只就外面硬生許多話，硬將古今事變來壓捺說或笑，似太公家教。淳。

明道行狀說孝弟禮樂處，上兩句說心，下兩句說用。可學。

問：「『盡性至命，必本於孝弟。』盡性至命是聖人事，然必從孝弟做起否？」曰：「固是。」又問：「伊川說：『就孝弟中，便可盡性至命。今時非無孝弟人，而不能盡性至命者，由之而不知也。』謂即孝弟便可至命，看來孝弟上面更有幾多事，如何只是孝弟便至命？」曰：「知得這孝弟之理，便是盡性至命，也只如此。若是做時，須是從孝弟上推將去，方始知得性命。如『孝弟爲仁之本』，不成孝弟便是仁了！但是爲仁自孝弟始。若是聖人，如舜之孝，王季之友，便是盡性至命事。」又問：「程子以窮理、盡性、至命爲一事，横渠以爲不然。」曰：「若是學者，便須節節做去；若是聖人，便只是一事。二先生說，須逐箇看。」

問：「『季路問鬼神』章，先生意亦如此。蓋幽明始終，固無二理。然既是人，便與神自是各一箇道理；既是生，便與死各自一箇道理，所以程先生云『一而二，二而一也』。」曰：「他已說出，但人不去看。有王某者，便罵『學不躐等』之說，說只是一箇道理。看來他却只見箇『一』字，不見箇『二』字。又有說判然是兩物底，似又見箇『二』字，不見箇『一』字。且看孔子以『未能』對『焉能』說，便是有次第了。」夔孫。

問：「周子窗前草不除去，云：『與自家意思一般。』此是取其生生自得之意邪？抑於生物中欲觀天理流行處邪？」曰：「此不要解。得那田地，自理會得。須看自家意思與那草底意思如何是一般。」淳。道夫録云：「難言。須是自家到那地位，方看得。要須見得那草與自家意思一般處。」

問：「周子窗前草不除去，即是謂生意與自家一般。」曰：「他也只是偶然見與自家意思相契。」又問：「横渠驢鳴，是天機自動意思？」曰：「固是。但也是偶然見他如此。如謂草與自家意一般，木葉便不與自家意思一般乎？如驢鳴與自家呼喚一般，馬鳴却便不與自家一般乎？」問：「程子『觀天地生物氣象』，也是如此？」曰：「他也只是偶然見如此，便説出來示人。而今不成只管去守看生物氣象！」問：「『觀鷄雛可以觀仁』，此則須有意，謂是生意初發見處？」曰：「只是爲他皮殼尚薄，可觀。大雞非不可以觀仁，但爲他皮殼粗了。」夔孫。

必大曰：「『子厚聞皇子生，喜甚；見飢殍，食便不美』者，正淳嘗云：『與人同休戚。』陸子壽曰：『此主張題目耳。』」先生問：「曾致思否？」對曰：「皆是均氣同體，惟在我者至公無私，故能無間斷而與之同休戚也。」曰：「固是如此，然亦只説得一截。如此説時，真是主張題目，實不曾識得。今土木何嘗有私！然與他物不相管。人則元有此心，故至公無私，便都管攝之無間斷也。」必大。